दलित दर्शन की वैचारिकी

दलित दर्शन की वैचारिकी

बी.आर. विप्लवी

वाणी प्रकाशन

वाणी प्रकाशन

4695, 21-ए, दरियागंज, नयी दिल्ली 110 002

शाखा

अशोक राजपथ, पटना 800 004

फ़ोन : +91 11 23273167 फ़ैक्स : +91 11 23275710

www.vaniprakashan.in
vaniprakashan@gmail.com
sales@vaniprakashan.in

DALIT DARSHAN KI VAICHARIKI
by B. R. Viplavi

ISBN : 978-93-5229-508-1
Dalit Criticism

प्रथम संस्करण

मूल्य : ₹495

आवरण, चित्रांकन एवं परिकल्पना : डॉ. लाल रत्नाकर

ओम ऑफ़सेट, दिल्ली-110093 में मुद्रित

वाणी प्रकाशन का लोगो मक़बूल फ़िदा हुसेन की कूची से

उन संघर्षशील लोगों को समर्पित
जो मज़लूमों को न्याय दिलाने के लिए
इंसानियत के पक्ष में खड़े हैं।

–बी.आर. विप्लवी

रू-ब-रू...

दलित दर्शन की वैचारिकी के भिन्न आयामों पर लिखे निबन्धों को पुस्तकाकार संकलन के रूप में प्रकाशित करने के पीछे मंशा यही रही है कि इसके भिन्न पक्षों पर चर्चा द्वारा भविष्य में आम सहमति के लिए एक सम्यक पृष्ठभूमि तैयार की जा सके। केन्द्रीय विषय-वस्तु को भिन्न सन्दर्भों में देखना-समझना विषय से जुड़े तमाम सवालों का समुचित तथा संतोषजनक हल ढूढ़ने के लिए एक समग्र दृष्टि देने वाला हो सकता है। समय के साथ बदलते जीवन मूल्यों के परिप्रेक्ष्य में सदियों से सताई गयी दलित-दमित तथा पीड़ित जनता के वर्तमान सामाजिक समीकरणों की पड़ताल, उसकी गतिशीलता का भविष्य तय करने में मददगार हो सकती है। इसीलिए समय सापेक्ष वैचारिकी के लिए इतिहास की स्थापनाओं के साथ-साथ, आधुनिक बदलावों की जरूरतों को चिन्हित करना वाज़िब लगता है। इस संकलन के आलेखों में भारतीय जीवन-पद्धति की प्राचीन परम्पराओं को वर्तमान धार्मिक, सामाजिक, आर्थिक एवं राजनैतिक सच्चाइयों से जोड़कर देखने की कोशिश की गयी है।

यूँ तो दलित-विमर्श के भिन्न आयामों का विचार-क्षेत्र इतना विशद है कि सबको एक साथ ले आने का दावा करना ही बेमानी है। विषय के हज़ारों पहलू भारतीय जीवन-जगत में क़दम-क़दम पर दिखाई दे जाते हैं। यही नहीं इन्हें देखने और परखने की भिन्न संवेदना-दृष्टि भी इसकी तीव्रता और परिमाण में ज़मीन आसमान का अन्तर पैदा कर देती है। लेकिन यह अन्तर दलित जीवन के यथार्थ को अपने-अपने तर्कों और कुतर्कों पर मीमांशा के कारण है जिसमें जीवन-मूल्यों को नापने-परखने के अलग-अलग पैरामीटर लिए जाते हैं। ऐसे भिन्न आदर्शों एवं मान्यताओं की बहस के बीच यदि सामन्जस्य की कहीं कोई गुंज़ाइश शेष रह जाती है तो वह केवल मनुष्य जीवन में शान्ति-स्थापना के आदर्शों को लेकर है। अन्यथा जंगली जीवन की मार-काट और कोलाहल भरे उथल-पुथल के जीवन को स्वीकार कर लेने के बाद ऐसे किसी विमर्श की आवश्यकता ही शेष नहीं रह जाती है।

इन चौदह निबन्धों की भिन्न-भिन्न विषय-वस्तु होते हुए भी इनमें व्यक्त

सामाजिक सरोकार दलित-पीड़ित मानवता की शोषण-मुक्ति तक सीमित हैं। सामाजिक, धार्मिक एवं राजनैतिक कारकों को ऐतिहासिक गलियारों में खोजने की कोशिश, बहुसंख्यक जनता को आर्थिक-सामाजिक शोषण से नजात दिलाने की ही एक और कोशिश है।

'बेचत फिरै कपूर' शीर्षक के अन्तर्गत शोषक वर्ग के दोहरे चरित्र के उस पहलू को सामने लाने की कोशिश की गयी है जिसके बल पर वह मान-मर्यादा तथा रीति-नीति के दो मानदण्ड अख़्तियार करता है—अपने लिए अलग तथा रियाया के लिए अलग। 'मिथकीय धुंध में छुपा इतिहास' के अन्तर्गत वेदों, शास्त्रों और महाकाव्यों के ज़रिए गढ़े गये झूठे मिथकीय चरित्रों की रचना का ज़िक्र है। ये मिथकीय चरित्र अशिक्षा के अंधेरे से इतिहास की सच्चाइयों को ढाँपे हुए हैं। झूठ को सच दिखाने का यह नायाब नुस्खा भोली-भाली जनता पर सांस्कृतिक वर्चस्व स्थापित करने का कारण बना है। लम्बे समय से भारतीय इतिहास के वास्तविक चरित्र आम-जन से प्रायः अपरिचित रहे हैं तथा इन्हीं नकली चरित्रों को ही अपना हीरो मानकर एक खास वर्ग की दासता के लिए बाध्य किया जाता रहा है। 'दलित प्रतिरोध और कबीर की कविता' के अन्तर्गत शोषित जनता के प्रतिरोध के स्वरों की खोज करते हुए कबीर की कविताओं और पदों में इसकी निशानदेही की गयी है। इसी प्रतिरोध के स्वर ने दलित-पीड़ित समुदाय में एकता बनाकर हिन्दू पाखंडवाद को ललकारने की ऊर्जा दी है। कबीर की कविताओं के साथ किए जाने वाले भ्रामक अर्थों के धोखे द्वारा आम-जन से उसके जुड़ाव को काटने की साजिश की पहचान की गयी है। 'बहुजन का सर्वनाम' के अन्तर्गत शब्दों के घालमेल द्वारा एक ऐतिहासिक दर्शन को अवपथित करने के उपक्रम को उजागर किया गया है। शोषण और शोषक के बीच के अन्तर को पहचानते हुए उन हथियारों की पहचान ज़रूरी है जो एक सांस्कृतिक आक्रमण का साधन बनकर शोषण की परम्परा को ज़बरन चलवाते हैं।

'निर्गुण संतों की दलित वैचारिकी' के अन्तर्गत उस सन्त-परम्परा की चर्चा है जिसके अनीश्वरवादी तथा क्रान्तिकारी मानवीय सरोकारों के स्वरों को दबाने की कोशिश की जाती रही है। धार्मिक शोषण को चुनौती देते इन सन्तों की वाणी को मूल रूप में उनकी अपनी जनता तक न पहुँचने देने के षड्यन्त्र का भंडाफोड़ करना ज़रूरी जान पड़ता है। 'योग्यता का अवसर या अवसर की योग्यता' के अन्तर्गत योग्यता के नाम पर श्रम-दोहन के छद्म-पाश पर चर्चा की गयी है। एक ख़ास वर्ग द्वारा गढ़े हुए योग्यता और अयोग्यता के पैमाने उनकी अपनी सुविधा के अनुसार निर्मित किए जाते रहे हैं। ऐसे में श्रम का अवमूल्यन तथा शोषण के बल पर परजीवी समाज का ऐशो-आराम प्रगति का प्रतिगामी चिन्ता का विषय है। यही नहीं बल्कि शोषक वर्ग की सहूलत के पैमाने पर खरा उतरना ही सबसे बड़ी योग्यता तय की

गयी लगती है। संवैधानिक दायरे में योग्यता और श्रेष्ठता के सवालों पर भ्रम-धारणाओं का खुलासा करने की कोशिश की गयी है। 'भाषाई वर्चस्ववाद का वैदिक संस्करण' के अन्तर्गत भाषाई वर्चस्ववाद की ऐतिहासिक पड़ताल करने की कोशिश की गयी है। अल्प भाषा-भाषी लोगों की भाषाई श्रेष्ठता आम-जन की नज़र से कभी भी फलदायी और सर्वलाभकारी नहीं हो सकती। फिर ऐसा क्यों है कि एक बड़ी भाषा-भाषी जनता की भाषा को भी हीन बताया जाता रहा है। 'स्त्री और दलित प्रश्नों के कठघरे में हिन्दी कविता' के अन्तर्गत हिन्दी साहित्य में दलित और स्त्री प्रश्नों की लगातार अनदेखी पर सवाल उठाये गये हैं। 'अम्बेडकरी मिशन के सामाजिक रूपान्तरकार : मान्वयर कांशीराम' शीर्षक के अन्तर्गत बाबा साहेब डॉ. भीमराव अम्बेडकर की वैचारिकी को सामाजिक परिवर्तन के लिए ज़मीनी हक़ीक़त में बदलने वाले मान्यवर कांशीराम की सामाजिक चिन्ताओं और उसके निदान के बारे में चर्चा की गयी है। 'बुद्ध-कबीर-अम्बेडकरः वैचारिक शंकाएँ एवं समाधान' के अन्तर्गत जाने-अनजाने फैलाई गयी कई भ्रम धारणाओं पर तर्क संगत समाधान प्रस्तुत करने की कोशिश की गयी है। 'सामाजिक चुनौतियों के बरअक्स धम्म की धुरी' के अन्तर्गत अनीश्वरवादी वैज्ञानिक धर्म को सामाजिक चुनौतियों के बरअक्स आँकने की कोशिश की गयी है। भारतीय परिप्रेक्ष्य में श्रमण-धम्म की पारम्परिक मान्यताओं और उसके द्वारा आधुनिक वैज्ञानिक समाज के उत्थान पर प्रासंगिक चर्चा की गयी है। 'कबीर साहित्य के सामाजिक सरोकार' के अन्तर्गत कबीर की सामाजिक चिन्ताओं तथा उसके लिए उनके योगदान को चिन्हित करने की कोशिश की गयी है। कबीर के साहित्य को सामाजिक बदलाव की चिन्ताओं के नज़रिए से देखने-परखने की कोशिश की गयी है तथा इसमें दलित-मुक्ति के संदेशों की खोज की गयी है। 'समान शिक्षा के ज़रिए सामाजिक न्याय' के अन्तर्गत शिक्षा के स्तर पर व्याप्त भेद-भाव और उससे पैदा होने वाले शोषणकारी दमन-चक्र की चर्चा की गयी है। आज शिक्षा के नाम पर अशिक्षित रखने की नई तरकीबों को उजागर करना आवश्यक हो गया है। 'शोषण मुक्ति का धार्मिक विकल्प' के अन्तर्गत व्यक्ति के द्वारा उसकी धार्मिक मान्यताओं और धार्मिक चुनावों के विकल्प पर चर्चा की गयी है ताकि शोषण से मुक्ति का हल ढूँढ़ा जा सके। इसके ज़रिए धार्मिक जड़ता से छूटकर मानवीय पक्ष को स्वीकार करने की वैचारिकी पर मन्तव्य रखा गया है।

इस बात में कोई संदेह नहीं कि दुनिया के प्रायः सभी धर्मों ने मनुष्य द्वारा मनुष्य के शोषण का रास्ता अपनाया है। सामाजिक-आर्थिक शोषण का सबसे कारगर और मज़बूत हथियार धर्म रहा है। यही नहीं धार्मिक उन्माद के कारण दुनिया के बड़े-बड़े नरसंहार हुए हैं तथा एक से बढ़कर एक जघन्य कुकृत्य अंजाम दिए गये हैं। यहूदियों, ईसाइयों, इस्लाम एवं हिन्दुओं के अन्तर्धार्मिक युद्ध को

क्रूसेड, जेहाद, धर्मयुद्ध या अन्य कोई भी नाम दें, यह मनुष्य और मनुष्य के बीच नफ़रत फैलाने का ही दूसरा नाम है। इन बिन्दुओं पर भारतीय सन्दर्भ में विचार करते समय हिन्दू धर्म के पुरोहितवाद और ब्राह्मणवाद का ज़िक्र किया गया है। ईश्वर और धर्म के नाम पर मनुष्यता की हत्या को रोकने के सम्भव उपायों पर चर्चा करते हुए मानवीय स्वतन्त्रता को सर्वोपरि रखा गया है। संग्रहीत आलेखों के माध्यम से मानव-मूल्यों की सार्वभौम स्वीकृति के आग्रह के साथ अमन और शान्ति के लिए शोषण-मुक्ति की आवाज़ को उन लोगों तक पहुँचाने की कोशिश की गयी है जिनके विचार सामाजिक परिवर्तन के लिए निर्णायक भूमिका अदा कर सकते हैं।

मेरे अभिन्न मित्र तथा अंतर्राष्ट्रीय ख्याति के कलाकार डॉ. लाल रत्नाकर ने अपनी तूलिका से केवल इस पुस्तक में ही रंग नहीं भरे हैं बल्कि मेरे सामाजिक सरोकारों पर अपनी सूक्ष्म संवेदनशील सहृदयता से विचारों का साझा भी किया है। पुस्तक की पाण्डुलिपि को पढ़कर सुधार हेतु सुझाव देने वालों में हमारे परमप्रिय मित्र और अग्रज भाई मूलचन्द सोनकर तथा भाई बसन्त जी का मुझ पर विशेष अनुग्रह रहा है। हमारे शुभकांक्षी डॉ. नवल वियोगी, मित्र रामदेव सिंह, भाई दिनेश चन्द्र विशेष रूप से हमारा हौसला बढ़ाते रहे हैं। डॉ. संजय आर्य, डॉ. अलख निरंजन, रामू सिद्धार्थ, रामजी यादव, डॉ. राम विलास भारती, मनोज कुमार मंजुल तथा हमारे साहित्यिक मित्रों का विशेष सहयोग तथा सदभावना रही है जिसके कारण पुस्तक के प्रकाशन का विचार बन पाया है। पुस्तक की शुरुआती परिकल्पना से लेकर अन्तिम रूप देने तक जिस एक महानुभाव ने अपना पूरा सहयोग दिया है वे हैं हमारे परम सुहृद श्री संतोष कुमार सिंह। उनकी मेहनत और लगन के कारण ही इसकी पाण्डुलिपि की टाइपिंग से लेकर मुद्रण तक का सफ़र पूरा हुआ है। मेरी पुत्री तुल्य बीनू कबीर, बेटियाँ डॉ. रचना, रजनीगन्धा तथा विप्लवी प्रकाशन की कर्ता-धर्ता एवं प्रोप्राइटर श्रीमती दुर्गावती विप्लवी का विमर्श एवं सुझाव इस वैचारिकी में एक सम्बल रहा है। महातम जी, डॉ. संदीप कुमार यादव, राकेश कुमार गौतम, पूनम एवं ज्ञानचन्द भारती के साथ घरेलू बहस-मुबाहिसों ने विषय को लोक-दृष्टि दी है। मैं इन सभी महानुभावों का हृदय से आभारी हूँ जिनके कारण मेरे विचारों की अभिव्यक्ति इस पुस्तक के रूप सम्भव हो पाई है।

पुस्तक आपके हाथों सौंपते हुए मुझे अपार हर्ष हो रहा है। आपके सुझावों का हमेशा स्वागत करूँगा।

बी.आर. विप्लवी

आश्विन/बुधवार/14 अक्टूबर (धम्म दीक्षा दिवस) 2015
मुगलसराय, चन्दौली, उत्तर प्रदेश

अनुक्रम

अध्याय-1

बेचत फिरै कपूर

अपने समय की नक़्क़ाली-प्रलोभक परम्परा को बेनक़ाब करते हुए कबीर ने जिन जुमलों का इस्तेमाल किया है वे आम जन को शोषण के दलदल से बचकर चलते रहने के लिए बाख़बर करने वाले हैं। सदियों से चली आ रही वंचक परम्परा के नित्य बदलते नये पैतरों से चौकसी बरतने की अपील उनकी बानियों में जगह-जगह देखी जा सकती है। इस क्रम में वे संभावित छद्‌म-रूपों की निशानदेही करते चलते हैं और इससे आम जन का परिचय भी करवाते हैं।

"मन रे जागत रहिए भाई/गाफ़िल होई बसत मति खोयै, चोर मुसै घर जाई"[1] का उद्‌घोष करते हुए कबीर प्रज्ञामय नेत्रों को खोल कर हर संभावित ख़तरे से सावधान रहने की ही चेतावनी देते हैं। यहाँ 'गाफ़िल' शब्द द्वारा समाज को हर तरह के संशय, भ्रम, आडम्बर और दोहरे चरित्रों के झाँसे में न आने की ही व्यंजना की गयी है। इतनी सशक्त और साफ़गोई से सामाजिक वंचना

को चिह्नित करना कबीर की उन चिन्ताओं में सम्मिलित है जिनमें श्रमजीवी एवं कामगार वर्ग को अपने ही उत्पादन का उपभोग करने से महरूम कर दिया जाता है। "मैं कहता हूँ जागत रहिए, तू कहता है सोय रे"[2] ऐसी उक्तियाँ भी शोषक द्वारा निश्छल-सरल जन को यत्नपूर्वक सुलाए रखकर उसे लूटने/लुटवाने के प्रति चौकस रहने की अनुस्मारक हैं। यह सुलाए रखने के तर्क और उद्देश्य एक-दूसरे से बिल्कुल अलग हैं। इसीलिए सोने वाला कदाचित् इसके उद्देश्य से अनभिज्ञ है या अलग उद्देश्य की गफ़लत में रखा गया है। इन्हीं सन्दर्भों में भारतीय समाज के एक बड़े वर्ग के मेहनत की कमाई को लूटते रहने का उपक्रम ऐसा ऐतिहासिक सत्य है जिससे अभी तक वंचित समाज ने पर्याप्त सीख नहीं हासिल की है। यही कारण है कि आज भी कबीर की उक्ति से आम जन को आगाह करने की ज़रूरत पड़ रही है ताकि वह बदले हुए समय में हर मिथक, आडम्बर, चाल और भेष को अपने विवेक से पहचाने। ऐसे में कई मिथकीय, आयातित और धोखे भरे शब्दों के तथाकथित अर्थ, उसके उद्देश्य और उसकी मंशा की पड़ताल और तदनुसार उससे बचने की तैयारी की समीक्षा ज़रूरी है।

मिथकीय घटाटोप

सभ्य समाज और नगरीय समाज समानार्थक नहीं हैं। कदाचित् समानार्थी अर्थ-बोध की यह मनःविकृति पूर्वाग्रहपूर्ण और सोद्देश्य होकर भ्रामक शब्द-जाल बुनती है। साफ़ तौर पर हर नगरीय व्यक्ति या समाज सभ्य भी हो—यह ज़रूरी नहीं। यह भी ज़रूरी नहीं कि हर ग़ैरनगरीय व्यक्ति और समाज असभ्य ही हो। ऐसे में सिविल सोसायटी और सिविलाइज्ड सोसायटी के बीच की विभाजक रेखा पहचानी जानी चाहिए। प्रायः शोषक-वंचक समाज भाषा और भावों के बीच ऐसी गडड्-मड्ड पैदा करते हुए इसे समय और परिस्थिति के अनुसार मनमाफ़िक परिभाषित करने के लिए लचीला बनाये रखना चाहता है। वह अपनी कथनी और करनी के अन्तर को पहचान लिए जाने के पूर्व ही कथनी और कथानक को स्वेच्छा से व्याख्यायित करता है तथा अपने कथन में बदलाव को तर्कसम्मत क़रार देने में तनिक भी संकोच नहीं करता। इस प्रकार सभी तरह के नैतिक-अनैतिक, सत्य-असत्य, न्याय-अन्याय, शुभ-अशुभ, मंगल-अमंगल तथा करणीय-अकरणीय के मानदण्ड भी अलग-अलग रखता है—अपने लिए अलग तथा औरों के लिए अलग।

भारतीय सन्दर्भ में सिविल सोसायटी एक आयातित विचार और अभिधारणा है। इसे भारतीय परिप्रेक्ष्य में पुनर्परिभाषित किये बिना यह शब्द या ऐसा अन्य कोई भी शब्द बहुसंख्यक आम जन का भला करने वाला नहीं बन सकता। मसलन

भारतीय समाज में श्रेष्ठ जाति एवं धन वैभव ही कुलीनता का सर्वोपरि मापदण्ड है जिसमें शिक्षा, ज्ञान और मानवीय सरोकारों का या तो कोई स्थान नहीं है या इसे केवल कुलीन के पक्ष को मज़बूत करने के लिए ही इस्तेमाल किया जाता रहा है। इस प्रकार की कुल-श्रेष्ठता से पैदा भारतीय सिविल सोसायटी किस तरह के लोगों का हितसाधक बनेगी, इसे आसानी से समझा जा सकता है। प्रकारान्तर से अन्य नगरीय मानदण्डों पर खरा उतरने के बावजूद नगरीय समाज की ग़रीबी, अशिक्षा, अज्ञानता तथा कुल-हीनता जैसे कारक उसे ग्रामीण कुलीनता के सामने दोयम दर्जे की ही मान्यता दिलवाते हैं। भारतीय समाज की यही मान्यता अब तक की विरासत बनती रही है। दोनों ही परिवेशों में नगरीय कुलीनता और ऐश्वर्य ही फ़ौरी तौर पर सभ्यता की कसौटी हैं। स्पष्टतः ऐसी ही तथाकथित सिविलाइज्ड सोसायटी भारतीय परिप्रेक्ष्य में सिविल सोसायटी का प्रतिनिधित्व एवं नेतृत्व करती है। ऐसी सिविल सोसायटी के ज़रिए लोकपाल या इसके सामानान्तर किसी भी नाम से कोई भी व्यवस्था अपनी भेदभाव पूर्ण नीति के कारण वर्तमान समाजवादी-संवैधानिक तन्त्र के ऊपर सुशासन की गारंटी नहीं दे सकती। इस तरह के दावे और इसके लिए भ्रामक जन आन्दोलन, स्वार्थपूर्ण उद्देश्यों हेतु जमावड़ा और प्रोपगैण्डा से अधिक कुछ भी नहीं हैं। ऐसे छद्म आन्दोलन कुलीन भद्रजनों के लिए कूट-परिभाषित (Coded) और कार्यान्वियन के गोपनीय एजेण्डे हैं। आम जन का इससे क्या लेना-देना हो सकता है? संवैधानिक व्यवस्थाओं को कमतर बताकर उसके समानान्तर मनचाही व्यवस्थाएँ लाने के लिए ऐसे प्रयास एक मुहिम जैसे हैं। मुख्य मुद्दे से लोगों का ध्यान हटाने के लिए ऐसी मुहिम जीवन के हर क्षेत्र में चलायी जाती रही है। कतिपय स्वार्थी कुलीन वर्गों की बदनीयती वर्तमान समस्याओं को हल करने के बजाय स्वनिर्मित वायवीय एवं काल्पनिक सब्ज़बाग़ से लोगों का मन बहलाने और फुसलाने में लगी रहती है। ऐसा करने की एक व्यवस्थित परम्परा क्रमशः संस्थागत होकर अधिसंख्य भारतीय जनता एवं उसकी राष्ट्रीय भावना के विकास की दुर्गति का मूल कारण है।

ऐतिहासिक रूप से भारतीय समाज व्यवस्था में प्रायोजित रूप से सुख-दुःख, स्वर्ग-नरक, पुण्य-पाप, सत्य-असत्य, करुणा-हिंसा, दया-क्रूरता, अमीरी-ग़रीबी, विद्या-अविद्या और जीवन के ऐसे ही प्रतिमानों को किसी अदृश्य सत्ता की इच्छा-शक्ति से संचालित होने का मिथक जन-मानस के मनो-मस्तिष्क में गहराई से समाविष्ट किया गया है। निश्चित रूप से ऐसे मिथक पर विश्वास या अविश्वास के मूल प्रश्न व्यक्ति के ज्ञान स्तर एवं तर्क शक्ति पर निर्भर करते हैं। ज्ञानार्जन को लेकर मिथकीय स्थापनाएँ भी सीमित लोगों तक शिक्षा की पहुँच

का ही नियमन करती हैं। ऐसे मिथकों में विकल्प या चुनाव की गुंजाइश न के बराबर छोड़ी गयी है। इसकी जकड़न से मुक्ति के सारे रास्ते प्रायः बन्द हैं। ऐसी स्थापनाओं को जन-जन के मनो-मस्तिष्क में भरने एवं इसकी विश्वसनीयता बढ़ाने के लिए जीवन की प्रत्येक घटना और आयोजनों के अवसर योजनाबद्ध ढंग से चुने जाते हैं। पूजा-पाठ-प्रवचन, कथा-वाचन, प्रहसन, नाटकीय प्रस्तुतियों एवं मुहावरों-कहावतों के ज़रिए स्व-घोषित ईश्वरीय सत्ता के नुमाइन्दे अफ़वाह तन्त्र का संचालन प्रायोजित करते रहते हैं।

समय के साथ; वैश्विक स्तर पर आये वैज्ञानिक विकास के कारण, दृष्टिकोणों में लगातार परिवर्तन एक स्वाभाविक प्रक्रिया है। स्पष्टतः निहित स्वार्थपरक प्रभुता को बरक़रार रखने के लिए अवैज्ञानिक मिथकों का महिमामण्डन तथा प्रकारान्तर से इनका प्रचारित-प्रसारित होना भी लाज़मी है—शायद इसीलिए बदस्तूर जारी भी है। ऐसी अवैज्ञानिकता को कृत्रिम ईश्वरीय सत्ता के डर से ज़बरन स्वीकार कराने का दबाव तथा बाध्यता पैदा कर दी जाती है। ऐसी बाध्यता थके हारे सर्वहारा वर्ग द्वारा आसानी से छोड़ते नहीं बनती। ईश्वरीय सत्ता को चुनौती देने वाली वैज्ञानिक सत्ता अज्ञान के अन्धेरे को पूरी तरह मिटाने में आज भी सक्षम नहीं हो पा रही है। फलतः अफ़वाह-तन्त्र का वर्चस्व बरक़रार है। व्यक्ति के नफ़ा-नुकसान से जुड़ी ईश्वरीय सत्ता का प्रचार-प्रसार प्रायः अज्ञानी और अशक्तजनों में विज्ञान-सम्मत-सत्य की पैठ और स्वीकार्यता नहीं होने देता है।

विज्ञान बनाम आस्था का विज्ञान

विकास के पुरातन अध्यायों को सावधानीपूर्वक जाँचने से यह स्पष्ट हो जाता है कि मनुष्य द्वारा सीखने की प्रक्रिया ने उत्तरोत्तर ज्ञानार्जन और प्राकृतिक गुत्थियों को सुलझाने में मदद की है। कई तरह की प्राकृतिक घटनाओं को पूरी तार्किकता से न समझ पाने के कारण आज भी किसी ईश्वरीय सत्ता की कल्पना और उसमें विश्वास को प्रश्रय मिलना कोई आश्चर्यजनक नहीं है। पुरातात्विक अवशेषों से सिद्ध है कि मनुष्य ने अपने श्रम और हिकमत से अपने रहन-सहन और सुख-सुविधा में लगातार सुधार किया है। इसमें कदाचित् किसी ईश्वर का कोई सहयोग नहीं लिया गया है। विशाल कोटे-परकोटे, नदियों पर बाँध, सड़कें, जल-परिवहन तथा अन्य प्राकृतिक सम्पदाओं का अनुकूलन एवं सम्पोषण अनुभवों और कला कौशल पर आधारित उसकी अपनी खोज है। प्राकृतिक आपदाओं के बरअक्स संसाधनों की लघुता या अप्रचुरता ने उसे हतोत्साहित और विस्थापित करने का भी बार-बार प्रयत्न किया है। कदाचित् इन्हीं प्राकृतिक दुर्भिक्षों एवं

आपदाओं ने किसी अदृश्य शक्ति के विश्वास को बल दिया होगा। ऐसे विश्वास को स्वाभाविक ज्ञान की पहुँच से बाहर के प्रकरणों और संस्कारों के रूप में सृजित कर मनुष्य के नित्य जीवन-क्रम से जोड़ दिया गया है। ईश्वर और भाग्य के डर की यह मनोवैज्ञानिक रचना कुछ अनायास तथा कुछ सायास; किन्तु बेहद कुटिल एवं विकास-विरोधी, अतिक्रमणों का परिणाम है। ऐसी मान्यताओं ने विभिन्न काल-खण्डों में ऐतिहासिक-भौगोलिक और सामाजिक विवशताओं का फ़ायदा उठाकर; अपने नये-नये संस्करणों में, मनुष्य के द्वारा मनुष्य के शोषण का हथियार गढ़ा है।

यद्यपि समय-समय पर ऐसी भ्रम धारणाओं को चुनौती देने का काम भी होता रहा है किन्तु अज्ञान और अशिक्षा ने ग़रीबी, कुपोषण और अन्याय से सन्तप्त व्यक्ति को हर बार उसी कुचक्र के सुपर्द कर दिया है। 1200 ईसा पूर्व तक के ऐतिहासिक-पुरातात्विक प्रमाण से जिस श्रमण परम्परा का ज्ञान मिलता है, वह श्रम शक्ति की महत्ता और श्रेष्ठता को रेखांकित करती है। अभावों पर विजय प्राप्त करती हुई यह श्रम सत्ता व्यक्ति के अवसादों के लिए, उसे ख़ुद का आत्म-निरीक्षण करने की शिक्षा देती है। भ्रामक ईश्वरीय और पुरोहितवादी सत्ता को यहीं से कड़ी चुनौती मिलती है। परिणामस्वरूप अन्धविश्वास और अन्धभक्ति की सत्ताएँ कमज़ोर पड़ने लगती हैं। स्वयं को नयी ज़मीन पर स्थापित करने की अनिवार्यता या विवशता के कारण ही वैदिक सत्ता ने अपने नये कूटनीतिक (अनैतिक?) प्रयत्नों से ऐसी पराप्राकृतिक परम्पराओं का निर्माण और नियमन किया। श्रमिक एवं श्रम सत्ता की निन्दा, गर्हा एवं अवमानना से श्रम के उपार्जन का अपने पक्ष में दोहन करने का जीवन आदर्श परिभाषित किया गया। कामचोरी के बावजूद जन्म-आधारित कुलीनता के तथाकथित ईश्वरीय सम्मान और पूजनीय आख्यान का अवतरण यहीं से होता है। श्रमण परम्परा की छह सौ वर्षों की उठा-पटक के बावजूद उत्तर-वैदिक ब्राह्मण परम्परा को जड़ से मिटाना सम्भव नहीं हुआ। फलतः महावीर स्वामी एवं भगवान बुद्ध के रूप में श्रमण एवं वैज्ञानिक परम्परा के नये अध्येता एवं प्रवक्ता सामने आये। इस विचारधारा ने पुरोहितवाद की चूलें तो अवश्य ही ढीली कर दीं। फिर भी इस वायवीय किन्तु परजीवी परम्परा ने कहीं न कहीं अपने बीज संरक्षित रखे। निश्चित ही शिक्षा-साधन-विहीन और प्राकृतिक आपदाओं के शिकार लोगों का ध्यान ईश्वरीय सत्ता में लगाये रखना अपेक्षाकृत आसान बना रहा होगा।

वैज्ञानिक एवं बौद्धिक विकास के क्रम में, अपनी अवैज्ञानिक सोच को चुनौती मिलते देख; अपने अस्तित्व को बचाने हेतु यह अफ़वाह-तन्त्र बार-बार वैज्ञानिक

सोच को नेस्तनाबूद करने के तमाम उपक्रम करता रहता है। वह बार-बार इस वैज्ञानिक सोच को इंजीनियर करके इसे पूर्व जन्मों के फल, अपने विरुद्ध कर्म को ईश्वर की इच्छा के विरुद्ध तदनुरूप व्यक्ति की व्यक्ति पर श्रेष्ठता को ईश्वरीय सिद्ध करते हुए; अन्धे युग को समाप्त होने से भरसक रोकता है। राजाओं, महाराजाओं, क्षत्रपों और ओहदेदारों को भी इस अन्धविश्वास में सहयोगी बनाते हुए वह शोषण द्वारा राज्य सत्ता को वैभवशाली बनवाकर उनका विश्वास जीतता है। स्वार्थपूर्ण और उद्देश्यपूर्ण अवैज्ञानिक मान्यता का घटाटोप अन्धेरा सत्यपरक सोच के सूरज का गला घोटता रहता है। ईसवी सन् के 800 वर्षों तक समाज को कई तरह के अन्धविश्वासों के गड्ड-मड्ड में डाल कर, अलग-अलग मत-मतान्तरों के बीच प्रतिस्पर्धा से एक क़दम आगे बढ़कर ईर्ष्या के बीज बोये गये। हर तरह से बीच बचाव और न्यायिक मजिस्ट्रेट की भूमिका में आकर वह अपना उल्लू सीधा करता है। ज्ञातव्य है कि इन्हीं खेमेबंदियों ने एक विभाजित, कमज़ोर और राष्ट्रीय भावना से उदासीन समाज को पश्चिमी आक्रमणों के हवाले कर दिया था। मज़े की बात यह कि इन आक्रमणों और लूट-पाट में भी वही एक वर्ग अपनी स्वार्थ पूर्ति के लिए किसी भी तरफ़ से अफ़वाह फैलाने या चुगलखोरी करने में बढ़कर भूमिका निभाता रहा है। ऐसे ही परजीवी समाज ने मौक़े की तलाश करते हुए भारतीय भू-भाग पर आक्रमणकारी सत्ताओं का विरोध करने के बजाय विरोधियों का साथ दिया। उनके षड्यन्त्र में शामिल हुआ और अपने ही भू-भाइयों का सत्यानाश कराने का काम करता गया। अपने हर कृत्य को ईश्वर की ईच्छा कह कर उचित ठहराता रहा। सन् 800 से 1600 ईस्वी तक का इतिहास धर्म सत्ता के इसी दोगले चरित्र का गवाह है। इस्लामिक सत्ताओं के साथ मिलकर अपने सुखोपार्जन हेतु गठबन्धन और अपनी अन्ध-जाल में फँसाये गये स्वदेशी भाइयों का विनिमय; पौरोहित्य चिन्तन का पर्यायवाची चरित्र बनता गया। इस प्रकार का अन्धानुकरण एवं परजीवी संस्कृति में प्रलोभन एवं लेन-देन का आचरण इस्लामिक सत्ता में भी धीरे-धीरे घुलमिल गया। वहाँ के नवोदित पौरोहित्य ने आम आदमी के शोषण के अपने अलग तरीक़े ईज़ाद किये। सत्ता के प्रभाव में धर्मान्तरित श्रमजीवी आबादी एक कुचक्र से निकल कर दूसरे कुचक्र में फँसती रही। यह बहुसंख्यक जनता बार-बार अपने दुःखों के त्राण हेतु इन पर विश्वास जताती, धोखा खाती हुई; स्वयं को ही दोषी मानने की शास्त्रीय स्थापनाओं से आज भी उबर नहीं पायी है।

बारहवीं ईस्वी सन् 1200 से 1600 ईस्वी के बीच पीर-पैग़म्बर, सूफ़ी-सन्त, मस्जिद-मज़ार, गन्डा-ताबीज़, झाड़-फूँक और कई तरह के करिश्मों का बाज़ार गरम रहा। इन आवाज़ों के हल्ले-गुल्ले में सच की ज़्यादातर आवाज़ें या तो उनमें

घुलमिल कर समा गयीं या शान्त करा दी गयीं। कबीर, रैदास, पल्टू, दादू, पीपा जी, नानक, बुल्लेशाह आदि समाजशास्त्रियों ने वैज्ञानिक विकास की अलख जगाये रखनी चाही किन्तु मिथ्या आध्यात्मिक आग्रहों ने ऐसे परिवर्तनों की गति बार-बार बाधित की। ऐसे तमाम उदाहरण हैं, जब इस तरह की अवैज्ञानिक, अतार्किक और अकल्याणकारी विचारधारा को बार-बार चुनौती मिली। प्रतिक्रियावादी ताक़तों ने इस तरह के समस्त प्रयासों और परिवर्तनों के विरुद्ध लगातार नयी तरह की प्रतिकारक भ्राँतियाँ फैला कर यथास्थिति बनाए रखने का हर सम्भव उपाय किया। 21वीं सदी के वैज्ञानिक-तकनीकी अनुसंधानों के उतरोत्तर बढ़ते प्रभाव के बावजूद भी समय-समय पर ऐसे प्रयासों को दोयम दर्जे का ठहराकर, अन्धश्रद्धा एवं अकर्मण्यता को महिमामण्डित करने वाले आचार-विचारों को प्रोन्नत करने की बेशर्मी आज भी इसका उदाहरण है। चन्द्रमा और मंगल ग्रह के विजय अभियानों में सफलता का दावा करने वाला देश रातों-रात पत्थर की मूर्तियों को दूध पिलाने लगता है। यदि इस काम में केवल ग़रीब, अनपढ़, अक्षम और मासूम ग्रामीण जनता ही लगी होती तो एक बात थी। यहाँ तो बुद्धिवादी, इन्टेलेक्टुअल, न्यायविद्, पेशे से वैज्ञानिक, इंजीनियर, डॉक्टर और राजनीतिज्ञ भी ऐसे महापर्व में शामिल होकर अपने मुँह से इसकी तारीफ़ करते नहीं थकते हैं। हमारी इस जड़ता से उपजे आगे के प्रश्न स्वयमेव खड़े हो जाते हैं। क्या इस तरह की भ्रान्तियाँ और अफ़वाहें फैलाने वाला कुलीन एवं भद्र-जन उन भेड़ों की अगुवाई करता है जो अपने नायक और अगुआ के प्रति गहरा विश्वास रखती हैं? क्या इस तरह के प्रोपगण्डे से इन ग़ैर पुरोहित तथाकथित भद्र जनों का फ़ायदा होने वाला है? क्या ऐसे प्रदर्शनों से वे पुरोहितत्व के ज़्यादा नज़दीक जाने के इच्छुक हैं? क्या ऐसे पुरोहितवादी संक्रमणों को फैला कर वे अपने को सुरक्षित महसूस करते हैं? या क्या ऐसे प्रदर्शनों और विज्ञापनों के ज़रिए पूजा-पाठ में आयी मन्दी को उछाल देने का यह एक प्रयास है? ऐसी दूकानों और विपणन-केन्द्रों पर सौदा करके; अपना सर्वस्व लुटाकर भी, कौन लोग स्वयं को धन्य महसूस करते हैं? कदाचित् इन सबके पीछे अपना सब कुछ लुटाने के कपटपूर्ण आदर्श का महिमामण्डन भी एक प्रेरक तत्व है। ऐसी चीज़ें श्रमिक, खेतिहर-मज़दूर, कारीगर और सर्वहारा वर्ग के हर साधन को प्रभु वर्ग के लिए न्यौछावर करवाती हैं; उसका महिमामण्डन, उसकी तारीफ़ करते हुए अर्जक को याचक बना देने के लिए प्रतिबद्ध हर घटना को परम्परा बना देने की तैयारी के साथ उनका कार्यान्वयन कराती हैं। चाहें तो आठवीं सदी के बाद की श्रमण परम्परा के पराभव और पुरोहित परम्परा के उत्कर्ष की निशानदेही कर लें। इस तरह के छल-प्रपंच और सुनियोजित प्रचारतन्त्र को

आसानी से समझा जा सकता है। दूरस्थ तीर्थ-स्थलों पर एक साथ तथाकथित दैवीय शक्तियों का प्राकट्य और अहिंसक, सत्यवादी, करुणावादी परम्परा का दानवीकरण अतीत की हक़ीक़त ही नहीं वर्तमान की भी सच्चाई है।

जन्नत का ख़्वाब

ख़्वाबों को आँखों की ज़रूरत नहीं होती। हाँ! आँखों देखी चीज़ों को पाने या उस तक पहुँचने की हसरत शायद ज़्यादा बेचैन करने वाली होती है। झूठे ख़्वाबों का विश्वास तोड़ने वाले कबीर के दो टूक शब्द आँखें खोलने वाले हैं। वे इस रूढ़ परम्परा को यदि चुनौती देते हैं तो उन्हीं के अस्तित्व को मिटा देने का प्रयत्न भी होता है। सामन्ती व्यवस्था कबीर की उत्पत्ति को ही नाजायज़ और उनके विचारों को फूहड़ गाली कहकर उन्हें नज़रअन्दाज़ करने की नसीहत देती चलती है। और तो और मनगढ़न्त क़िस्से-कहानियों के ज़रिए कबीर को ब्राह्मण का शिष्य और विधवा ब्राह्मणी का पुत्र कह कर उनकी सामाजिक मर्यादा और उनकी परम्परा के लोगों की प्रतिष्ठा और ज़मीर को ही खंडित करने का प्रयास किया जाता है। कबीर अपने समय की षड्यन्त्रकारी विचारधाराओं का पर्दाफ़ाश करते हैं; वे लोक-जीवन में मनुष्य के सुख-दुःख सम्बन्धी परम्परागत मान्यताओं को पुनर्परिभाषित करते हैं। निश्चित ही उनकी इन बातों को खरी-खोटी कह कर नाजायज़ और नहीं सुनने लायक क़रार कर दिया जाता है। कबीर हर झूठी प्रवृत्ति का जवाब रू-ब-रू देते हैं। यह उनके सच और नैतिक सफ़ाई की आन्तरिक ऊर्जा है। स्वर्ग-नरक की सुविधा और दुविधा पर उनका कटाक्ष है–

बिन देखे वहि देस की बात करत है क्रूर
आपै खारी खात है, बेचत फिरै कपूर[3]

यह कपूर बेचने की परम्परा सदियों से चली आयी है जिसे कदाचित् ग्राहकों के लिए ही बनाया गया है। कैसी अजीब बात है कि बेचने वाला उस वस्तु के रूप-गुण की तारीफ़ चिल्ला-चिल्लाकर करता है, औरों के लिए लाभकारी बताता है किन्तु उसके प्रयोग से खुद परहेज करता है। वंचक, अपने सारे ज्ञान को परोपकारी मुद्रा में पेश करता है। यह व्यक्ति के दोहरे चरित्र का सार्वजनीकरण है। जहाँ एक बड़े उत्पादक वर्ग को उसके प्राप्य से वंचित कर उसे भविष्य के सुन्दर सपनों के भरोसे मरने के लिए छोड़ देने का ही उपक्रम है। इसे ही पहचानने की अन्तर्दृष्टि और बहिर्दृष्टि का संयोग कबीर के बयानों में है। वे ऐसे चरित्रों को यदि क्रूर कहकर सम्बोधित करते हैं तो उन्हें विक्षिप्त, पागल और संकुचित मानसिकता से संज्ञापित करते हुए उनकी वाणी को छोटे ख़ाने में महदूद

कर दिया जाता है। इसके पीछे डर होता है। ऐसी बानियों के अर्थ और प्रयोग प्रभुवर्ग के लिए घातक हो सकते हैं। इसी लिए कबीर मान्य नहीं हैं, कबीर पूज्य नहीं हैं, कबीर सेव्य नहीं हैं, कबीर आदर्श नहीं हैं। कबीर का सवाल वंचक वर्ग को दुविधा में डालता है। "यदि तुमने उस स्वर्ग या नरक को देखा नहीं, जाना नहीं, समझा नहीं, भोगा नहीं, तो वहाँ की बात और वहाँ का पता तुम्हें मालूम कैसे हुआ? ख़ुद तो तुम इस दुनिया के सारे सुखों का उपभोग करना चाहते हो और एक बड़े वर्ग को अनजाने देस, अनजानी परिस्थिति की कल्पना-प्रसूत गुफा में धकेलना चाहते हो।" कबीर जानना चाहते हैं कि ऐसा क्यों? ऐसा करते हुए वंचित वर्ग के तात्कालिक दुःखों से उसका ध्यान हटाकर ऐसे भविष्य की मोहक उम्मीदों पर टिकाकर फ़ौरी संकट या विद्रोह की सम्भावना को जड़ से समाप्त करने का यह अनूठा आयोजन है।

कबीर अपनी वाणी में बार-बार लोगों को सावधान करते हैं कि वे भौतिक सत्य को स्वीकार करते हुए इस जीवन को व्यक्ति के लिए सुखमय एवं शान्तिमय बनावें। सामाजिक परिवर्तन की प्रतिगामी ताक़तें उनकी इन घोषणाओं को परलोक से जोड़कर उनकी सीधी-साधी बातों को भी रहस्यवादी दर्शन बताकर, आम जनता को उससे काटने की मुहिम चलाती रहती हैं। कबीर कहते हैं कि "है हाज़िर तेहि दूर दिखावै, दूर की बात निरासी"[4] वे आम जन को दो-मुँहे चरित्र से भी वाकिफ़ कराते चलते हैं–

हाथ सुमरनी, पेट कतरनी, पढ़त भागवत गीता
हृदय सुद्ध किया नहीं बौरा, कहत-सुनत दिन बीता[5]

अर्थात् तुम्हारे बाहरी किरदार में तो सुमिरन की माला है और भीतरी किरदार में छुरी। तुम तो अपने मन के अन्दर हिंसक प्रवृत्ति पालते हुए भी लोगों को ईश्वर और अहिंसा का झूठा पाठ पढ़ा रहे हो। कबीर अपनी रचनाओं के माध्यम से बार-बार दिल की अपवित्रता और दुरूहता के वाहक वर्ग की धोखा देने की प्रवृत्ति से आम जन को तरह-तरह के सबदों और साखियों के ज़रिए आगाह करवाते हैं–

अरे कोई सफा न देखा दिल का.......
ऊपर-ऊपर सुन्दर लागे, भीतर गोला पत्थर का
काजी देखा, मौला देखा, पन्डित देखा छल का
औरन को बैकुंठ बतावै, आप नरक में सरका[6]

छल का आदर्श

ऐसे उदाहरणों से तथाकथित पवित्र वाङ्मय और मनगढ़न्त ऐतिहासिक साहित्य

भरा पड़ा है। यहाँ छल-कपटपूर्ण आचरण को ही एक वर्ग के लिए आदर्श बनाया गया है। राजा बलि के सम्पूर्ण राज्य को एक भिखारी (वाराह-मन?) द्वारा दान में प्राप्त किये जाने और इससे पैदा हुई राजा की दारिद्रय-महिमा कदाचित ऐसी ही अपेक्षा करता है। यह आदर्श भी ऐसा ही डिमांड करता है कि कोई भी धन, राज्य या भोग्य वस्तु केवल पुरोहित वर्ग के लिए है—चाहे वह दान में मिल जाये या छलपूर्वक या बलपूर्वक ले ली जाये या दो राजाओं के बीच लड़ाई करवाकर ले ली जाये। जैसे भी हो इस पृथ्वी के सभी सुख इस भू-सुर के द्वारा ही भोगने योग्य हैं, इसी में उस वस्तु के मालिक का भी कल्याण निहित है। यह केवल दान करने की अपील ही नहीं, बल्कि; येन-केन-प्रकारेण अपना वर्चस्व एवं स्वामित्व क़ायम करने का धूर्त धन्धा है। ऐसे ही उदाहरणों में एक मिथकीय चरित्र राजा हरिश्चन्द्र हैं जिन्हें स्वप्न में अपना सम्पूर्ण राज्य दान करने के बाद श्मशान घाट की चौकीदारी करनी पड़ती है। इसके एवज़ में देवयान द्वारा उन्हें देवलोक की मुफ़्त हवाई यात्रा प्राप्त करने की कथा जोड़कर उनके पारलौकिक सुख का मिथ्या किन्तु लुभावना स्वप्न शामिल किया गया है। यह वही देवलोक है जहाँ के लिए कबीर का भौतिक शरीर कफ़न के नीचे फूल छोड़कर उड़ (अन्तर्ध्यान हो) जाता है। लाज़िम है ऐसे अज्ञात गुप्त स्थान पर सभी महान दलित-शूद्र नायकों को भेज देने पर इस धरती का राज्य पृथ्वी के जन्मना देवता को निर्विरोध मिल सकेगा। इसी प्रकार के उदाहरणों के परिप्रेक्ष्य में मन्दिरों, मठों, नदियों, पर्वतों, कुम्भों, निकुम्भों पर जुटने वाली भीड़ और मेले-तमाशों को भी समझा जाना चाहिए। ऐसे अनुष्ठानों में वर्ष भर की मेहनत की कमाई को दान कर देना कितने बड़े पुण्य का काम है? देव-दर्शन की लालसा में जुटी भीड़ में पागल हाथी आने की अफ़वाह यूँ ही नहीं फैलती। श्रद्धालुओं के मरने पर उन्हें स्वर्ग का कम्पनशेसन (क्षतिपूर्ति) जो मिलता है। किसी प्रकार के झगड़े, उलाहने, दावे, गिले-शिकवे और शिकायतें करने के सारे दरवाज़े बन्द! ऐसी घटनाओं के बाद भी ऐसे आयोजनों में कोई कमी नहीं आती। जिस प्रयाग-कुम्भ में महाराजा हर्ष अपने राज्य की सार्वजनिक सम्पत्ति को ज़रूरतमन्द लोगों में बाँटने का काम करते थे, उसी स्थान पर अब ज़रूरतमन्दों को लूटने की परम्परा परवान चढ़ती है। दान और लूट की परिभाषाएँ अपनी सुविधा के अनुसार गढ़ ली जाती हैं। जन सामान्य को भेड़ों के चरवाहे अपनी परिभाषाओं से संचालित करते हैं या तो फुसलाने वाले शब्दों के ज़रिए या दण्डों के ज़रिए।

वर्तमान परिप्रेक्ष्य में ऐसी परम्पराओं के अस्तित्व पर नज़र डालते हुए जीवन के विभिन्न कार्य-व्यापार में ऐसे भ्रामक प्रचार की पड़ताल करते हुए हम सबसे

पहले राजनैतिक स्थिति एवं परिदृश्य का जायज़ा लेते हैं। प्रजातान्त्रिक व्यवस्था में जनता अपेक्षा करती है कि उसकी सुख-सुविधाओं को बेहतर बनाने के लिए उसके द्वारा चुने गये प्रतिनिधि अग्रणी भूमिका निभायेंगे। इन्हीं बातों का भरोसा दिलाकर प्रतिनिधिगण चुनाव में सफलता भी प्राप्त करते हैं। हर चुनाव क्षेत्र में स्थानीय कठिनाइयों के मद्देनज़र इनसे निज़ात पाने के लिए लम्बे-चौड़े प्लान और परियोजनाओं के ख़ाके तैयार किये जाते हैं—वह भी इनकी व्यहारिकता एवं कार्यान्वयन हेतु धन-उपलब्धता को जाँचे बिना। आश्वासन दिया जाना तथा उस पर यक़ीन करा लेना—समस्याओं के हल से दूर हटाने की कोशिश का हिस्सा है। धार्मिक, राजनैतिक और जातीय वर्गों में बँटा भारतीय समाज एक-दूसरे से लड़ने-लड़ाने और बदला लेने के लिए लगातार इस्तेमाल किया जाता रहा है। यहाँ साझी संस्कृति का कोई राष्ट्रीय एजेण्डा नहीं है। महत्त्वपूर्ण है तो बस भेदभाव एवं साम्प्रदायिकता के एजेण्डे! ऐसे में जनता को भविष्य के अच्छे सपने दिखाये जाते हैं। उन पर विश्वास दिलाने के लिए बाक़ायदा पेड प्रचारक तथा एजेण्ट्स लगाने की रणनीति अख़्तियार की जाती है। राजनैतिक सफलताओं के लिए युद्ध का डर, पड़ोसी देशों से ख़तरे, राष्ट्रीय अहम के अल्पसंख्यक-बहुसंख्यक धार्मिक मुद्दे तथा युवाओं के सुखमय भविष्य की लुभावनी बातें आम तौर पर होती हैं। मदारी की लच्छेदार भाषा बार-बार भीड़ जुटा लेती है।

अफ़वाह का बाज़ार

निश्चित ही किसी भी विचार, मान्यता, परम्परा और यहाँ तक कि अफ़वाह को भी जन-जन तक फैलाने के लिए एक मज़बूत प्रचारतन्त्र की आवश्यकता होती है। रोज़ी-रोटी की चिन्ता में उलझा आम आदमी इस तिकड़म से प्रायः अनभिज्ञ रहता है। ख़बर देने और लेने वाले लोग (जिन्हे बातों की रोटी खाने का हुनर मालूम है) उसके खेत-खलिहान और दरवाज़े तक पहुँचकर उसे अपने एजेण्डे के पक्ष में करने का प्रयास करते हैं—आवश्यकतानुसार, पहली बार, दूसरी बार और बार-बार झूठ को सच मनवा लेने की परिणति तक। इस प्रकार के तन्त्र के ज़रिए परिभाषाएँ, जीवन-मूल्य और मान्यताएँ बदल दी जाती हैं। ऐतिहासिक परिप्रेक्ष्य में भी बातूनी-परजीवी-वर्ग के पास केवल ज़बानी जमा ख़र्च (लिप सर्विस) ही रही है जिससे वह अपने निहितार्थ मनमानी मान्यताएँ गढ़ता और स्थापित करता रहा है। उदाहरण के लिए कविता, कहानी, नाटक, कथा, उपदेश, पूजा-पारायण और मंचीय अभिव्यक्यिों के ज़रिए अनेक वायवीय चरित्रों का निर्माण किया गया जिनका कोई वास्तविक वजूद ही नहीं।

काल्पनिक मिथकों को इतिहास से जोड़ना या फिर इतिहास का भ्रामक लेखन भी मनमानी परम्पराओं के निर्माण की ही एक कड़ी है। यही कारण है कि पढ़ा-लिखा होने के बावजूद एक तबका सोची-समझी रणनीति के तहत पुरातात्विक साक्ष्यों को दरकिनार करके मिथकीय कथाओं को सच बनाने में जुटा रहता है। चाहे मन्दिर-मस्जिद के झगड़े हों, मन्नार खाड़ी के समुद्री जहाज-मार्ग के चौड़ीकरण का मामला हो या सिन्धु-सभ्यता के बरअक्स सरस्वती-सभ्यता का मनगढ़न्त नामकरण, लगातार ऐसे दुराग्रह पेश किये जाते रहे हैं। आज भी कोई साधु-सन्यासी, भू-गर्भीय भविष्यवाणी करता है तो सोने के भण्डार के लिए खुदाई करते हुए लाखों रुपये इस अफ़वाह की भेट चढ़ जाते हैं। ऐसा इसी देश में सम्भव है। इस प्रकार की अवैज्ञानिक मान्यताएँ बार-बार वैज्ञानिक प्रतिबद्धताओं पर कुठाराघात करती हैं। पुष्पक विमानों की यात्राएँ और अग्नि-वाणों से समुद्र सुखाने जैसी गल्पें जन-मानस में विश्वसनीयता की हद तक स्थापित कर दी जाती हैं। नयी फ़स्लों की उपज के अभिनन्दन में नयी ऋतुओं के साथ नृत्य-गान की परिपाटी आज भी ग्रामीण, आंचलिक और जनजातीय समाज में किसी न किसी रूप में (लगभग हर राज्य में) जीवित है। गुजरात से असम तक और कश्मीर से कन्याकुमारी तक ऐसी पारम्परिक मान्यताओं वाले तीज-त्योहार मुख़्तलिफ़ नामों से आसानी से पहचाने जा सकते हैं। इनमें प्रह्लाद और होलिका-दहन के मिथक, धम्म-विजय को रावण-वध की विजयादशमी के रूप में तथा दीप-उत्सव को कल्पित कथानकों के निर्मित चरित्रों से जोड़ने का काम इसी तरह की अफ़वाहों से स्थापित/विस्थापित करने का प्रयास होता है। एक लम्बी समयाधि में इसे अधिकांश लोगों की मान्यता तक प्राप्त हो चुकी होती है। उसके इतर कोई भी तार्किक बात लोगों को आसानी से नहीं पचती है।

आज इलेक्ट्रानिक मीडिया, प्रिंट मीडिया एवं अन्य प्रचारतन्त्र ऐसी ही सुविधाभोगी परजीवी संस्कृति के हाथों अपनी पुरानी भूमिका में अधिक भयावहता लिए हुए हैं। स्वास्थ्य, धन, बल और सम्पन्नता की खोज में हस्त-रेखाओं, टोने-टोटकों और ललाट पर लिखी भाग्य रेखाओं के ज़रिए भाग्य बाँचने, सुख बाँटने और मौज काटने हेतु मुठ्ठी-भर लोगों द्वारा प्रायोजित कई तरह के उपक्रमों एवं व्यापारिक केन्द्रों पर उपभोक्तावादी भौतिक सामग्री बनाकर बेचा जा रहा है। देवी-देवताओं के नये-नये अवतार और उनसे सम्बन्धित पूजा प्रतिष्ठान की नयी परम्पराएँ मीडिया द्वारा लोगों के मनोमस्तिष्क में भरने का काम बदस्तूर जारी है। वैज्ञानिक सोच एवं वैज्ञानिक मुहावरों को नीचा दिखाने की बेशर्म मुहिम के ख़िलाफ़ आवाज़ उठाना साम्प्रदायिकता क़रार दिया जाता है। तथाकथित

योगियों-महर्षियों, सन्तों-महन्तों, भविष्य-द्रष्टाओं और बाबाओं की आध्यात्मिक दूकानें न केवल मन्दिरों, मठों, आश्रमों और सेवाश्रमों में खुली हैं बल्कि वे आधुनिक प्रचार माध्यमों और टी.वी. चैनलों पर भी धृष्टता के साथ हावी हैं। देश की प्रतिभा और स्वतन्त्र चिन्तन के नाम का यह अधोमुखी प्रयास है। ऐसे विकास का गुणगान और उस पर इतराने की हद तक महिमामण्डन कहाँ रुकेगा—कहना कठिन है। इस प्रचारतन्त्र की महिमा ही है कि वैज्ञानिक तथ्यों की आँखों में धूल झोंककर प्राचीन संस्कृति के नाम पर अन्धविश्वासों को बढ़ाना एवं लोगों को ऐसा ख़रीदार बनाना जो किसी न किसी बहाने अपनी मेहनत की कमाई लुटाकर सुख-शान्ति ख़रीदने के लिए आसानी से ऐसी सत्ताओं के शरणागत हो जायें। ये कितने मूर्ख बनाये गये लोग हैं जिन्हें भोला-भाला कहकर अज्ञान की दलदल में वहीं बने रहने के लिए प्रेरित किया जाता है। ऐसे मूर्खों की जमात बढ़ाने में लगा अफ़वाह-तन्त्र 'कपूर बेचने' की एक आवाज़ पर अच्छों-अच्छों को सम्मोहित किये हुए है। वह कपूर की तमाम ख़ासियतों के साथ उन्हें सुख एवं आनंद से सराबोर करने की गारंटी देता है। वह खुद तो दर-दर फिर रहा है और लोगों को सुखी जीवन की भभूत बेच रहा है। उसकी समाज-सेवा, करुणा, दान और त्याग को जाँचने की ज़रूरत नहीं समझी जाती। बातों में उलझाकर अपना अर्थ-तन्त्र मज़बूत करना ही मीडिया-संचालक का एक मात्र उदेश्य होता है।

धर्म-अधर्म, सच एवं झूठ में विभेद करने हेतु शिक्षा-तन्त्र को पंगु बनाकर वैज्ञानिक सोच की धार को कुन्द करने के उदेश्य से ही कई समानान्तर शिक्षा व्यवस्थाएँ आज भी चल रही हैं। यह अशिक्षित बनाए रखने का संशोधित शिक्षा संस्करण है जिसे सभी धर्मों के ऊपर एवं सभी कर्तव्यों से श्रेष्ठ कहा जाता है (चाहे वह शिक्षा व्यवस्था हो, स्वास्थ्य हो, उत्पादन हो, विपणन हो, कृषि कार्य हो, या खनिज दोहन हो)। ऐसा गुप्त-ज्ञान फैलाते हुए इस तरह का परजीवी-तन्त्र प्रत्येक सेक्टर में लगा हुआ है। यह तन्त्र जो परिस्थिति, स्थान और व्यक्ति की सामाजिक हैसियत के मुताबिक़, मुनासिब और माकूल हथकण्डा अख़्तियार करता है। ईश्वर एवं व्यक्ति के बीच के ये बिचौलिये या दलाल कभी भी लोगों को सच के पास पहुँचने नहीं देना चाहते। ये किसान एवं मण्डी के बीच, श्रम एवं उत्पाद के बीच बड़ी नफ़ासत के साथ जुड़कर घुलमिल गये हैं। जहाँ भी, जैसे भी, जिसके साथ भी इस तरह की मुफ़्तखोरी एवं कामचोरी की गुंजाइश बनती है तथा अवसर प्राप्त होता है, ये जीव सक्रिय हो उठते हैं—श्रमिक-संगठनों के अगुआ बनकर, ग्रामीण-संगठनों के मुखिया बनकर, धार्मिक-संगठनों के सर्वेसर्वा बनकर, भूख, ग़रीबी, कुपोषण हेतु सब्सिडी प्राप्त करने के लिए नामी एवं बेनामी

संस्थाओं के सदस्य बनकर, बेज़ुबानों के अधिवक्ता बनकर। इन्होंने बदलते ज़माने में भी अपनी सुख-सुविधा सुनिश्चित कर रखी है।

वैश्वीकरण के दौर में ऐसी परजीवी संस्कृति के नायाब भारतीय संस्करण अब विश्व-बाज़ार में भी उपलब्ध होने लगे हैं। यह संस्कृति, व्यक्ति-स्तर से लेकर विश्व-स्तर तक व्याप्त है। आज विश्व-समाज के कर्ता-धर्ता तथाकथित सुविधा संपन्न राष्ट्रों के मुखिया भी इस तन्त्र के शिकार हैं। दुनिया की बड़ी अर्थव्यवस्थाएँ चन्द लोगों के हाथों में आ गयी हैं और ऐसे ही निजीकरण के प्रताप और महिमा को बढ़ा-चढ़ा कर प्रचारित प्रसारित किया जा रहा है। निजीकरण के सोपानों पर चढ़कर तानाशाही तक पहुँचने के रास्ते साफ़ किये जा रहे हैं। पिछले डेढ़ सौ वर्षों के सामाजिकीकरण में स्वधीनता, समता और बन्धुत्व के लिए लड़ी गयी लड़ाई एवं तमाम क़ुर्बानियों से निकले निर्मल स्रोतों को उलटा मोड़ने का प्रयत्न जारी है। ऐसे तानाशाही माहौल का प्रचार प्रसार करके मीडिया इसी प्रकार के सुगन्धित सपनों को बेचने का काम कर रहा है। दूसरों को सुगंधि के सपनों में बेहोश करने का यह अचूक मन्त्र है। कल की गफ़लत आज भी बरक़रार है। शायद आने वाले कल को भी अपने गिरफ़्त में लेने के लिए अपने नये पैंतरे की योजना बनाने में लगी है।

सन्दर्भ-सूची

1. कबीर भजनावली-2, कबीर पारख संस्थान, प्रीतमनगर, इलाहाबाद, पृष्ठ 95, भजन 99
2. कबीर भजनावली-1, कबीर पारख संस्थान, प्रीतमनगर, इलाहाबाद, पृष्ठ 82, भजन 85
3. सम्पादक आचार्य महन्त गंगा शरण शास्त्री, कबीर वाणी प्रकाशन केन्द्र, सी 23/5, कबीर चौरा मठ, मूलगादी, वाराणसी-221001, पृष्ठ 295, बीजक साखी 34
4. कबीर भजनावली भाग-1, कबीर पारख संस्थान, इलाहाबाद, पृष्ठ 55, भजन 49
5. वही, पृष्ठ 108, भजन 121
6. वही, पृष्ठ 134, भजन 154

अध्याय-2

मिथकीय धुन्ध में छिपा इतिहास

भारतीय सन्दर्भ में इतिहास-लेखन प्रायः एक धुँधला सा अध्याय रहा है। लम्बे समय तक इस क्षेत्र में घनघोर उदासीनता बनी रही। इतिहास जानने के लिए बहुधा हमें अनुत्तरदायी श्रुतियों, दन्तकथाओं, कविताओं, कहानियों और ऐसे ही कई तरह के परम्परागत आख्यानों द्वारा गढ़े गये व्यक्ति-चरित्रों की मिथकीय गाथाओं को खंगालना पड़ता है। इस प्रकार के साहित्य बहुधा राज-सत्ताओं के आस-पास ही केन्द्रित रहते हैं। इसके ज़रिए आम जन-जीवन के विस्तृत फ़लक की ठीक-ठीक जानकारी हासिल कर पाना बहुत कठिन एवं जोख़िम भरा काम हो जाता है। इससे भी बढ़कर समस्या यह होती है कि ऐसे साहित्य बहुधा राज-सत्ताओं को प्रसन्न करने या जन-रंजन हेतु गढ़े गये होते हैं जिससे इतिहास का सरोकार बहुत कम होता है या होता ही नहीं। ऐसी अपुष्ट सूचनाओं का उपयोग प्रामाणिकता की दृष्टि से उचित नहीं माना जा सकता किन्तु इतिहास तथा पुरातत्व के साक्ष्य

उपलब्ध हो जाने पर इसके ज़रिए तथ्यों की पुष्टि अवश्य की जा सकती है।

सामान्यतः यही मान्यता प्रचारित होती रही है कि भारतीय ऋग्वैदिक साहित्य ही दुनिया का प्राचीनतम ज्ञात साहित्य है। इससे अपने समय की बड़ी लड़ाइयों से लेकर खानपान तथा देव-स्तुतियों तक का अन्दाज़ा लगता है। इस सन्दर्भ में जानना चाहिए कि भारतीय भाषाओं तथा लिपियों का विकास विश्व की अन्य भाषाओं तथा लिपियों से पहले का होना न तो प्रामाणिक है न ही ऐसा किसी खोज द्वारा सामने ही आया है। यह अवश्य कहा जा सकता है कि विश्व की अन्य प्राचीन सभ्यताओं के साथ भारतीय सभ्यता के मेलजोल तथा समन्वय के कारण लगातार बनती-बिगड़ती तथा मिश्रित सभ्यता में विशिष्ट लिपि एवं लेखन ने निश्चित ही अपनी अलग पहचान कायम की है। बीसवीं सदी की शुरुआत से लेकर अब तक हुई खुदाइयों से प्राप्त पुरातात्विक साक्ष्यों ने यह प्रमाणित कर दिया है कि ईसा के साढ़े तीन हज़ार वर्ष पूर्व की हड़प्पाई या सिन्धु-सभ्यता के नाम से जानी जा रही जीवन-शैली में एक विशिष्ट लिपि उपलब्ध थी जिसे अब तक पढ़ा नहीं जा सका है। किन्तु इसके आधार पर भी पूर्वोक्त ऋग्वेद को दुनिया का प्राचीनतम साहित्य नहीं कहा जा सकता है। हाँ! इतना अवश्य है कि पुरातात्विक साक्ष्यों में उपलब्ध यौगिक आसन में बैठी मानव-मूर्ति के आधार पर तत्कालीन लोक-जीवन में एक समृद्ध एवं सर्वमान्य आध्यात्मिक परम्परा के अस्तित्व का सहज अनुमान लगाया जा सकता है।

श्रमण परम्परा बनाम वैदिक-ब्राह्मण परम्परा

श्रमण एवं ब्राह्मण परम्पराओं को एक-दूसरे के आस-पास, अनुकूल तथा पूरक मान लेना सर्वथा अज्ञानता का द्योतक है। इन परम्पराओं को ऐतिहासिक परिप्रेक्ष्य में जाँचने पर पता चलता है कि दोनों ही एक-दूसरे से सर्वथा अलग जीवन-मूल्यों का दर्शन रखती हैं। इस सच्चाई को जाने बिना इतिहास की सम्यक दृष्टि को अपना पाना अत्यन्त कठिन है। इस सन्दर्भ में ज्ञानचन्द्र जैन अपनी पुस्तक 'निगंठ ज्ञातपुत्त' में इस अन्तर का उल्लेख तर्क-पूर्ण ढंग से प्रस्तुत करते हैं—"श्रमण धारा वास्तव में योग एवं तप की धारा थी जो सम्भवतः ईसा पूर्व की शताब्दियों में वेद-वाह्य मानी जाती थी, इसीलिए पतंजलि ने ब्राह्मण—श्रमण का उल्लेख अहि-नकुल, गो-व्याघ्र जैसे शाश्वत विरोध वाले उदाहरणों में किया है। इससे संकेत मिलता है कि उस काल के ब्राह्मण, श्रमणों को अपना प्रबल प्रतिस्पर्धी मानते थे। मुअनजोदड़ो तथा अन्य सिन्धु-घाटी सभ्यता से प्राप्त पुरातात्विक प्रमाणों के द्वारा यह संकेत मिलता है कि श्रमण यदि योग तथा तप की प्राक्-वैदिक धारा

का प्रतिनिधित्व करते रहे हों तो आश्चर्य नहीं"[1] इस बात को और अधिक पुष्ट करते हुए लेखक ने वेदों से ही अकाट्य प्रमाण प्रस्तुत किये हैं- " वैदिक धारा मुख्यतः यज्ञ-प्रधान थी, किन्तु उपनिषदों की विचारधारा यज्ञों को उतना महत्त्व नहीं देती, वह आत्म प्रधान थी। यह रूपान्तरण कैसे हुआ? यह असम्भव नहीं कि उपनिषदों की विचारधारा के विकास में श्रमण-धारा का प्रभाव रहा हो। वैदिक साहित्य में ही इस बात का उल्लेख मिलता है कि वैदिक ऋषियों ने आत्म-विद्या नग्न श्रमणों (वात रशना मुनियों) से ग्रहण की"[2]

इसी क्रम में एक अन्य विद्वान डॉ. आर. सी. जैन ने स्पष्ट किया है कि आर्य पूर्व के लोग एक उन्नत संस्कृति एवं सभ्यता के वाहक थे जबकि पारम्परिक इतिहास दृष्टि ने इस सत्य को कभी भी रेखांकित नहीं किया—"ऋग्वेद आर्यों का प्राचीनतम अभिलेख है—समुचित रूप में तथा बदला हुआ। यह मनुष्य का प्राचीनतम अभिलेख नहीं है। प्राचीनतम मानवीय अभिलेख मिश्र तथा सुमेर की क्रमशः चित्र-लिपि तथा कील-लिपि के रूप में उत्कीर्णित हैं। भारत, सुमेर, मिश्र, ग्रीक (एजियन समुद्री-द्वीपों के साथ जहाँ ताम्र-युग की सभ्यता विकसित थी) तथा मध्य अमेरिका से प्राप्त पुरातात्विक प्रमाण उपर्युक्त उत्कीर्णन में निहित ऐतिहासिक तथ्यों को सिद्ध करने के लिए निर्णायक साक्ष्य प्रस्तुत करते हैं। वे अन्य संगत विज्ञानों से; विश्वसनीय प्रमाणों के साथ मेल खाते हुए, अन्ततोगत्वा सिद्ध करते हैं कि आर्य-पूर्व सुसंस्कृत तथा सुसभ्य ग्रहवासियों ने जीवन के आध्यात्मिक पथ का अनुसरण किया। आर्य-अन्धभक्ति ने इतिहासकारों, प्राच्यविदों तथा भारतीय-विचारवादियों को पूरी तरह अन्धकार में रखा तथा वे आर्य-पूर्व ग्रहवासियों के इस वास्तविक पक्ष को देख भी नहीं सके।[3]

संस्कृति, सभ्यता, जय, सत्य, अहिंसा, तथा समानता को श्रमण तथा ब्राह्मण दृष्टियों से बिल्कुल अलग देखे जाने का प्रमाण देते हुए प्रसिद्ध लेखक आर.सी. जैन लिखते हैं—"संस्कृति, आत्मन (Homo-spirit) का अघोषित आनुवंशिक स्वभाव है। सभ्यता इसका घोषित स्वरूप है। अपसंस्कृति तथा असभ्यता सीधे-सीधे संस्कृति तथा सभ्यता के स्थायी उग्र विरोधी हैं, किन्तु यह अच्छी तरह समझ लेना चाहिए कि वे वस्तु तथा वस्तुवाद से क्रमशः भौतिकता तथा भौतिकवाद में गुणात्मक बदलाव के विश्रेणीकृत प्रभाव में आत्मन की कृत्रिम अशुद्ध सृजनात्मकताएँ हैं। यह पूरी ग्रहीय आबादी; समाज तथा विचार, युगों से अब तक, समत्व, सत्य, अहिंसा तथा स्वायत्तता को संस्कृति तथा सभ्यता का सही मानक स्वीकार करती रही है। वे स्थायी रूप से उग्र तथा अपने विरोधी असमानता, असत्यता, हिंसा तथा दासता को संस्कृति-विरुद्ध तथा सभ्यता-विरुद्ध मानते हैं,

यह विरुद्ध-संस्कृति तथा विरुद्ध-सभ्यता का अस्तित्व क्यों है? जब सिद्धान्त तथा व्यवहार या परिकल्पना तथा प्रयोग एक ही जैसे तथा समरूप हों तो पृथ्वी का मनुष्य, समाज तथा विचार गतिशील मेल-जोल वाला तथा सहज संस्कृति एवं सभ्यता का लाभार्थी होता है। किन्तु जब सिद्धान्त तथा व्यवहार या परिकल्पना एवं प्रयोग के बीच मूलभूत, स्थायी उग्रता-पूर्ण विरोध हो; व्यक्ति, समाज तथा विचार द्वारा, कृत्रिमता से संस्कृति-विरोधी एवं सभ्यता-विरोधी निर्मिति होती है। फिर भी यह विरोधी संस्कृति एवं विरोधी सभ्यता अपने उसी रूप में नहीं रहती है। यह संस्कृति तथा सभ्यता के स्वरूप में ही चलती है। ये संस्कृति-विरोधी, सभ्यता-विरोधी मनुष्य, समाज तथा विचार अपने ग्रन्थों का उद्धरण संस्कृति तथा सभ्यता के पक्ष में देते रहेंगे तथा बनावटी हमदर्दी दिखाते रहेंगे; किन्तु वे हमेशा संस्कृति एवं सभ्यता-विरोधी आचार करते रहेंगें।"[4] वे यह सिद्ध कर देते हैं कि—"भरत या भारत आर्य भाषा-भाषी लोगों का विज्ञान वैदिक-विज्ञान है तथा भारतीयों का श्रमण-विज्ञान जैन तथा बौद्ध विज्ञान हैं।"[5]

यही नहीं, बल्कि उपर्युक्त तथ्यों से यह साफ़ हो जाता है कि—"अब तक इतिहास की लिखी पुस्तकें उल्टी, पूर्वाग्रहपूर्ण एवं भेदभावपूर्ण हैं। वे विजयी लोगों की विजय गाथाएँ हैं। जो विजित या हराए गये हैं उन्हें हर जगह लुटेरे, असभ्य, असंस्कृत तथा पद-दलित बताया गया है।"[6]

इसी प्रकार—"ऋग्वेद, अथर्ववेद, शुक्ल यजुर्वेद, कृष्ण यजुर्वेद तथा पंचविश ब्राह्मण में जय का अर्थ है सैनिक-विजय; इसलिए यह हिंसा तथा असत्य की विजय है। पाणिनी इस ऐतिहासिक वास्तविकता का समर्थन करता है"[7] अतः यह सामान्य मान्यता कि सत्य की विजय होती है; उपर्युक्त कथन के आलोक में एक उलटी उक्ति ही कही जायेगी, जहाँ व्यवहार में हिंसा की विजय को प्रश्रय दिया जाता है।

इस ऐतिहासिक सत्य की निश्चित समय-सीमा निर्धारित करते हुए डॉ. जैन लिखते हैं कि—"भारत में श्रमण मार्ग, संस्कृति एवं सभ्यता बिना किसी बाहरी व्यवधान के ई.पू. 4000 से ई.पू. 1300 तक चलता रहा। यद्यपि लुटेरे आर्यों ने ई.पू. 2000 तक पश्चिम एशिया में घुसपैठ की तथा कुछ समय बाद ई.पू. 1800 तक मिश्र में।"[8]

वैदिक मिथक का भाषाई सन्दर्भ

वेदों में इतिहास से अधिक मिथकों का बोल-बाला है। वेदों के रचना काल, उनकी भाषा तथा उनके चरित्र के उल्लेखों से भी ऐतिहासिक सच्चाई को पुनर्स्थापित करने

में मदद मिलती है। डॉ. आर.सी. जैन के अनुसार—"ऋग्वेद मुख्यतः परिवर्तित श्यामवर्णी ऋषियों के द्वारा रचा गया है, जिसमें 627 सूक्त तथा 6702 ऋचाएँ हैं। गौरवर्णी ऋषियों का दावा 354 सूक्त तथा 213 ऋचाओं का है। श्यामवर्णी तथा गौरवर्णी ऋषियों की संयुक्त रचना तथा श्यामवर्णी एवं वर्णसंकर ऋषियों की रचना क्रमशः 4 सूक्तों 39 ऋचाओं का एवं एक सूक्त चार ऋचाओं का है। कुल मिलाकर इसमें 1006 सूक्त तथा 10280 ऋचाएँ हैं।"[9]

यह ऐतिहासिक सच्चाई है कि ऋग्वेद की रचना सन् 1100 ई.पू. से लेकर सन् 600 ई.पू. तक होती रही। प्रमाण स्वरूप चेदि वंशीय कुश सन् 600 ई.पू. हुआ जिसका उल्लेख बौद्ध-ग्रंथ अंगुत्तरनिकाय में है। किन्तु ऋग्वेद के आठवें मण्डल के पाँचवे सूक्त के उन्तालिसवें श्लोक में चेदि वंशीय राजाओं के सम्बन्ध में उल्लेख है—यथा 'चेदि वंशीय राजा जिस मार्ग से जाते हैं उससे दूसरा कोई नहीं जा सकता। चेदि वंशीय राजा कुश की अपेक्षा कोई अधिक दान देने वाला विद्वान व्यक्ति नहीं है।' स्पष्ट है ऋग्वेद के आठवें मण्डल की रचना सन् 600 ई.पू. के बाद हुई।

यदि हम भाषाओं पर विचार करते हैं तो पाते हैं कि वैदिक-काल की भाषा में अनेकरूपता है। वैदिक भाषा की यह विशेषता संस्कृत में न होकर पालि में अधिक है। पालि भाषा प्राकृत से निकली है जो भारतीय भाषाओं का मुख्य रूप है। कुछ विद्वान इसका उद्‌भव-काल सन् 1600 ई.पू. से 600 ई.पू. से भी प्राचीन मानते हैं। यह भारोपीय भाषा परिवार में भारतीय ईरानी उप-परिवार के अन्तर्गत आती है। अतः संस्कृत को सभी भारतीय भाषाओं का मूल बताना विश्वसनीय नहीं लगता। इसी प्रकार खरोष्ठी लिपि दाहिने से बाँए हाथ की तरफ़ लिखी जाती थी जो परम्परा सिंधी-लिपि में भी मौजूद है। यही क्रम प्राचीन सिन्धु लिपि के बारे में भी जाना जाता है, यद्यपि वह अभी तक पढ़ी नहीं जा सकी है। डॉ. सुनीति कुमार चटर्जी के अनुसार हिब्रू में खरोशेध का अर्थ लिखावट है। हिब्रू से आत्मसात यह नाम खरोशेध जिसका संस्कारित रूप खरोष्ठ तथा उससे खरोष्ठी बना है।

इस प्रकार यह स्पष्ट है कि सामान्य जन इतिहास, संस्कृति तथा सभ्यता के इन अतिक्रमित अध्यायों पर वैदिक संस्कृति द्वारा अस्वाभाविक, मनगढ़न्त एवं झूठी कहानियों के ज़रिए विश्वास करने के लिए अभिशप्त होता रहा। इतिहास की उलट-पलट के बाद प्रायः संस्कृति एवं सभ्यता की नयी धारा दिग्भ्रमित होकर चलने लगती है। यही कारण है कि एक अपसंस्कृति असामान्य होते हुए भी झूठ के बल पर; अपने पक्ष में, शोषण का मार्ग सुगम रखने में कामयाब होती रही है। इतिहास के अवगुंठन में सांस्कृतिक अपहरण के प्रामाणिक बिन्दुओं की

तलाश किये बिना कोई यथार्थ-परक इतिहास बना पाना प्रायः असम्भव है। अतः भारतीयता की ऐतिहासिक प्रतिष्ठा के काले किये गये अध्यायों की शिनाख़्त किये बिना इसे बदलना तथा उस पुनर्प्रतिष्ठा को पुनर्जीवन तक लौटाना कठिन है। यह आज के भारतीय समाजवाद के लिए सबसे बड़ी चुनौती है।

प्रसिद्ध इतिहासकार रोमिला थापर ने इतिहास तथा मिथकीय साहित्य के सम्बन्धों पर तार्किक विश्लेषण प्रस्तुत किया है। उनके अनुसार, "हस्तिनापुर में हुई खुदाई से ज्ञात होता है कि सन् 700 ई.पू. के लगभग लोहे का प्रयोग होने लगा था। लोहे के उन्नत औजारों के कारण विस्तार की गति बढ़ी, तथा इसी कारण से खेती का कार्य आसान हो गया। अब धार्मिक एवं दार्शनिक चिन्तन के लिए अधिक अवकाश मिलने लगा जैसा कि लगभग सन् 700 ई.पू. एवं इसके बाद रचित 'बाह्मण-ग्रंथों' एवं 'उपनिषदों' से स्पष्ट है।"[10] इससे स्पष्ट है कि महाभारत का काल भी किसी प्रकार 700 ई.पू. के पहले का सिद्ध नहीं होता है।

उनकी अगली स्थापना है कि "हेरोडोटस ऐकेमेनिड साम्राज्य के सर्वाधिक सघन जनसंख्या वाले एवं समृद्ध प्रान्तों की गणना करते समय गंधार की चर्चा बीसवें सत्रपी अर्थात् प्रान्त के रूप में करता है। इन भारतीय प्रान्तों से ही सन् 486-465 ई.पू. के दौरान फारस की सेनाओं को यूनानियों के विरुद्ध लड़ने के लिए किराए के सैनिक प्राप्त हुए थे। हेरोडोटस लिखता है कि वे सूती वस्त्र पहनते थे और धनुष, भालों तथा लोहे की नोक वाले बेंत के बाणों से सुसज्जित होते थे। ...गंधार की राजधानी सुप्रसिद्ध नगर तक्षशिला में थी, जिसे यूनानी टेक्सिला कहते थे। यह नगर शीघ्र ही वैदिक और ईरानी—दोनों विद्याओं का केन्द्र बन गया। अधिक कर्मकांडी ब्राह्मण इस प्रदेश को अपवित्र मानते थे, क्योंकि यह फारस के आधिपत्य में चला गया था। फारसी विचारों का प्रभाव भारतीय जीवन के विविध क्षेत्रों में अनुभव किया गया; फारस की सिगलोई—जैसी मुद्राओं का भारत में अनुकरण किया गया; तीसरी शताब्दी ई.पू. में सम्राट अशोक ने जिस शिलालेखन का इतना प्रभावशाली प्रयोग किया, उसका विचार सम्भवतः उसे फारसी सम्राट डेरियस के शिलालेखों से ही प्राप्त हुआ था; उत्तरी-पश्चिमी भारत में व्यापक रूप से प्रयुक्त होने वाली खरोष्ठी लिपि एरेमिक से निकली है जिसका, फारस में खूब प्रयोग होता था। ...उत्तर-पश्चिमी भारत पर फारस का आधिपत्य लगभग सन् 330 ई.पू. में मकदूनिया के सिकंदर द्वारा फारस को जीत लिए जाने के साथ समाप्त हो गया। इसके तत्काल बाद ही उत्तर-पश्चिमी भारत ने भी सिकंदर के सामने घुटने टेक दिये।"[11]

स्पष्ट हो जाता है कि अशोक के शिलालेखों की प्रेरणा तथा लिपि दोनों

ही फारस के प्रभाव के कारण ही हैं–"यूनानी राज्यों में निकटतम सेल्यूसिड साम्राज्य था, जिसकी सीमाएँ मौर्य सम्राज्य को स्पर्श करती थीं। दोनों सम्राज्यों के बीच राजाओं की तीन पीढ़ियों तक दूतों का निरन्तर आदान-प्रदान चलता रहा। उत्तर-पश्चिमी प्रान्तों में, जो एक समय ऐकेमेनिड सम्राज्य के अंग रह चुके थे, फारस की बहुत सी बातें प्रचलन में रह गयीं थीं। यह आश्चर्य की बात नहीं है कि अशोक-स्तंभों के शीर्ष पर्सिपोलिस के स्तंभ-शीर्षों से बहुत अधिक मिलते हैं और सम्भव है उनका निर्माण उत्तर-पश्चिमी प्रान्त के शिल्पियों ने किया हो। शिलालेख अंकित कराने का विचार डेरियस के शिलालेखों की चर्चा सुनने के बाद ही अशोक के मन में आया होगा।"[12]

खरोष्ठी और ब्राह्मी लिपियों के प्रयोग भी अलग-अलग भौगोलिक पृष्ठभूमि के अनुसार ही हुए हैं जिससे खरोष्ठी के ईरानी सम्बन्ध का भी खुलासा होता है–"अशोक के शिलालेख स्थानीय लिपि में थे। इस प्रकार, पश्चिमोत्तर में पेशावर के निकटवर्ती प्रदेश में पाये गये शिलालेख खरोष्ठी लिपि में हैं, उसकी उत्पत्ति ईरान में व्यवहृत एरेमिक लिपि से हुई है। साम्राज्य के धुर-पश्चिम में, आधुनिक कंधार के निकट, शिलालेख यूनानी तथा एरेमिक लिपि में, और भारत में अन्यत्र ब्राह्मी लिपि में हैं।[13]

संस्कृत भाषा के बारे में फैलाई गयी आम धारणा के विरुद्ध प्रमाण उपलब्ध हैं कि इनके सम्बन्ध इण्डो-यूरोपीय भाषिक समूह से ज़्यादा क़रीब हैं–"भारत में, संस्कृत के यूरोपीय विद्वानों को यह जान कर कुछ आश्चर्य हुआ कि संस्कृत संरचना एवं सम्भवतः उच्चारण की दृष्टि से ग्रीक एवं लैटिन से सम्बन्धित थी, और यह सम्बन्ध घनिष्ठ था। इससे यह बात सिद्धान्त रूप में मान ली गयी कि आर्य भाषा-भाषी जातियों के पूर्वजों-इण्डो-यूरोपियों द्वारा मूल रूप में बोली जाने वाली भाषा एक ही थी। इण्डो-यूरोपीय लोगों का मूल स्थान कैस्पियन सागर के प्रदेश तथा दक्षिणी रूस के मैदान थे, जहाँ वे धीरे-धीरे बहुत से कबीलों में बंट गये और नये चरागाहों की खोज में यूनान, एशिया माइनर, ईरान तथा भारत तक फैल गये। इस समय तक वे आर्य कहलाने लगे थे। ...आर्य या इण्डो-आर्य–जो कि इण्डो-यूरोपियों के वंशज थे–कुछ समय तक बैक्ट्रिया में और उत्तरी ईरानी पठार पर रहे, परन्तु सन् 1500 ई.पू. के आसपास तक वे हिन्दूकुश के दर्रों से होकर उत्तरी भारत में प्रविष्ट हुए।[14]

पौराणिक सूत्रों के द्वारा इतिहास के खोये चरित्रों को सावधानी पूर्वक जाँच-परख के बाद ही इतिहास से जोड़ा जा सकता है–"पुराणों के पारम्परिक विवरण अनेक शताब्दियों के पश्चात (लगभग 500 ई.पू. और 500 ई. के मध्य)

संग्रहीत किये गये, अतएव इसमें वर्णित घटनाओं में अन्तर आ गया है। वे बिलकुल ही कपोल-कल्पित नहीं हैं, क्योंकि उनमें ऐतिहासिक घटनाओं के संकेत मिलते हैं। ...इसी प्रकार प्रलय की कहानी अनायास बेबीलोन की दन्तकथा का स्मरण कराती है, जो नोआ के आर्क (Noah's Ark) की कथा में हिब्रुओं द्वारा भी अपनाई गयी है। भारतीय स्रोतों में यह उस समय की स्मृति रही होगी जब आर्य लोग ईरान के पठारों पर रहते थे और बेबीलोन-निवासियों के सम्पर्क में थे, जिनसे उन्होंने प्रलय की बात सुनी होगी या फिर यह दन्तकथा उन्हें सिन्धु घाटी के लोगों से प्राप्त हुई होगी जिन्होंने भी इसे बेबीलोन निवासियों से ही सुन रखा होगा।"[15]

भारतीय महाकाव्यों के मिथकीय चरित्र

प्रथमतः हम लोक में फैलाए गये इन विचारों को परीक्षित करेंगे जो रामायण तथा रामचरित मानस के ज़रिए जन-सामान्य के इतिहास-बोध के ऊपर ज़बरन चस्पा किये गये हैं। इस अपसंस्कृति ने इतिहास को संदिग्ध तथा अविश्वसनीय बना दिया है। इसी क्रम में हम भारत के दो प्रसिद्ध मिथकीय कथानकों पर ध्यान केन्द्रित करते हैं तो पाते हैं कि महाभारत और रामायण दोनों रचनाएँ ईस्वी सहस्त्राब्दी के पूर्वाद्ध में हुई हैं। महाभारत में जिस प्रकार हूणों तथा म्लेच्छों का वर्णन है उससे प्रतीत होता है कि उसका रचना-काल सन् 455 ईस्वी से सन् 528 ईस्वी तक है। रामायण की रचना का काल भी ईस्वी सन् के बाद का है। उत्तरी-भारत में जिस मिथकीय रचना ने अधिक प्रचार प्रसार पाया वह तुलसी-कृत रामचरित मानस है जिसे वाल्मीकीय रामायण की अनुकृति कहा जा सकता है। इस सम्बन्ध में प्रसिद्ध इतिहासकार रोमिला थापर ने भी स्पष्ट किया है कि इन ग्रन्थों को ऐतिहासिक घटनाओं का आधार नहीं बनाया जा सकता है—"रामायण और महाभारत दोनों महाकाव्यों का सम्बन्ध उन घटनाओं से है जो लगभग सन् 1000 ई.पू. और 700 ई.पू. के बीच में घटी थीं। परन्तु इन कृतियों के जो रूप आज उपलब्ध हैं वे ईसा की प्रथम सहस्राब्दी के पूर्वाद्ध के हैं। अतः इन्हें भी, जिस काल की घटनाओं का इसमें वर्णन है; उसका अध्ययन करने के लिए प्रमाणिक नहीं माना जा सकता है।"[16]

महाकवि वाल्मीकि एवं तुलसीदास का काव्य गुण साहित्यिक दृष्टि से स्तुत्य हो सकता है किन्तु राम चरित की ऐतिहसिकता विवादास्पद सन्देह से परे नहीं है। ललित-साहित्यकार ऐतिहासिक तथ्यों को तोड़े-मरोड़े, इसे इतिहास पर पर्दा डालने के सिवा और क्या कहा जा सकता है? प्रख्यात मराठी उपन्यासकार श्री विष्णु

सखाराम खाँडेकर ने 'ययाति' की भूमिका में यह स्वीकार किया है कि ऐतिहासिक व्यक्ति-रेखाओं में मनमाने परिवर्तन करने का; ललित-साहित्य के लेखक को, कोई अधिकार नहीं हैं।[17] अयोध्या के राजा रामचन्द्र को भगवान, चराचर का स्वामी और आराध्य-देव कहना, बालि-सुग्रीव-हनुमान आदि को बन्दर, जाम्बवान को रीछ या भालू तथा रावण के वंशजों को राक्षस कहना कदाचित् एक की श्लाघा-प्रशंसा और दूसरे की निन्दा, गर्हा, भर्त्सना के लिए प्रयुक्त हुआ होगा। इन चरित्रों की लोक छवि पूर्वाग्रहियों द्वारा नियोजित प्रयत्नों के कारण शब्दशः ऐसी बनी कि दोनों को मानवेतर स्वीकृति मिलती गयी—एक को भगवान के रूप में दूसरे को शैतान के रूप में। ऐसे में ऐतिहासिक तथ्यों की प्रायः धज्जियाँ उड़ गयीं।

इस प्रसंग में राम, दशरथ, लंका, अयोध्या, रावण, विभीषण, बालि, सुग्रीव, निशिचर, राक्षस, असुर, अनास, वानर, भालू, रीछ, दास, दस्यु, अहि, नाग, आदि शब्दों और उनके लोक प्रचलित बोध के बारे में ऐतिहासिक, पुरातात्विक, वैदिक, पौराणिक तथा महाकाव्यों को बिना किसी पूर्वाग्रह के तर्कसंगत विवेचन एवं मूल्यांकन द्वारा टटोलना ज़रूरी है। असत्य और भ्रामक तथ्यों का अनावरण तथा सत्य की पुनर्प्रतिष्ठा कर पाना रोचक, ज्ञान-परक तथा भविष्य के लिए उत्प्रेरक मार्ग-दर्शक हो सकता है। इस सम्बन्ध में रामचरित का प्राचीनतम महाकाव्य या इतिहास-ग्रंथ वाल्मीकीय रामायण ही ज्ञात होता है। इसलिए इसकी समीक्षा तथा इससे उद्धरण अधिक तर्कसंगत तथा विषय के विश्लेषण में सहायक होगा।

काल-विवेचना : प्रथमतः हम रामायण महाकाव्य के रचना काल के बारे में इसकी ऐतिहासिक पृष्ठभूमि की पड़ताल करते हैं। वाल्मीकीय रामायण के अयोध्या काण्ड, सर्ग 109 के 34वें श्लोक को देखें—

"यथा हि चौरः स तथा हि बुद्धस्तथागतं नास्तिकमत्र विद्धिः
तस्माद्धि यः शक्यतमः प्रजानां स नास्तिके नाभिमुखो बुधः स्यात्"

अर्थात् "जैसे चोर दण्डनीय होता है उसी प्रकार वेद-विरोधी बुद्ध (बौद्ध मतावलम्बी) भी दण्डनीय है। तथागत (नास्तिक विशेष) और नास्तिक (चार्वाक) को यहाँ इसी कोटि में समझना चाहिए। इसलिए प्रजा पर अनुग्रह करने के लिए राजा द्वारा जिस नास्तिक को दण्ड दिलाया जा सके उसे तो चोर के समान दण्ड दिलाया ही जाय परन्तु जो नास्तिक वश के बाहर हो, उस नास्तिक के प्रति विद्वान ब्राह्मण उससे कभी उन्मुख न हों—उससे वार्तालाप तक न करें।"[18]

यदि इस ग्रन्थ को प्रामाणिक मानें तो साफ़ हो जाता है कि राम; जिनका यह वचन है, बुद्ध के बाद हुए हैं। राम ने जाबालि को नास्तिकों के विरोध में समझाया है। स्पष्ट किया गया है कि रामायण की रचना तथागत बुद्ध के धर्म

प्रचार हो जाने के बाद हुई। यही नहीं बल्कि "अष्टाध्यायी व्याकरण" के रचयिता पाणिनी का समय ईसा पूर्व 600 से ईसा पूर्व 300 वर्ष तक निश्चित हुआ है। चूँकि रामायण को पाणिनी द्वारा निर्दिष्ट संस्कृत का आदिकाव्य माना गया है अतः रामायण की रचना पाणिनी के बाद की ही हो सकती है।[19]

इसी महाकाव्य के किष्किंधा काण्ड में सुग्रीव कहता है कि उत्तर में म्लेच्छ, पुलिन्द (पुराणों में पुलिन्दा का निवास विन्ध्य मुलिक बतलाया है जिनका सम्बन्ध प्रोटो-आस्ट्रोलायड प्रकार के लोगों से था), शूरसेन, प्रस्थल भरत (इन्द्रप्रस्थ और हस्तिनापुर के आसपास के प्रान्त) कुरु, मद्र, काम्बोज, यवन, शकों के देश, एवं नगरों में भलीभाँति अनुसंधान करके दरद देश में हिमालय पर्वत पर ढूँढ़ो।[20] इतिहास विदित यूनानी विजेता सिकन्दर सबसे पहले ईसा पूर्व 326 में भारत आया था। इससे भी स्पष्ट है कि रामायण की रचना शकों के भारत निवास के बाद की ही है। अतः रामायण का बुद्ध के बाद होना स्वयं उस से ही सिद्ध हो जाता है। अन्य विद्वानों द्वारा भी रामायण का रचना काल 300 ई. पूर्व से लेकर 400 ई. तक माना जाता है।[21]

जातीय-भूगोल : रामायण में जहाँ एक ओर रावण को राक्षसेन्द्र तथा उसकी सेना को राक्षसी सेना कहा गया है वहीं इस बात का खण्डन भी रामायण के ही श्लोक में मिलता है यथा–

नाति स्थूलान्नाति कृशान्नाति दीर्घान्न हस्वकान्
नाति गौरान्नाति कृष्णान् न कुंजान्नति वामनान्

अर्थात् "रावण के सैनिक न बहुत मोटे थे न बहुत दुबले थे, न बहुत लम्बे न बहुत ठिगने, न बहुत गोरे थे न काले और न कुबले थे न बौने। अर्थात् वे मध्य आकृति के सुगठित शरीर वाले जवान थे। जैसे किसी सुरुचि सम्पन्न सेनापति के सिपाही हुआ करते थे।"[22]

प्रायः सभी इतिहास लेखक द्रविड़, भील, संथाल, गोंड, उराँव, शबर, मुंडा, हो आदि को भारत के आदिनिवासी मानते हैं। केवल आर्य, मंगोल, ईरानी, यूनानी, शक, शीथियन, यूबी, कुषाण, हूण, मुसलमान व यूरोपीय आदि को बाहर से आये विदेशी माना गया है।[23]

मुंडा जाति का पारम्परिक इतिहास कहता है कि भारत के पूर्व निवासियों को आर्यों द्वारा हमले में खदेड़ दिया गया। मगर उन्होंने सिन्धु प्रदेश का पूर्णतया परित्याग नहीं किया था। विदेशी आर्यों के प्रभुत्व ने उनसे उनकी स्वतन्त्रता छीन ली परन्तु सभी ने पूर्णतया आर्य सभ्यता तथा रीति-रिवाज़ों को स्वीकार नहीं किया था। अनार्यों के छिटकाव के अवशेष आज भी सारे भारत में मिलते हैं।

उत्तर भारत में उन्हें स्पष्टतया तलाश किया जा सकता है। उत्तर पश्चिम सीमा पर ब्राहुई, दक्षिणी पश्चिमी सीमा पर महार (मार या महार), दक्षिण में परियाह, भार, पालार, मालार, मल्ल तथा पूर्व में संथाल।[24]

भारत में कोल, मुंडा तथा आसाम, वर्मा और हिन्दचीन में रहने वाले लोगों में उक्त जाति के तत्व पाये जाते हैं। मुंडा भाषाएँ आस्ट्रेलियाई परिवार से सम्बन्धित हैं और आजकल मध्य भारत के पूर्व में हिमालय की दक्षिणी सीमा पर और कश्मीर तथा पूर्वी नेपाल में पायी जाती हैं। डॉ. स्टेन वानों के विचार में किसी समय सम्पूर्ण उत्तरी और दक्षिणी भारत में भील जातियाँ फैली हुई थीं। इस बात का समर्थन एस सी राय ने भी किया।[25]

रामायण में वर्णित दंडक-वन का 'दंडक' शब्द वस्तुतः शाबरी भाषा का है जिसका अर्थ जलमय या 'जल-प्लावित' होता है। अमरकंटक की तली में आज तक एक बड़ा भारी दलदल है जिसको कोई पार नहीं कर सकता। सोनभद्र इसी अमरकंटक से निकला है, यहीं से नर्मदा का भी निकास है।[26] लंका शब्द गोंड भाषा का है जिसका अर्थ होता है टीला। इस क्षेत्र में आज तक गोडों की बहुतायत है। 1991 की जनगणना के समय प्रत्येक जाति की आन्तरिक पंक्तियों के भी नाम लिखे गये थे। उस समय लाखों गोडों ने अपने को रावण-वंशी लिखाया था।[27]

"वैदिक सम्पत्ति" के लेखक पं रघुनंदन शर्मा के अनुसार रावण द्रविड़ था किन्तु अन्य पुराविदों ने यह भी सिद्ध किया है कि रावण गोंड जाति का था और उसकी लंका मध्य भारत में थी। बालि-सुग्रीव-हनुमान आदि रामायणों के वानर तथा जाम्बवान आदि भालू उराँव तथा शबर जाति के मानव थे।[28]

पौराणिक और स्थानीय खोज के आधार से प्रतीत होता है कि राम और रावण का युद्ध अमरकंटक की चोटी पर हुआ। एक ओर गोंड सेना और दूसरी ओर उराँव और शबरों की मुठभेड़ हुई। अन्त में राम की जीत का डंका बजा।[29]

रावण द्रविड़ कहिए या गोंड भारत का आदि निवासी था। राम-रावण युद्ध वस्तुतः आर्य और अनार्य युद्ध था जिसमें आर्यों की विजय हुई। (वाल्मीकि ने भी राम-रावण युद्ध को आर्य-अनार्य का युद्ध बताया है—अरण्य काण्ड : सर्ग 18, श्लोक 19) जिन दूसरे उराँव-शबर आदिवासियों ने अपने ही देश-बन्धुओं के विरुद्ध युद्ध में विजातीय आर्य रामचन्द्र की सहायता की उन्हें आर्य कवियों ने बन्दर और भालू की उपाधि प्रदान करके उनकी आर्य-भक्ति एवं आर्य-सेवा की सराहना की।[30]

महापंडित राहुल सांकृत्यायन ने अपनी पुस्तक 'वोल्गा से गंगा तक' में यह स्पष्ट संकेत किया है कि रामायण का कथानक पुष्यमित्र शुंग का ही नामान्तर

के साथ चित्रण लगता है।

"साकेत (अयोध्या) कभी किसी राजा की प्रधान राजधानी नहीं बना। बुद्ध के समकालीन राजा प्रसेनजित की राजधानी श्रावस्ती (सहेट-महेट) वहाँ से छः योजन दूर थी। प्रसेनजित के दामाद अजातशत्रु ने कौसल की स्वतन्त्रता का अपहरण किया। उसी समय श्रावस्ती का सौभाग्य लुट गया। ...वाल्मीकि ने अयोध्या नाम का प्रचार किया जब उन्होंने अपनी रामायण पुष्यमित्र या उसके शुंग-वंश के शासनकाल में लिखी। कोई ताज़ुब नहीं यदि वाल्मीकि शुंग-वंश के आश्रित कवि रहे हों और शुंग-वंश की राजधानी की महिमा बढ़ाने के लिए जातकों के दशरथ की राजधानी वाराणसी से बदलकर साकेत या अयोध्या कर दी और राम के रूप में शुंग-सम्राट पुष्यमित्र या अग्निमित्र की प्रशंसा की"[31]

यदि हम ऐतिहासिक तथा पुरातात्विक तथ्यों का विश्लेषण करें तो पाते है कि कोशल राज्य बौद्ध धम्म-साहित्य की "अंगुतर निकाय" में वर्णित प्रसिद्ध सोलह महाजनपदों में से एक था। यहाँ राजतन्त्र व्यवस्था थी किन्तु यह भी अन्य जनपदों की तरह जन-जातीय जनपद था। कोसल पुरानी तथा छठी ईसा पूर्व का सबसे शक्तिशाली राज्य था। छठी शताब्दी ईसा पूर्व के मगध और कोशल के राजाओं में से अधिकांश अनार्य अकुलीन राजघराने थे। कोसल का राजा प्रसेनजित अपने को वेद-विख्यात राजा इक्ष्वाकु का वंशज कहता था पर उसका यह दावा उसके अपने युग और राज्य में भी स्वीकृत नहीं हुआ (भद्दक निकाय)। प्रसेनजित की पत्नी महानाम शाक्य तथा दासी नागमुंडा की पुत्री सुन्दरी वासम-खतिया तथा पटरानी मल्लिका एक माली की पुत्री थी इससे भी कोसल नरेश के जन-जातीय अनार्य होने का प्रमाण मिलता है।[32]

यह सत्य है कि शाक्यों की तरह लिच्छिवियों को भी क्षत्रिय कहा गया है मगर यहाँ क्षत्रिय अर्थ उस रूप में लिया जाना चाहिए जिसका अर्थ राजनीतिक शक्ति का प्रतिनिधि होता है न कि ब्राह्मणी व्यवस्था की जाति। ऐसे अनार्य धनुर्धरों को हिन्दू संस्कृत व्रात्य क्षत्रिय कहा गया है जिनमें मुख्य रूप से लिच्छवी, मल्ल, झल्ल, कैकयी, मगध, अंग, बंग तथा कलिंग, आन्ध्र आदि थे।[33]

आर्य-अनार्य–पुरातत्व की नज़रों में इतिहास एवं मिथक

प्रागैतिहासिक भारत में मानव विकास के कई सोपान हैं। डिक्सन, हटन, हैन्डन तथा गुहा आदि मानव वंश शास्त्रियों (Anthropologist) ने सिन्धु सभ्यता (हड़प्पाई) के बारे में गुत्थी सुलझाने का भरसक प्रयत्न किया है किन्तु उन सबमें हरबर्ट होप रिसले का विचार ही अधिक देर तक बना रह सका है। उन्होंने सर्वेक्षण के बाद

भारतीय जातियों को सात भागों में बाँटा है—1. द्रविड़ 2. भारतीय आर्य (नोर्डिक) 3. तुर्क ईरानी 4. शक द्रविड़ 5. आर्य द्रविड़ 6. मंगोल तथा 7. मंगोल-द्रविड़।[34]

जिस प्रकार नौर्डिक आर्यों की सभी शाखाओं पारसियों, ग्रीकों, रोमनों ने वहाँ के पूर्व निवासियों को जीता, गुलाम बनाया, अपमानजनक व्यवहार किया तथा एंगलो सेक्शनों व कैल्टों ने ब्राह्मणवाद (द्रूद) का विकास किया, ठीक वैसा ही उन्होंने भारत में भी किया। मगर वहाँ आहिस्ता-आहिस्ता इस अमानवीय व्यवस्था का विनाश हो गया जबकि भारत में इसने गहरी जड़ें जमा लीं तथा इस अस्पृश्यता के अमानवीय कड़वे फल भी फलीभूत होने लगे। ऐसा रंगभेद से बढ़कर यज्ञों में पवित्रता तथा सबसे बढ़कर जाति व्यवस्था के पोषक साहित्य लिखकर; सांस्कृतिक विजय के ज़रिए ही सम्भव हुआ।[35]

जे. एच. हटन के अनुसार द्रविड़ों से पूर्व यहाँ हब्शी प्रकार की जातियाँ निवास करती थीं। सबसे पहले अफ्रीका से नीग्रो प्रकार की जातियों ने प्रवेश किया। इनके बाद यहाँ आस्ट्रेलियन प्रकार की (काकेशियन) जाति आयी जिनके पूर्वजों को आज भी फिलिस्तीन में ढूँढ़ा जा सकता है। इसके बाद भूमध्य सागर तटीय प्रकार की एक पूर्व शाखा आयी जो अविकसित टूटी-फूटी भाषा बोलते थे जिनसे आज की आस्ट्रेलियन भाषाओं का जन्म हुआ। इन्हें खेती-बारी का अधूरा ज्ञान था और इनकी पत्थर युग की सभ्यता थी। पूर्वी यूरोप से बाद में एक अन्य भूमध्यसागर तटीय प्रकार की जाति आयी जो अधिक विकसित थी और इन्हें धातुओं का भी ज्ञान था।[36]

रूस के प्रसिद्ध भाषाविद प्रो. यूरिया नोरोजोव ने निष्कर्ष निकाला है कि उत्तर भारत की आर्य भाषाओं हिन्दी, पंजाबी तथा बंगाली आदि का सम्बन्ध जिस प्रकार पालि-संस्कृत भाषा से है ठीक उसी प्रकार दक्षिण भारत की द्रविड़ भाषाओं तमिल, मलयालम तथा कनेड़ी आदि का सम्बन्ध उस भाषा से था जो सिन्धु लिपि में लिखी जाती थी। सिन्धु घाटी सभ्यता के सृजन में जिन लोगों का हाथ था वे द्रविड़ों के पूर्वज थे जिनका काला रंग, छोटा कद, घुंघराले काले बाल, छोटी चपटी नाक थी। वे आर्यों द्वारा न समझे जाने वाली द्रविड़ भाषा बोलते थे। इनका दस्यु तथा दासों (आर्य-शत्रुओं) के रूप में ऋग्वेद में बार-बार वर्णन आया है जिनका आर्यों के साथ युद्ध हुआ।[37]

सिन्धु घाटी के शहरों में प्राप्त मानवीय कपाल तथा ढाँचे वैज्ञानिक जाँच के आधार पर साफ़ प्रकट करते हैं कि चन्द अपवादों को छोड़कर यहाँ के निवासियों की संख्या आस्ट्रेलियन तथा भूमध्यसागर तटीय प्रकार के मानवों की थी। इस बात की पुष्टि खुदाई से प्राप्त मूर्तियों से भी होती है...क्रीटवासी भूमध्यसागर

तटीय लोग, सिन्धुघाटी के निवासी तथा आज के दक्षिण भारत की द्रविड़ जातियाँ एक ही नस्ल से सम्बन्धित हैं इनके रीति-रिवाज़ आज भी वही हैं जो अब से लगभग 4-5 हज़ार वर्ष पूर्व में थे।[38]

अक्षर ढ, ड, ध, घ तथा ण यूरोप की किसी भी आर्य-भाषा में नहीं देखे जाते और ये अक्षर मूल रूप से दक्षिण भारत की द्रविड़ (तमिल) भाषा के तथा अफगान की पस्तो भाषा के शब्द हैं। संस्कृत भाषा में इन शब्दों का अस्तित्व यह प्रमाणित करता है कि उत्तर की देशी भाषाएँ, जो इसके बाद में अस्तित्व में आयीं, द्रविड़ प्रकार की होनी चाहिए। इन दो जन-जातियों का मिश्रण न केवल भारतीय संस्कृत भाषा में पाया जाता है बल्कि धार्मिक रीति-रिवाज़ों का तथा विचारों का विकास भी इसी आधार पर हुआ है।[39]

अब तक हुए शोधों से पता चलता है कि भारत की आदिम प्रजातियों में आस्ट्रिक, निग्रॉयड, मंगोलॉयड तथा द्रविड़ जातियों का सर्वप्रथम विकास हुआ जिनका वर्चस्व पूरे भारत पर था। कालान्तर में इनमें भी कई उपजातियों का विभाजन हुआ। उराँव तथा मुण्डा इन्हीं प्रजातियों से सम्बद्ध थीं। आर्य, जो भूमध्यसागरीय जाति के प्रतिनिधि तथा इण्डो-यूरोपियन भाषा-भाषी बताये जाते हैं, इन आदिम जातियों की सुसभ्यता के वर्षों बाद भारत आये। आस्ट्रिक लोग निषाद तथा नाग नाम से और बाद में कोल तथा भील नाम से जाने जाते रहे हैं। इन लोगों द्वारा ऐसी भौतिक तथा आध्यात्मिक विरासत सौंपी गयी जिसने भारतीय सभ्यता की बुनियाद बनायी। विदेशी आर्य, द्रविड़ों को अनार्य, दास, दस्यु और बाद में शूद्र कहने लगे जिनके द्वारा विकसित सिन्धु-घाटी की सभ्यता मानव इतिहास एवं पुरातत्व की अनमोल विरासत तथा भारत के गौरवशाली इतिहास की पर्याय है। नीचे दिये गये कुछ सन्दर्भों से यह बात स्पष्ट हो जाती है—

(1) मोहनजोदड़ो का एक कुम्भकार कारीगर कई कमरों के बहुमंज़िले मकान में रहता था, उसके शानदार निवास में कुआँ था, स्नानघर था, सुन्दर बरामदा था, विशाल आँगन था। इसके विपरीत मेसोपोटामिया में कारीगर एक कमरे वाले मकान में रहते थे। मिश्र में दासों की फौज बैरकों में निवास करती थी।[40]

(2) जहाँ तक आध्यात्मिकता का सम्बन्ध है, भारतीय प्रायद्वीप हड़प्पाइयों का बहुत बड़ा ऋणी है। आज भी उनके द्वारा दिया गया ज्ञान सारे समाज में व्याप्त है- योग विद्या, शक्ति माता की पूजा, पशु-प्रेम जो शिव तथा प्रजापति की पूजा है, आदि सभी इस देश को सिन्धु सभ्यता की देन हैं।[41]

(3) ग्राम-देवता की पूजा केवल सम्पूर्ण दक्षिण में ही नहीं, सम्पूर्ण भारत में अब भी होती है। इन देवताओं के लिए मन्दिरों या पुजारियों की आवश्यकता

नहीं होती, केवल फ़सल बोते और काटते समय बली और नैवेद्य उन पर चढ़ाया जाता है। इस पूजा का उद्देश्य अच्छी फ़सल अच्छा मौसम तथा निरोग रहने की कामना होता है ग्राम-देवताओं में नाग भी एक देवता है जो सभी गाँवों में पूजा जाता है।[42]

(4) वेदों और पारसियों की अवेस्ता पढ़ने से पता चलता है कि भारतीय आर्य और पारसी एक-दूसरे के घोर विरोधी थे। भारतीय आर्यों के विरुद्ध पारसियों ने असुर को ही पूज्य माना, देव को दानव समझ लिया गया। अपने ईश्वर का नाम असुर महान् (अहुरमज्दा) रखा, आर्य मुर्दों को जलाते थे, पारसी इसे घोर पाप समझते थे। भारतीय आर्यों के देव तो सुर हुए और दैत्य असुर। इसी प्रकार पारसियों के यहाँ दैत्य तो सुर थे और असुर देवता। ...जोरोस्ट्रीयन (Zoroastrian) धर्म अहुर धर्म के भी नाम से जाना जाता है जो कि देव-धर्म के सख़्त विरुद्ध धर्म है। मगर हिन्दुओं में असुर शब्द का एक बुरा अर्थ लिया गया है जो देवों के घोर विरोधी थे। मगर ऋग्वेद संहिता के प्रारम्भिक भाग में असुर शब्द उसी रूप में वर्णित है जैसा जेंद-अवेस्ता में हुआ है। ...बुरे अर्थ में असुर शब्द का प्रयोग सर्वप्रथम ऋग्वेद II-32-4 तथा VII-99-5 में हुआ है जहाँ उसका प्रयोग असुर का आदमी या पुत्र के रूप में हुआ है। ...मेयर तथा हिलब्रंट, दस्यु शब्द की बराबरी अवेस्ता के दस्यु शब्द से करते हैं जो जाति ईरान के किरगीज तुर्कमान में रहती थी।[43]

(5) ऋग्वेद के प्रसिद्ध दशराज्ञ युद्ध में लगता है सुदास की विरोधी जन-जातियाँ अधिकतर ईरानी थीं। यह दस राजाओं का युद्ध ईरानी और भारतीय (आर्यों) में उस भावना का प्रतिनिधित्व करता है जो कि अवेस्ता में वर्णित है जहाँ भारतीय आर्यों के देवता असुर हैं और असुर देवता।[44] नव आर्य-अनार्य संघर्ष सिन्धु घाटी सभ्यता के निर्माता अनार्यों पर बाहरी आर्यों द्वारा आक्रमण के फलस्वरूप शुरू हुआ था तथा इस टकराव ने सिन्धु घाटी की महान भारतीय सभ्यता को नष्ट-भ्रष्ट कर डाला। इस संघर्ष के मुख्य कारण क़बीलाई आर्यों के भारत में प्रवेश तथा यहाँ की धन-सम्पत्ति पर उनके द्वारा अधिकार जमाने के प्रयास हैं। सिन्धुकालीन आदि निवासी अत्यन्त सभ्य, सुसंस्कृत, वैभव-सम्पन्न तथा शान्तिप्रिय लोग थे जो "अर्धसभ्य, बर्बर, लड़ाकू गड़रियों"[45] (नार्डिक-आर्यों) के छल प्रपंच तथा दमन के सम्मुख टिक नहीं पाये और वर्षों के संघर्ष ने आदि निवासी अनार्यों के पाँव उखाड़ दिये। आर्य लोग देहात में घास-फूस की बनी झोपड़ियों में निवास करते थे। बड़े आश्चर्य की बात है कि सारे संस्कृत साहित्य में ईंट के लिए कोई शब्द नहीं मिलता।[46] वे अर्धनग्न रहते थे या पशुओं की खाल पहनते थे। शत्रुओं की

खोपड़ियों का प्रयोग पानी पीने के लिए करते थे।

(6) आर्य-अनार्य युद्ध का विस्तृत वर्णन आर्यों के प्राचीनतम धर्मग्रंथ ऋग्वेद में किया गया है। ऋग्वेद के II.12.4, 11.4, 11.5, 11.19 में आर्य सेनापति इन्द्र द्वारा दासों और दासियों को मारे जाने का वर्णन है। इसी प्रकार ऋग्वेद के III-53.14 में अनार्यों और पणियों की गायें तथा धन छीनकर देने हेतु इन्द्र की प्रार्थना की गयी है। इसी तरह के वर्णन ऋग्वेद के I-103.3, I-33.9, 176.4 तथा IV 30.13, 28.4, 16.13 तथा इसके तीसरे, पाँचवें, छठवें तथा सातवें, आठवें मण्डलों में भी वर्णित हैं। आर्यों के लिए सुर तथा अनार्यों के लिए असुर शब्द का बार-बार प्रयोग किया गया है। वाल्मीकीय रामायण (सर्ग 45 श्लोक 38) में यह स्पष्ट किया गया है कि 'असुर दैत्य' सुरा नहीं पीते थे और 'सुर देवता' सुरा-पान करते थे।[47] ऋग्वेद में वर्णित अधिकतर अनार्य पुरुष नाग तथा जन-जातियाँ मुण्डा लोगों में आज भी देखी जा सकती हैं- जैसे सम्बर कुनारा (I-51.6), असुरवाला (II.11.20), कुयावा (IIV.19.2, I-104.3), दस्यु दानू (I-51.5, II-14.5) आदि।[48]

(7) यद्यपि भारत के ये मूल निवासी शारीरिक शक्ति में आर्यों से बहुत आगे थे किन्तु राजनीतिक दाँव-पेच, झूठ, आडम्बर और छल-प्रपंच से सर्वथा अनभिज्ञ थे। परिणाम स्वरूप चतुर आर्य जाति ने इनका राजनैतिक ह्रास करने के उपरान्त इन्हें आर्थिक और सामाजिक रूप से पंगु बना दिया और कालान्तर में स्वयं अधिपति बनकर सारे भारत पर छा गये। एक पौराणिक आख्यान 'समुद्र-मन्थन' में आर्यों ने इन आदिम जातियों से सहयोग प्राप्त किया, जिसमें नाग जाति के लोगों का बहुत बड़ा हाथ था। समुद्र-मन्थन में आर्यों के छल के कारण अपना उचित भाग न मिलने पर नाग जाति के लोग आर्यों से बहुत रुष्ट हुए तथा प्रतिशोध के लिए उतारू हो गये।

(8) यह विदित है कि शकों की विजय से पूर्व अवन्ती क्षेत्र में नाग लोग रहते थे। जी.ए. ग्रियर्सन के अनुसार के हूंजा नगर-निवासी ब्राहुई भाषा बोलने वाले अनार्य इन लोगों पूर्वज थे। ये लोग उत्तर से चलकर मध्य-प्रदेश तथा महाराष्ट्र में आ बसे जहाँ इस नाम का शहर नागपुर आज भी विद्यामान है।[49] उत्तर वाली शाखा तक्षशिला में रहती थी जिसका मुखिया वासुकि था। उन्होंने परीक्षित को मार दिया था जिसके बेटे जन्मेजय ने एक यज्ञ कर नागों को मारा और अपने पिता की मृत्यु का बदला लिया।

नाग जाति के लोग काफ़ी हृष्ट-पुष्ट और बलवान योद्धा थे। आर्य उन्हें 'अहि' भी कहते थे।[50] पं. द्वारका प्रसाद मिश्र ने भी अपनी पुस्तक 'प्रोटो हिस्टरी

आफ इंडिया' में यह स्वीकार किया है कि इन्हीं आदिम लोगों को आर्य 'अहि' कहते थे। शेष नाग द्वारा सम्पूर्ण पृथ्वी को धारण करने के पीछे यही तथ्य विदित होता है कि पृथ्वी के समस्त भूतल पर किसी समय नागों का वर्चस्व रहा होगा।

आर्यों और नागों का टकराव महाभारत काल में अपनी चरम सीमा पर था। कृष्ण द्वारा स्वयं ही मथुरा तक फैले नागों से लड़ने का उल्लेख है। श्रृंगी नाम के ब्राह्मण-कुमार ने परीक्षित के नाश के लिए तक्षक जाति के पंजाब के नागराज को आमन्त्रित किया जिस से तक्षकों ने पाण्डवों की राजधानी को जला कर राख कर दिया। नागों के बारे में अनेक ऐतिहासिक आख्यान सुनने को मिलते हैं।

अन्ततः उपर्युक्त तथ्यों से स्पष्ट हो जाता है कि सर्वप्रथम आर्यों ने आदिम जन को उत्तरी भारत से विस्थापित किया और गंगा-यमुना के विस्तृत वैभवशाली मैदान तक फैल गये। मूल निवासी विन्ध्य पर्वत-श्रेणी के दक्षिण चले गये। सघन वन, ऊँची पहाड़ियों तथा जनजातीय बहुलता के कारण लम्बे समय तक आर्य विन्ध्य-पार नहीं जा सके। कुछ समय बाद अयोध्या के राजा रामचन्द्र तथाकथित विन्ध्य पार जाकर वहाँ के जनजातीय प्रमुखों को अपने पक्ष में कर लेने में सफल हो गये इनकी सहायता से दक्षिण के शक्तिशाली आदि-वंशीय राजाओं को पदच्युत कर आर्य-सत्ता के विस्तार के लिए कठिन रास्ते को निष्कंटक बनाया। भारत के मूलवंशीय, महाप्रतापी राजा रावण को परास्त करने के लिए रामचन्द्र ने उसके अनुज विभीषण को राज-सुख के लिए आश्वस्त कर अपने साथ मिला लिया। चूँकि दक्षिण के दो मूलवंशीय राजाओं, रावण और पम्पा-नृपति बालि को जीते बिना आर्य उपनिवेश की पताका लहराना असम्भव था, इसलिए सर्वप्रथम किष्किंधा पहाड़ियों का अवरोध-पथ हटाना आवश्यक था। ऐसे में एक महान गौरवशाली एवं समृद्ध द्रविड़ सत्ता एवं संस्कृति के संरक्षक रावण के वध के लिए सुदूर दक्षिण जाते हुए विन्ध्य की पहाड़ियों से ही गुज़रना पड़ता। फलतः विन्ध्य पर्वत-श्रेणी के मूलवंशीय शक्ति-केन्द्र को एक उपनिवेश बनाना अनिवार्य था। इसी उ़देश्य से विन्ध्य के राजा बालि को भी परास्त करना अनिवार्य था। सुग्रीव के राज्याभिषेक के सपने और राज्य-पिपासा को जागृत कर उसके सहोदर-भ्राता के साथ उसका संबन्ध-विच्छेद कराने के बाद ही बालि-वध का प्रकल्प रचना कदाचित् अधिक ज़रूरी हो गया था।

प्रारंभ में विन्ध्य पर्वतमाला आर्यों की एक प्राकृतिक सीमा बन गयी थी मगर बाद में आर्य मिशनरी तथा उपनिवेश बनाने वाले धीर-धीरे दक्षिण की ओर बढ़ गये[51] जो भी हो, बालि और उसके भाई सुग्रीव न केवल मानव थे अपितु भारत की विकसित गौरवशाली सिन्धु घाटी की विश्व विख्यात पुरातन सभ्यता

के निर्माता आदि-वंशीय अनार्यों की सन्तान थे। श्री चन्द्रिका प्रसाद जिज्ञासु ने अपनी पुस्तक 'बाबा साहब का जीवन संघर्ष' में स्पष्ट लिखा है : "रावण को पराजित करके आर्य-संस्कृत फैलाने के लिए रघुवंशी-आर्य राजा रामचन्द्र दक्षिण गये, जिन्होंने उराँव और मुण्डा लोगों से मेल करके उन्हीं की सहायता से रावण का संहार किया जिसके पुरस्कार में आर्य लेखकों ने उन्हें 'बन्दर और भालू' की उपाधि प्रदान करके उनकी सराहना की।"[52]

वस्तुतः विदेशी-आर्यों और मूल-निवासियों के बीच संघर्ष की शुरुआत वाह्य-आक्रान्ताओं के आगमन के साथ ही हो गयी थी। पशु-पालक तथा घुमन्तू जीवन जीने वाले आर्यों ने पहली बार यहाँ की स्थायी और नियोजित ग्रामीण और नगरीय सुसंस्कृत सभ्यता[53] के दर्शन किये तथा इस सम्पन्न भू-भाग की तरफ़ आकृष्ट हुए। लुटेरे और चरवाहे प्रकृति के इन लोगों को स्थायी आबादी के सुखमय जीवन ने घुमन्तू जीवन को छोड़कर कृषि आधारित स्थायी आजीविका अपनाने की तरफ़ प्रेरित किया। इसके लिए चालाक आर्यों ने प्रथमतः प्रत्यक्ष संघर्ष एवं तदन्तर अप्रत्यक्ष रूप से ईश्वर, भाग्य और आडम्बर पूर्ण धर्म की ओट से इन मूलनिवासियों की ज़मीन, धन, सम्पत्ति आदि पर क़ब्ज़ा कर इन्हें मजबूर कर, अपने चंगुल में कर लिया। कालान्तर में इन्हें अशिक्षा, अज्ञान और धर्माडम्बर के दलदल में झोंक दिया ताकि ज्ञान-शून्य मस्तिष्क में आत्म-सम्मान और मर्यादा के प्रति चेतना न जाग सके। उन्होंने ऐसे साहित्य का सृजन किया जो शोषण पर आधारित था। अपने लिखे काले क़ानूनों को ईश्वरीय आदेश कहकर इसके पालन के लिए अनार्यों को बाध्य किया। उदाहरणार्थ मनुस्मृति तथा गौतम-स्मृति में शूद्रों के विद्योपार्जन तक को पाप बताया गया है। गौतम-स्मृति में शूद्र द्वारा वेद-वाक्य कण्ठस्थ करने पर उसका सिर, धड़ से अलग करने का विधान है।[54]

यद्यपि भारत में वर्तमान प्रजातन्त्रीय प्रणाली के बाद कई आर्थिक, सामाजिक एवं राजनैतिक परिवर्तन हुए हैं तथा काफ़ी कुछ बदल रहा है। आज अधिकतर जातियाँ-उपजातियाँ मिश्रित हो चुकी हैं। वंशानुगत आर्य-शूद्र का दम्भ और पुरानी वंचक परम्परा अभी भी तथाकथित उच्च, कुलीन, तथा शुद्ध रक्त का दावा करने वाले आर्य वंशीय लोगों के दिलों में जुनून की हद तक कुण्डली मारे बैठी है। देश के बुद्धिवादी अग्रणी नायकों को भी इस दुर्भावना का शिकार होते देखकर दुःख और ग्लानि ही होती है। बाध्यकारी संवैधानिक व्यवस्थाओं की छाया में मौजूदा वाह्य शाम्ति के प्रति आशंका होना लाज़िमी है। राजनैतिक-संवैधानिक समता के इस दौर में पारम्परिक रूढ़ियाँ और रोग-ग्रस्त मानसिकता इसके लिए विशेष उत्तरदायी हैं। शोषण का छद्म-वेष, आर्थिक और सामाजिक समानता के अभाव

में अनिवार्य है। जब तक मेहनत-कश आदमी को दो जून की रोटी मुहैया नहीं हो जातीं; आम आदमी के भीतर व्याप्त मानसिक असुरक्षा और अशान्ति का अन्त कर पाना, कोरा सपना ही होगा। परजीवी-समाज के कतिपय षड्यन्त्रों के मद्‌दे-नज़र आम आदमी के सुख-चैन, आज़ादी, आर्थिक-समृद्धि और अनिश्चित भविष्य का प्रश्न पागल करने वाला और विशेष चिन्ता का वायस है। भीतर-भीतर पलती अशान्ति का मुखरित होकर विस्फोटक स्थिति पैदा करना कदाचित् टलता तो दिखता है किन्तु इसके स्थाई स्थगन हेतु निवारक उपाय करुणा, मैत्री एवं बन्धुत्व को पुनर्स्थापित करना केवल क़ानून के बूते की बात भी नहीं लगती है।

सन्दर्भ-सूची

1. निगंठ ज्ञातपुत्त, लेखक ज्ञान चन्द्र जैन, प्रकाशक राजर्षि पुरुषोत्तम दास टंडन हिन्दी भवन, महात्मा गाँधी मार्ग, लखनऊ, आमुख पृष्ठ 9
2. वही
3. Ancient Republic of Bharat by Dr. R.C. Jain & Ashok Sahjanand, Publisher Research Books B-5.263, Yamuna Vihar, Delhi-110053, Preface page 15, (अनुवादः बी. आर. विप्लवी)
4. वही - पृष्ठ सं. 17 - 18
5. वही - पृष्ठ सं. 31
6. वही - पृष्ठ सं. 30
7. वही - पृष्ठ सं. 26
8. वही - पृष्ठ सं. 37
9. वही - पृष्ठ सं. 39
10. भारत का इतिहास, लेखिका रोमिला थापर प्रकाशक राजकमल प्रकाशन प्रा.लि., 1. बी, नेताजी सुभाष मार्ग, दरियागंज, नयी दिल्ली-110002, पृष्ठ सं. 28
11. वही - पृष्ठ सं. 51
12. वही - पृष्ठ सं. 64
13. वही - पृष्ठ सं. 65
14. वही - पृष्ठ सं. 24
15. वही - पृष्ठ सं. 25
16. वही - पृष्ठ सं. 25
17. ययाति की भूमिका (मराठी) -लेखक विष्णु सखाराम खाण्डेकर
18. वाल्मीकीय रामायण, गीता प्रेस गोरखपुर, अयोध्याकांड सर्ग 109 श्लोक 34
19. (a) History of Dharam Shastra II, Part-I P.XI, Kane
    (b) पणिनी की अष्टाध्यायी व्याकरण का रचना काल चौथी, पाँचवी सदी ईसा पूर्व मैक्डानिल ने बताया है।

20. महर्षि वाल्मिकि प्रणीत श्रीमद्वालमीकीय रामायण प्रथम खण्ड गीता प्रेस गोरखपुर, किष्किन्धा कांड सर्ग 43 श्लोक 11,
21. The Cambridge History of India, E.W.Hopkins, Page 230
22. महर्षि वाल्मिकि प्रणीत श्रीमद्वालमीकीय रामायण प्रथम खण्ड गीता प्रेस गोरखपुर
23. रावण और उसकी लंका, लेखक चन्द्रिका प्रसाद जिज्ञासु- बहुजन समाज कल्याण प्रकाशन, सआदतगंज लखनऊ, पृष्ठ 21
24. Racial Synthesis in Hindu Culture S.V.Vishwanathan, Page 75
25. The Mundas and their country P.XII by S.C.Roy
26. गद्य प्रकाश, लेखक सदगुरुशरण अवस्थी, पृष्ठ 199
27. वही
28. वैदिक सम्पत्ति लेखक-रघुनंदन शर्मा
29. गद्य प्रकाश, लेखक सदगुरुशरण अवस्थी, पृष्ठ 207
30. रावण और उसकी लंका लेखक चन्द्रिका प्रसाद जिज्ञासु- बहुजन समाज कल्याण प्रकाशन, सआदतगंज लखनऊ।
31. वोल्गा से गंगा - महापंडित राहुल सांकृत्यायन, पृष्ठ 161-162
32. सिन्धु घाटी के सृजनकर्ता शूद्र और वणिक, लेखक नवल वियोगी, प्रकाशक प्रजापति प्रकाशन 398 बिहारीपुर मेमारान बरेली (उ.प्र.), पृष्ठ 196, 199, 200
33. Richard Frick. The Social Organization in North East India in Budhas Time translated by Maittra, Page 81
34. वही, पृष्ठ 20
35. वही, पृष्ठ 183
36. वही, पृष्ठ 21
37. वही, पृष्ठ 41
38. वही, पृष्ठ 41
39. The Ruling Races of Pre-Historic Times, J.F.Hewitt, Page 135-वही-
40. Lothal and the Indos civilization, S.R.Rao, Page 21 (पृष्ठ 98, 103 -वही-)
41. Do, Page 190
42. The Origins of Aryans, Bahari Publications, 1980 मीडोज टेलर Meadows Taylor (पृष्ठ 24)
43. वही, पृष्ठ 97-98
44. वही, पृष्ठ 103
45. वही, पृष्ठ 88
46. वही, पृष्ठ 898
47. महर्षि वाल्मिकि प्रणीत श्रीमद्वालमीकीय रामायण (सर्ग 45 श्लोक 38 गीता प्रेस गोरखपुर
48. वही, पृष्ठ 21-23

49. Racial synthesis in Hindu culture S.V.Vishwanathan, Page 77-78
50. Proto History of India by PUndit Dwarika Prasad Mishra
51. सिन्धु घाटी के सृजनकर्ता शूद्र और वणिक, लेखक नवल वियोगी, प्रकाशक प्रजापति प्रकाशन 398 बिहारीपुर मेमारान बरेली (उ.प्र.), पृष्ठ 21-23
52. बाबा साहब का जीवन संघर्ष लेखक चन्द्रिका प्रसाद जिज्ञासु बहुजन समाज कल्याण प्रकाशन, सआदतगंज लखनऊ।
53. अलबेरूनी का भारत, अनुवाद रजनीकान्त वर्मा, पृष्ठ 102
54. गौतम धर्म-सूत्र XII-4

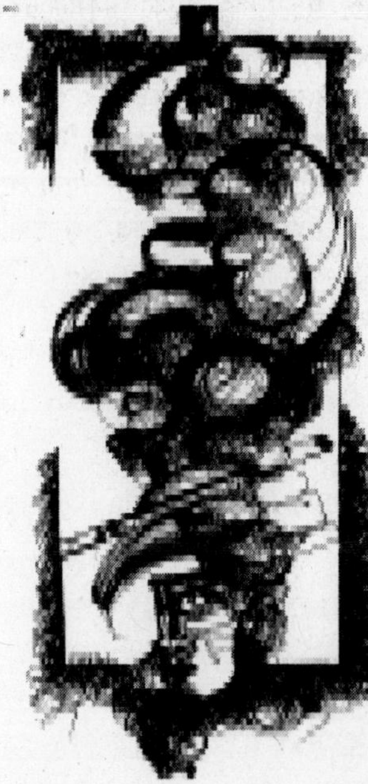

अध्याय-3

दलित प्रतिरोध और कबीर की कविता

दलित प्रतिरोध पर बात करते हुए हमें इस सन्दर्भ विशेष को समझ लेना ज़रूरी होगा। रोकने के भाव में रोध, अवरोध तथा प्रतिरोध की प्रकृति जान लेने से विषय की अपेक्षाएँ खुलकर सामने आ सकेंगी। प्रतिरोध स्वयं पर अधिरोपित, स्वयं में समाहित तथा स्वीकृत, दृढ़ एवं कठोर वैचारिकी है जिसकी प्रकृति पूर्व निर्धारित अवयवों के बलात् आरोहण एवं संचालन को रोकना है। यह सायास किसी के मार्ग में अकारण बाधा डालने की प्रवृत्ति से अलग है। यह स्वयं को बचाने के लिए जिरह-बख़्तर से लैस कर लेने की सूरत में है। इसलिए इसकी आक्रामकता प्रतिरोधीय प्रत्यावर्तन की है। दूसरे शब्दों में प्रतिरोध कुछ मान्यताओं और अपेक्षाओं के प्रचार प्रसार को चुनौती देते हुए उनके विरुद्ध नयी मान्यताओं और विचारधाराओं को स्वीकार करने के द्वारा उन्हें बौद्धिक स्तर पर नकारने की पहल का बोध है। प्रकारान्तर से किसी अनपयुक्त जीवन-दर्शन को सीधे-सीधे

अस्वीकार करने के बजाय उसके प्रति तार्किक मतान्तर व्यक्त करते हुए उसे रोकने का भाव ही इसकी विषय वस्तु है।

यह प्रतिरोध ही है जो कबीर या कबीर जैसी कविता को जन्म देता है। दूसरे शब्दों में ऐसी कविताएँ जो परम्परावादी वैचारिकी के प्रतिरोध स्वरूप जन्म लेकर ऐसी विचारधारा को फैलाने में मदद करती हैं वही सर्वथा नये जीवन-दर्शन को रचने में सहायक प्रतिरोधक स्वर का हथियार गढ़ती हैं। यह अन्योन्याश्रयी प्रक्रिया है जिसके ज़रिए कबीर की कविताओं के जन्म और उन कविताओं के कारण समाज में पैदा होने वाली इस प्रतिरोधकता का जायज़ा लिया जा सकता है। यही इस विषय का उद्देश्य होना चाहिए। इस पड़ताल के ज़रिए ज़रूरी सामाजिक बदलाव के लिए विसंगतियों और दृष्टिकोणों में आवश्यक संशोधन और परिवर्धन होते रहना चाहिए। यह कविता या साहित्य द्वारा खड़ा किया गया प्रतिरोध कोई भावुक लफ्फ़ाजी नहीं बल्कि तर्क करती और सवाल पूछती एक समझदार और परिवर्तनकामी वैचारिकी है। यहाँ भावनात्मक और भावावेशी संवेदना की जगह शुद्ध लौकिक सत्य से दो-चार होकर वर्तमान जीवन के दुःखों से छूटने तथा सबके लिए इसी जीवन के आनन्द का यहीं पर उपभोग सुलभ कराने की वैचारिकी है।

दलित प्रतिरोध के सम्बन्ध में कबीर की कविता की प्रांसगिकता उसके सामाजिक सरोकार तथा उसके द्वारा सुझाए गये सांस्कृतिक एवं धार्मिक विकल्पों पर गम्भीरता पूर्वक विचार एवं निर्भीक मूल्यांकन शायद इस सदी के पहले बहुत कम हुआ या प्रायः नहीं हुआ। चूँकि साहित्य एवं समाज साथ-साथ चलते हैं या चलने चाहिए, इस बाबत भी इसके पूर्व का कोई पुख़्ता सामाजिक आन्दोलन; जो आज की तरह राजनैतिक सत्ता पर काबिज़ होने के लिए भी प्रतिबद्ध दिखता हो, इस रूप में प्रकट हुआ नहीं जान पड़ता है। पूर्व में जितने भी साधु-सन्तों ने ऐसे सामाजिक आन्दोलनों को गति और नेतृत्व दिया वे ज़्यादातर धार्मिक आवरण से स्वयं ही घिरे रहे या फिर ब्राहमनिक संस्कृति ने अपनी वाक्-वेदवत्ता के जंजाल और वाचालता के ज़रिए इन आन्दोलनों की दिशा ही उलट दी। परिणामतः आम जन के बीच इन महान सामाजिक आन्दोलन-कर्ताओं को पूजने और पुजवाने के अलावा उनके विचारों के कार्यान्वयन की ओर बहुत कम ध्यान गया। जो कुछ ध्यान गया वह भी कर्मकाण्डों में उलझकर विलुप्त हो गया। यही कारण है कि भारतीय संस्कृति में इस तरह के साधु-सन्त लगभग हर प्रदेश में तथा हर भाषा में पैदा तो हुए किन्तु विडम्बना है कि उनका कोई समवेत स्वर कभी भी मुट्ठी भर धूर्त वंचक-परजीवी समाज की छद्म वाणी को अतिक्रमित नहीं कर पाया। समय के साथ-साथ इन आन्दोलनों की धार को कुन्द करने के लिए भी विपरीत,

प्रतिकारक एवं प्रतिगामी शक्तियों ने ज़ोर-शोर से काम किया। किंवदंतियों की परिष्कृत भाषा में अफ़वाहें फैला कर सच को झूठ और झूठ को सच साबित करने के ऐतिहासिक, सांस्कृतिक, साहित्यिक एवं धार्मिक उपक्रमों में प्रायोजित आख्यानों के ज़रिए सारी वैचारिकी को गड्ड-मड्ड कर दिया गया फलतः पहचान का संकट गहराता गया। इस प्रक्रिया में बार-बार सिर उठाती आन्दोलनकारी आवाज़ें शोषणवादी रणनीति के तहत दबा दी जाती रहीं। कदाचित् इसी कारण इन महान सन्तों-मनीषियों के श्रम उनके द्वारा संचारित ऊर्जा के ऐच्छिक परिणाम नहीं दे सके। इस प्रकार जो कविता शोषित जनता के भीतर शोषण, अन्याय एवं अत्याचार के विरुद्ध प्रतिरोध जगाती वह भक्ति-भाव में प्रक्षिप्त होकर नख-दन्त विहीन हो गयी। शायद यही कारण था कि ऐसी कविताएँ और साहित्य अपने उद्देश्य में विफल होकर भी दलित प्रतिरोध को नये सिरे से नये तेवर में बार-बार सामयिक आवश्यकताओं के अनुरूप प्रकट करते रहे।

प्रश्न उठाया जा सकता है कि दलित-शूद्र की शिक्षा के ऊपर कड़े प्रतिबन्ध के बावजूद इस वर्ग के साधु-महात्मा ऐसा ज्ञान कैसे प्राप्त कर सके जिसके ज़रिए उन्होंने समाज में अपने अधिकारों के प्रति सजग होने एवं शोषण-दमन के ख़िलाफ़ उठ खड़े होने का प्रचण्ड शंखनाद किया? ये विचार तर्कसम्मत उत्तर की माँग करते हैं। इसके लिए हमें भारतीय इतिहास को; अब तक उपलब्ध सूचनाओं के आधार पर, उसके अन्धकारयुक्त पन्नों में टटोलकर सच्चाई का पता लगाना होगा। काल-क्रम के ज्ञात ऐतिहासिक तथा पुरातात्विक साक्ष्यों के आधार पर हम दलित-शूद्रों की आर्थिक, सामाजिक, धार्मिक और आध्यात्मिक स्थिति के परिप्रेक्ष्य में उपर्युक्त औपचारिक/अनौपचारिक शिक्षा के प्रश्न की छान-बीन करते हुए उसका समुचित उत्तर खोजने की कोशिश करेंगे—

दलित प्रतिरोध का इतिहास

यदि हम भारतीय इतिहास, पुरातत्व एवं लोकधर्मी संस्कृति का पूर्वाग्रह-रहित दृष्टिकोण से विश्लेषण करें तो कदाचित, जो तथ्य सामने आयेंगे उन्हें हम निम्नवत सूत्रबद्ध कर सकते हैं—

1. सिन्धु-घाटी सभ्यता के मुअनजोदड़ो एवं अन्य पुरातात्विक महत्त्व के स्थलों से प्राप्त प्रमाणों से संकेत मिलता है कि श्रमण परम्परा निश्चित ही प्राक्-वैदिक धारा का प्रतिनिधित्व करती है। उपनिषदों की विचारधारा में श्रमण प्रभाव स्पष्टतः देखा जा सकता है। वैदिक साहित्य के इस उल्लेख से कि वैदिक ऋषियों ने आत्म-विद्या नग्न-श्रमणों (वात रशना मुनियों) से सीखी है—ब्राह्मणेतर वैचारिकी

के पूर्व वैदिक होने के संकेत मिलते हैं। इसकी मज़बूत एवं प्रभावी शिक्षण-प्रणाली की परम्परा एवं विरासत (भारत में) लम्बे समय तक विद्यमान रही है। बाद के दिनों में श्रमण परम्परा की प्रतिस्पर्धा में ब्राह्मण परम्परा का प्रभाव भी बढ़ता गया। 1000 ईसा पूर्व के वर्षों में शासन-सत्ता पर यहाँ के मूल निवासियों का आधिपत्य होने तथा क्षीण वैदिक-ब्राह्मण-प्रभाव के कारण भी ऐसे किसी आन्दोलन की आवश्यकता प्रायः कम थी जिसमें शोषण के विरुद्ध आवाज़ उठानी पड़ती। ऐसा भी नहीं कि अपनी स्वजातीय या स्वधर्म सत्ता-संचालन में कहीं भी शोषण या अन्याय की गुंजाइश ही नहीं होती है किन्तु इतना तो कटु सत्य है कि ऐसे शासन में यदि शोषण होता भी है तो उसके कारण और कारक वर्ण-नस्ल आधारित नहीं होते। फलतः उसमें वैसी निर्दयता होने की नगण्य सम्भावना होगी जिसकी हम आलोचना कर रहे हैं।

2. यह कि ईसवी सन् के प्रारम्भिक वर्षों में ब्राह्मण परम्परा के बढ़ते प्रभाव के कारण वेदों के पठन-पाठन पर पाबन्दी ने ब्राह्मणेतर वर्गों में वेद का प्रचार प्रसार रोके रखा। या यूँ कहें कि इस तरफ़ सकारात्मक प्रयास की जगह उलटे इसे रोकने का यत्न तथा प्रावधान ही किया गया। जिन्हें युद्ध-कला कौशल या व्यापार-कला हासिल करनी थी, उन्हें केवल उतनी ही तथा उसी योग्य शिक्षा पाने का प्रावधान हुआ। फलतः इस प्रतिबन्ध ने वेद-ज्ञान को मुठ्ठी भर सीमित (शातिर?) लोगों के मन-मस्तिष्क की काल-कोठरी में बन्द रखा। किन्तु ऐतिहासिक सच्चाई यह है कि अधिकांश भारतीय भू-भाग पर ब्राह्मणेतर शासकों के वर्चस्व के कारण पारम्परिक शिक्षा-दीक्षा, ज्ञान-विज्ञान और धर्म-दर्शन पर यहाँ के मूल निवासियों ने अपना आधिपत्य बरक़रार रखा। इसलिए तत्कालीन समाज को पूरी तरह अनपढ़, मूर्ख या अज्ञानी मान लेना युक्तियुक्त और तर्कसंगत नहीं हो सकता क्योंकि शासन-व्यवस्था मूर्खों के हाथ थी, ऐसा निष्कर्ष निकालना बकवास ही कहा जायेगा।

3. वैदिक ब्राह्मणवाद के उदय के साथ-ही-साथ ब्राह्मण और ब्राह्मणेतर इकाइयों के बीच परस्पर वर्चस्व की लड़ाई जारी रही जो 185 ई. के आस-पास पुष्यमित्र शुंग द्वारा बृहद्रथ की हत्या एवं शुंग वंश की स्थापना[1] के बाद पहली बार वैदिक-ब्राह्मण वर्चस्व के रूप में अस्तित्व में आयी। यहीं से वैदिक-शिक्षा पर ब्राह्मणीय एकाधिकार का वीटो पावर पूरे ज़ोर-शोर के साथ वजूद में आने लगा।

4. ईस्वी सन् 800 तक वैदिक और अवैदिक संस्कृतियों के बीच तरह-तरह के संघर्ष चलते रहे। वाद-विवाद का स्वरूप लेते शास्त्रार्थों के ज़रिए श्रमण-संस्कृति के विरुद्ध प्रायोजित हमले तो प्रायः आम बात हो गयी थी। यहीं से श्रमण-संस्कृति

को अवसान और अधोगति की ओर ले जाने का काम शुरू हुआ। बौद्ध और जैन-संस्कृतियों की श्रमण परम्परा की संस्थाएँ प्रायः छिन्न-भिन्न कर दी गयीं तथा उनके द्वारा विधिवत शिक्षा प्राप्त करने के मार्ग दुर्गम होते-होते बन्द होने की स्थिति तक पहुँच गये। जानना चाहिए कि श्रमणों के ये विहार ही पारम्परिक और नैतिक शिक्षा के केन्द्र थे जिनकी नक़ल करके वैदिक ब्राह्मणों ने आश्रम-पद्धति[2] (आश्रम शब्द की व्युत्पत्ति तप अर्थ वाली उसी श्रम धातु से हुई है जिससे श्रमण शब्द बना) का नाम देकर वेद-अध्ययन के अपने ठिकाने स्थापित किये तथा श्रमण-केन्द्रों को धीरे-धीरे विस्थापित कर दिया।

5. श्रमण-संस्कृति के विनाश तथा ब्राह्मण-संस्कृति के आधिपत्य के कारण ही अवैदिकों पर अत्याचारों और प्रतिबन्धों का सिलसिला शुरू हुआ था। एक तरफ़ श्रमण परम्परा की समता एवं स्वतन्त्रत-वादी मानवीय सोच थी जो किसी प्रकार की हिंसा से दूर रहकर शान्ति की स्थापना और रक्षा करती थी। दूसरी ओर स्वयं को हिंसक युद्धों के ज़रिए अन्य देशों और संस्कृतियों पर अपना अधिकार जताती क्रूर अमानवतावादी सोच थी। इसी अभियान के अन्तर्गत राजनैतिक सत्ताओं से बेदख़ल होती अवैदिक और ग़ैर-ब्राह्मण सत्ताओं को शिक्षा, चिन्तन-मनन एवं आध्यात्मिक दर्शन से दूर रखने की कोशिश की जाती रही, ताकि ज्ञान का उजाला आम जनता तक न पहुँच सके। ऐसे समय में भी अवैदिकों में बहुत से श्रमणों और गृहस्थों ने साधु-संगत, गुरु-संगत, स्वाध्याय एवं गृह-शिक्षा के माध्यम से अपनी शैक्षणिक-आध्यत्मिक यात्रा जारी रखी।

6. सन् 800 ई. के बाद लगातार बढ़ते वैदिक-ब्राह्मण-सांस्कृतिक-मिथ्याचार एवं अत्याचार ने पुरातन भारतीय संस्कृति एवं परम्परा को या तो समाप्त-प्राय कर दिया या उसे अपनी सुविधा के अनुरूप ढाल लिया। ऐसे संक्रमण ने मूल निवासियों को रोज़ी-रोटी की फ़िक्र में परेशान रहने के लिए मजबूर कर दिया। फलतः पठन-पाठन, चिन्तन-मनन एवं तर्क-दर्शन से दूर होती आम जनता ने अपने उत्पीड़न के मूल कारणों को भी भली-भाँति नहीं पहचाना। उत्पीड़क समाज की बर्बरता ने सारी हदों को पार कर दिया। संगठित धर्मावलम्बियों की अवहेलना-अवमानना एवं प्रताड़ना के कारण सामान्य जन में गहरा अवसाद, निराशा एवं हताशा का गंभीर मनोभाव व्याप्त होता गया। इन परिस्थितियों में पुरोहित-वर्ग की वैदिक विद्वत्ता एवं शुंग-शासन के अन्तर्गत ब्राह्मणेतर शिक्षा पर पूर्णविराम ने देश में किसी वैज्ञानिक क्रान्ति की सम्भावना को समाप्त ही कर दिया। तथाकथित विद्वत वर्ग की कूप-मंडूक सोच ने प्रगति के बजाय अवनति के लिए निषेधात्मक एवं नकारात्मक अवदान ही किया। पारम्परिक शिक्षा मात्र

वैदिक शिक्षा तक वह भी ख़ास द्विज वर्ग के लिए ही आधिकारिक तौर पर स्वीकार कर ली गयी।

7. चूँकि 800 ई. के बाद का काल तुर्क, चंगेज, मंगोल, अरब तथा यूनानी सरीखे आक्रमणों के कारण भारी उथल-पुथल का था। अतः भारतीय जीवन-पद्धति को अपना अस्तित्व बचाये रखना भी कठिन हो गया था। ऐसे समय में मुस्लिम-सत्ता के आधिपत्य के कारण ग़ैर-ब्राह्मण, ग़ैर-वैदिक जनता को केवल एक नकारात्मक सुख की अनुभूति कराता परिदृश्य देखने को मिला जहाँ उनके शोषकों और मालिकों के ऊपर भी उनसे बड़े मालिक का बड़ा शोषण-तन्त्र हावी हो रहा था। इस कारण कदाचित् उन्हें फ़ौरी तौर पर कोई मोहलत भले ही नहीं मिली किन्तु उनके शोषकों को इस बात का मनोवैज्ञानिक एहसास ज़रूर हुआ कि गुलामी और परतन्त्रता का दुःख कैसा होता है। यद्यपि इन विदेशी लुटेरी ताक़तों ने अपनी सल्तनतों की स्थापना तक तो उच्च वर्गीय शासकों को ही निशाना बनाया, किन्तु यहाँ की सामाजिक संस्थाओं को प्रायः यथा-स्थिति बनाए रखने में बाधा नहीं डाली। इस कारण भी सामाजिक-विद्रोह की कोई सम्भावना नहीं बन सकी। ऐसी नीति ने यहाँ के शूद्रों-दलितों को नव राजतन्त्र का वैसा ही गुलाम बनाए रखा जैसा वैदिक राजतन्त्र ने रचा था।

8. इस्लामी शासन-काल में उत्तरी भारत तथा भारत के अन्य भागों में भी हाशिये पर धकेल दी गयी अवैदिक परम्परा ने वक़्त की नज़ाकत को देखकर वैदिक सत्ता की भेदभावपूर्ण मनुष्य विरोधी तथा अन्ध आस्था पर आधारित परम्परा के विरुद्ध विद्रोह के स्वर उठाने शुरू कर दिये। ये स्वर श्रमण परम्परा की टूटी हुई कड़ियों को जोड़ने के लिए महत्त्वपूर्ण क़दम साबित हुए। सदियों पूर्व के सत्‌धर्म के संस्कारों ने एक बार फिर से जुम्बिश लेनी चाही। इसी सन्दर्भ में कबीर, रैदास, दादू, चोखा मेला, पीपा साहेब, मलूक दास तथा नानक साहेब जैसे अनेक अब्राह्मनिक सामाजिक-चिन्तकों ने अपनी सरल जन वाणी के ज़रिए अवैदिक श्रमण-संस्कृति के अस्तित्व, सम्मान एवं वर्चस्व के लिए चारों तरफ़ एक हलचल सी मचा दी। यहाँ दलित प्रतिरोध के सन्देश को समाज के निचले स्तर तक की जनता तक पहुँचाने का काम, एक अप्रतिम मानसिक क्रान्ति करता हुआ दिखाई देता है। इस प्रकार स्पष्ट है कि स्कूली या संस्थागत शिक्षा पर वैदिक प्रतिबन्ध के बावजूद पारम्परिक मठों और बुद्ध विहारों की शिक्षा उस समय तक भी समाप्त नहीं हो पायी थी। इसके अस्तित्व में भारतीय श्रमण दर्शन की श्रेष्ठ शिक्षा का व्यवहारिक स्वरूप और सच्ची ज्ञान परम्परा की मौलिक चेतना चुपचाप साँसे ले रही थी।

आज के परिप्रेक्ष्य में आज़ाद भारत में लोकतान्त्रिक गणराज्य की स्थापना के बाद क़ानूनी रूप से सभी नागरिकों को समान राजनैतिक अधिकार प्राप्त होने की बात कही गयी है किन्तु अभी भी धार्मिक एवं सामाजिक अधिकारों में व्यवहारिक रूप से बड़ा अन्तर मौजूद है जिसके विरुद्ध आवाज़ उठनी स्वाभाविक ही है। कबीर के समय और आज के समय में अन्तर केवल यह आया है कि उस समय के दलित प्रतिरोध ने सत्ता की बेमानियों को सत्ता हस्तानान्तरण की हद तक प्रभावित नहीं किया। वहाँ मौजूद राज सत्ताओं से ही यह माँग तथा अपेक्षा की जाती रही कि उन्हें मानवोचित अधिकार प्राप्त हों। हाँ! कबीर जैसे सन्त कवियों की वाणी ने प्रजातान्त्रिक राज्य के लिए अपने सांस्कृतिक मूल्यों की पुनर्स्थापना हेतु एक ज़रख़ेज़ ज़मीन ज़रूर तैयार की। वहीं पर मूल निवासी जनता को अन्धविश्वासों से छुड़ाकर तर्कसंगत वैज्ञानिक सोच का आइना दिखाया।

कबीर की कविता में अवैदिक जनता की यातना के विरुद्ध संघर्ष की ललकार भरे स्वर स्वाभाविक तथा स्पष्ट हैं किन्तु इन विचारों को भी उनके सन्दर्भों से काट दिया गया तथा उनकी धार कुन्द करने की ब्राह्मणवादी साज़िशें चलती रहीं। इसे अधिक स्पष्ट करने के लिए हम कबीर के आलोचकों द्वारा उनकी कविताओं के भिन्न-भिन्न आयामों, उनकी स्वीकृतियों और अस्वीकृतियों तथा परम्पराओं में हस्तक्षेप के बरअक्स चर्चा करेंगे।

कबीर को समझने का अपना-अपना नज़रिया

हिन्दी साहित्य के इतिहास में डॉ. श्याम सुन्दर दास, डॉ. रामचन्द्र शुक्ल, डॉ. हजारी प्रसाद द्विवेदी, डॉ. राम कुमार वर्मा, अली सरदार जाफ़री तथा डॉ. धर्मवीर जैसे अध्येताओं ने कबीर की कविता और उनके समय की समाजिकी पर विशेष चर्चा की है। इनके द्वारा कबीर की जो व्याख्या की गयी है उसे आज के परिप्रेक्ष्य में समझना और उसकी सच्चाई को लोगों तक पहुँचाना इस विषय की आवश्यकता है।

यह एक कड़वी सच्चाई है कि जिस नारकीय व्यवस्था का विरोध कबीर ने किया, स्वयं उनका दर्शन भी उसी का शिकार बनाया गया। उनकी उक्तियों को केवल उनके समय में ही अमर्यादित करने की कोशिश नहीं हुई बल्कि बाद में भी उनकी इस धरोहर में मनमाने ढंग से परिवर्तन किये गये। उनकी वर्ण-विरोधी आवाज़ का दम घोटा गया। उनकी खाँटी मानवीय विचारधारा को बार-बार ब्रह्मवादी भक्ति के ख़ाने में घेरने की कोशिश अब तक भी होती रही है, किन्तु कबीर के लाखों वचन उनके अनुयायियों की ज़बान पर ज्यों के त्यों चढ़े हुए हैं। इन्हें मिटा पाना असम्भव नहीं तो बहुत कठिन तो है ही। अन्धविश्वासी

एवं मनुष्य विरोधी परम्परा को उखाड़ फेंकने का यत्न करते हुए कबीर भारतीय इतिहास एवं दर्शन में अद्वितीय महत्त्व रखते हैं। शर्मनाक है कि कबीर को अब तक एक साहित्यकार, दार्शनिक और सामाजिक परिवर्तनकारी प्रणेता के रूप में वह सम्मानीय स्थान नहीं मिला जिसके वे हक़दार हैं। वर्णवादी-ब्राह्मणवादी ताक़तों ने हमेशा ऐसे मानवतावादियों को उपेक्षित तथा निन्दित करके उनकी शक्ति को निष्प्रभावी करने का काम किया है। वे उन्हें हमेशा दोयम दर्जे का साबित करने में एड़ी-चोटी का ज़ोर लगाते रहे हैं। हिन्दी साहित्य में कबीर के आलोचक तो उन्हें ख़ारिज करने के हर सम्भव प्रयास करते रहे हैं। किन्तु एक बड़े जन-मानस के दिलो-दिमाग़ में समाये कबीर कभी मिटने वाले नहीं हैं। कुछ उदाहरणों से इन बातों को समझने में आसानी होगी–

1.''हिन्दी साहित्य का इतिहास'' के लेखक और स्वनाम-धन्य आलोचक पं. रामचन्द्र शुक्ल ने कबीर को जिस रूप में प्रस्तुत किया है उससे उनकी मनोवृत्ति का अन्दाज़ा आसानी से लगाया जा सकता है। वे कहते हैं–''कबीर अपने श्रोताओं पर यह अच्छी तरह भाषित करना चाहते थे कि हमने ब्रह्म का साक्षात्कार कर लिया है, इसी से वे प्रभाव डालने के लिए बड़ी लंबी-चौड़ी गर्वोक्तियाँ भी कभी-कभी कहते थे''[3]

➢ ध्यान देने की बात है कि कबीर कभी भी ब्रह्म या ईश्वर प्राप्ति का न तो प्रयास करते हैं न यह उनके लिए अभीष्ट है। वे तो हमेशा इस प्रकार के ईश्वर-विश्वास और मनुष्य विरोधी मनगढ़न्त भगवानों को नकारते चलते हैं।

➢ कबीर को तो ब्रह्म और ब्राह्मणविरोधी कह कर ही उनकी अवहेलना की गयी है अतः ब्रह्म-ज्ञान-प्राप्ति का अहंकार तो उन्हें होगा जो इस झूठे दम्भ में जीवित रहते हैं

➢ कबीर तो ऐसे ब्रह्मण-सूचक शब्दों को हमेशा भ्रम तथा धोखे का प्रतीक ही मानते हैं। इस प्रकार के शब्द जो हमेशा एक जाति-विशेष के वैशिष्ट्य को प्रदर्शित करते हैं, उनकी बानगी देखें–ब्रह्म, ब्रह्मा, ब्राह्मण, ब्रह्मांड, ब्रह्मविद्या, ब्रह्मज्ञान, ब्रह्महठ, ब्रह्मास्त्र, ब्रह्मजाल, ब्रह्महत्या, ब्रह्मभोज, ब्रह्मदान, ब्रह्मश्राप, ब्रह्मकोप, ब्रह्मरूप, ब्रह्मपिशाच, ब्रह्मदोष, ब्रह्ममुहूर्त, ब्रह्मतेज, ब्रह्मदस्यु, ब्रह्मपाश, ब्रह्मवाण, ब्रह्मवाक्य, ब्रह्मलोक, ब्रह्मासन, ब्रह्मावर्त, ब्रह्मओज, ब्रह्मविवाह, ब्रह्मआर्य, ब्रह्मवीर्य, ब्रह्मसाध्य, ब्रह्मआराध्य, ब्रह्मकाय, ब्रह्मकन्या, ब्रह्मकर्म, ब्रह्मकला, ब्रह्मकल्प, ब्रह्मकुण्ड, ब्रह्मकांड, ब्रह्मकोश, ब्रह्मगाँठ, ब्रह्मग्रन्थि, ब्रह्मघोष, ब्रह्मचक्र, ब्रह्मघातक, ब्रह्मचारी, ब्रह्मचर्य, ब्रह्मकूट, ब्रह्मजटा, ब्रह्मजिज्ञासा, ब्रह्मजीवी, ब्रह्मज्ञानी, ब्रह्मतत्त्व, ब्रह्मदाय, ब्रह्मदिन, ब्रह्मदण्ड, ब्रह्मद्वार, ब्रह्मद्रोही, ब्रह्मपुरी, ब्रह्मप्रलय, ब्रह्म-मीमांसा,

ब्रह्मयुग, ब्रह्मयोनि, ब्रह्मरंध्र, ब्रह्मराक्षस, ब्रह्मराशि, ब्रह्मरीति, ब्रह्मलेख, ब्रह्मवादी, ब्रह्मवादिनि, ब्रह्मवृत्ति, ब्रह्मवेत्ता, ब्रह्मवेदी, ब्रह्मशासन, ब्रह्मसभा, ब्रह्मसमाज, ब्रह्मसदन, ब्रह्मसूत्र ब्रह्मस्व, ब्रह्महृदय, ब्रह्मत्व, ब्रह्मर्षि, ब्रह्माक्षर, ब्रह्मभूत, ब्रह्मरेखा आदि

➢ जिस ब्रह्म (भ्रम?) से कबीर खुद दूर रहते हैं तथा देश के मज़लूमों को दूर रहने के लिए सचेत करते हैं उसे ही प्राप्त करने में लगे होना बताना, कबीर की सारी मान्यताओं का ब्राह्मणीकरण करने की कोशिश है। यह ब्राह्मणी मानस की उपज है।

➢ कबीर अपने कथन में पूरे विश्वास के साथ उतरते हैं तथा उनकी इस साधिकारोक्ति को गर्वोक्ति कहकर शुक्लजी ने कदाचित् अपने ओछेपन को ही उजागर किया है। कबीर की आत्मलीन साधना तो सम्मान की चाहत से कोसों दूर, अहंकार और अभिमान से अलग थी। उन्हें न किसी प्रशंसा की भूख थी और न किसी की निन्दा का डर।

2. शुक्ल जी का एक और कथन देखें—'भक्तों के दो वर्ग थे। एक तो भक्ति के प्राचीन स्वरूप को लेकर चला था अर्थात् प्राचीन भागवत् सम्प्रदाय नवीन विकास का ही अनुयायी था और दूसरा विदेशी परम्परा का अनुयायी, लोकधर्म से उदासीन तथा समाज-व्यवस्था और ज्ञान-विज्ञान का विरोधी। यह द्वितीय वर्ग जिस घोर नैराश्य की विषम स्थिति में उत्पन्न हुआ उसी के सामंजस्य-साधन में सन्तुष्ट रहा। उसे भक्ति का उतना अंश ग्रहण करने का साहस हुआ जितने कि मुसलमानों के यहाँ भी जगह थी। मुसलमानों के बीच रहकर इस वर्ग के महात्माओं का भगवान के उस रूप पर जनता की भक्ति को ले जाने का उत्साह न हुआ जो अत्याचारियों का दमन करने वाला और दुष्टों का विनाश कर धर्म को स्थापित करने वाला है। इससे उन्हें भारतीय भक्ति-मार्ग के विरुद्ध ईश्वर के सगुण रूप के स्थान पर निर्गुण स्वरूप ग्रहण करना पड़ा जिसे भक्ति का विषय बनाने में उन्हें बड़ी कठिनाई हुई।"[4]

यहाँ रामचन्द्र शुक्ल की पंडिताऊ बुद्धि-विवेक पर तरस खाने की जगह उस जातिवादी अफीम की ओर ज़्यादा संज़ीदगी से ध्यान दिया जाना चाहिए जिसे उन्हें या उन जैसों को पालने में ही दे दी जाती है। कट्टर वर्णवादी वर्चस्ववादिता के दम्भ में साँसें लेते हुए वे कबीर के उस रूप की शायद कल्पना भी नहीं कर सकते थे जो भारत के अधिसंख्य वर्ग को दल-दल से निकालने के लिए जीवन अर्पण का व्रत ले चुका था। इससे निम्नलिखित विमर्श सामने आते हैं—

➢ "मुसलमानों के बीच रहकर कबीर सरीखे सन्तों के वर्ग का साहस नहीं हुआ कि जनता को 'ईश्वर की ओर' ले जायें।" ऐसे कथन में केवल यही कुटिल

चालाकी लगती है कि रामचन्द्र शुक्ल जी ईश्वर के खुल्लम-खुल्ला नकारने और हिन्दुओं के पाखण्डपूर्ण जीवन-शैली की उपेक्षा को स्वीकार करने का साहस भी नहीं जुटा पा रहे हैं। शुक्ल जी को यह तो समझ आ ही गयी होगी कि निर्गुण ईश्वर का अर्थ ही है कि वह बिना गुण वाला है—जो गुणविहीन है उसकी भौतिक उपस्थिति ही नहीं है। अतः प्रकारान्तर से यह हिन्दूवादी अर्थों में अनीश्वरवाद का ही नाम है। शायद शुक्ल जी इसे अस्वीकार करते हुए हिन्दूवाद की हार का व्यापक प्रचार हो जाने से बचा लेना चाहते हों। यदि हम उनके पूर्वाग्रही विचारों की बुनियाद को भी तलाशें तो भी उनके कथन को कोई समर्थन नहीं मिलता।

➤ शुक्ल जी भक्ति की निर्गुणवादी धारा को मुसलमानी एवं विदेशी मानते हैं और अवतारवादी धारा को भारतीय। कदाचित् प्रकृतिवादी तथा अनीश्वरवादी धारणा तो सभ्यता के शुरुआती दौर से ही वजूद में है। यह भौगोलिक भिन्नताओं के बाद भी दुनिया के भिन्न भागों में उपस्थित थी वह भी तब जब इस्लाम का नामो-निशान नहीं था। सन्तों की यह धारा उसी भारतीय अनीश्वरवादी श्रमण-सभ्यता की विरासत को आज यहाँ तक ले आयी है।

➤ हिन्दी के ये महान आलोचक कबीर को ज़बरन इस्लाम के क़रीब सिद्ध करना चाहते हैं। यह उनके अल्प ज्ञान को प्रदर्शित करता है, क्योंकि चारों वेद, ईश आदि ग्यारह उपनिषदों में कहीं अवतारवाद का भी ज़िक्र नहीं है, उनमें ईश्वर के निर्गुणवादी तत्व पर ही विचार किया गया है। सबसे पुराना ग्रन्थ ऋग्वेद है उसमें एक स्थान पर राजा दुःशीम, पृथवान तथा वेन के साथ असुर (बली) राम की चर्चा आयी है। ऋग्वेद में ही एक स्थान पर कृष्ण को वन्य जातियों की दस हज़ार सेना का मालिक, यमुना नदी के तट पर रहने वाला तथा इन्द्र द्वारा उसका परास्त किया जाना चित्रित किया गया है। इस प्रकार हम देखते हैं कि राम तथा कृष्ण को ऋग्वेद में केवल मानव, बली तथा वीर के रूप में चित्रित किया गया है। यहाँ दुःशीम, पृथवान एवं वेन के साथ जो राम का नाम आया है उसे निश्चित रूप से हम यह नहीं कह सकते कि यह राम वही है जो दशरथ सुवन अयोध्याधीश हैं क्योंकि इसके साथ कोई उनके अन्य लक्षण नहीं आये हैं।[5]

➤ जैनों और बौद्धों के अवतारवाद—जिसका अर्थ है—'औरों' से बढ़ जाने वाला 'श्रेष्ठ' तथा 'मुक्त', से प्रभावित ब्राह्मणों ने अवतारवाद का प्रतिपादन किया जिसका अर्थ है—'उतरना', 'नीचे आना'। इसी बहाने; अपनी सुविधा के अनुसार, उन्होंने भगवानों के कई संस्करण सृजित कर डाले। शुक्ल जी अवतारवाद को ही भारतीय भक्ति-मार्ग मानते हैं, जबकि तथ्य यह है कि भारतीय मूल अवतारवादी है ही नहीं।

➢ हिन्दू मान्यता के अनुसार "भगवान ने वैदिक रावण तथा कंस को ही सबसे बड़ा अत्याचारी समझा जिन्हें मारने वह अपना सिंहासन छोड़कर धरती पर आ गया। उसकी दृष्टि में चंगेज खाँ, महमूद गजनबी, मुहम्मद गोरी, नादिरशाह, औरंगजेब आदि अत्याचारी नहीं थे। इनको मारने के लिए उस समय वह अवतार नहीं लिया। भगवान अत्याचारियों को केवल मार सकता है उनकी बुद्धि नहीं बदल सकता"[6] जबकि वह सर्वज्ञ और सर्वव्यापी है। ब्राह्मण जीवन-पद्धति में ही दोहरे चरित्र का बोल-बाला है। फिर शुक्ल जी ने भी उन्हीं संस्कारों के प्रभाव में आकर अपनी वेदवत्ता का प्रर्दशन किया है।

➢ सामी परम्परा[7] (पुरानी बाइबिल के प्रसिद्ध महापुरुष 'नूह' के तीन पुत्र थे–सेम, हाम और याफत। इनमें बड़े पुत्र सेम के बंशज अरब, यहूदी और मिस्री हैं। ईसाई यहूदियों के ही अन्दर आते हैं इसलिए यहूदी, ईसाई तथा मुसलमानों का समूह सामी परम्परा कहलाता है। खास बात है पुरानी तथा नयी बाइबिल और क़ोरान के विचार सामी-परम्परा के सिद्धान्त हैं।) और भारतीय सन्त परम्परा में यही महान अन्तर है कि एक अपनी आध्यात्मिक उन्नति का केन्द्र पैगम्बर को मानती है दूसरी अपने अन्तर्मन को। यह अन्तर भारतीय बुद्धिवाद और अनीश्वरवाद की चिरन्तन परम्परा का ही वाहक है–"दिल मा खोज दिलहि मा खोजौ/इहैं करीमा रामा"[8] से उक्त बात स्पष्ट हो जाती है अर्थात् अपने भीतर झाँककर देखने से इहलोक-परलोक (यदि कोई है) सबका भेद खुल जायेगा। दुनिया की सारी गुत्थियाँ सुलझ जायेंगी। दुःखों से त्राण हो जायेगा। तुम करीम और राम को न जाने कहाँ-कहाँ खोजते फिरते हो। तुम भूले हुए हो। तुम भ्रमित हो। तुम्हारे भीतर वह सब है जिसे तुम बाहर खोजने में ज़िन्दगी भर परेशान रहते हो। यह शुद्ध रूप में स्वयं की ऊर्जा को पहचानने तथा उसे विकसित करने की बुद्धिवादी सीख है।

3. एक अन्य उद्धरण में आचार्य रामचन्द्र जी शुक्ल लिखते हैं–"उधर शास्त्रों में पठन-पाठन कम लोगों में रह गया, इधर ज्ञानी कहलाने की इच्छा रखने वाले मूर्ख बढ़ रहे थे जो किसी 'सदगुरु के प्रसाद' मात्र से ही अपने को सर्वज्ञ मानने के लिए तैयार बैठे थे। अतः सदगुरु भी उन्हीं में निकल पड़ते थे जो धर्म का कोई अंग नोंच कर एक ओर भाग खड़े होते थे और कुछ लोग झाँझ-खजड़ी लेकर उनके पीछे हो लेते थे"[9] इस कथन से निम्नलिखित विचारणीय तथ्य उभरते हैं–

➢ इस आलोचक प्रवर से पूछा जाना चाहिए कि सदगुरु का प्रसाद अर्थात् सही रास्ता पहचानने का गुर सिखाना यदि मूर्खता है तो भ्रामक रास्ता बताना कौन सा धर्म है? लगता है कि वैदिक ब्राह्मणी सिद्धान्तों की जकड़ में लेखक

अपने विवेक को परम्पराओं के हवाले कर चुका है क्योंकि उसे यह भरोसा और पूर्ण विश्वास है कि उसकी लिखत का मूल्यांकन भी उन्हीं ब्राह्मणवादी मानदण्डों पर होगा।

➢ आज जिस दलित प्रतिरोध की बात की जा रही है वह स्थापित परम्पराओं से हट कर मानवता की परिभाषाओं पर आधारित मूल्यों को अपनी कसौटी बनाता है। इस परम्परा के आलोचकों को जिस धर्म को नोंचकर कबीर खड़े प्रतीत होते हैं वह ब्राह्मणवादी हिन्दू धर्म खुद एक सूखी हुई ठठरी का कंकाल मात्र है जहाँ से कुछ भी नोंचना केवल श्रम को व्यर्थ करने जैसा है। फिर किस बात का दम्भ भरते हैं ये आलोचक? कबीर तो अपने पन्थ, अपने धर्म, अपने मार्ग के स्वयं रचयिता हैं। वे आत्मभूत को ही जन-कल्याणार्थ सर्वभूत देखना चाहते हैं। इसलिए कबीर का दर्शन पहचानने के लिए भी दुराग्रहमुक्त मानवीय संवेदना से संपृक्त सन्तुलित मस्तिष्क होना चाहिए। उनकी उच्च आध्यात्मिक स्थिति से आहत अवतारवादी-ब्राह्मणवादी शुक्ल जी जैसे लोग जाने-अनजाने ही अनाप-शनाप बकने लगते हैं। कबीर ऐसी ऊँचाई पर पहुँच चुके हैं जहाँ से उन्हें जीवन का हर पहलू बिल्कुल साफ़ दिखता है। जहाँ कीचड़ होगा वहाँ पारदर्शिता नहीं हो सकती। निर्मल मन से ही चीज़ों को पारदर्शी बनाया जा सकता है। कबीर जब मुसलमानों द्वारा कुर्बानी, मांसाहार और शून्य में पुकारने की परम्परा तथा हिन्दुओं की मूर्ति पूजा, छुआ-छूत तथा अवतारवाद की कड़ी आलोचना कर रहे होते हैं तो वे बार-बार मानवता का पक्ष ही लेते हैं। ऐसे में क्या वे दोनों से प्रभावित या दोनों के विरुद्ध माने जायेंगे? यह समझा जाना चाहिए कि केवल उपनिषद एवं शास्त्र पढ़कर ही ज्ञान नहीं होता। कुछ ऐसे महामानव होते हैं जिनके हृदय से वेद-उपनिषद-शास्त्र की अप्रासंगिकता के विरुद्ध उच्च कोटि का मानवीय ज्ञान एवं बुद्धि निःसृत होते हैं। कबीर इसी कोटि के महामानव हैं जिनके हृदय से सत्य का शास्त्र निकलता है अन्यथा उनका अनूठा जीवन-मार्ग करोड़ों का आदर्श मंगलदायी मुक्ति-मार्ग नहीं बनता।

➢ झाँझ-खजड़ी लेकर कबीर के पीछे हो लेने का उलाहना या व्यंग्य भी आम जनता द्वारा ब्राह्मणी छल-प्रपंच को नकारे जाने से उत्पन्न उनका भय और खीज ही प्रकट करता है। शास्त्रों के पठन-पाठन की बात करते हुए शुक्ल जी अपनी पूर्वाग्रही मान्यता की गाँठ से खुद को यूँ बाँधे बैठे हैं जैसे लगता है कि इनकी लिखत में ही केवल सच्चे ज्ञान का आदर्श है तथा इन्हीं को पढ़ने वाले ज्ञानी हो सकते हैं।

➢ स्वयं को विद्वान (वेदवान) कहलाने का शौक़ या लालसा उनमें क्या

होगी जिन्होंने वेद देखा नहीं, सुना नहीं, पढ़ा नहीं। शुक्ल जी प्रकारान्तर से दलितों-शूद्रों को मूर्ख और उनके नायकों को झाँझ-खजड़ी बजाने वाला नक़लची कहकर ब्रह्मणत्व को ही धर्म का स्रोत बताने का दम्भ भरते हैं। वैदिक-धर्म के प्रताप से ही बड़ी संख्या में लोग दलित-शूद्र बनाए गये और उसी का महिमामण्डन करके शुक्ल जी दलित-पिछड़ों को अलग जाने से रोकना चाहते हैं। वे वेद के निकट भी जाने नहीं देते और अन्यत्र जाने की अनुमति भी नहीं देना चाहते। उनकी समझ में इस तरह का दलित गुरुडम शायद उनकी पोल खोलकर सच्चाई बताने वाला है। यह शुक्ल जी का पंडिताऊ डर बोल रहा है।

4. डॉ. रामकुमार वर्मा द्वारा लिखी इस पंक्ति को देखा जाये "कविता की भाँति कबीर का जीवन भी रहस्य से परिपूर्ण है।"[10] विचारणीय है कि कबीर का अत्यन्त साधारण और खुला जीवन कहीं भी किसी रहस्य या छुपाव की गवाही नहीं देता। कबीर का क्रान्तिकारी स्वरूप दलित-पिछड़ों के लिए न्याय-समर्थन करता हुआ निर्भीक होकर सामने खड़ा इतना प्रखर और मुखर कैसे हो पाया, यही ब्रह्मणवाद के लिए सबसे बड़ा रहस्य हो सकता है। पारम्परिक रूप से हिन्दी साहित्य में केवल और केवल वैदिक तथा ब्रह्मवादी शब्दावली के ज़रिए ही सभी तरह का विमर्श तथा वार्तालाप होता है जिसके कारण ग़ैर-वैदिक नज़रिए को समझना भी एक रहस्य ही है। इस समझ में खोट रह जाना स्वाभाविक है। अब तक कबीर को वैदिक-ब्राह्मणी चश्मा पहना हुआ हिन्दी साहित्य बहुधा दलित-विरोधी नज़रिये से ही जाँचता-परखता रहा है। कबीर को रहस्यवादी कहने वाले लोगों से यह पूछा जाना चाहिए कि उनके शब्दकोश में रहस्य के मायने क्या हैं? उनके कथन द्वारा तो रहस्य का अर्थ कदाचित् यही निकलता है कि जो सामान्य रूप से प्रकट न हो, दिखाई न देनेवाला हो, छुपा हुआ या ढँका हुआ हो, या जो अपने स्वरूप से बिल्कुल अलग अर्थों में कार्यान्वयन करने वाला हो। वस्तुतः कबीर के यहाँ ऐसा कोई रहस्य या छुपाव है ही नहीं। उनकी कथनी और करनी का आदर्श और रहनी की हक़ीकत एक ही है। इसलिए रहस्य तो ब्राह्मणवाद का नाम है—जहाँ हर कार्य-व्यापार का आन्तरिक और बाहरी स्वरूप प्रायः दोहरे चरित्र वाला होता है। दोहरा चरित्र ही धोखा देने का साधन है अतः यह तो कबीर के यहाँ फटक भी नहीं सकता। कबीर की बानियाँ तो इसी ब्राह्मणी रहस्यवाद को उद्घाटित करते हुए उन्हें चुनौती देती हैं। आश्चर्य है कि यह छलिया चरित्र जो प्रायः वेदों-उपनिषदों आदि ब्राह्मणी ग्रंथों की प्रवृत्ति है, को अपने विरोधियों पर लांछित करना ही शायद वेदों के वाहक वेदवानों का मूल चरित्र है। हिन्दी-साहित्य के कई स्वनाम धन्य पुरोधा लम्बे समय से कबीर की

महत्त्वपूर्ण वाणियों को कमतर दिखाने के ऐसे प्रयास करते रहें हैं किन्तु आम आदमी के लिए तो कबीर की बोली-बानी और रहनी ही आदर्श हैं। यही आदर्श उनका जीवन-मार्ग है। कदाचित् उन्हें किसी अन्य धर्म की आवश्यकता नहीं है।

कबीर ने रहस्यवादी दर्शन को पूर्व-पक्ष में रख कर उसके खण्डन तथा उसकी निःसारता को सिद्ध करने के लिए ही उसे संदर्भित किया है। इसका अर्थ यह क़तई नहीं कि हम कबीर साहेब को रहस्यवादी मानकर उनकी वाणियों में रहस्यवाद खोजते फिरें। कबीर साहेब के बीजक में जहाँ ऐसी वाणियाँ हैं वे निश्चित ही पूर्व पक्ष की हैं जिसे कबीर ने उपस्थित करते हुए उन्हें नकारा है। किसी कल्पित ईश्वर या ब्रह्म को पति मानकर अपने को उसकी पत्नी मानने की बात, हठयोग द्वारा कहीं गगन गुफा में पहुँचने की बात, समुद्र में बूँद मिलने, जीव की ब्रह्म में मिलने जैसी बातों का उद्धरण देकर उसकी व्यर्थता सिद्ध करना तो कबीर के शब्द-शब्द में दिखाई देता है। यही दलित प्रतिरोध की जीवनी-शक्ति है।

5. अली सरदार जाफ़री कबीर के पदों से उनकी पहचान करते हैं—कबीर ने हिन्दू या मुस्लिम नाम धारण करने से इंकार कर दिया—

हिन्दू कहो तो हौं नहीं, मुसलमान भी नाहिं
पाँच तत्व का पूतरा, गैलहिं खेले माहिं[11]

अर्थात् मैं न हिन्दू हूँ न मुसलमान। मैं तो गैब(दुनियावी) के खेल के अन्दर पाँच तत्व से बना इस खेल का पुतला हूँ। इसके बाद खुदा, अल्लाह, राम, हरि, गोबिन्द, सांई, साहेब सभी शब्दों का एक ही अर्थ हो जाता है। इन पर लड़ने वाले मूर्ख मालूम दिखने लगते हैं। अली सरदार ज़ाफरी ने सन्तों के साथ सूफियों को मिलाते हुए कहा है—"यह बात दिलचस्पी से ख़ाली नहीं है कि ज़्यादातर सूफ़ी-सन्त और भक्त अनुयायी दस्तकारों के वर्ग से सम्बन्ध रखते थे"[12] "उनके मन उस जनता से सम्बन्धित थे जो निर्धन और श्रमजीवी थी।"[13]

उपर्युक्त कथन से एक बात स्पष्ट रूप से सामने आती है कि बिना धार्मिक भेद-भाव के जनता का एक बहुत बड़ा वर्ग जो दलित-पिछड़ा है तथा पेशे से शिल्पी, दस्तकार और श्रमजीवी है, एक साथ, एक वैचारिक ताने-बाने के अन्दर एकत्रित हो जाता है। यही कबीर के बानी की युगान्तरकारी घटना है। राजा-रजवाड़ों, नवाबो-बादशाहों तथा मुल्ला-पंडितों की ज़ोर-ज़बरदस्ती की घुटन से निकलने के लिए जनता ने कबीर के दर्शन में अपने माफ़िक़ खुली हवा और खुला आकाश महसूस किया। कबीर की पहचान हिन्दू या मुस्लिम के रूप में न होकर एक ऐसे मसीहा के रूप में सामने आती है जिसके साथ भारत का बहुसंख्यक

शिल्पी-कर्मकार-दस्तकार वर्ग अपनी धर्महीनता या धार्मिक-निरर्थकता से निजात पाने के लिए एक शरणस्थली के रूप में आना चाहता है। भक्ति-आन्दोलन शब्द को कबीर के साथ जोड़कर उनके सामाजिक आन्दोलन को उपेक्षित करने का भाव पूरे हिन्दी साहित्य में ब्राह्मणी वर्चस्व के रूप में स्पष्ट देखा जा सकता है। कबीर इस बड़े वंचित-वर्ग के साथ केवल कविता और दर्शन के ज़रिए ही हमराह नहीं हैं बल्कि वे उनकी पूरी जीवन-पद्धति की गरिमा और सम्मान बहाल करने के लिए एक धार्मिक-सामाजिक अगुवा के रूप में भी उनके साथ खड़े हैं।

6. एक अन्य उद्धरण में अली सरदार ज़ाफरी ने कबीर की रहनी पर प्रकाश डालते हुए लिखा है ''कबीर के यहाँ माया-त्याग है लेकिन उसका अर्थ यह नहीं है कि मनुष्य केवल अपने आप में खो कर रह जाये और अपनी मुक्ति के लिए समाधि लगा ले। वह स्वयं विवाहित थे और उनकी सन्तान भी थी। करघे पर खुद कपड़ा बुनते थे और फेरी लगाकर उसे बेचते थे। उसकी आमदनी से अपना और उपने बाल-बच्चों का पेट पालते थे। उनका भौतिक और शारीरिक श्रम उनके आध्यात्म सम्बन्धी गीतों की रचना में बाधक नहीं होता था बल्कि शायद उसमें योगदान करता था। उनका आग्रह था कि भगवान इसी संसार में मिलता है। मुक्ति का मार्ग यहीं से हो कर गुज़रता है और माया, जो महा ठगनी और क्रूर शिकारी है, भक्तों की दासी बन सकती है। माया तजी नहीं जाती, तजी नहीं जा सकती। क्योंकि वही किसी-न-किसी रूप में बाकी रहती है। असल में माया पर विजय प्राप्त की जाती है''[14] यहाँ अली सरदार जाफरी ने कबीर को आम आदमी के साथ चलता हुआ सिद्ध कर दिया है। करघे पर कपड़ा बुनकर फेरी लगाते हुए उसे बेचने वाला कबीर कहीं से भी जनता से अलग किसी रहस्य या छुपाव का शिकार नहीं है। इसलिए कि वह उसी जनता के बीच का है, उसी जनता का है तथा उसी जनता के लिए है। कबीर दलित-वंचित वर्ग में जागृति पैदा करता हुआ उनके ही घर का बड़ा बुजुर्ग या बुद्धिमान गुनिया है।

7. डॉ. धर्मवीर कबीर की प्रशंसा के पीछे छिपे ब्राह्मणवादी कुचक्र को इंगित करते हुए कहते हैं ''हिन्दू मान्यताओं का यह क्या गोरखधन्धा है कि यदि कबीर को जुलाहा मानेंगे तो केवल दलितों का सन्त मानेंगे और यदि कबीर को भारत का सन्त मानेंगे तो तब उन्हें जुलाहा न मानकर वैष्णव मानेंगे? खड़ी बोली का खड़ा सवाल यह है कि कबीर को बिना वैष्णव और ब्राह्मण बनाये केवल उनके जुलाहे वाले रूप में ही उन्हें हिन्दुस्तान का सबसे बड़ा महापुरुष क्यों न माना जाये? क्या अंग्रेज लोग कबीर को विश्व के सन्त-शिरोमणि मानने में पहले यह शर्त लगायेंगे कि कबीर ईसाई थे? फिर भारत का ब्राह्मण चिन्तन ही हर व्यक्ति

के बारे में यह शर्त क्यों लगाकर चलना चाहता है कि वह व्यक्ति बड़ा था तो कहीं न कहीं वैष्णव या ब्राह्मण या इनसे प्रभावित था? ...मूल मुद्दा यह है कि जब ब्राह्मण ग़ैर-ब्राह्मणों को वैष्णव और ब्राह्मण मानकर स्वीकार करना चाहता है तो इसका मतलब यह है कि वह ब्राह्मण को ही बड़ा और श्रेष्ठ मानता है। इसका मतलब यह है कि उसका ब्राह्मण होने का घमण्ड टूटा नहीं है।''[15]

डॉ. हजारी प्रसाद द्विवेदी द्वारा कबीर के धर्म-साधना को व्यक्तिगत कहे जाने पर वे आगे लिखते हैं कि ''धर्म को व्यक्तिगत साधना कहने का मतलब है कि शूद्र को धर्म-साधना का अधिकार नहीं है। यह बात उसी पुरानी सोच में शामिल हो जाती है कि शूद्र को धर्म की समाज-गत साधना के बारे में कहने का कोई अधिकार नहीं है। इस दृष्टि में यदि शूद्र को कुछ कहने की अनुमति दी गयी है तो केवल व्यक्तिगत मामलों में ही—समाज-व्यवस्था पर प्रश्न-चिह्न लगानेवाली उसकी ललकारों को सुनने के लिए फाटक बन्द कर दिये गये हैं।'' ''...यही विशेषता है कि ब्राह्मण चिन्तन जब भी वेद-विरोधी स्वर की प्रशंसा करने को मजबूर होता है तो वह एक व्यक्ति की प्रशंसा करता है, उसके पूरे समाजिक विचार की नहीं। ...डॉ. हजारी प्रसाद द्विवेदी ने हिन्दू संस्कृति के उसी हथियार को कबीर के विरुद्ध इस्तेमाल किया है। जब उन्होंने कबीर के बारे में लिखा है—कबीर ने ऐसी बहुत सी बातें कही हैं (अगर उपयोग किया जाये तो) जिससे समाज सुधार में सहायता मिल सकती है। पर इसी लिए उनको समाज-सुधारक समझना ग़लती है। वस्तुतः वे व्यक्तिगत साधना के प्रचारक थे। समष्टि-वृत्ति उनके चित्त का स्वाभाविक धर्म नहीं था। वे व्यष्टिवादी थे।''[16] शायद विचार के क्षेत्र में इन शब्दों से ज़्यादा बड़ी ग़ाली कबीर को दूसरी नहीं दी सकती। यह कबीर की प्रशंसा है या कबीर की हत्या। क्या अपने विरोधी की निन्दा करने का तरीक़ा ऐसी प्रशंसा हुआ करती है? प्रशंसा की ऐसी निन्दा भरी नीति कोई ब्राह्मण चिन्तक ही सोच सकता है...'' ऐसी ही प्रशंसा बुद्ध की कबीर से पहले की गयी थी। वह भी बुद्ध के व्यक्ति की प्रशंसा थी, बुद्ध के मिशन की नहीं।[17] ''वे उन की इस सामाजिक लड़ाई की प्रशंसा न करके उलटे, वैदिक विधान के अधिकारी-वेद पर चोट न होने दे कर, कबीर के पद 'राम की बहुरिया' के ज़्यादा गुण गाते हैं। वे कबीर की सम्पूर्णता का लाभ उठा कर कबीर को आधा काट देना चाहते हैं। वे उन के भगवान से प्रेम और विरह के पदों और साखियों की व्याख्या करते हैं लेकिन कबीर के सामाजिक विद्रोह के सामने चुप्पी साध लेते हैं। उन्होंने कबीर को पढ़ाने की अनिवार्यता में सामाजिक कबीर को सेंसर कर दिया है। सच्ची बात यह है कि यदि कबीर का सामाजिक पृथकता का सन्देश

भुला दिया जायेगा तो कबीर का अध्यात्म पूरा नहीं होगा''[18]

डॉ. धर्मवीर ने तथ्यों का विश्लेषण करते हुए कबीर की रचनाओं पर ब्राह्मणी उपेक्षा और शब्द-जाल के ज़रिए अनदेखी किये जाने को पूरी स्पष्टता के साथ प्रस्तुत किया है। वे डॉ. हजारी प्रसाद द्विवेदी के उद्धरणों से लिखते हैं—"कबीर दास पौराणिक कथाओं के थोड़े-बहुत जानकार थे पर तत्ववाद के कायल न थे, शायद जानते भी नहीं थे'' इस युक्ति पर डॉ. धर्मवीर का यह कथन है कि असल में वे इस प्रकार की भाषा-शैली का प्रयोग कर कबीर को पौराणिकता के घेरे में फाँसना चाहते थे।''[19]

कबीर का धर्म या पन्थ

सामान्यतः मनुष्य का किरदार तीन मुख्य रूपों में प्रकट होता है—पहला उसका स्वयं के प्रति, दूसरा उस समूह के प्रति जिससे उसके सामाजिक कर्तव्य निर्धारित होते हैं तथा तीसरा उसके प्रति जो उससे तथा उसके सामाजिक पहचान से अलग के समूह हैं। व्यक्ति का अपने प्रति कर्तव्य उसके भौतिक तथा आध्यात्मिक क्रिया-कलाप का हो सकता है जो उसके विकास तथा अस्तित्व हेतु सहायक होता है। व्यक्ति का समाज के साथ व्यवहार तथा क्रिया-कलाप केवल उसकी मर्ज़ी पर नहीं बल्कि उस समाज की मर्ज़ी पर भी निर्भर करता है जिसके साथ वह सम्बद्ध है। समाज के साथ व्यवहृत कुछ सामान्य किन्तु सब घर लागू स्वीकृतियाँ उसकी सामाजिकता निर्धारित करती हैं। यही सामाजिक स्वीकृत कार्य-व्यवहार प्रायः धर्म का रूप ग्रहण करते हैं जो लोगों को एक प्लेटफार्म पर एकत्रित करता है। इस सामूहिकता में बन्धुत्व भावना सर्वोपरि होती है जो समाज को सुख-दुःख में एक साथ रहना सिखाती है। तीसरे तरह का व्यवहार एक समाज या सामाजिक व्यक्ति का दूसरे समाज या सामाजिक व्यक्ति के साथ कार्य-व्यापार एवं व्यवहार का किरदार होता है जो प्रायः दूसरों को उनके विश्वासों के साथ उन्हें स्वीकार करने की अन्तर-समाजीय चेतना या वृहत्तर अर्थों में अन्तरराष्ट्रीय (वैश्विक) चेतना का विकास करती है। इस प्रकार व्यक्तिगत जीवन का आध्यात्म तथा सामाजिक जीवन का धर्म निर्मित होता है।

प्रायः कुछ लोग कहते हैं कि धर्म एक व्यक्तिगत मामला है। वे या तो धर्म को पहचानते नहीं या जान-बूझ कर उलझाने वाली परिभाषा में बाँधना चाहते हैं। एक व्यक्ति के रूप में किसी को धर्म की ज़रूरत नहीं रह जाती किन्तु आध्यात्म की रहती है। एक समाज के रूप में व्यक्ति को धर्म की ज़रूरत पड़ती है जिससे सामूहिक कार्य की भरपाई हो सके। धर्म समाज का ज़रूरी अंग है तथा व्यक्ति

समाज का अंग होकर धर्म से संचालित होता है।

पन्थ का अर्थ अंग्रेजी के सेक्ट के समरूप है जिसमें किसी धर्म के सामान्य एवं प्रधान नियमों के साथ-साथ, व्यक्ति अपनी कुछ विशिष्ट पद्धतियों को अपनाने की आज़ादी रखता है किन्तु इसके कारण धर्म के मूल सिद्धान्तों पर कोई प्रतिकूल प्रभाव नहीं पड़ता है। यह रास्ता या पन्थ भी व्यक्तिगत न होकर एक समूह के द्वारा स्वीकृत होता है जो बड़े धार्मिक समूह का ही हिस्सा होता है।

इस सन्दर्भ में यह जानना होगा कि कबीर का मार्ग किस पन्थ या सम्प्रदाय में समाहित होने की शर्तों को पूरा करता है।पारसी, ईसाई, यहूदी तथा इस्लाम धर्मों के मुख्य सिद्धान्तों से बिल्कुल अलग या विरोधी होने के कारण कबीर का मार्ग इन धर्मों का पन्थ नहीं हो सकता। यदि हम हिन्दू धर्म की बात करें तो वेद-पुराण, मूर्ति पूजा, व्रत-तीर्थ, ईश्वर तथा अवतारवाद का समर्थक नहीं होने के कारण इसे हिन्दू धर्म का पन्थ भी नहीं कहा जा सकता। जैन-धर्म के नग्न मुनियों तथा अहिंसा के अतिवाद से दूर कबीर को जैन-धर्म का पन्थ भी नहीं ठहराया जा सकता। यदि हम बौद्ध धर्म की बात करें तो कबीर किसी प्रकार के गृह-त्याग और सन्यास का भी समर्थन नहीं करते। यद्यपि बुद्ध भी गृहस्थ जीवन को ही सर्वोपरि मानते थे। कबीर गृहस्थ के लिए निर्धारित बुद्ध के पंचशील नियमों, ईश्वर के प्रति अव्याकृति, पुनर्जन्म में अविश्वास तथा इसी जन्म को सुखमय बनाने के बुद्ध-दर्शन के ही समर्थक हैं न कि गृह-त्यागियों के लिए निर्धारित अष्टशील के। कबीर बुद्ध के मध्यम-मार्ग के भी समर्थक हैं। बाहरी तौर पर कबीर बौद्ध-मत के एक पन्थ के रूप में दिखाई पड़ सकते हैं किन्तु कबीर बौद्ध-मत से अलग गृहस्थ जीवन के अनुगमनकर्ता हैं। कबीर स्वयं को कभी भी किसी मत, पन्थ या धर्म में सीमित नहीं करते बल्कि वे सम्पूर्ण मानवता के कल्याण के लिए विवेक, युक्तिसंगत, तर्कसंगत और न्यायसंगत जीवन-पद्धति के व्याख्याता हैं। यही जीवन-पद्धति बुद्ध के धम्म में भी विद्यमान है जो रूढ़िगत धर्म के परम्परागत एवं सीमित अर्थों से सर्वथा अलग है। इस प्रकार कबीर तथा बुद्ध द्वारा प्रतिपादित पृथ्वी की सभी सत्ताओं को सुखी देखने की दृष्टि ही उनकी सच्ची देशना है जो किसी धर्म की परम्परा के सीमित अर्थों से परिभाषित नहीं होती। इस प्रकार कबीर एक नये जीवन-मार्ग के संस्थापक के रूप में सामने आते हैं। कबीर के यहाँ भी बुद्ध-धर्म में आयातित ब्राह्मणवादी मूर्ति पूजा जैसे आडम्बरों का विरोध ज़रूर है किन्तु यह मार्ग बुद्ध का मार्ग भी नहीं है। इस प्रकार कबीर को बुद्ध के परिवर्धित एवं परिमार्जित संस्करण के रूप में देखा जा सकता है।

जिस दलित प्रतिरोध की प्रेरणा कबीर साहित्य में है वह प्रकारान्तर से

जातिवादी-हिन्दूवाद के तौर-तरीक़ों के अमानवीय मूल्यों को त्यागने की ललकार भरी घोषणा है। चूँकि हिन्दू वर्णवाद की रीढ़ जातिवाद है, अतः कबीर बार-बार इस जाति से छूट कर मनुष्य के रूप में समाज के एक बड़े वर्ग की धूमिल की गयी पहचान को चमकाने पर ज़ोर देते हैं। आज के सन्दर्भ में भी यदि कबीर के दृढ़ विचारों को संवैधानिक दायरे में लाकर जातिवादी व्यवस्था को समाप्त करने पर विचार करें तथा इसके प्रावधानों पर ग़ौर करें तो पाते हैं कि भारतीय संविधान में इसका आधिकारिक उपाय नहीं है। यह एक तथ्य है कि बाबा साहेब डॉ. अम्बेडकर एक कबीरपन्थी परिवार में जन्म लिए थे न कि हिन्दू-धर्म में। ब्राह्मणवाद की प्रभुत्ववादी चाल के कारण ही आज शत-प्रतिशत ग़ैर-ब्राह्मण जातियाँ हिन्दू घेरे में ले ली गयीं हैं जबकि उनका इससे कोई लेना-देना नहीं है। वे उन अर्थों में हिन्दू नहीं हैं जिनमें उन्हें ब्राह्मणवाद परिभाषित करता रहा है। इस देश के दलित-आदिवासी बहुजन आज भी स्वयं को हिन्दू नहीं मानते किन्तु उन्हें ज़बरन हिन्दू ख़ाने में फिट कर देने की कोशिश जन-गणनाओं की लिखत के माध्यम से की जा रही है। यहाँ भी वही बात कि "उनका पिंजरा है और उनके ही हाथों में सुवा"।

दलित बहुजन को हिन्दूवाद की जकड़ और पकड़ में रखने के लिए आज एड़ी-चोटी का ज़ोर लगाया जा रहा है ताकि ब्राह्मणवाद के छीजते आधार को बचाया जा सके। इसे अंजाम देने के लिए हिन्दूवाद ने अपने बाहरी स्वरूप में लगातार परिवर्तन करते हुए इसकी परिभाषाएँ बदली हैं किन्तु इसकी आत्मा में बैठा ज़हर समय-समय पर बाहर आकर इसकी पोल खोलता रहता है। कबीर साहेब के यहाँ जो कसौटी है वह इस नक़ाब के भीतर छुपे चेहरे को पहचानने की पर्याप्त सीख देती है। डॉ. धर्मवीर ने इसे स्पष्ट करते हुए लिखा है—"मुसलमान होने या ईसाई होने में इस बात की ज़रूरत नहीं रहती कि किसी को ग़ैर-मुसलिम या ग़ैर-ईसाई कहा जाय लेकिन हिन्दू का काम परिभाषाओं की इस स्पष्टता से नहीं चलता। वे कबीर की ज़ोरदार आपत्ति के बावजूद हर बात को उलझाए रखते हैं। हिन्दू की परिभाषा हिन्दू होने के नाते नहीं दी जा सकती है। बल्कि किसी को अहिन्दू न होने से दी जा सकती है। हिन्दू विधि के द्वारा यह बात पूर्णतः स्पष्ट है। हिन्दू विधि के चारों अधिनियमों की धारा 2(1) (ग) में लिखा गया है 2 (1) यह अधिनियम (ग) जब तक किसी अन्य व्यक्ति के बारे में जो कि धर्म से मुसलमान, ईसाई, पारसी या यहूदी नहीं है। यह सिद्ध नहीं किया जाता कि यदि यह अधिनियम पारित न किया गया होता तो वह ऐसी किसी बात के बारे में, जिसके लिए कि इसमें व्यवस्था की गयी है, हिन्दू विधि द्वारा उस विधि

के भाग रूप इसी रुढ़ि या प्रथा द्वारा शासित न होता, ऐसे अन्य व्यक्ति पर भी लागू है। आगे ऐसी अधिनियमों की धारा 2(3) में यह भी लिखा गया है "इस अधिनियम के किसी प्रभाग में हिन्दू पद का ऐसा अर्थ लगाया जायेगा कि मानो इसके अन्तर्गत ऐसा भी व्यक्ति है जो कि यद्यपि धर्म से हिन्दू नहीं है तथापि ऐसा व्यक्ति है जिसे कि मानो यह अधिनियम इस धारा में अर्न्तविष्ट उपबन्धों के बल से लागू होता है।"[22]

स्पष्ट है कि हिन्दू की यह परिभाषा केवल अन्य धर्मों की पहुँच से छूट गये लोगों को अपना समर्थक बनाकर अपनी बहुसंख्या सिद्ध करने का षड्यन्त्र है। मज़े की बात यह है कि इस अधिसंख्या में लोगों का हिन्दू जैसे किसी विशेष धर्म में दीक्षित होने की कोई शर्त नहीं है क्योंकि इस हिन्दू शब्द ने अपने सीने में तो ब्राह्मण नाम की छुरी छुपा रखी है। बहकाकर लाये गये लोगों को ज़िबह करने में सुविधा होगी क्योंकि शिकार के लिए कहीं दूर जाकर तलाश की ज़रूरत नहीं पड़ेगी। इस सच्चाई को उद्घाटित करती कबीर की कविताएँ दलित-पिछड़े वर्ग की आँखे खोलने वाली हैं। उनमें नयी ऊर्जा का संचार करती कबीर की यह वैचारिकी दलित प्रतिरोध की सशक्त गवाही करती हैं।

कबीर ने बार-बार अपने पदों एवं साखियों के माध्यम से धर्म-जाति की घाल-मेल को चुनौती दी है। वे निर्भीकता के साथ ज़ोरदार ढंग से इस धार्मिक-सामाजिक धोखे की निन्दा करते हैं ताकि वंचित जनता इससे सीख लेकर अपनी लड़ाई को खुद अपने हाथों में ले। वास्तव में कबीर अपनी कथनी और करनी दोनों ही में केवल इंसान बने रहने का प्रमाण प्रस्तुत करते हैं। वे हिन्दू और मुसलमान दोनों की गोलबन्दी से अलग रहने की घोषणा करते हैं। उनके लिए दोनों ही मनुष्यता के मार्ग में पाखण्ड के रोड़े अटकाए पड़े हैं। इसलिए वे न तो हिन्दू-बाड़े में पाँव डालते हैं न ही मुसलमानी खेमें में शरीक़ होते हैं उन्होंने मनुष्यता की प्राकृतिक और स्वाभाविक मूल-धारा विकसित की है। वे साफ़ शब्दों में कहते हैं—

सन्तों, धोखा कासू कहिए?
गुण में निरगुण, निरगुण में गुण, बाट छाँड़ क्यों बहिए
अजरा-अमरा कथै सब कोई, अलख न कथणा जाई[21]

कबीर वैदिक-ब्राह्मणी मान्यताओं की धोखे भरी वैचारिकी को ख़ारिज करते हुए चलते हैं। वे हिन्दूवादी गुण में निर्गुण तथा निर्गुण में गुण की चर्चा को भ्रामक बताते हैं तथा ऐसे मार्ग का अनुसरण करने से बचने की सलाह देते हैं। कबीर अजर-अमर कहे जाने वाले ईश्वरीय मिथक को नकारते हुए कहते हैं कि जो

दिखाई नहीं पड़ता उसके बारे में जो कुछ भी कहा जा रहा है वह अविश्वसनीय है। इस प्रकार कबीर शब्द के आडम्बरों से छल करने वाले वैदिक गढ़ाख्यानों और मान्यताओं को केवल ध्वस्त ही नहीं करते बल्कि पूरी वैचारिकी के लिए नयी शब्दावली, नयी परिभाषाएँ तथा नयी अभिधारणाएँ गढ़ते हैं। वे ब्राह्मणवादी चोले के बार-बार रूप बदलने पर इससे लोहा लेने के लिए उसी के मुताबिक़ अपना अस्त्र निर्माण करते हैं। उनकी इस रणनीति में कुछ भी बुराई नहीं है कि जब ब्राह्मण सगुण की बात करता है तो कबीर को निर्गुण की बात करनी पड़ती है। जब वह निर्गुण पर धावा बोलना चाहता है तो कबीर लौकिक-प्रेम में सुख पाने लगते हैं। कबीर को अच्छी तरह मालूम है कि ब्राह्मण न सगुण की भक्ति करता है और न वह निर्गुण का ज्ञान रखता है। ब्राह्मण इन दोनों को मात्र शब्दों से धोखा देता है। वह शब्दों के माध्यम से लोगों को ठगता है। कबीर जानते हैं कि ब्राह्मण केवल ब्राह्मण है। उसका नाता न आस्तिक से है न नास्तिक से, न सगुण से है न निर्गुण से। वह इन शब्दों की बाजीगरी से भीड़ जुटाता है और फिर उस भीड़-तन्त्र से अपने पक्ष में चन्दा वसूलता नहीं, छीनता है। यही उसका मूल धर्म है जिसे कबीर अच्छी तरह समझते एवं समझाते हैं। ब्राह्मण धर्म के क्षेत्र में झूठ को सच एवं सच को झूठ बनाने के लिए शब्दों की मुद्रा से ख़रीद-फरोख्त करता है। यह ब्राह्मण का ब्रह्माचार है जिसे कबीर पाखण्ड कह कर सामान्य जन को जगाते हैं। समझना केवल यह है कि कबीर की दृष्टि से ब्राह्मण का सगुण ही पाखण्ड नहीं है बल्कि उस का निर्गुण भी पाखण्ड है। कबीर लोगों को यह अच्छी तरह समझा देना चाहते हैं कि ब्राह्मण की नज़र में केवल भौतिक सुख-सुविधा प्राप्त करना ही सबसे बड़ा धर्म है और इसके लिए वह किसी भी सीमा तक जा सकता है। चाहे उसे 'गोबर का गणेश' ही क्यों न बनाना पड़े।

इस सन्दर्भ में डॉ. धर्मवीर का उद्धरण उपर्युक्त बातों को अधिक स्पष्ट करता है। "दर्शनशास्त्र की मदद से ब्राह्मण विद्वानों द्वारा किये गये कबीर के मूल्यांकन को कैसे समझा जा सकता है? एक विद्वान रामानन्द को कबीर के गुरु मानतें हैं लेकिन दूसरे विद्वान रामाननद को कबीर के गुरु नहीं मानते। तो क्या ये ब्राह्मण विद्वान आपस में एक-दूसरे के विरोधी हैं? ऐसा बिल्कुल नहीं है। जब ऐसा नहीं है तो फिर क्या है? असल में, उत्तर यह है कि कबीर ब्राह्मणों के गाँव में एक मरकने बैल पैदा हो गये हैं। कट्टरपन्थी और उदारवादी दोनों तरह के विद्वान इस बात को समझते हैं। इन दोनों तरह के विद्वानों का उद्देश्य यह है कि कबीर नाम के इस मरकने बैल को कब्ज़े में कैसे लिया जाये। एक डंडा लिए खड़ा है और दूसरा हरा चारा लिए खड़ा है। उद्देश्य दोनों का एक है कि कबीर को क़ब्ज़े में लेकर उन्हें ब्राह्मण संस्कृति के हल में जोता जाये। लेकिन कबीर ऐसे बिगड़े

हैं कि बस में नहीं आ रहे हैं। वे डंडे का जवाब सींग से और खुर से दे रहें हैं। जब उन्हें हरा चारा दिखाया जाता है तो कबीर फुफकारते हैं कि यह कथनी और करनी के अन्तर का हिप्पोक्रेटिक वैष्णवी ज़हर है।[22]

कबीर ने दलित-पीड़ित जनता के आर्थिक-सामाजिक शोषण की जातीय व्यवस्था को बार-बार उद्धृत किया है। इसके ज़रिए आसानी से समझ लिया जाना चाहिए कि उनके सामाजिक-आर्थिक सरोकार उच्च प्राथमिकता के हैं। उनकी माया त्यागने की ब्राह्मणी परिभाषा द्ररिद्रता अपनाने जैसी कभी नहीं रही है। कबीर आत्म-सम्मान के साथ अपने श्रम की पूँजी का वाज़िब मूल्य चाहते हैं। किसी की कृपा या दान उनका अभिप्राय नहीं है। कबीर एक तरफ़ ज़रूरत से अधिक धन संचय को अनियमित तथा अमर्यादित बताते हैं तथा दूसरी ओर द्ररिद्रता एवं ग़रीबी को कलंक। वे मध्यम मार्ग के प्रखर प्रवक्ता हैं जहाँ दोनों अतियों से बच कर सामाजिक बराबरी का राज्य क़ायम किया जा सके।

कबीर के कविता की सामाजिक शक्ति

कबीर पुनर्जन्म और परलोक के सिद्धान्त में विश्वास रखने वाले नहीं हैं। इस बात को उनके निम्नलिखित पद से अच्छी तरह समझा जा सकता है—

साधो भाई, जीवत ही करो आसा
जीवत समझे जीवत बूझे, जीवत मुक्ति निवासा
जीवत करम की फाँस न काटी, मुये मुक्ति की आसा[23]

अर्थात् इस जीवन में ही सुख-दुःख का महत्त्व है और व्यक्ति को इससे अलग किसी अन्य स्वर्ग या नरक के लालच या डर में नहीं जीना चाहिए। केवल जीते-जी ही हर तरह दुःख के बन्धनों को काट कर इस जीवन को आनन्दमय बनाया जा सकता है। इसलिए मरने के बाद किसी तरह की मुक्ति की आशा झूठी है। जितना सुख या आनन्द यहाँ प्राप्त कर लिया है वही मृत्युपर्यन्त सत्य है। अन्यथा तो सब कुछ नष्ट होने वाला ही है। सत्य को ग्रहण करने के लिए सत्‌गुरु की पहचान तथा उसके द्वारा बताये सच्चे मार्ग पर अनुगमन के द्वारा ही कल्याणकारी साधन सुलभ हो सकेगा। मनुष्य को इसी साधन को ग्रहण करना चाहिए। मृत्योपरान्त किसी फल या परिणाम विचार को झूठा मानकर इसका प्रतिरोध आवश्यक है। इस पद में पारम्परिक आडम्बर से लड़ने की शक्ति मिलती है जो दलित वैचारिकी का एक शक्तिशाली हथियार है।

एक अन्य पद में कबीर गृहस्थ जीवन की महत्ता को प्रकाशित करते हुए कहते हैं कि—

अवधू, सो जन हमको भावै, भूले को घर लावै
घर में भोग जोग घर ही में, घर तज बन नहिं जावै
घर में जुक्त, मुक्ति घर ही में, जो गुरु अलख लखावै
सहज सुन्न में रहै समाना, सहज समाधि लगावै[24]

कबीर लोगों को इस सत्य का बोध कराते चलते हैं कि तप-योग के लिए घर छोड़ना किसी प्रकार भी कल्याणकारी नहीं है। इस भ्रम में भूले हुए लोगों को घर पहुँचाने अर्थात् ज्ञान-मार्ग पर लाने की वे प्रशंसा करते हैं। वे सहज शून्य में समाधि लगाने के लिए गृह-त्याग के पक्षधर नहीं हैं। वे गृह-त्याग के विचारों के वाहक पाखण्डी साधु-महात्माओं तथा गुरुओं के मार्ग को ग़लत बताते हुए उसके विरोध में खड़े होने की सीख देते हैं। इसी वैचारिकी को आगे बढ़ाते हुए वे अपने अनुयाइयों को तरह-तरह से समझाते हैं–

पाँड़े न करसी वाद-विवाद...
जीवत माटी मूवा भी माटी, देखौ ग्यान बिचारी
अति काली माटी मैं बासा, लेटे पाँव पसारी
माटी का मन्दिर ग्यान का दीपक, पवन बाति उजियारा
तिहि उजियारै सब जग सूझै, कबीर ग्यान बिचारा[25]

अर्थात् झूठे वाद-विवाद करने वाले ब्राह्मणों! यह अच्छी तरह समझ लेना चाहिए कि यह शरीर तथा अन्य सभी भौतिक वस्तुएँ अपना स्वरूप खो देने वाली हैं। सब कुछ मिट्टी का बना हुआ है और मिट्टी में ही मिल जाना है। ज्ञान रूपी प्रकाश के बिना यह बात नहीं समझी जा सकती। इस नासमझी के कारण व्यक्ति नाशवान और परिवर्तनशील निर्जीव वस्तुओं को स्थाई मानकर दुःख और निराशा का भागी बनता है।

कबीर कहीं से भी व्यक्तिगत तप-योग के द्वारा केवल खुद को नायक या सिद्ध पुरुष बना लेने के लिए आतुर नहीं हैं। वे हमेशा व्यक्तिगत विकास को सामाजिक विकास के तराजू पर तौल कर देखते हैं। वे बार-बार उपेक्षित वर्गों की सामाजिक उन्नति के लिए एक वैचारिक आन्दोलन खड़ा करते हैं। लोगों में स्वयं को समृद्ध करने की ललक तथा उसके लिए उनकी आध्यात्मिक शक्ति विकसित करने पर बल देते हैं। जब वे कहते हैं–

घर-घर मन्तर देतु फिरतु हैं, महिमा के अभिमाना
गुरु सहित सिख सब बूड़े, अन्त कालि पछिताना[26]

तो वे समाज में एक संगठित शोषक-वर्ग को बेनक़ाब करके उसकी बेइमानियों से लोगों को आगाह कराते हैं। वे झूठ के दल-दल की ओर धकेलने वाले कथित

गुरु-वर्ग की शातिर चाल का पर्दाफ़ाश करते हुए गुरु-शिष्य परम्परा के नाम पर ऐसी निर्मितियों से सावधान करते हैं, जहाँ शोषण के बहुत बड़े कारक छुपे हुए हैं। यह सामाजिक-जीवन की रूढ़िगत परम्पराओं को नकारने की शक्ति देती वैचारिकी है। कबीर आगे और भी खुलासा करते हैं—

इनते दीक्षा सब कोई माँगै, हँसी आवै मोहिं भाई
पाप कटन को कथा सुनावै, करम करावै नीचा[27]

अर्थात् ये तथाकथित दीक्षा देने वाले खुद ही नीच-कर्म में रत हैं। ये दूसरे को दीक्षा देने के अधिकारी कैसे हो गये? यह एक हास्यास्पद विषय ही बनता है। कबीर कहते हैं कि इस प्रकार के भ्रम से दूर निकलने के लिए सच्चा ज्ञान और सच्ची परख ज़रूरी है।

अनजाने के स्वर्ग नरक हैं, हरि जाने को नाहिं
जेहि डर से भव लोग डरत हैं, सो डर हमरे नाहिं[28]

अर्थात् स्वर्ग-नरक का डर उन्हें ही है जिन्हें सच्चाई का ज्ञान नहीं है। जो झूठी-काल्पनिक कथाओं की सच्चाई नहीं जानते, उनका डर स्वाभाविक है। इसलिए यह सत्य है कि स्वर्ग-नर्क की कहानी मनगढ़न्त और झूठी है।

झूठा बनिज किये झूठे सों, पूँजी सबन मिली हारी
षडदर्शन मिली पन्थ चलायो, तीन देवा अधिकारी[29]

यह पुरोहितवाद तो बस झूठों का झूठ के साथ किया जाने वाला व्यापार ही साबित होता है जहाँ पर पूँजी लगाने वाले की पूँजी डूबने वाली है। अर्थात् जिसने इनका विश्वास किया उसका बेड़ा तो ग़र्क ही होना है। यह छः दर्शन और आधिकारिक त्रिदेवों का रास्ता मिथ्याचार पर आधारित आम जन की आध्यात्मिक पूँजी का दीवाला निकालने वाला है।

माटी के कर देवी देवा, काटि काटि जीव दैया जी
जो तोहरा है साँचा देवा खेत चरत क्यों न लैया जी[30]

यदि तुम्हारा देवता सच्चा है तो वह जानवरों को खेत में चरते हुए बलिदान के लिए खुद ही क्यों नहीं ले लेता अर्थात तुम्हारी यह जीव-हत्या व्यर्थ तथा भ्रम पर आधारित है।

जो खुदाय महजीद बसतु है और मुलुक केहि केरा
तीरथ मूरत राम निवासी, दुइमा केन्हु न हेरा
पूरब दिशा हरि को बासा, पश्चिम अलह मुकामा[31]

अर्थात् यदि ईश्वर या खुदा तुम्हारे किसी मन्दिर या मस्जिद में निवास करता है तो दूसरे देशों में उसका निवास कहाँ होगा? यदि तीर्थ स्थलों एवं मूर्तियों में

तुम्हारे ईश्वर का निवास है तो इन दोनों जगहों में खोज कर किसी ने क्यों नहीं प्राप्त किया? पूरब दिशा में ईश्वर एवं पश्चिम दिशा में अल्लाह का निवास स्थान बताते हैं किन्तु वह तो केवल मनुष्य के हृदय में ही बसता है अर्थात् मानवता की सेवा ही सर्वोपरि पूजा है।

हम बहनोई राम मोर सारा, हमहिं बाप हरि पुतर हमारा
कहहिं कबीर ये हरि के बूता, राम रमेरे कुकरी के पूता[32]

कबीर की इस उक्ति को उस परिवेश में समझा जा सकता है जहाँ लोगों की नासमझी से खिन्न होकर वे ठेठ-गँवई मुहावरों का इस्तेमाल करते हैं। वे कहते हैं कि अरे बावले! अगर तू उस मिथकीय राजा राम के ईश्वरत्व की बात करते हो तो यह समझ लो कि वह मेरा साला है—मैं उसका बहनोई हूँ (उसकी बहन को ब्याह रखा है)। हमने तुम्हारे सगुण-साकार राम के झूठे मिथक की बहन जो तुम्हारे विपरीत लिंगी अर्थात् सच्चाई है, को ब्याह लिया है जिससे मैं सच की अपनी अगली पीढ़ी चलाऊँगा। मेरे भीतर ही मेरा चैतन्य हरि है। अतः मैं तो उसका बाप हुआ और वह मेरा बेटा। कबीर यहीं नहीं ठहरते, वे आगे कहते हैं कि यह तो सच्चे हरि आत्मराम अर्थात् अन्तर-साधना के ही बूते या सामर्थ्य की बात है न कि तुम्हारे द्वारा पूजे जाने वाले झूठे राम या राम के रामत्व (रमेरे) के बूते की जो किसी कुत्ते की औलाद की तरह प्रज्ञा-शून्य है। इस बात के प्रमाण में कबीर की कई बानियाँ उद्धृत की जा सकती है जिसमें वे इस प्रकार के झूठे ईश्वर और वेदों की निरर्थकता को उजागर करते हैं—"बैठा पंडीत पढ़ै, बिन दैखै का करै बखान"[33] या फिर—

तीन लोक का कर्ता कहिये, बाली बधै बरियाई
शिशुपाल की भुजा उखारी, आप भये हरि ठूंठा[34]

अर्थात् उस छलपूर्वक बालि का वध करने वाले तथा शिशुपाल की भुजा उखाड़ने वाले अन्यायी ईश्वर को तीन लोक का सृजनकर्ता तथा न्यायवादी कहते हो। इससे तुम्हारा ईश्वर स्वयं झूठा साबित हो जाता है। कबीर झूठे स्वयंभू पथ-प्रदर्शकों को बेड़ा ग़र्क़ करने वाला क़रार देते हैं—

नौका अछत खेवै नहीं जाने, कैसे लगबेहु तीरा हो
कहै कबीर राम रस माते, जुलाहा दास कबीरा हो[35]

कबीर स्वर्ग-नरक की झूठी कहानी को भी तरह-तरह से समझाते हैं। वे कहते हैं कि यहाँ की सभी वस्तुएँ यहीं रह जानी हैं। इसलिए तुम अन्धे बनकर छोटी-छोटी भौतिक चीज़ों के पीछे अपना विचार-सन्तुलन मत नष्ट करो—

दादा बाबा और परपाजा जिनके ये भूईं भाड़े हो

आन्हर भये हियहु की फूटी, तिन काहे सब छाड़े हो[36]

साधु होना चाहिए पका होय के खेल
कांची सरसों पेर के खरी भई नहिं तेल[37]

कबीर अज्ञानी गुरु के साथ रहने के दुष्परिणाम को ज़ाहिर करते हैं। वे ब्राह्मण की हर कुटिल चाल को जनता के सामने खुली किताब की तरह रखते हैं–

बामन रूप छलै बलि राजा, बाम्हन किन्ह कवन को काजा
बाभन कीन्हों वेद पुराना, कैसहों कै मोहीं मानुष जाना[38]

अर्थात् ब्राह्मण ने तो हर काम में छल-प्रपंच करके धोखा किया है तथा वेद-पुराण के ज़रिए मनुष्य को मनुष्य मानने से ही इंकार किया है।

कबीर की कविता आज भी दलित-शोषित जनता के लिए उतनी ही महत्त्वपूर्ण है जितनी कल थी। बल्कि आज के आधुनिक युग में कबीर की वैज्ञानिक सोच अधिक प्रासंगिक हो जाती है। वर्तमान वैज्ञानिक क्रान्ति के बरअक्स पुरानी रूढ़िगत मान्यताएँ अज्ञानतावश नहीं हैं। वे तो जान-बूझकर थोपी गयी ऐसी मर्यादाएँ हैं जिसके जाल में फाँस कर एक बड़े वर्ग को शोषण का शिकार बनाया जा रहा है। यह कामचोर संस्कृति के लिए बैठे-बिठाए फलदायी कार्य-व्यापार है। विज्ञान को धता बताकर अपनी झोली भरने का उपक्रम तो जनता की अज्ञानता के कारण आज भी बदस्तूर जारी है। इसीलिए भारतीय सामाजिक-धार्मिक पृष्ठ-भूमि में कबीर आज भी प्रासंगिक हैं। भारत के लिए कबीर आज की सख्त ज़रूरत हैं। उपर्युक्त उदाहरणों से यह स्पष्ट हो जाता है कि कबीर सारे धार्मिक आडम्बरों से मनुष्यता को छुड़ाने के लिए कृत संकल्प हैं। वे वंचक-वर्ग के सभी रास्तों को रोकने का मज़बूत औजार तैयार करते हैं और दमित मानवता को सशक्त बनाकर अपने पैरों पर खड़ा होने का वैचारिक आन्दोलन चलाते हैं। कबीर अपने-आप में सम्पूर्ण जीवन शैली हैं जहाँ से मनुष्यता के लिए धर्म की परिभाषा निकलती है। वे मनुष्यता के ऊपर किसी ईश्वर, किसी भगवान, किसी वेद, किसी पुराण, किसी क़ोरान, किसी बाइबिल आदि को नहीं मानते। वास्तव में कबीर किसी व्यक्ति का नाम नहीं है यह एक सामाजिक क्रान्ति का नाम है।

सन्दर्भ-सूची

1. भारत का इतिहास, रोमिला थापर, राजकमल प्रकाशन, नयी दिल्ली, पृष्ठ 82
2. निगंठ श्रातपुत्त, ज्ञानचन्द जैन, उत्तर प्रदेश शासन, राजर्षि पुरुषोतमदास टण्डन हिन्दी भावन, महात्मा गाँधी मार्ग, लखनऊ, पृष्ठ 10

3. हिन्दी साहित्य का इतिहास, पं. रामचन्द्र शुक्ल, वाणी प्रकाशन, प्रथम संस्करण, दरियागंज, नयी दिल्ली, पृष्ठ 75
4. कबीर दर्शन, ले. अभिलाष दास, प्र. कबीर पारख संस्थान, प्रीतम नगर, सुलेमसराय, इलाहाबाद 211001, पृष्ठ 46/47
5. वही - पृष्ठ 47/48
6. वही - पृष्ठ 47/48
7. वही - पृष्ठ 43
8. बीजक सबद 97, सम्पादक आचार्य महन्त गंगा शरण शास्त्री, कबीर वाणी प्रकाशन केन्द्र, सी 23/5, कबीर चौरा मठ, मूलगादी, वाराणसी-221001, पृष्ठ 163/164
9. कबीर दर्शन, ले. अभिलाष दास, प्र. कबीर पारख संस्थान, प्रीतम नगर, सुलेमसराय, इलाहाबाद 211001, पृष्ठ 71
10. कबीर का रहस्यवादःकबीर के दार्शनिक विचारों का गम्भीर विवेचन, डॉ. रामकुमार वर्मा, साहित्य भवन प्राईवेट लि., इलाहाबाद-3, संशोधित एवं परिवर्धित 11 संस्करण-1972, पृष्ठ सं. 229
11. कबीर बानी, सं. अली सरदार जाफरी, राजकमल प्रकाशन, नेता जी सुभाषचन्द्र मार्ग, दरियागंज, नयी दिल्ली, पृष्ठ 21
12. वही - पृष्ठ 111
13. वही - पृष्ठ 12
14. वही -
15. कबीरः नयी सदी में तीन, कबीर बाज भी, कपोत भी, पहीहा भी, लेखक डॉ. धर्मवीर, वाणी प्रकाशन, नयी दिल्ली, पृष्ठ 68
16. वही - पृष्ठ 94
17. वही - पृष्ठ 68
18. वही - पृष्ठ 121
19. वही - पृष्ठ 146
20. वही - पृष्ठ 17/18 (हिन्दू विधि, सेन्ट्रल लॉ पब्लीकेशन, पृष्ठ 3)
21. कबीर ग्रन्थावली, भगवत स्वरूप मिश्र, पृष्ठ 349, पद 180
22. कबीरः नयी सदी में दो, कबीर और रामानन्द किंवदंतियाँ लेखक डॉ. धर्मवीर, वाणी प्रकाशन, नयी दिल्ली, पृष्ठ 90/91
23. कबीर भजनावली-1, कबीर पारख संस्थान, प्रीतमनगर, इलाहाबाद, पृष्ठ 152, भजन 177
24. कबीर भजनावली-2, - वही - पृष्ठ 23/24, भजन 7
25. कबीर भजनावली-2, - वही - पृष्ठ 75, भजन 74
26. सम्पादक आचार्य महन्त गंगा शरण शास्त्री, कबीर वाणी प्रकाशन केन्द्र, सी 23/5, कबीर चौरा मठ, मूलगादी, वाराणसी-221001, पृष्ठ 73, बीजक सबद 4
27. वही - पृष्ठ 82, बीजक सबद 11

28. वही - पृष्ठ 11, बीजक सबद 42
29. वही - पृष्ठ 123/124, सबद 56
30. वही - पृष्ठ 197, बीजक सबद 70
31. वही - पृष्ठ 163/164, सबद 97
32. वही - पृष्ठ 166, बीजक सबद 100
33. वही -
34. वही - पृष्ठ 79, बीजक सबद 110
35. वही - पृष्ठ 197, बीजक कहरा 1
36. वही - पृष्ठ 203, बीजक कहरा 5
37. वही- पृष्ठ 301, बीजक साखी 280
38. वही - पृष्ठ 14, बीजक रमैनी 14

अध्याय 4

बहुजन का सर्वनाम

मानवता के इतिहास में बुद्ध के दर्शन का अद्वितीय प्रकाश चारों तरफ़ दैदीप्यमान है। बिना किसी आडम्बर के मनुष्य की सर्वोपरि सत्ता को पहली बार किसी व्यक्ति ने केवल मान्यता ही नहीं दी बल्कि उसे सर्वोच्च शिखर पर स्थापित कर दिया। बुद्ध का यह स्पष्ट कथन है कि उनके द्वारा सम्पादित या सिखाये गये धम्माचरण की धुरी ईश्वर एवं व्यक्ति के बीच में नहीं घूमती—यह धुरी मानव एवं मानव के बीच में ही घूमती है। दूसरे शब्दों में यह धुरी प्रज्ञा, शील और समाधि की है जिसमें सम्यक दृष्टि, सम्यक संकल्प, सम्यक वाणी, सम्यक कर्मान्त, सम्यक आजीविका, सम्यक व्यायाम, सम्यक स्मृति एवं सम्यक समाधि पर आधारित आठ अंगों वाला सम्पूर्णतया सम्प्रदाय-निरपेक्ष धम्म-मार्ग है। यह दुखी को दुख-विमुक्त कर सकता है, रोगी को निरोग बना सकता है, अशान्त को शान्त बना सकता है, मैले को निर्मल बना सकता है, पतित को पावन बना सकता है, निर्बल को सबल बना

सकता है, भयभीत को निर्भीक बना सकता है, निर्दयी को दयावान तथा दुर्जन को सज्जन बना सकता है–अर्थात, मानव को सच्चा मानव बना सकता है। यह ईश्वरीय सत्ता के अदृश्य और दुरूह कर्मकांडों से कहीं परे का उपाय है। ईश्वर की सत्ता को अस्वीकार करने का मात्र यही कारण है कि–जिसे हमने देखा नहीं, जाना नहीं, उसे स्वीकार करना या नकारना कोरी बकवास और निरर्थक जुबानी जमाख़र्च है। यह केवल काल्पनिक शब्द-संयोजन है जिसकी जैविक उपस्थिति या अनुपस्थिति का प्रश्न भी मूर्खतापूर्ण है। मनुष्य के जो दुःख हमारे सामने हैं उन्हें छोड़कर कहीं अन्यत्र की कल्पनिक दुनिया में विचरण करना–सच को पूरी तरह नकारने जैसा है। इसीलिए इस जीवन के दुःख-सुख, हानि-लाभ अथवा प्रत्यक्ष दिखाई देते अन्य कार्य-व्यापार; जिनसे हमारी भौतिक और मानसिक अवस्थाएँ कहीं न कहीं से प्रभावित होती हैं, ही सत्य हैं।

मानव जीवन को अधिक सुखी और संतुष्ट बनाने के सिलसिले में ही बुद्ध ने चार सार्वभौम सत्य (यूनिवर्सल ट्रुथ) की पहचान की तथा सम्पूर्ण मानवता के लिए उसे उद्घाटित किया–1. दुनिया में दुःख है, 2. दुःख-उपस्थिति का कोई न कोई मूलभूत कारण है, 3. दुःख का निवारण है तथा 4. दुःख के निवारण के लिए मार्ग (उपर्युक्त मध्यमा प्रतिपदा) है। ये हैं जीवन जगत में भगवान गौतम बुद्ध के मूल उपदेश की सच्चाइयाँ जिसमें कोरी कल्पना पर आधारित दार्शनिक मान्यता को मनवाने का न कोई आग्रह है, न किसी कर्मकाण्ड द्वारा अन्धभक्ति का बन्धन। यहाँ किसी जातीयता या साम्प्रदायिकता में फँसने की उलझन भी नहीं है। इससे अधिक उपयोगी बात और क्या हो सकती है कि रोगी अपना रोग जाने, रोग का मूल कारण जाने, उस रोग का निवारण जाने और उस रोग के इलाज की सही दवा लेकर उपचार करे। मौलिक रूप से यही चार बातें किसी भी समस्या के समाधान के लिए वैज्ञानिक रूप से उपयोगी जान पड़ती हैं।

व्यापक अर्थों में दुःख के कारणों की विशद विवेचना करें तो स्पष्ट हो जाता है कि दुनिया में व्यक्ति केवल अपने शारीरिक एवं मानसिक दुःखों से ही पीड़ित नहीं है बल्कि अपने लिए वांछित जायज़ हक़ से दूसरों द्वारा वंचित हो कर भी वह दुःख और पीड़ा का शिकार होता है। इस प्रकार पीड़ित तथा पीड़ा देने वाले लोगों का दो तरह के वैचारिक एवं भौतिक अवयवों के रूप में वर्गीकरण होता है। कदाचित् जनता के अधिसंख्य समूह को एक छोटे समूह द्वारा पीड़ित किया जाता देखकर ही इस तरह के वर्गीकरण को मान्यता दी गयी होगी। भगवान बुद्ध भिक्षुओं को निर्देशित करते हुए कहते हैं "चरथ भिक्खवे चारिकं, बहुजन हिताय, बहुजन सुखाय, लोकानुकम्पाय च"[1] अर्थात् भिक्षुओ! अपनी चारिका में चारों

दिशाओं में चलते रहो—बहुत से लोगों के हित के लिए बहुत से लोगों के सुख के लिए तथा लोक पर अनुकम्पा के लिए। अज्ञान के अन्धेरे में भ्रमित जनता तक ज्ञान की ज्योति फैलाने के लिए भिक्षुओं को उस बहुसंख्य जनता के पास पहुँचने का यह निर्देश दर्शाता है कि बहुसंख्य वंचित जन को ज्ञान का उजाला दिखाकर पीड़ा के अन्धेरे से मुक्ति दिलाई जा सकती है।

सवाल उठता है कि बुद्ध ने केवल बहुत से लोगों के हित और सुख के लिए ही भिक्षुओं को निर्देश क्यों दिया? ऐसी आशंका व्यक्त की जा सकती है कि एक समाज वैज्ञानिक, दार्शनिक और उद्धारक के रूप में उन्हें सभी लोगों के हित की बात करनी चाहिए थी। किन्तु यह बहुत सीधी बात है कि यदि समाज में दो वर्ग हैं—एक दुःख देने वालों का और दूसरा दुःख भोगने वालों या सहने वालों का, फिर दोनों वर्गों को सुखी देखने का क्या प्रयोजन हो सकता है? क्या आततायी, आक्रामक, आक्रान्ता एवं वंचक वर्ग को सुखी देखने का तात्पर्य प्रकारान्तर से दुःखी वर्ग को केवल उनकी यथास्थिति में बनाए रखने का अर्थ ही व्यक्त नहीं करता? क्या कोई मारने वाले व्यक्ति का भी समर्थन करे और जो मारा जा रहा हो उसे बचाने का भी प्रयास करे, ऐसा सम्भव है? इससे भी बढ़कर हास्यास्पद यह है कि ऐसे व्यवहार की घोषणा करते हुए हम किस प्रकार के सामाजिक उत्थान को अवलम्ब देने की वकालत करते हैं। निश्चित ही बहुजन को सर्वजन में तब्दील नहीं किया जा सकता । यह भ्रम धारणा है। यह मिथ्या धारणा है। यह धोखा देने का शाब्दिक प्रपंच है। यह कथनी एवं करनी के अन्तर को उजागर करता वक्तव्य है। इस तरह का वक्तव्य बुद्ध के यहाँ नहीं है। वहाँ कथनी और करनी एक ही है। वहाँ भिक्षु एवं शास्ता एक ही है। वहाँ जो भिक्षु के लिए अभीष्ट है, वही बुद्ध के लिए भी है। भिक्षु जिसका पालन करता है उसी को उपदेशित करता है। यह 'बहुजन हिताय और सर्वजन हिताय' के निहतार्थ को समझाने के लिए पर्याप्त है।

प्रश्न उठाया जा सकता है कि धम्म के ही एक सूत्र के अनुसार सभी सत्ताओं को सुखी देखने की कामना क्या सर्वजन हिताय को व्यक्त नहीं करती? सूत्र इस प्रकार है—"सब्बे सत्था सुखी होन्तु, सब्बे होन्तु च खेमिनो। सब्बे भद्राणि पस्सन्तु माकञ्चि दुक्खमागमा।।" ध्यान देने की आवश्यकता है कि सभी सत्ताएँ सुखी हों, सब कुशल-क्षेम से रहें, सब कल्याण की दृष्टि से देखें, किसी को कोई दुख प्राप्त न हो—यहाँ ऐसी कामना की गयी है। सभी सत्ताओं में जीव जगत के साथ-साथ उन सारी प्रकृति प्रदत चल-अचल, जीव-निर्जीव सभी सत्ताओं के प्रति शुभकामना की गयी है क्योंकि समस्त सृष्टि में सम्यक सन्तुलन के लिए सबका प्रकृतिस्थ

होना ज़रूरी है। इस प्रकार सूत्र में सभी सत्ताओं का सम्बोधन, सभी मनुष्यों के सम्बोधन के रूप में नहीं समझा जाना चाहिये। प्रश्न यह भी उठ सकता है कि सभी मनुष्य अर्थात सर्वजन भी उसी सर्वसत्ता के अंग हैं, इसलिए इसे सर्वजन क्यों न समझा जाये? उत्तर में केवल यही कहा जा सकता है कि सभी सत्ताओं में जीव-सत्ता और जीव-सत्ता में मानव जीव-सत्ता अवश्य सम्मिलित है जिसे सुखी देखने की कामना की गयी है। किन्तु इस मानव जीव-सत्ता के सम्यक सुखी होने के पीछे यह भाव कदाचित् नहीं हो सकता कि असन्तुलन बनाने वाली सत्ताएँ भी प्रोत्साहित की जायें। इसीलिए विशिष्ट मानव जीव-सत्ता में असन्तुलन को बचाए रखने के लिए बहुजन को सर्वजन में तब्दील नहीं किया जा सकता और उक्त सूत्र में ऐसा कोई संकेत नहीं है।

यदि हम बुद्ध के दर्शन को ऐतिहासिक परिप्रेक्ष्य में देखते हुए उसमें वर्तमान परिस्थियों से पैदा होने वाली समस्याओं का हल ढूँढ़ते हैं तो बहुजन की बात और अधिक स्पष्ट होकर सामने आती है। मिसाल के तौर पर बुद्ध ने एक हिंसक आक्रान्ता अंगुलीमाल को भी दीक्षा दी थी। पूछा जा सकता है कि हिंसक आक्रान्ता को भी शरण देने वाले भगवान बुद्ध ने आक्रान्त और आक्रान्ता को एक साथ साधकर क्या सर्वजन हिताय के किसी नये उत्पाद का अन्वेषण एवं परिचालन किया? इसे समझने के लिए उस काल एवं परिस्थिति में उस घटना की बारीकियों को सामाजिक व मनोवैज्ञानिक परिप्रेक्ष्य में जाँचना ज़रूरी हो जाता है।

सुना है कि एक बार भगवान बुद्ध उस दिशा में अकेले चले जाते हैं जिस दिशा में अंगुलीमाल नाम के हिंसक आक्रान्ता का इलाका है। रास्ते में ग्रामीण-जन उन्हें रोकते हैं। किन्तु वे उनके कहे को प्रायः अनसुना करके आगे बढ़ते चले जाते हैं। अंगुलीमाल उनका पीछा करता है किन्तु वह इस बात से अपूर्व आश्चर्य में पड़ जाता है कि सामने का भिक्षु बिना डर-भय के आगे बढ़ता चला जा रहा है और पकड़ में भी नहीं आ रहा है।

अंगुलीमाल यह कहते हुए चिल्ला पड़ता है—रुक जाओ! मैं तुम्हारे ठीक पीछे हूँ और तत्काल तुम्हें पकड़ लूँगा।

बुद्ध कहते हैं—मैं तो रुका हुआ हूँ अंगुलीमाल! भाग तो तुम रहे हो! क्रोध, लोभ, मोह और हिंसा के पीछे भागना छोड़कर तुम कब रुकोगे?

यह सुनकर अंगुलीमाल हतप्रभ हो जाता है। इसके बाद और भी बातों का ज़िक्र है जिससे अंगुलीमाल का हृदय-परिवर्तन हो जाता है और वह बुद्ध की शरण में आकर भिक्षु जीवन अपना कर अरहन्त हो जाता है। उधर आजातशत्रु के महल को आक्रोशित जनता ने घेर रखा है। लोग अंगुलीमाल को तत्काल

पकड़ने तथा दण्डित करने की माँग करते हैं।

आजातशत्रु भिक्षु-संघ के पास जाकर भगवान बुद्ध से निवेदन करता है—भगवान! दुःखी एवं आक्रान्त जनता चाहती है कि मैं डाकू और अत्याचारी अंगुलीमाल को पकड़ कर उसके अपराध के लिए उसे दण्डित करूँ। हमें बताया गया है कि वह आपके पास ही आया हुआ है।

बुद्ध—महाराज! यदि डाकू अंगुलीमाल यहाँ है तो उसे अवश्य ले जायें। आप उसे ढुंढ़वा सकते हैं।

अजातशत्रु—लेकिन भगवान! यहाँ तो पूरा भिक्षु-संघ ध्यानावस्था में बैठा है इनमें से डाकू अंगुलीमाल को पहचान पाना बहुत कठिन जान पड़ रहा है। वह कौन है, यह कैसे पता चलेगा?

बुद्ध—मैं भी तो यही कह रहा हूँ राजन! भिक्षु-संघ में कोई हिंसक और लुटेरा अंगुलीमाल नहीं है"

कुछ देर बाद आजातशत्रु के सचिव द्वारा बताया जाता है कि अंगुलीमाल भिक्षु बन गया है तथा इसी संघ में बैठा है। इसलिए वह भगवान बुद्ध से इसे देने के लिए पुनः निवेदन करें।

अजातशत्रु—भगवान! ज्ञात हुआ है कि डाकू अंगुलीमाल आपकी की शरण में आया हुआ है। आज्ञा हो तो मैं उसे ढूँढ़ कर ले जाऊँ।

बुद्ध—महाराज! अंगुलीमाल को ढूँढ़ने के लिए उसके पहचान चिह्न जानने आवश्यक हैं। कृपया बताएँ कि जिस डाकू अंगुलीमान को आप ढूँढना चाहते हैं वह कैसा है?

अजातशत्रु—भगवान! उसके हाथों में घातक हथियार हैं। वह मनुष्यों को मारकर उनकी अंगुलियाँ काट कर उनकी माला अपने गले में पहने रहता है। उसके गले में हमेशा कटी हुई अंगुलियों की झूलती हुई माला ही उसकी सबसे बड़ी पहचान है।

बुद्ध—तो महाराज! यहाँ पर आपको अंगुलियों की माला पहने हुए क्या कोई दिखाई दे रहा है?

अजातशत्रु—भगवान! यहाँ तो वैसा कोई भी दिखाई नहीं देता है।

बुद्ध—तो महाराज! बताएँ कि यहाँ से आप किसे ले जाना चाहते हैं?

अजातशत्रु—भगवान! वह अंगुलीमाल तो कदाचित् यहाँ नहीं है। किन्तु पता चला है कि उसने अस्त्र-शस्त्र एवं अंगुलियों की माला त्याग दी है तथा अब वह भिक्षु जीवन में है।

बुद्ध—तो क्या वह भिक्षु अब भी अंगुलीमाल है?

अजातशत्रु—नहीं वह तो भिक्षु बन चुका है।

बुद्ध—तो क्या आप किसी भिक्षु को दण्डित करना चाहते हैं?

अजातशत्रु—बिल्कुल नहीं, किन्तु पूर्व में किये गये अपराध का दण्ड तो उसे मिलना ही चाहिए।

बुद्ध—किसी दोषी को दण्ड देने का क्या प्रयोजन होता है महाराज?

अजातशत्रु—भगवान! ताकि लोगों में अमंगल कार्य करने के कारण मिलने वाले दण्ड से भय उत्पन्न हो एवं अपराध रुकें।

बुद्ध—तो क्या दण्ड के अलावा अन्य कोई विधान नहीं है जिससे ये अपराध रुक सकें?

अजातशत्रु—विधान है। यदि कोई अपराधी अपनी जीवन-पद्धति में सुधार करके अन्य अपराधियों को बदलने के लिए प्रेरणा-स्रोत बनता है तो भी अपराध रुक सकता है।

बुद्ध—महाराज! आप खुद ही निर्णय करें कि ये भिक्षु पाप-कर्म से दूर रहना सिखाते हैं या पाप-कर्म करना।

अजातशत्रु—भगवान! मैं हत-बुद्धि हूँ। कृपया मेरा मार्गदर्शन करें।

बुद्ध—महाराज! जो कल था वह आज नहीं है। आप भी जो कल थे वह आज नहीं हैं। पृथ्वी की प्रत्येक वस्तु हर क्षण बदल रही है। कल का अंगुलीमाल आज वही अंगुलीमाल नहीं है। वह अंगुलीमाल बदल चुका है। आज उसे खोज पाना सम्भव नहीं है। राजन! समय के साथ बदली हुई वस्तुओं और उसकी प्रकृति को पहचाने बिना उसके साथ पूर्ववत व्यवहार विनाशकारी भी हो सकता है। कोई नदी उस विशेष घाट से इस वर्ष भी केवल इसलिए नहीं पार की जानी चाहिए कि पिछले वर्ष उसे पार किया जा सकता था या पार कर लिया गया था। लम्बे समय के अन्तराल में नदी गहरी और उग्रवाहिनी भी हो सकती है। इसलिए मैं कहता हूँ कि चीज़ों को उसके वर्तमान स्वरूप में ही पहचानें अन्यथा यह दुःख का कारण बनेंगी। अजातशत्रु! कल आपका पुत्र आज्ञाकारी था किन्तु आज वयस्क होकर वह बातें नहीं मानता। आप समझते हो कि आज वह आपकी बातें नहीं मान रहा और दुःखी हो जाते हो। यदि आपको यह समझ आ जाये कि आज आपका वह पुत्र वही नहीं है जो कल था। इसलिए उससे बीते हुए कल की तरह व्यवहार की अपेक्षा उचित नहीं है।

इस प्रकार अजातशत्रु बुद्ध की बातों से सन्तुष्ट होकर वापस चला जाता है। अब प्रश्न यह उठता है कि क्या भगवान ने अंगुलीमाल के हित तथा उसके सुख की कामना करके अपराध किया? स्पष्टतः भगवान बुद्ध ने बहुजन को सर्वजन

नहीं बनाया बल्कि एक आक्रान्ता को उसके दुःखों से छुड़ाकर बहुत से लोगों के दुःख दूर करने के काम में लगाया। इस प्रकार उनकी बहुजन की संकल्पना वहीं की वहीं रहती है तथा जब आक्रामक व्यक्ति या क़ौम स्वयं को बदल लेती है तो वह आततायी नहीं रह जाती और उसके साथ आततायियों जैसा व्यवहार असंगत होता है। अल्पसंख्यक शोषक वर्ग एवं बहुसंख्यक शोषित वर्ग की सीमाएँ अलंघ्य नहीं हैं। इनका आपस में रूपान्तरण सम्भव है तथा ऐसा होता भी रहता है। एक शोषक अपना स्वभाव छोड़कर जन-कल्याण के काम में लग सकता है। भविष्य में एक शोषित भी शोषण में शामिल होकर शोषक का साथ दे सकता है। किन्तु इस व्यक्तिगत या छिटपुट के रूपान्तरण से शोषक वर्ग का चरित्र या शोषित वर्ग का चरित्र पूरी तरह बदलता हुआ नहीं माना जा सकता। शोषक को उसके उसी रूप में स्वीकार करना या उसका कल्याण करना उसके अमंगल कार्यों का समर्थन है, इसलिए उसे शोषित के कल्याण के साथ जोड़कर 'सर्वजन के कल्याण' का जुमला बेईमानी है।

वर्तमान परिप्रेक्ष्य में बहुजन एवं सर्वजन शब्दावली का परीक्षण किया जाना ज़रूरी है। यूँ भी बहुजन शब्द की अभिधारणा में कोई निश्चित प्रतिशत या कोई निश्चित सीमांकन नहीं है। किन्तु इसका अर्थ कदापि नहीं लिया जाना चाहिए कि इसकी परिधि में सभी लोग शामिल हैं क्योंकि यह एक गत्यात्मक अभिधारणा है जिसके बड़े या छोटे होने, घटने और बढ़ने के विकल्प हमेशा खुले रहते हैं। दूसरे शब्दों में जो आज आक्रान्ता-वर्ग, अभिजन-वर्ग, सत्ता-समाज-वर्ग या अन्य किसी अभिजात्य शोषक वर्ग में हैं—वे यदि बहुत बड़ा त्याग करके शोषण के विरुद्ध लड़ाई के लिए खुद ही तैयार हो जायें तो इसके आगे क्या होना चाहिए? इतना ही नहीं बल्कि उनके इस त्याग एवं लड़ाई के कारण उन्हें भी अल्पसंख्यक शोषक वर्ग का शिकार होना पड़े तो उन्हें बहुजन के साथ खड़े होने में या शामिल होने में कोई मनाही तो नहीं है—होनी भी नहीं चाहिए। किन्तु इस बहुजन का बहुजन चरित्र न तो एक जैसा है—न एक ही तरह के शोषण के शिकार सब लोग हैं। इसलिए तदनुसार यहाँ भी संघर्ष का तरीक़ा उसकी सीमा तथा उसकी रणनीति अलग-अलग हो सकती है।

उपर्युक्त शर्तों पर बिना खरा उतरे ही बहुजन को सर्वजन में तब्दील करने की प्रक्रिया को स्वर्ग के सपने दिखाने जैसी या कबीर के शब्दों में दूसरों के लिए या बहुजनों के लिए 'कपूर बेचने' की हठधर्मिता जैसा है। सच्चाई को देर तक घटाटोप नहीं रखा जा सकता। इसलिए राजनैतिक सन्दर्भों की अवसरवादिता की ज़रूरतों से पैदा हुए ये शब्द सामाजिक ताने-बाने में लोगों की वर्तमान ज़रूरत

नहीं बन सकते। क्योंकि महात्मा गाँधी द्वारा प्रचारित हृदय-परिवर्तन की धारणा मिथ्या कल्पना-प्रसूत मान्यता व शिगूफ़ा बन कर रह गयी है। हृदय-परिवर्तन की जगह जुमला परिवर्तन अवश्य दिखाई देता है जहाँ शब्द अपने अर्थ छिपाते फिरते हैं। दिल की बातें और ज़बान की प्रतिज्ञाएँ सर्वथा विपरीत होकर विश्वसनीयता की किसी पहल को तार-तार कर देती हैं। पुरोहित वर्ग का मूल चरित्र बदलाव के बिना उन्हें बहुजन की सीमाओं में आने से वर्जित करता है। कम से कम उनकी सोच एवं संस्कार के स्तर पर तो ऐसा है ही। लोकतान्त्रिक व्यवस्था में बहुमत की ज़रूरतों के कारण ऐसे हृदय-परिवर्तन के चित्र अवश्य उकेरे जाते रहे हैं ताकि ऐतिहासिक ग़लतियों की स्वीकारोक्ति द्वारा ख़ास मौक़े तक उनमें घुसपैठ की जा सके और भविष्य के वादे के आधार पर उन्हें विश्वास में लिया जा सके। सत्ता-समाज द्वारा बिना किसी ठोस त्याग भावना के ही बहुजन-दर्शन का यह हास्यास्पद पहलू है। इस खुलासे के साथ राष्ट्रवाद की संवैधानिक संकल्पना का बहिर्पक्ष एवं अन्तर्पक्ष साफ़ दिखाई पड़ता है। यहाँ डॉ. अम्बेडकर की यह उक्ति इस तथ्य को और अधिक उजागर करती है कि—"दलितों/अछूतों के प्रति अपना रवैया बदलने के लिए हिन्दुओं को उनसे प्राप्त होने वाले आर्थिक एवं सामाजिक लाभ का त्याग करना पड़ेगा। क्या वह इसके लिए तैयार होंगे? यदि ऐतिहासिक साक्ष्य में जायें तो मायूसी ही मिलेगी। ऐतिहासिक साक्ष्य तो यही है कि जब भी नीतिशास्त्र और अर्थशास्त्र में टकराव हुआ है, जीत अर्थशास्त्र की ही हुई है। निहित स्वार्थ ने स्वेच्छा से कभी अपने कुत्सित अधिकार का त्याग नहीं किया है। इसके लिए उन्हें बलपूर्वक बाध्य करने की ज़रूरत पड़ती है। अछूत ऐसे किसी बाध्यकारी बल को पैदा करने की स्थिति में नहीं हैं। वे विपन्न हैं, यहाँ-वहाँ बिखरे पड़े हैं। यदि वे अपना सर उठाते भी हैं तो कुचल दिये जायेंगे।"[2]

यदि इस विश्लेषण से कुछ सीख मिलती है तो शायद यही कि बहुजन से सर्वजन की संकल्पना में केवल शोषकवर्ग के द्वारा अर्थशास्त्र की जीत का ही गुर छुपा है। यथार्थ के धरातल पर ऐसे गँठजोड़ ने दलितों-पिछड़ों का नुकसान ही किया है। सत्ता के शीर्षस्थ पदों के ये पुश्तैनी दावेदार बदली हुई लोकतान्त्रिक व्यवस्था में भी ऐसे ही हथकंडों से अपनी हिस्सेदारी सुनिश्चित करते हैं तथा बहुजन के नाम पर सत्ता के संसाधनों का अपने पक्ष में दोहन करते हैं। बहुजन-दर्शन के प्रति उनकी वफ़ादारी और निष्ठा उनके अपने स्वार्थ तक ही सीमित होती है। इस प्रकार सर्वजन के कल्याण और सर्वजन पर अनुकंपा के खोखले दर्शन की पोल खुलती है। आज भी दलितों-पिछड़ों और आदिवासियों के नाम पर विदेशों से की जाने वाली चन्दा उगाही की राशि का अन्दाज़ा लगाना तो कठिन है किन्तु

असम्भव नहीं। यह चन्दा किसी न किसी रूप में भारतीय दरिद्रता और भेदभाव को दूर करने के प्रदर्शन या दिखावा के ज़रिए विदेशियों के सामने रिरियाकर माँगी गयी भीख से अधिक कुछ नहीं है। उस पर भी शान यह बघारी जाती है कि ये स्वयंसेवी संस्थाएँ सामाजिक सुधारों के लिए जी-जान से लगी हुई हैं। यह कोई अतिशयोक्ति नहीं कि ऐसी उगाही की राशि उलटे सामाजिक भेदभाव को बढ़ाने, कट्टर हिन्दूवाद, कट्टर इस्लामवाद एवं ऐसी ही नामित-अनामित संस्थाओं के उद्भव विकास एवं संचालन के काम आती है। सत्ता-समाज की यही ख़ासियत है कि काल और परिस्थिति के अनुसार वह अपनी रीत-नीति बदलता चलता है। इन सभी परिघटनाओं को अपने पक्ष में परिचारित करने का उसका अपना तन्त्र है। इस तरह की अन्तर निर्भर आर्थिक-सामाजिक प्रक्रिया द्वारा वह उपने उद्देश्यों को पूरा करता चलता है और 'बहुजन को सर्वजन' बनाने के मुगालते में रखता है।

हैरत यह है कि इतिहास और दर्शन को फिर से विपथित करने में हमारी मूक स्वीकृति हमारे बेहिचक दीवालिएपन की ही घोषणा करती है। सबकी जय कहने वाला किसी की जय नहीं चाहता। यही इन खण्डित-विरूपित दर्शनों के पीछे का षड्यन्त्र है।

सन्दर्भ-सूची

1. बौद्ध धर्म एक बुद्धिवादी अध्ययन, लेखक डॉ. भदन्त आनन्द कौसल्यायन, प्रका. काशीनाथ मेश्राम, बुद्ध भूमि प्रकाशन, कामठी रोड, नागपुर–441002, पृष्ठ 50
2. W&S of Dr.B.R.Ambadkar V.9è1991, Page 197

अध्याय-5

निर्गुण सन्तों की दलित वैचारिकी

वर्तमान सामाजिक-राजनैतिक-साहित्यिक और धार्मिक वैचारिकी में दलित अस्मिता की शिनाख़्त सर्वथा अलग वैचारिकी की अनिवार्यता प्रस्तुत करती है। इस परिप्रेक्ष्य में तथाकथित मुख्यधारा की चिन्तन परम्परा के बरअक्स अपनी स्वतन्त्र चेतना, वैचारिकी, परम्परा और मान्यता को समेटे बहुसंख्यक शूद्र-दलित चिन्तन का स्वतन्त्र विकास हुआ है क्योंकि इस बड़े वर्ग को या तो वहाँ से अनुपस्थित रखा गया या पेशेगत अवमानना और दारिद्र्य में रखकर श्रम-दोहन के लिए ही कहीं-कहीं उद्धृत किया गया है। इस प्रकार अनिवार्य सामाजिक, राजनैतिक और धार्मिक परिवर्तन की सम्भावना को समेटे हुए जिस वैचारिकी ने एक आन्दोलन का रूप लिया है वह अपने वर्तमान रूप में यूँ ही नहीं दिखाई देती। इसके पीछे एक पुरातन, स्वतन्त्रचेता, लम्बी एवं गतिशील सतत् धारा है जो उपेक्षित और लांछित होकर भी न सिर्फ ज़िन्दा बची रही बल्कि निरन्तर ऊर्जा देती रही। इसकी

जड़ें उतनी ही पुरानी हैं जितनी मानवीय भेद-भाव की। मानव-सभ्यता के विकास के समानान्तर उसकी सामाजिक मान्यताओं ने परस्पर सद्भाव, प्रेम और शुद्ध आचरण को अपनाने के साथ-साथ दूसरे समाज से प्राकृतिक-आर्थिक संसाधनों के लिए भी लगातार टकराव के कारण अस्मिता तथा वर्चस्ववादिता का बीज बोया। फलतः घृणा, द्वेष, झूठ एवं धोखा देने की प्रवृत्ति ने दुराव-छुपाव और भेद-भाव को भी बढ़ाया। आगे चलकर इस प्रवृत्ति ने कई रूपों में अपने मानस-पुत्र पैदा किये। इस कपट-पूर्ण भेद-भाव द्वारा वर्चस्ववादिता की लड़ाई में एक बड़ा वंचित वर्ग अपनी सीधी-सादी सोच और सदाशयता के कारण बहुधा पराजित होता रहा किन्तु इससे सीख लेकर हर बार अपनी रणनीति को भी परिमार्जित करता रहा। वर्तमान दलित वैचारिकी मुख्यतः एक बहुसंख्यक वर्ग द्वारा अपनी गुलामी एवं मानसिक शोषण से छूटने की प्रक्रिया है। इसके द्वारा वह अपने सम्मानपूर्ण जीवन की बहाली में लगा हुआ है। ज़ाहिर है इसके लिए स्वार्थों के टकराव और पूर्व-स्थापित शोषक परम्पराओं से भी संघर्ष अनिवार्य है। यह वैचारिकी आज अपने सामाजिक-आर्थिक शोषण के विरुद्ध खड़ी है जिसके लिए संघर्षरत पिछली पीढ़ी ने उसे निश्चित ही मानसिक खुराक दिया होगा।

निर्गुण सन्त परम्परा का इतिहास

इतिहास साक्षी है कि भारतीय उपमहाद्वीप एवं आसपास की विकसित आदिम सभ्यताओं में मानव-मानव के बीच ऐसे जातीय भेद-भाव नगण्य थे किन्तु यहाँ मानवीय दुर्बलताओं के प्राकृतिक स्वभाव के कारण इसमें लगातार इज़ाफ़ा हुआ। सिन्धु-सभ्यता, मेसोपोटामिया की सुमेरियन सभ्यता तथा मिस्र की सभ्यताओं ने भी आगे चलकर खुद को पुरोहित वर्ग, कृषक वर्ग तथा श्रमिक वर्ग सरीखे ख़ानों में बाँटा। ये वर्ग-विभाजन व्यक्ति की योग्यता, उसके स्वभाव, उसकी रुचि तथा उसकी इच्छा-आकांक्षा के आधार पर किये गये, फिर भी पारम्परिक रूप से ऐसे विभाजनों की रूढ़िबद्धता ने धीरे-धीरे इसे जन्मजात मान्यता में तब्दील कर दिया। लम्बे समय तक पेशागत विकल्प की स्वतन्त्रता के बावजूद भी पारिवारिक परिवेश और वंशानुगत शिक्षा-दीक्षा के कारण ख़ास समूह में ख़ास तरह की शिक्षा और हुनर एकीकृत पेटेन्ट बन गया। आगे चलकर इसी वंशानुगत पहचान ने भारतीय समाज में जातिगत अवधारणा का विकास किया होगा। स्वाभाविक रूप से पुरोहित-प्रभु वर्ग ने अपनी सुख-सुविधा और सहूलियात के मद्देनज़र ऐसे विभाजनों को न सिर्फ़ प्रश्रय दिया बल्कि इसको अधिक सुदृढ़ बनाने के लिए इसे अनेक बन्धनों में भी बाँधा। भविष्य में किसी प्रकार के मानवीय विद्रोह से बचने

के लिए इसे ईश्वरीय सत्ता की इच्छा से जोड़कर इन परम्पराओं को अटूट व सुदृढ़ बनाने का पुख़्ता इन्तजाम भी किया गया। मनुष्य में विद्यमान कपटपूर्ण जंगली बर्बरता के पुराने अवयवों ने कुछ वर्गों को नीच पेशे का कह कर इसे श्रम-शोषण का साधन बनाया। ऐसे में समय-समय पर अपनी हीन वंशानुगत पहचान और पेशे से इतर वैचारिकी ने इसका विरोध किया तथा कृत्रिम एवं मानव-कृत सामाजिक ढाँचे को लगातार चुनौती देती आयी। इसी परिप्रेक्ष्य में दलित-शूद्र वर्ग के कुछ अग्रणी और विलक्षण प्रतिभा के धनी चिन्तक वैचारिक स्तर पर व्यवस्था से लगातार टक्कर लेते हुए उसे चुनौती देते रहे। इस चुनौती ने कहीं न कहीं अमानवीय एवं अप्राकृतिक जातीय संरचना को पूरी तरह नकार पाने की स्थिति में न होते हुए भी एक मज़बूत सम्भावनाशील विकल्प प्रस्तुत किया। इन्हीं पुरानी परम्पराओं से खाद-पानी लेकर आज की दलित वैचारिकी ने अपने लिए अनुकूल फल लेने की तैयारी कर रखी है।

आज की दलित वैचारिकी स्पष्ट रूप से परम्परावादी शोषक वर्ग से अलग, अपनी सांस्कृतिक और सामाजिक परम्परा को पुनः व्यवस्थित करने में लगी हुई है जो कहीं न कहीं अतीत के गर्भ में बिखरी पड़ी थी। इसकी शक्ति केवल यही है कि वह पूजा-पाठ, मन्दिर-मस्जिद, भगवान-खुदा, स्वर्ग-नरक तथा भाग्य के घाल-मेल से भरी थोथी नैतिकता से परे हटकर अपनी स्वतन्त्र सत्ता और स्वतन्त्र अस्मिता के निर्माण के लिए तार्किक ज़मीन की तलाश कर चुकी है। निर्गुण सन्त परम्परा पर विचार करते समय हमें भिन्न तरह की सन्त परम्परा जैसे ऋषि, सूफ़ी, बाऊल, भिक्षु, सिद्ध, नाथ आजीवक-चार्वाक-लोकायत परम्परा को भी सामने रखकर देखना होगा कि ऐसी किन विवशताओं और अनिवार्यताओं ने आज की महत्त्वपूर्ण दलित वैचारिकी को समावेशित कर इसे नये सिरे से प्रासंगिक बना दिया है।

ऐतिहासिक विकास क्रम

सर्वप्रथम हम सभ्यता के विकास के साथ-साथ मानव समाज में भेद-भाव के उद्‌गमों, तदन्तर उसके प्रतिरोध के जन्म की विवेचना करते हैं। ईसा के लगभग 1500 वर्ष पहले की ज्ञात मानवीय वर्चस्ववादिता को उसकी मुखर उपस्थिति के कारण आसानी से चिह्नित किया जा सकता है। इसके ज़रिए सामाजिक इकाइयों में भी ऐसी लाग-डांट एवं द्वेष-भावना पनपना खोजा जा सकता है। इसके अन्तर्गत तथाकथित सामाजिक प्रबन्धन की अनिवार्यता से अधिक वर्चस्ववादिता ने विभेद पैदा किया। फलतः श्रमिक एवं शिल्पकार जैसे बहुसंख्यक वर्ग को

अल्पसंख्यक प्रभु-वर्ग ने प्रायः शोषण का शिकार बनाया। अलिखित संविधान के रूप में परम्पराओं को रूढ़िगत बन्धन में बाँधकर मज़बूत किया गया। ऐसी ही वर्चस्ववादिता के कारण एक बड़ा हिंसक संघर्ष ऋग्वैदिक आर्य-आक्रमण के समय दिखाई देता है। प्रो. ए.एल. बाशम के अनुसार—दसराज्ञ युद्ध में दस राजाओं के भाग लेने एवं उनके पराक्रम के वर्णन के साथ ही साथ नस्लीय आधार पर जुड़ने एवं विघटन होने के कथानक वैदिक साहित्य में भरे पड़े हैं। इन वर्चस्ववादी संघर्षों की परिणति उत्तर वैदिक काल तक नस्लीय भेदभाव एवं घृणा तक पहुँच चुकी थी जिसके ख़िलाफ़ श्रमिक वर्ग ने अपनी स्वतन्त्र चेतना-युक्त श्रमण परम्परा को कभी मरने नहीं दिया। यह परम्परा ईसा के लगभग 1300 वर्ष पहले से ही श्रम की महत्ता को रेखांकित कर उसके नाजायज़ दोहन का विरोध दर्ज कराती है। यही कारण है कि वैदिक परम्परा ने खुले-आम ब्राह्मणी शोषक परम्परा का रूप लिया तथा श्रमण परम्परा के साथ उसके स्वाभाविक मत-वैभिन्य के कारण दुराव और टकराव से पैदा हुई खाईं और अधिक चौड़ी हुई। इसी परम्परा के विरोध स्वरूप श्रमण परम्परा एवं उसकी उतराधिकारी अनुवर्ती परम्पराओं ने अपने विभिन्न रूपों एवं उपादानों के साथ विभिन्न समय काल में अपने बीच अनेक नायकों को जन्म दिया। ज्ञात श्रमण परम्परा के अगले पड़ाव पर जैन परम्परा, बौद्ध परम्परा, आजीवक परम्परा, चार्वाक-लोकायता परम्परा ने बौद्ध काल तक श्रमिक चेतना को अपने अधिकारों के प्रति सचेत एवं जागरूक करने के लिए एक सामाजिक मुहिम छेड़ रखी थी। यहीं से अराजक शोषण विरोधी प्रवृत्ति के मज़बूत क़दम की धमक सुनाई पड़ती है।

दलित वैचारिकी के क्रमिक विकास के विभिन्न सोपानों में बौद्ध परम्परा एक मील का पत्थर है। कदाचित् आगे आने वाले नाथ-सिद्ध-सरहपा, लोकायत, सूफ़ी सन्त एवं निर्गुण सन्त के रूप में जनान्दोलनों ने अपनी मौलिक ऊर्जा यहीं से ग्रहण की किन्तु इसका यह अर्थ क़तई नहीं कि उनका अपना स्वतन्त्र वजूद तथा मौलिक चिन्तन नहीं था। वस्तुतः इन आन्दोलनों ने समय और सामाजिक परिस्थितियों के अनुसार क्षेत्रीय जनता को उनकी अपनी भाषा तथा उनके अपने मुहावरे में समझाकर आन्दोलित किया। यहीं से उसकी सामाजिक पैठ को समझा जा सकता है। इस प्रकार के वैचारिक आन्दोलनों को मुख्यतः निम्नलिखित कालक्रम में बांटकर अधिक आसानी से परखा जा सकता है—

ईसा पूर्व की वैचारिकी

इस वैचारिकी में लगभग डेढ़ हज़ार वर्षों के क्रम में समाहित परिवर्तनकारी

शक्तियों पर नज़र डालने पर उस दौर का सामाजिक-धार्मिक-आर्थिक परिवेश विचारणीय हो सकता है। ईसा मसीह के आन्दोलन के पूर्व जैन स्वामी महावीर, भगवान बुद्ध मक्खलीगोशाल, अजितकेशकम्बली, चार्वाक समेत कुल तिरसठ (63) धार्मिक व सामाजिक चिन्तकों, मनीषियों एवं दार्शनिकों ने आदर्श सामाजिक जीवन में आचार शुचिता द्वारा ग़ैरबराबरी तथा आपसी भेद-भाव को ख़त्म करने के लिए अपनी शिक्षाएँ दीं। इसका इतना असर तो अवश्य ही हुआ कि समाज का बहिष्कृत वर्ग भी यह सोचने लगा कि वह भी मानव है तथा अन्य लोगों की तरह वह भी जीवन जी सकता है। यह जागृति का बहुत बड़ा पक्ष था। इस जागरण ने निराश व कुंठित मानव-मस्तिष्क को झकझोर कर रख दिया। सबसे प्रखर और संगठित आन्दोलन बौद्ध परम्परा ने चलाया जिसका असर भारतीय सीमाओं के बाहर तक भी पहुँचा। यद्यपि स्वार्थी एवं संकुचित विचारधारा के कारण भारतीय सीमान्तर्गत इसका असर क्रमिक रूप से कमज़ोर पड़ता रहा। इस परम्परा ने किसी भी तरह की ग़ैरबराबरी को अस्वीकार किया जिसमें स्त्री-पुरुष की असमानता भी शामिल थी। यद्यपि अब तक इन आन्दोलनों को धार्मिक वृत्ति से जोड़कर ही अधिक देखा गया है किन्तु इनके सामाजिक अवदान निश्चित ही क्रान्तिकारी थे। वैदिक-स्मार्त साहित्य एवं ब्राह्मण साहित्य की नस्लीय अवधारणा के विरुद्ध शालीनता से चलने वाली यह महाक्रान्ति थी। शायद पहली बार एक क्रान्तिकारी जन-आन्दोलन के आचार-विचार लिपिबद्ध होकर सामने आये जो आज भी मानव-कल्याण के लिए प्रेरणास्रोत हैं।

ईसा काल से एक हज़ार वर्ष बाद तक

इन 1000 वर्षों में पूर्व के सामाजिक आन्दोलनों के विरुद्ध प्रतिक्रान्तियों का एक सिलसिला चलता रहा जिससे बौद्ध विचारधारा में कई तरह की मिलावट करते हुए बुद्ध पूजा से मूर्ति पूजा और मूर्ति पूजा से लेकर बहुदेववाद तक का सृजन एवं विकास होता चला गया। इस बहुदेववाद ने कहीं भी अपनी कठोर परम्परा, नियम या पद्धति नहीं बनाई तथा लोगों की सुविधानुसार इसके अनुपालन की इतनी छूट दे दी कि इसका मूल तत्व ही नष्ट हो गया। फलतः बुद्ध परम्परा के मन्दिरों में तरह-तरह के देवी-देवताओं का नव-नामकरण कर सुगढ़ या अनगढ़ मूर्तियाँ स्थापित होती गयीं तथा कहीं-कहीं तो केवल नाम ही बदल कर उसे अलग धार्मिक पहचान दी जाती रही। इस प्रकार श्रमण परम्परा के अहिंसक स्वरूप की जगह यज्ञ-याज्ञ, बलि-पूजा, व्रत-कथा, तीर्थ एवं पुरोहित प्रथा का प्रचार-प्रसार करते हुए मनुस्मृति के रूप में प्रति-क्रान्ति का लिखित संविधान बना

दिया गया। गुप्त-काल तक आते-आते श्रमण परम्परा को दोयम दर्जे तक पहुँचाने की मुहिम ने राजतन्त्रों का सहयोग भी पा लिया। यद्यपि संगठित बौद्ध-संघों ने त्रिशरण-पंचशील के नियमों का आचरण करते हुए जन-जन तक मानव कल्याणकारी सन्देश पहुँचाना जारी रखा किन्तु धम्म संगठनों में अमर्यादित स्वेच्छाचारी छद्मभेषधारी व्यक्तियों के प्रवेश के कारण यही आलोचना और तिरस्कार का विषय बनता गया। सन् 800 ईस्वी तक आते-आते वैदिक ब्राह्मणवादी धर्म ने शंकराचार्य के रूप में ऐसा व्यक्तित्व निर्मित किया जो बौद्धमय भारत के अवसान के लिए मील का पत्थर साबित हुआ। उसने प्रच्छन्न बौद्ध बनकर बौद्ध जीवन-पद्धति में ब्राह्मणवादी मिलावट के द्वारा इसे ब्राह्मणीकृत करके हिन्दू-धर्म का नाम दे दिया तथा बौद्ध और ग़ैर-बौद्ध जनता के बीच की दूरी को एक आभासी एकता के नाम पर मीठा ज़हर देकर बौद्ध विचारों की हत्या कर दी। राज-सत्ताओं के बदले मनोभावों के कारण भी इस वैचारिकी ने आर्थिक नाकेबन्दी का दंश झेला तथा एक समतावादी विचारधारा तो बस कहने भर को ही इतिहास के पन्नों में दर्ज रह गयी, वह भी अपने बदले हुए हिन्दुत्व मुलम्मे के साथ।

इसी सन्धिकाल में अरब शासकों में इस्लाम के सूत्रपात के बाद इसके प्रसार का काम शुरू हो चुका था। 711 ई. के आसपास बिन कासिम ने सिन्धु प्रान्त के राजा मिहिर को परास्त किया। नतीजतन बाद का समय लगातार इस्लाम धर्म के अनुयाइयों के आगमन के कारण पैदा संघर्षों का मिला-जुला समय था। इन बाहरी आक्रमणों से लोहा लेने के बजाय भारतीय जनता में अपने लोगों के बीच ही शोषण एवं संरक्षण का भेद-भावपूर्ण दोहरा आचरण किया जाता रहा। इस्लाम मत के ख़िलाफ़ बौद्ध और ब्राह्मणी मतों को राजनैतिक कारणों से भी क़रारी शिकस्त खानी पड़ी। बाद के दिनों में बल-प्रयोग द्वारा बौद्ध विहारों और बौद्ध संस्थानों को नष्ट किया गया जिसका संयुक्त विरोध कहीं से नहीं हुआ। ईरान, तूरान, अफगानिस्तान, कजाकिस्तान, तुर्कमिनिस्तान सहित भारत के पश्चिमी भागों में भी इस्लाम मतावलाम्बियों ने वहाँ विद्यमान बौद्ध मठों व मन्दिरों का विनाश किया तथा इन्हीं (बुद्ध परस्त) स्थानों को अपने निशाने पर रखा। इस रक्तपात में तक्षशिला एवं नालन्दा सरीखे बौद्ध प्रशिक्षण संस्थान सहित बौद्ध संघों का भी विनाश हुआ तथा बौद्ध भिक्षुओं को देश छोड़कर पूर्वी सीमा की तरफ़ तिब्बत, नेपाल, चीन, जापान में शरण लेनी पड़ी। जो बौद्ध परम्पराएँ बची रह गयीं उन्हें भी ब्राह्मणीकृत कर दिया गया फलतः बचे हुए बौद्ध भिक्षु भेष बदलकर गाँवों-नगरों में गृहस्थ बन कर स्वयं को रूपान्तरित कर लिए। इन वर्षों में कोई

भी नयी वैकल्पिक बौद्ध परम्परा जन्म नहीं ले सकी जो मनुष्य की समता या बौद्ध परम्पराओं को ज़िन्दा रखती या नयी परम्परा पैदा करती। यह उथल-पुथल का काल श्रमण परम्परा को व्यवस्थित रखने में असमर्थ रहा किन्तु इसकी गहरी जड़ें जन-मानस में पीढ़ी दर पीढ़ी संस्कार के रूप में ज़रूर अन्तरित होती रहीं।

सन्तों के प्रादुर्भाव का काल (सन् 1000 ईस्वी के बाद)

ईस्वी सन् 1000 के बाद की कहानी भारतीय राजाओं से मुस्लिम-मंगोल आक्रमणकारियों के युद्धों की है जिसमें भारतीय राज्यों के क्रमशः विजित होने, विखण्डित होने, गुलाम बनने और इनके अवसान का इतिहास है। ऐसे समय में लोदी वंश, गुलाम वंश, ख़िल्जी वंश के शासकों ने क्रमिक रूप से दिल्ली के तख़्त पर बैठकर हुक्मरानी की। यह दो धर्मों एवं संस्कृतियों के समन्वय-सम्मिश्रण-स्वीकार्यता और सहजीविता के सन्धिकाल के लिए भारी उथल-पुथल का था। अब तक मुस्लिम प्रभावों के कारण सूफ़ी विचारधारा तथा मज़ारों पर ज़ियारत का सिलसिला भारत में भी शुरू हो चुका था। हज़रत मुहम्मद साहब के इस्लाम धर्म का प्रभाव भी सूफ़ी एवं सन्त परम्परा पर स्पष्ट दिखाई पड़ता है। "इस काल में पाँच प्रकार के मुस्लिम सन्तों के पन्थ भारत में लोकप्रिय हुए—चिश्ती, सुहरावर्दी, क़ाफरी, शत्तारी, नक़्शबन्दी। चिश्ती परम्परा लगभग 1200 ईस्वी के बाद शुरू हुई (मुइनुद्दीन चिश्ती का दिल्ली आगमन 1193 ई.) तथा इसमें मोइनुद्दीन चिश्ती, ख़्वाजा कुतुबद्दीन बख़्तियार काकी (दिल्ली के गुलाम सुल्तान अल्तमस ने उन्हें शेखुल इस्लाम के पद पर प्रतिष्ठित करना चाहा।) फरिद्दुदीन शकरगंज, अली साबिर, निजामुद्दीन औलिया, नसीरुद्दीन महमूद (चिरागे देहली), सैयद बुरहानुद्दीन, मुहम्मद गेसू दराज, शेख सलीम चिश्ती, ख़्वाजा नूर मुहम्मद हुए। सुहरावर्दी सन्तों में सिहाबुद्दीन सुहरवर्दी, जलालुद्दीन तबरेज़ी, जलालुद्दीन सुर्ख़पोश बुरहानुद्दीन हुए। कादिरी सन्तों में सैयद मुहम्मद शेख़ मीर हुए। सत्तारी सन्तों में मुहम्मद गौस जो बादशाह हुँमायू का गुरु था। वजीहुद्दीन गुजराती एवं शाह पीर हुए। नक्सबन्दी सन्तों की बुनियाद भारत में शेख अहमद अली फ़ारुकी ने डाली। इनकी मृत्यु 1625 ई. में हुई।[1]

मुस्लिम आक्रमणों के सन्धि काल में इन सूफ़ी सन्तों ने भारतीय दलित पसमांदा एवं पिछड़े लोगों जिनको; धर्म विहीनता की स्थिति में जीना पड़ रहा था, को बहुत अधिक आकर्षित किया। यहीं से हिन्दू-मुस्लिम सन्तों की साझा निर्गुण (?) भक्ति-धारा का सूत्रपात होता है। जो नाम सगुण भक्ति-धारा के हैं वे मात्र इनकी प्रतिक्रिया स्वरूप ही आये हैं। इसलिए यहाँ यह भी कहा जा सकता

है कि इस्लाम की मूर्ति-विरोधी विचारधारा बुद्ध की अनीश्वरवादी विचारधारा के निकट थी अतः इसने निर्गुण विचारधारा के रूप में सूफ़ी और सन्तों को दूर तक प्रभावित किया। निर्गुण सन्त नाम से 'गुणहीन सन्त' का अर्थ ध्वनित होता है जो ब्राह्मणी साहित्यकारों की ही खोज है। इसीलिए ये सन्त निर्गुण के भी उपासक नहीं हैं क्योंकि जो विद्यमान है वही सगुण, निर्गुण या दुर्गुण वाला हो सकता है। सन्तों के यहाँ तो इसके उलट मामला है। इसीलिए पोंगापन्थियों के तराजू से तौलने पर तो सारा सोना पीतल ही हो जायेगा और जिस पीतल को वे चाहेंगे सोना कर देंगे। इसी के फलस्वरूप कबीर साहब, गुरु रैदास, गुरुनानक, दादू, सुन्दर दास, धरनी दास, पलटू साहेब, भीखा दास, चरन दास, जगजीवन साहेब, मलूक दास, दया बाई, सहजो बाई, दरिया साहेब, गुलाल साहेब, बुल्ले साह, यारी साहब, दुलन दास, ग़रीब दास, सन्त शिवनारायण, धर्म दास, नामदेव, सदना जी, एकनाथ, अनन्त महाराज, केशव दास, तुका राम बुआ आदि कई नाम हैं जिन्होनें मूर्ति पूजा और ब्राह्मणी कर्मकाण्डों के विरोध में खड़े होकर बौद्ध परम्परा की मुरझाई हुई अमर-बेल को फिर से अभिसिंचित किया।

ब्रिटिश शासन एवं स्वातन्त्र्योतर काल की वैचारिकी

मुगल शासन काल के मध्य से लेकर अवसान तक इस्लाम के बढ़ते प्रभाव ने भारतीय जनता में हर तरह से घुसपैठ की किन्तु एक बहुत बड़ी जनसंख्या अभी भी अपने को इस आँधी से महफ़ूज़ रखे हुए थी। यह वही लोग थे जिनके पास एक मज़बूत सामाजिक-धार्मिक विचार धारा थी। वे किसी चमत्कार के वशीभूत नहीं थे। सूफ़ियों, दरवेशों के सान्निध्य में ईश्वर-विहीन आध्यात्मिकता के लिए आसानी से जगह मिल रही थी फिर भी वे कट्टरपन्थी इस्लाम और ब्राह्मणवाद से एक निश्चित दूरी बनाये रखकर अपनी महान हड़प्पाई विरासत को परम्परा में ज़िन्दा रखे हुए थे। निश्चित रूप से मुगल शासन ने सत्ता की अपनी भूख तथा सत्ताच्युत हो जाने के भय के कारण भी भारतीय सामाजिक व्यवस्था के आन्तरिक विभेदों में सुधार हेतु न तो दखलअन्दाज़ी की और न ही उन्होंने इस्लामीकरण को हिंसक हथियारों के बल पर ही अन्धाधुन्ध फैलाने की कोशिश की। यह अलग बात है कि अनेक उच्च जातीय अहंकार वाले लोगों ने भी अपने स्वार्थ वश या लालच वश स्वयं ही इस्लाम कुबूल कर कई तरह की रियायतें हासिल कीं। ऐसे लोगों ने वहाँ भी अपने जातीय प्रभुत्व को क़ायम रखते हुए एक बड़े वर्ग को पसमांदा बनाकर नवाबों, रईसों और ओहदेदारों की सेवाओं में देकर इस व्यवस्था का समर्थक एवं हामी बना दिया। फलस्वरूप भारतीय इस्लाम भी

ग़ाफ़िल होकर इस जाति-व्यवस्था का शिकार बनता रहा। यही कारण था कि शोषण की व्यवस्था क़ायम रही।

अंग्रेजों, पुर्तगालियों, डचों, फ्रांसीसियों तथा अन्य यूरोपीय व्यापारियों का सरोकार केवल भारतीय अर्थव्यवस्था और उसके संसाधनों के दोहन के साथ रहा न कि यहाँ की सामाजिक व्यवस्था के गुणों-दुर्गुणों के बदलाव के प्रति किसी प्रकार की चिन्ता का। ब्रिटिश शासन पोषित ईस्ट इंण्डिया कम्पनी के ज़रिए भारत की बँटी-बिखरी और लापरवाह सत्ता हथियाने के बाद ही उस हुकूमत को यहाँ सुचारू रूप से शासन चलाने के दौरान कई तरह की सामाजिक प्रथाएँ बाधा-स्वरूप नज़र आने लगीं अन्यथा उनमें भी यहाँ की आन्तरिक व्यवस्था में बदलाव की कोई स्वतः स्फूर्त सेवा-भावना पैदा नहीं हुई। शुरुआती दिनों में उन्होंने भी यथास्थिति बनाये रखनी चाही किन्तु आगे चलकर यहाँ की विभाजित समाज-व्यवस्था को एक तन्त्र के द्वारा चलाए रखना मुश्किल होता गया। एक तरफ़ ब्रिटिश-शासन की सबके लिए शिक्षा-व्यवस्था ने ब्राह्मणेतर वर्गों में भी आत्म-सम्मान तथा आत्म-निर्भरता के प्रति जागरूक किया तो दूसरी तरफ़ परजीवी ब्राह्मण व्यवस्था ने अपने चँगुल से एक बड़े सेवक वर्ग को हाथ से निकलते हुए महसूस किया। इस तरह के अन्य कई स्थानीय तथा सामाजिक मुद्दों के कारण विक्टोरिया साम्राज्य को यहाँ पर कई क़ानून ब्राह्मण-मान्यताओं के विरुद्ध लागू करने पड़े जिसे ब्राह्मणवादी विचारधारा ने अपने अस्तित्व के संकट के रूप में देखा। यही कारण था कि कई तरह के बहाने बनाकर अंग्रजों के विरुद्ध उनके विदेशीपन को नफ़रत की हवा देकर उन्हें देशनिकाला के लिए एक मुहिम छेड़ दी। सत्रहवीं-अठारहवीं सदी आते-आते शिक्षा और औद्योगिकीकरण के कारण आयी चेतना ने आम जनता में सामाजिक बदलाव के लिए ब्रिटिश हुकूमत की दखलअन्दाज़ी की गुहार भी लगाई फलतः स्वतन्त्रता आन्दोलन के साथ-साथ दलित-पिछड़ों के मुक्ति का समानान्तर संघर्ष भी उभर कर सामने आया। यहीं से आधुनिक दलित वैचारिकी ने अपने लिए नयी ज़मीन और नये आसमान का तक़ाज़ा शुरू कर दिया और उसे अन्तर्राष्ट्रीय पहचान भी मिली।

निर्गुण सन्त परम्परा की वैचारिकी

यह विचारधारा ही भारत की मौलिक विचारधारा है जिसमें प्राकृतिक घटनाओं को देखने का वैज्ञानिक दृष्टिकोण है। यहाँ प्रकृति की सर्वोच्च सत्ता तो मान्य है किन्तु उसके लिए मूर्तिवत आडम्बर स्वीकार्य नहीं। वाह्याडम्बरों से मुक्त आत्मलीनता एवं आचरण की शुद्धता को सर्वोच्च प्राथमिकता देने वाली इस विचारधारा ने

मूर्ति पूजा एवं कर्मकाण्डों से हटकर एक विशिष्ट जीवन-शैली की स्थापना की जिसमें मनुष्य के सुख-दुःख, करुणा-दया, मैत्री और प्रज्ञा ही अनुकरणीय विषय माने गये। ऐसी परम्परा को निर्गुण सन्त परम्परा कहा गया जिसकी वैचारिकी की एक अलग और विशिष्ट पहचान है। बारहवीं शताब्दी से अब तक यह परम्परा निर्वाध रूप से चल रही है तथा आज वैज्ञानिक दृष्टिकोण वाले धर्म या मार्ग भी इसका समर्थन करते हैं।

कबीर

निर्गुण सन्त परम्परा में एक सशक्त जीवन दर्शन के साक्षी रूप में कबीर का नाम आता है जो चौदहवीं एवं पन्द्रहवीं शताब्दी के सामाजिक क्रान्ति-नायक हैं। कबीर का जन्म और पालन-पोषण काशी अर्थात् आज के वाराणसी के पास लहरतारा नामक स्थान बताया जाता है। "तू बाम्हन मैं काशी का जुलाहा, बुझहू मोर गियाना"[2] कहकर कबीर ब्राह्मणवादी परम्पराओं के वर्णवादी ज्ञानाडम्बर को सीधी टक्कर देते हैं। ज्ञान की सत्ता को जातीय सत्ता से निरपेक्ष बताते हुए कबीर अच्छी तरह स्थापित करते हैं कि उनकी मान्यता बौद्धिक-प्रज्ञावादी धम्म मार्ग को व्यवहारिक धरातल पर उतारकर आगे बढ़ानेवाली है। यहाँ काशी का जुलाहा होने की हीन भावना नहीं बल्कि यह ज्ञान-शक्ति से लबरेज़ जातीय सीमाओं के दुर्लंघ्य ब्यूह का ध्वस्तीकरण है और यहीं से बाहरी आडम्बरों और मूर्ति पूजा को नकारने का भाव शुरू होता है।

बावन रूप छलेउ बलि राजा। ब्राह्मण कीन्ह कौन को काजा
ब्राह्मण की सब कीन्हीं चोरी। ब्राह्मण ही को लागल खोरी
ब्राह्मण कीन्हों वेद पुराना। कैसेहु कै मोहि मानुष जाना[3]

इस पद से सन्तों की सामाजिक चिन्ता तथा आधुनिक अर्थों में दलित वैचारिकी की साफ़ निशानदेही होती है। कबीर की चिन्ता में एक बड़े समुदाय के दुःख, उसके कारण तथा निवारण शामिल हैं जिसमें बामन (ब्राह्मण?) रूप में राजा बलि के साथ छल का साक्ष्य देकर यह साबित कर दिया गया है कि सभी तरह के छल तथा चोरी का नियन्ता ब्राह्मण ही है। इसी ब्राह्मण ने वेद-पुराणों की रचना करके एक बड़ी दलित-पिछड़ी जनता को मनुष्य मानने से ही इंकार कर दिया है। ऐसी वैचारिकी ही पूरी सन्त परम्परा के जड़-मूल में समायी हुई है भले ही इसमें चालाक पुरोहित-वर्ग ने घाल-मेल करके इसके मूल स्वर को आज विक्षेपित या तिरोहित कर दिया हो। ऐसे पदों में बुद्धवादी ज्ञान की ही व्यंजना है जो भौतिक रूप से उपस्थित हर दुनियावी घटना-परिघटना को निरपेक्ष भाव

से विश्लेषण करने की छूट देती है। यहाँ किसी परम्परा के क़ैद में न रह कर अन्ध श्रद्धा का निर्मूलन किया गया है। यहाँ मानवता का मूल्य सर्वोपरि है और उसे केवल आपसी प्रेम के ज़रिए ही स्थापित किया जा सकता है। इसी कारण कबीर बार-बार प्रेम के घर में शीश उतार कर रखने के बाद ही प्रवेश की चुनौती देते हैं जो स्पष्ट रूप से बुद्धवादी मार्ग के व्यापक स्वरूप, करुणा, मैत्री, मुदिता, समता और प्रज्ञा का ही निरूपण है।

उलट ज़ात कुल दोऊ बिसारी, सुन्न सहज मह बुनत हमारी
हमरा झगरा रहा न कोऊ, पंडित मुल्ला छांडे दोऊ[4]

अर्थात् सारी मान्यताओं के विपरीत जाति और कुल दोनों विस्मृत कर दिया है और सहज होकर के शून्य में हमारी बुनकारी चल रही है अर्थात् मैं शून्य में अपनी सहज साँसों के आने-जाने से ध्यान की बुनकारी कर रहा हूँ। अब मेरा झगड़ा कुछ भी नहीं रह गया है। मैंने पंडित-मुल्ला दोनों को ही छोड़ दिया है। यह घोषणा सन्त परम्परा की जाति-विहीन, धर्म-विहीन सहज रहन-सहन की है जहाँ मानवता ही पहली और अन्तिम शर्त है। कबीर स्वर्ग-नरक के कल्पित संसार को तर्क द्वारा झूठा साबित करते हैं तथा कहते हैं कि लोग चलने-चलने को कहते रहते हैं। बिना यह जाने कि जिस बैकुण्ठ जाने की बात वे करते हैं उसका पता-ठिकाना क्या है "चलन-चलन सबको कहत है, ना जानौ बैकुण्ठ कहाँ है।"[5] या फिर "चार वेद चहुमत का विचार, यही भ्रम भूलि परख्यौ संसार"[6] के माध्यम से वे वेद-पुराण और बैकुण्ठ जैसी धारणाओं को मिथ्या साबित करते हैं जिसके भ्रम में संसार फँसा हुआ है। कबीर जिस सन्त परम्परा के सशक्त हस्ताक्षर हैं उसकी निर्गुण धारा ने बार-बार वर्ण-व्यवस्था के पोषक सभी उपादानों की निन्दा-भर्त्सना की है तथा ऐसी व्यवस्थाओं को तार्किक ढंग से चुनौती दी है। कबीर मानव-मानव के बीच के जातिगत या धर्मगत फ़ासले को प्रकृति के विरुद्ध क़रार देते हैं। कुदरत की नज़र में तो ब्राह्मण-अब्राह्मण तथा मुसलमान-ग़ैर-मुसलमान एवं स्त्री-पुरुष के पैदाइशी गुणों में किसी तरह का रत्ती भर भी अन्तर नहीं है। वे कहते हैं–

जो तू बाभन बभनी को जाया, अउर राह दै काहै न आया
जो तू तुरक तुरकनी को जाया, पेटहिं काहे न सुनति कराया[7]

या फिर

सुनति कराई तुरक जउ होना, अउरत को का कहिये
अरध सरीरी नारि बखानि तातै हिन्दू रहिए[8]

यह दर्शन कहीं न कहीं सनातनी अन्ध परम्पराओं तथा इस्लाम की ग़ैर-इंसानी फ़ितरतों को बड़ी शिद्दत से उभारता दिखाई देता है। यह पद केवल आन्तरिक

धर्मान्धता को ही नंगा नहीं करता बल्कि हिन्दू-मुसलमान दोनों परम्पराओं को एक-दूसरे में अन्तर-निहित होने का दावा करता है तथा साबित करता है कि यह भेद नक़ली है। कबीर जब कहते हैं कि बिना सुनति के स्त्री तो मुसलमान नहीं बन पायी तो क्या वह हिन्दू ही रह गयी? यदि ऐसा है तो फिर हिन्दू-मुस्लिम के झगड़े ही बेकार हैं।

कबीर जब कहते हैं कि—पंडित मुल्ला जो लिखि दिया, छाँड़ि चले हम कछु न लिया"[9] तो वे हिन्दू-मुस्लिम दोनों सम्प्रदायों से अपनी दूरी स्पष्ट कर देते हैं। वे दोनों को छोड़ कर अपनी अलग राह को जग-ज़ाहिर कर देते हैं। इसमें न तो बेद-कितेब का दबाव है न ही परम्परा का आग्रह। यहाँ तो सम्प्रदाय-विहीन जीवन-मूल्यों की स्वीकार्यता की घोषणा के द्वारा धार्मिक दुराग्रहों को खुलेआम नकारने का उद्घोष है और यही परम्परा दलित वैचारिकी का बीज मन्त्र है। कबीर आगे इस परम्परा के समर्थन में अन्य कई घोषणाएँ भी करते हैं जिसमें लोक-वेद और कुल की मर्यादा को उपहास का विषय बताते हुए साक्ष्य देते हैं कि—

लोक-बेद कुल कि मरजादा, इहै गलै में पासि
आधा चलि करि पीछा फिरिहैं, इहै जग में हाँसि[10]

अर्थात् लोक-बेद और कुल-गोत्र की पहचान को लेकर जो झूठी मर्यादा की रस्सी गले में डाल रखी है वह तो फाँसी की तरह ही है क्योंकि इससे पीछे लौटना भी एक उपहास का विषय ही बनेगा और आगे जाना खुद को मृत्यु के मुँह में ले जाने जैसा होगा। यहाँ ऐसी झूठी मर्यादा से सावधान करती हुई परम्परा अपने अलग दर्शन को स्थापित करती है। वे 'अन्ध सो दर्पण वेद पुराना'[11] कहकर वेदों की निरर्थकता पर बल देते हैं। इसी प्रकार वे जब घोषणा करते हैं कि—

बेद की पुत्री सुम्रिति भाई, सो जेवरी कर लेतहिं आयी
अपहिं बरिं आपन गर बंधा, झूठा मोह काल को फंदा[12]

अर्थात् वेद से ही स्मृतियाँ पैदा की गयीं हैं जो स्वयं ही रस्सी लेकर आयीं हैं तथा इन्हें बट कर खुद ही गले में फाँसी लगाये पड़ी हैं लेकिन लोग इस काल के फन्दे में झूठे मोह के कारण फँसे हुए हैं। ये वेद और स्मृतियाँ मुक्ति का साधन नहीं हो सकती। कबीर हर तरह की लोक-वंचक करतूतों को सामने लाकर इससे चौकन्ना करते चलते हैं—

चोरन दीन्हौं पाट सिंहासन, साहुन से भी ओटा
कहैं कबीर झूठे मिलि झूठा, ठग ही ठग व्यवहारा
तीन लोक भरपूरि रहा है, नाहीं हैं पतियारा[13]

अर्थात् इस वंचक-व्यवस्था में चोरी करने वालों को ही राजा बनाकर

सिंहासनारूढ़ किया गया है जिसका पता साहू से भी छुपा कर रखा जाता है। यहाँ झूठे ही झूठों से मिल कर, ठग-ठगों से मिल कर ऐसा व्यवहार कर रहे हैं जिसका पता भोली-भाली ईमानदार जनता को नहीं होता कि उनके श्रम की कमाई को चोरी करने वाला ही उनका मालिक बना बैठा है। कबीर कहते हैं कि राम के कहने से न तो दुनिया के दुःखों से मुक्ति हो सकती है, न ही खांड के कहने से मुख मीठा हो सकता है। मनुष्य के साथ उसका अनुकरण करके ये तोता राम-राम कहता है किन्तु उसे ऐसे नाम के बारे में कुछ भी पता नहीं। अतः इस प्रकार के झूठे नाम सुमिरन से किसी का दुःख दूर होने वाला नहीं है। यहाँ पर कबीर मज़लूम जनता को झूठी भक्ति के प्रपंचों से दूर रहने की सलाह देते हैं। जब वे कहते हैं कि—"राम गुण न्यारो न्यारो न्यारो"[14] तो वे राम के प्रचलित अर्थों को नकारने का सशक्त भाव व्यक्त करते हैं—

अबुझा लोग कहाँ लौं बुझै, बुझनहार बिचारो
केतहिं रामचन्द्र तपसी से, जिन यह जग विटमाया[15]

जो लोग खुद अज्ञानी हैं वे इसे क्या समझेगें, यह तो ज्ञानियों को खुद विचार करके जानना और समझाना चाहिए। रामचन्द्र की तपस्या से क्या हुआ जो उन्हें ही इस दुनिया ने भटकने को मजबूर कर दिया। अतः इस प्रकार की भ्रम-धारणाओं से दूर रहने का सन्देश ही सन्तों की वाणियों से बार-बार निकलता रहा है। कबीर पोथियों-पुराणों के सुनने से दुःखो के दूर होने के झूठे मिथक को इस प्रकार प्रकट करते हैं तथा समाज को सावधान करते हैं—

जिउ मत मारो बापुरा, सबका एकै प्रान।
हत्या कबहु न छूटिहैं, कोटिन सुनो पुरान।[16]

रैदास

ये उत्तर प्रदेश के वाराणसी से सम्बन्धित हैं जिनका जन्म चमार जाति में हुआ। ये कबीर साहेब के समकालीन थे तथा इनका प्रभाव पूरे उत्तरी भारत में था। इनकी शिष्या मीराबाई के नाम से प्रसिद्ध हुई। जाति भेद के कारणों को चिह्नित करते हुए रैदास ने अपने पदों में बार-बार 'कह रैदास खलास चमारा' कह कर ब्राह्मणी जातीय अपमान के ख़िलाफ़ सिंहनाद सा किया। इनकी रचनाओं में 'रैदास की बानी' तथा 'रैदास के पद' प्रसिद्ध हैं। कबीर के बाद रैदास सबसे प्रभावी निर्गुण सन्त हैं जिनकी वाणी से दलित वैचारिकी को पर्याप्त बल मिलता है। उनके यहाँ भी स्वर्ग-नरक, पूजा-पाठ, आडम्बर तथा चमत्कार नहीं हैं किन्तु उनके पदों में

बाद के दौर में जो मिलावट हुई है वह भ्रम-धारणा लाती है–

साँची प्रीति हम तुम संग जोरुँ, तुम संग जोरी कवन संग तोरुँ
जो तुम बादर तो हम मोरा, जो तुम चन्द हम भये चकोरा
जो तुम दिवा तो हम बाती, जो तुम तीरथ तो हम जात्री[17]

रैदास साफ़ शब्दों में सच्ची प्रीति और आन्तरिक शुचिता की बात करते हैं तथा कहते हैं कि मैं तो तुम्हारे साथ सच्ची प्रीति का बन्धन ही जोड़ूँगा किन्तु तुम्हारे साथ (भौतिक रूप से) जुड़ने के लिए किससे-किससे अपनी प्रीति को तोड़ूँ? मैं तो मोर भी हूँ और चकोर भी, दीये की बाती भी हूँ और तीर्थ का यात्री भी। अतः किसी एक साकार की पूजा-अर्चना में बँध कर प्रकृति के साथ अपने प्रेम के रिश्ते को तोड़ना बहुत कठिन लग रहा है। यहाँ केवल मनुष्य के साथ प्रेम-व्यापार की सर्वोपरि सत्ता को मान्यता दी गयी है जिससे दलित विचारधारा की मानव से मानव तक के सरोकारों को संजीवनी मिलती है। आगे के पदों में मूर्ति पूजा का विरोध तथा प्रेम और करुणा पर आधारित अन्तर्ध्यान पर विशेष बल दिया गया है–"सहज शून्य में भाठि सरवे, पिवै रैदास गुरुमुख दरवै"[18] वे ज्ञान को ही सारे दुःखों से छूटने का उपाय समझते हैं–

ज्ञान ही कारण करम कराई, उपजै ज्ञान तो करम नसाई
बट न वृक्ष जैसा आकार, पसरेवै तीन लोक आसार[19]

अर्थात् जिस प्रकार बट के बीज में उसका विशाल आकार समाहित रहता है तथा उसके पैदा होकर पूर्ण रूप से विकसित होने तक उसके भीतर कार्य-व्यापार (विकास और बचाव का) चलता रहता है उसी प्रकार ज्ञान के पूर्ण रूप से विकसित होने के बाद किसी प्रकार के विकास या बचाव से मुक्ति मिल जाती है यह बौद्धिक उपलब्धि के द्वारा दुःखों से मुक्ति का एक मात्र मार्ग है। रैदास बार-बार बाहरी आडम्बरों को छोड़कर मन की एकाग्रता और मन के नियन्त्रण पर जोर देते हैं। जिस प्रकार बौद्ध मत में 'आना-पान सवि और विपस्सना' का मार्ग मन के नियन्त्रण या साधना का मार्ग है उसी प्रकार मन को साधने से ही बौद्धिक साधना का मार्ग प्रशस्त होता है। जिस प्रकार अमावस्या के समय चन्द्रमा का स्वरूप होता है अर्थात् चन्द्रमा होते हुए भी नहीं दिखाई देता है उसी प्रकार मन सांसारिक कार्य-व्यापार में अतिशय संलिप्तता के अँधियारे में अपने अस्तित्व का बोध नहीं होने देता जबकि वह मौजूद होता है। अतः जिसने अपने मन को उस अँधेरे से परे पहचान लेने की शक्ति विकसित कर ली है वही अँधेरे के होते हुए भी मन की निर्मलता के बीच ज्ञान के प्रकाश को देख सकता है–"जो मन बिदे सोई बिन्द, अमा समय ज्यों दीसै चन्द्र"[20] इस प्रकार रैदास मुक्ति के

लिए मार्गदाता से परिचय को प्राथमिकता देते हैं तथा कहते हैं कि–''जल में जिसे तुम्बा तीरे, परिचै पिण्ड जीव नहीं मरे''[21] अर्थात् जैसे तुम्बा के सूखने पर वह बिना डूबे पानी में तैरता है इसी प्रकार पिण्ड अर्थात् भौतिकता के नाश के बाद भी ज्ञान प्राप्त व्यक्ति समता के भाव में प्रसन्न रहता है। रैदास इसी क्रम में कहते हैं–''घृत कारण दधि मथै सयान, जीवन मुक्ति सदा निर्बान''[22] रैदास स्वाँसों के अनवरत आते-जाते मन्थन से अलग की गयी मन की एकाग्रता और साधना को उसी प्रकार मुक्तिदाई बताते हैं जिस प्रकार घी के लिए दही को मथा जाता है। निर्वाण के लिए स्वयं को आना-पान सति एवं विपस्सना के माध्यम से ध्यानावस्था तक ले जाया जाता है। इस प्रकार जीवन की मुक्ति के लिए निर्वाण का पद प्राप्त करना बौद्धिक परम्परा का ही विकास है। इसीलिए सन्त परम्परा जिस एक मत को अनेक रूपों में व्यक्त करती है वह केवल ज्ञान का ही मत है।

मन की महिमा सब कोई कहे, पंडित सो जो अनतै रहे
कह रैदास यह परम बैराग, राम नाम किन जपहू सभाग[23]

रैदास पूरी शिद्दत के साथ सन्त वैचारिकी को ब्राह्मण वैचारिकी से अलग बताते हुए कहते हैं कि प्रत्येक ज्ञानी मन की महिमा को स्वीकार करता है किन्तु केवल ब्राह्मण ही है जिसने इस विचार से अलग रहने की परम्परा क़ायम रखी है। अर्थात् ब्राह्मण इस वैचारिकी के सर्वथा विरुद्ध खड़ा दिखाई देता है। कई ऐसे पद हैं जहाँ रैदास मुखर होकर जप-तप, स्नान और मूर्ति पूजा की निरर्थकता से लोगों को आग़ाह कराते हैं। वे जन्म आधारित जाति-व्यवस्था को बार-बार चुनौती देते हैं जब वे कहते हैं कि चमड़े का ही राजा-रानी, हाथी-घोड़ा तथा स्वयं वह ब्राह्मण भी है जो चमड़े के आधार पर घृणा को बढ़ावा देता है। वे कहते हैं कि तुम्हारा शरीरधारी राम भी तो चमड़े का ही है फिर इस चमड़े पर ही तुम्हें एक साथ गर्व भी है और घृणा भी अर्थात् तुम्हारे वैचाारिक दर्शन में कहीं न कहीं छुपाव और चोरी है।

भीखा साहेब

भीखा साहेब आजमगढ़ के खानपुर बोहना गाँव में पैदा हुए थे। गाजीपुर के भुड़कुड़ा गाँव के समीप सन्त गुलाल जी से मिले और दीक्षा ली। इनकी प्रसिद्ध किताब है 'राम जहाज'। इनकी मृत्यु 50 वर्ष की आयु में हुई।[24]

मेरो हित सोई जो गुरु ज्ञान सुनावै
दूजि दृष्टि सम लागे, मन उनमेख बढ़ावै[25]

यहाँ स्पष्टतः गुरु और ज्ञान की महिमा को दूसरी मान्यताओं से श्रेष्ठ

बताया गया है। सगुण साकार रूपी दूजी दृष्टि को दुष्टता से भरी हुई एवं मन में उन्मेष बढ़ाने वाली कहा गया है। यहाँ ब्राह्मवादी पारम्परिक धर्म-पद्धतियों को नकारने का भाव है। भीखा साहेब कहते हैं कि—कहाँ कोउ प्रेम बिसाहन जाय, महँग बड़ा गथ काम न आवै, सिर के मोल बिकाय"[26] भीखा साहब ज्ञान और प्रेम की महिमा को कर्मकाण्डों के ऊपर विचारते हैं। वे कहते हैं कि प्रेम कोई विसाहन (ख़रीदने-बेचने) की चीज़ नहीं है। यह तो सिर का मोल लेता है। वे कहते हैं—"अजपा जाप अकथ की कथनी, अलख लखन किन पाये/भीखा अविगति की गति न्यारी, मन बुद्धि चित न समाय"[27] जो पारम्परिक जाप से अलग अजपा है, कथनी से अकथ है, देखने से अलख है, जिसकी गति बहुत ही न्यारी और अविगति है वह मन, बुद्धि और चित में समाहित होने से परे है अर्थात् वह केवल महसूस की जा सकती है। वह इन्द्रियों की पकड़ से बाहर है। ऐसी ज्ञान और बुद्धि की परम्परा ही भीखा साहेब की वाणियों में मौजूद है। जब भीखा साहेब यह कहते हैं कि—"अबिरल भक्ति के कारन तुम पर है बाम्हन देउँ धरन"[28] अविरल अर्थात् पारम्परिक भक्ति के कारण ही ब्राह्मण ने तुम पर देवताओं की पूजा आरोपित कर दी है। इससे छूटने के बाद ही मुक्ति सम्भव है।

भीखा साहब आत्म-ज्ञान, आत्मध्यान और शील, मैत्री, करुणा जैसे मानवीय गुणों को सगुण उपासना के ऊपर रखते हैं। पराई पीड़ा के लिए दर्द, सरल चित्त, शील, अचल रहनी, ज्ञान, बुद्धि और मति की स्थिरता होने पर आतम राम अर्थात् स्वयं को देखना आसान हो जाता है क्योंकि मन रूपी हाथी बहुत ही मतवाला और सबके ऊपर बलवान है जिसका नियन्त्रण आवश्यक है।

सहज समाधि मन लावो भाई
जब जक्त की आश में होहु निराश तब मोच्छ दरबार की ख़बर पायी
भीखा माने नहीं कोटी उपदेश सठ थक्यौ बेदान्त जुग चारि गाई[29]

यहाँ कर्म-कांडों से अलग हटकर सहज समाधि अर्थात् सहज रूप से सम्यक बोधि प्राप्त करने की ओर इशारा किया गया है। जब दुनिया से निराशा होती है उसी समय ऐसे दुःखों से मुक्ति पाने की अभिलाषा भी जागृत होती है। ऐसी मुक्ति का एकमात्र उपाय यही सहज-समाधि है न कि वेद-वेदान्तों में गाये हुए करोड़ों उपदेश जो मानने योग्य नहीं हैं। ऐसा मोक्ष जो चारों वेदों के उपदेशों और गायन की पकड़ से बाहर है यही सन्त-मत की विरासत है तथा यही दलित-वैचारिकी का मूल मन्त्र भी है। वे कहते हैं कि-

सत संगत चोबा अबीर करि, दृष्टि रूप ले घोरी
गुरु गुलाल जी रंग चढ़ायो भीखा नूर भरो री[30]

या फिर भीखा साहेब वैदिक मान्यताओं को नकारते हैं और कहते हैं- "दुनिया लोक वेद मत धाये हमरे गुरु गम अजपा जापे"[31]

पल्टू साहेब

कहा जाता है कि वे फैजाबाद के जलालपुर गाँव में पैदा हुए थे। इनके पिता कान्दू बनिया थे। किम्वदन्ति है कि अयोध्या में कुछ साधुओं ने इनकी ख्याति एवं उपदेशों से चिढ़ कर इन्हें ज़िन्दा जला दिया था।[32] सन्त परम्परा में पलटू दास की बानियाँ भी वैदिक ब्राह्मणी कर्मकाण्डों की अस्वीकार्यता से फूटी हैं तथा वहाँ केवल नैतिक जीवन जीने के लिए ज्ञान, ध्यान, दया, करुणा, मैत्री का ही स्थान है। कदाचित् यही ब्राह्मण विरोधी विचारधारा इनकी हत्या का कारण बनी हो। वे भौतिक साज-सज्जा को बिना आध्यात्मिक ज्ञान के निरर्थक मानते हैं–"काजर दीए से का भया, ताकन की ढब नाहिं"[33] वे आगे कहते हैं कि–

पल्टू सब कारज करै सुरत रहै अलगान
कमठ दृष्टि जो लावई सो ध्यानी परमान[34]

अर्थात् प्रज्ञावादी ध्यान का यही प्रमाण है कि इसमें आन्तरिक दृष्टि से सभी स्मृतियों को अलग करते हुए एकाग्र होना है। वे "माया की चक्की चलै, पीस गया संसार"[35] कहकर आध्यात्मिक विचारों को पुष्ट करते हैं। वे पारम्परिक राम-भक्ति को चुनौती देते हुए कहते हैं कि–"छाला परि गये जीभ, राम के टेरते"[36]

पल्टू साहेब सन्त वाणियों को तथाकथित ब्राह्मणी ईश्वर एवं भगवान से श्रेष्ठ बताते हुए कहते हैं–

सन्तन से सब होई, जो चाहै सो करें
अरे हाँ पल्टू संग लगे भगवान, सन्त से वे डरैं[37]

या फिर "दीपक बारा नाम का महल भया उजियार"[38]–अर्थात् ज्ञान की ज्योति से ही जीवन में प्रकाश आ सकता है। "पल्टू ऊपर से कहै, भीतर भरा विकार"[39] तथा "कहवै कथा पुरान, पिया को तनिक न भावै"[40]

मन मुरीद होवै नहीं, आप कहावै पीर
हवा हीरीश पल्टू लगी, नाहक भए फकीर[41]

इस प्रकार पल्टू दास भी मन के नियन्त्रण द्वारा ही ज्ञान-प्राप्ति के मार्ग की तस्दीक करते हैं–

पल्टू कप्फन बांधि कै खेंचो सुरति कमान
सन्त चढ़े मैदान पर तरकस बाँधे ग्यान[42]

सम्यक ज्ञान की तरकस बाँधकर हर तरह की बाधाओं और मुश्किलों से

लड़ने की प्रेरणा पल्टू साहब के यहाँ मौजूद है। लेकिन इस मार्ग में आने वाली कठिनाइयों को इंगित करना वे नहीं भूलते। इसीलिए कफ़न बाँधकर इस मैदान में उतरने की हिदायत भी देते हैं–

दूध महैं धिउ रहै नीर घट माहिं लुकानि
जो निर्गुन से सगुन और न दूजा कोई
दूजा जो कोई कहै ताह को पातक होई[43]

जिस प्रकार दूध को मथने से मखखन बाहर आ जाता है और उसका नीर तत्व घट के अन्दर रहता है उसी प्रकार जो निर्गुन है वह सर्वगुन संपन्न है तथा उससे अलग कुछ और मानना पातक के बराबर है। पल्टू साहब आज की दलित वैचारिकी को अपनी दृढ़ ज्ञान परम्परा से जोड़ते हुए कहते हैं–

घर में जिंदा छोड़ि के मुरदा पूजन जायँ
मुरदा पूजन जायँ भीति को सिरदा नावँ
पान फूल औ खांड जाइ कै तुरत चढ़ावै
ताल कि माटी आनि ऊँच के बाँधिनि चौरी
लीपि पोति कै धरिनि पूरी और बरा कचौरी
पीयर लूगार पहिरि जाय के बैठिन बूढ़ा
भरमि अभुवाई माँगत हैं खसी कै मूंड़ा
पल्टू सब घर बांटि के लै लै बैठे खायँ
घर में जिंदा छोड़ि के मुरदा पूजन जायँ[44]

स्पष्ट रूप से इस पद में पल्टू साहब ने समाज में व्याप्त कुरीतियों तथा आडम्बरों के विरुद्ध एक मज़बूत वैचारिक आन्दोलन को वाणी दी है। वे तरह-तरह के भूत-प्रेत की पूजा तथा चौरी बाँध कर पशु-बलि चढ़ाने को अज्ञान का द्योतक मानते हैं तथा कहते हैं कि ज़िन्दा मनुष्य के सरोकारों से दूर जाकर मुर्दा की पूजा करना कितनी बड़ी अज्ञानता है। वे बार-बार देवी-देवता, भूत-प्रेत तथा मूर्ति पूजा को त्याज्य बताते हैं।

दादू दयाल

दादू का जन्म अहमदाबाद में सं. 1601 में हुआ था। दादू के गुरु कौन थे? इस सम्बन्ध में अभी जानकारी नहीं मिल पायी है किन्तु दादू के एक पद से ऐसा मालूम होता है कि उनके गुरु थे। कोई-कोई इन्हें छोटी जाति का भी मानते हैं। निर्गुण साहित्य में दादू की वाणी भी ख़ास महत्त्व की है जिसमें इंद्रिय-निग्रह एवं शील पर बल दिया गया है।[45] दादू कहते हैं कि–"सहज विचार सुख में रहे दादू

बड़ा बमेक/मन इन्द्री पसरै नहीं अन्तर राखि एक"[46] अर्थात् सहज विचार तथा मन और इन्द्रियों के एकाग्रता से ही सुख की प्राप्ति हो सकती है। कई पदों में भी दादू दयाल ने निर्गुण उपासना और साधना की बड़ाई की है तथा यहाँ तक कहा है कि सगुण तो सब कुछ सौंप देने पर भी बैरी हो सकता है किन्तु निर्गुण को कोई भी गुण वाली वस्तु अर्थात् कोई भी भौतिक वस्तु स्वीकार्य नहीं है चाहे कोई लाख कोशिश कर ले—

निगुणा गुण माने नहीं, कोटि करै जे कोइ
दादू सब कुछ सौंपिये, सो फिर बैरी होइ
आपन को मारै नहीं, पर को मारन जाहिं
दादू आपा मारै बिना कैसे मिलै खुदाय[47]

बिना घमंड को मारे हुए अर्थात् बिना सादगी एवं विनम्रता के मुक्ति का मार्ग कठिन है। इसी प्रकार वे "ज्ञानी पंडित बहुत हैं"[48] कहकर थोथे ज्ञान की निन्दा करते हैं जहाँ कथनी तो है रहनी नहीं है।

"वेद पुराण पुस्तक पढ़े प्रेम बिना क्या होई"[49] निर्गुण सन्त परम्परा में दादू साहेब भी प्रेम और करुणा विहीन बने रह कर वेद-पुराण पढ़ने को किसी काम का नहीं मानते। वे पारम्परिक राम-भक्ति को अस्वीकार करते हुए कहते हैं कि "जहाँ राम तहँ मैं नहीं, मै तहँ नाहिं राम"[50] अर्थात् जहाँ घमंड है वहाँ ज्ञान नहीं है एवं जहाँ ज्ञान है वहाँ घमंड नहीं है। दोनों एक साथ नहीं रह सकते हैं।

दादू बाँधे बेद विधि, भरम करम उरझाइ
मरजादा माहैं रहैं, सुमरन किया न जाई[51]

अर्थात् ये वेद-विधान का बन्धन केवल भ्रम में उलझाने वाला है—यहाँ तो झूठी जातीय मर्यादाएँ हैं जहाँ सच्चा ज्ञान एवं स्मरण असम्भव है। वे आगे कहते हैं कि निर्गुण भक्ति ने उस ज्ञान का कपाट खोल दिया है जहाँ ज्ञान की स्थिरता विद्यमान है—

खोलि कपाट महल के दिन्हें, थिर अस्थान दिखाया
भय औ भेद भरम सब भागा, साच सोई मन लाया[52]

इस पद में भी भारतीय परम्परा की पुरानी ध्यान-पद्धति की महिमा ही बखानी गयी है जिसमें स्थिर आसन पर शारीरिक महल के कपाटों को खुला रखकर, चित्त की स्थिरता से भय और भेद के भ्रम को भगाने की बात कही गयी है। पूरी सहज सच्चाई से ध्यान करने पर जो प्राप्ति होती है वह किसी भौतिक पूजा-पद्धति या पोथियों के पढ़ने से नहीं मिल सकती। इसीलिए दादू साहेब बार-बार

बाहरी अवलम्बनों तथा आवरणों को अपनाने वाले तथाकथित ढोंगी ज्ञानियों को उपेक्षित करते चलते हैं। वे कहते हैं–

मूल सींचि बधै ज्यूँ बेला, सो तत तरवर रहे अकेला
देवी देखत फिरैं ज्यूँ भूले, खाइ हलाहल विष कौं फूले
सुख कौं चाहै पड़े गल पासी, देखत हीरा हाथ थैं जासी
केइ पूजा रचि ध्यान लगावैं, देवल देखैं खबरि न पावैं
तोरैं पाती जुगति न जानी, इहि भ्रमि रहे भूलि अभिमानी
तीरथ बरत न पूजै आसा, बनखंडि जाहीं रहैं उदासा
यूं तप करि करि देह जलावैं, भरमत डोलैं जनम गँवाये[53]

मौलिक रूप से दादू साहेब शारीरिक प्रताड़ना, हठयोग और तीरथ-व्रत के सहकार नहीं हैं। वे सुख की खोज में अपने गले की फाँसी बनाने वाले भौतिक साधनों की अवहेलना करते हैं तथा इस जीवन के निर्वाण रूपी हीरे को हाथ से निकलता हुआ देखकर लोगों को सावधान करते हैं कि हीरा जैसा ज्ञान व प्रज्ञा भूल कर देव-मन्दिरों को देखने में लगे हैं। इससे कोई उपलब्धि नहीं होने वाली है। वे कर्मकाण्डों का विरोध करते हुए आचरण की शुद्धता, ज्ञान एवं मानव प्रेम को ही निर्वाण का मार्ग बताते हैं।

मलूकदास

इलाहाबाद के कड़ा नामक गाँव में सम्वत सोलह सौ एकतीस में इनका जन्म हुआ। लाला सुन्दर लाल खत्री इनके पिता थे तथा हिन्दू-मुसलमान दोनों को समान रूप से मानते थे। औरंगजेब इन्हें विशेष आदर देता था।[54] मलूकदास ने अपनी बानियों में रोज़ा-नमाज और कर्मकाण्डों को खुले-आम नकारा है–

तौजी और निमाज न जानूँ, ना जानूँ धरि रोजा
बाँग जिकिर तबहि से बिसरी, जब से यह दिल खोजा
कहैं मलूक अब कजा न करिहौं, दिलही सों दिल लाया
मक्का हज्ज हिये में देखा, पुरा मुरसिद पाया[55]

मलूकदास मक्का और हज को स्वयं के भीतर ही देखने की नसीहत देते हैं जो निर्गुण सन्तों की परम्परा का ठोस और साहसिक वचन है। क्योंकि वे आगे भी कहते हैं–"ना वह रिझै जप तप किन्हें, ना आतम को जारे"[56] तथा कई प्रसंगों में वे चेतावनी देते हैं–

आतम राम न चीन्ह ही, पूजत फिरै पशान
कैसेहू मुक्ति न होइगी, कोटिक सुनो पुरान

किरतिम देवन पूजिए, ठेस लगी फुटि जाय
कहे मलूक सुभ आतमा, चारों जुग ठहराये[57]

कृत्रिम देवों की पूजा-अर्चना से बच कर पराई पीड़ा को महसूस करना ही सन्त तथा मनुष्य का लक्ष्य होना चाहिए—

मलूका सोई पीर है, जो जानै पर पीर
जो पर पीर न जानहीं, सो काफिर बे पीर[58]

वे मन्दिर व देवालयों में ईश्वर की खोज को मिथ्या क़रार देते हैं—

सब बाजे हिरदे बजैं, प्रेम पखावज तार
मन्दिर ढूँढ़त को फिरै, मिथ्या बजावनहार[59]

वे आगे कहते हैं कि किसी भी जीव या वनस्पति को तोड़ना या नुकसान पहुँचाना उचित नहीं है। उनके अन्दर विद्यमान जीव को भी अपनी ही तरह जानना चाहिए—

हरी डारि ना तोड़िये, लागै छुरा बान
दास मलूका यों कहै, अपना सा जीव जान[60]

वर्तमान दलित वैचारिकी की दशा और दिशा

इस प्रकार हम देखते हैं कि निर्गुण सन्तों की धारा एक मत से अनीश्‍वरवादी है तथा बार-बार आत्म नियन्त्रण, आत्म-शोधन और ज्ञान-मार्ग से आत्मोन्नति करने पर ही बल देती है। जहाँ ईश्वर के किसी बिचौलिये का कोई स्थान नहीं है। इसलिए वहाँ ईश्वर के नाम पर किसी प्रकार की ठगी का जाल होने का अन्देशा नहीं है। यही भारत की दलित-वंचित जनता को पुरोहितवादी ताक़तों से छुड़ाने का सहज और प्रारम्भिक मूल मार्ग है।

हालाँकि निर्गुण सन्तों की पूरी शक्ति मूर्ति पूजा और ब्राह्मणवादी-आडम्बर को बार-बार चिह्नित करने तथा उसके प्रति लोगों को सचेत करने में ख़र्च होती रही किन्तु इसका सकारात्मक परिणाम आर्थिक और भौतिक धरातल पर उस परिमाण में नहीं उतरा जितनी समाज को ज़रूरत थी। नतीजतन, इन क्रान्तिकारी सन्तों-मनीषियों की वाणी को ईश्वर प्राप्ति का आध्यात्मिक मार्ग बताकर इसे बार-बार नख-दन्त विहीन किया जाता रहा। जन-मानस में इन वाणियों के निहितार्थ किसी भौतिक आन्दोलन को पहुँचने से जानबूझ कर रोका गया। इन साधु-सन्तों को थोड़ी ख्याति, थोड़ा सम्मान और थोड़ी ब्रह्मलीनता का झाँसा देकर इनमें छुपे शोलों को बुझाने तथा राख में तब्दील करने का उपक्रम हुआ ताकि कोई शोला बनने वाली चिन्गारी भी शेष न रह जाये। इन वाणियों को नैतिक

उपदेश तक ही सीमित रखा गया तथा इसे आचरण में ढालने की ज़रूरत भी केवल दीन-दुःखी, साधन-विहीन एवं उत्पादनकर्ता वर्ग के लिए ही समझा और समझाया गया। ब्रह्मज्ञान के धोखे में शोषक शक्तियाँ लगातार इसके उलट अपनी कारोबारी और साहूकारी फैलाती रहीं। यही कारण रहा है कि एक बड़ी आबादी को सामाजिक, धार्मिक और राजनैतिक तरक्की के मुकाम पर पहुँचने से सायास रोका गया। यह निर्गुण सन्तों की विफलता नहीं बल्कि प्रतिक्रियावादी चालबाज़ ताक़तों की सफलता थी जिन्होनें इस तरह के हर आन्दोलन को विपथित किया। इस आन्दोलन को एक बार फिर ईश्वर-प्राप्ति का हेतु बताकर मानव और मानवता के सरोकारों से दूर धकेल दिया गया जिसके कारण आम-अनपढ़-सीधी-सरल बहुसंख्यक जनता अपने आप ही बहेलिये के जाल या पिंजरे में लौट आने को मजबूर कर दी गयीं। इन शोषक शक्तियों ने अपने दोहरे चरित्र के कारण ऐसे जन विरोधी कृत्यों को बार-बार अंजाम दिया। भोले-भाले अहिंसक एवं शील-गुणों से सम्पन्न लोगों ने इस जंगलीपन और वहशीपन से भरी हिंसक प्रवृत्ति को पहचानने में भारी भूल कर दी। इसी आखेटक चाल की पहचान कराने के क्रम में सन्त परम्परा ने लगातार अपनी आवाज़ बुलन्द की।

इस प्रकार की वंचक परम्परा के विरुद्ध किसी तेज़ मुहिम की शुरुआत या पैरोकारी मुगलिया हुकूमत ने भी नहीं की, फलतः ऐसी आवाज़ों की चिंगारी भीतर ही भीतर सुलगती रही। इस हुकूमत के अवसान तक यह स्थिति बरक़रार रही और फ़क़ीरों या दरवेशों की वाणियाँ और उनके अर्थ उलटी दिशा में मोड़ दिये जाते रहे। यह दुर्भाग्यपूर्ण परिणति श्रमण-काल से बौद्ध-काल, बौद्ध-काल से वेदान्त-काल तथा वेदान्त-काल से लेकर सूफ़ी-सन्तों के समय तक लगातार चलती रही। इस बीच एक बड़ी आबादी शिक्षा से दूर कर दी गयी और अपने श्रम की मुफ़्त अदायगी के लिए भी मजबूर कर दी गयी। रोज़ी-रोटी की चिन्ता ने इस तबके को जानवर बनाकर छोड़ा। मानसिक विकास के ऊपर रोटी की चिन्ता सर्वोपरि हो गयी। सारे आध्यात्मिक और नैतिक मानदण्डों को अपने बीच के साधु-सन्तों ने ही थोपा, किन्तु शोषण से निकलने का कोई सुगम मार्ग नहीं निकल पाया।

सन् 1600 ईस्वी के बाद बर्तानी हुकूमत का व्यापारिक स्वरूप अपने पूरे उत्कर्ष पर पहुँच गया था। अन्ततः भारत के बड़े कारोबारों को सँभालने हेतु यहाँ के लोगों को शिक्षित करना अनिवार्य समझकर उन्हें शिक्षा-व्यवस्था की शुरुआत करनी पड़ी। विकसित अंग्रेज क़ौम ने मानवता पर लगे मनुष्य विरोधी जातिवादी कलंक को बेशक पहचाना किन्तु अपने फलते-फूलते रोज़गार के बरअक्स उन्होंने

भारतीय उच्च वर्ग की नाराज़गी का जोखिम कभी भी मोल नहीं लेना चाहा। शायद समय के साथ ही ऐसा मुमकिन हो पाया कि ब्रिटिश राजसत्ता ने भारत में शिक्षा के दरवाज़े सभी वर्गों के लिए खोल दिये (यद्यपि वैदिक शिक्षा के दरवाज़े यथावत प्रतिबंधित रहे)। इसमें तथाकथित सवर्ण-वर्ग की सहमति नहीं ली गयी थी। परिणामतः, शिक्षालयों से दलित-पिछड़े वर्गों को बेदख़ल करने के उनके देसी हथकंडे भी साथ-साथ चलते रहे। कुल मिलाकर बहुत कम लोग इस शिक्षा का लाभ उठा पाये किन्तु इसी शिक्षा के परिणाम-स्वरूप कुछ स्वतन्त्र और तर्कशील प्रतिभाएँ जातीय-धार्मिक शोषण के विरुद्ध उठ खड़ी होने लगीं।

यह शिक्षा का ही असर था कि विधवा-विवाह और सती-प्रथा जैसी ब्राह्मणवादी कुप्रथओं का विरोध स्वयं उच्च वर्गीय लोगों ने शुरू कर दिया। जातीय सत्ता को चुनौती देने का काम पूरी तरह तब वजूद में आया जब ज्योतिराव फुले ने ब्राह्मणी कर्मकाण्डों का पर्दाफ़ाश करते हुए ब्रिटिश हुकूमत से राहत की गुहार लगाई। फुले के मज़बूत तर्क के कारण उनकी बातें शासकों को अपील करने लगीं तथा ब्रिटिश सत्ता ने भी इस दबाव को बड़ी शिद्दत से महसूस किया। निवारण के लिए सान्त्वना भी मिली किन्तु कोई ठोस कार्यक्रम आगे नहीं आ पाया। कोल्हापुर नरेश साहूजी महाराज ने दलित-पिछड़ों के विकास के लिए कुछ ठोस क़दम ज़रूर उठाए तथा शिक्षा एवं रोज़गार के विशेष अवसर के द्वारा इस वर्ग को प्रगति के पथ पर आगे बढ़ने के लिए नयी ऊर्जा और प्रोत्साहन दिया। ब्रिटिश हुकूमत को भी शायद इससे कुछ प्रेरणा अवश्य मिली होगी। सामाजिक आन्दोलन में पेरियार इरोड व्यंकट रामास्वामी ने पुरानी सन्त परम्पराओं में निहित सन्देशों को तराश कर क्रान्ति को नयी धार दी। दक्षिण भारत में तिरुवेल्लुवर सदृश सन्तों ने सामाजिक न्याय की लड़ाई को बहुत पहले ही शुरू किया था जिसे आगे बढ़ाते हुए भारतीय वर्ण-व्यवस्था की सामाजिकी को झकझोरने का काम अधिक जोर शोर से चल पड़ा। आज़ादी के आन्दोलनों में बाबा साहब डॉ. भीम राव अम्बेडकर की तर्कसंगत और चुनौतीपूर्ण माँगों को नकार पाना शासन-सत्ता के लिए अब अधिक कठिन हो गया। एक तरफ़ ब्राह्मणवादी तथाकथित सवर्ण ताक़तों से आन्तरिक संघर्ष और दूसरी तरफ़ ब्रिटिश-सत्ता से बिना लोभ-लालच के अपनी माँगें मनवा लेना असम्भव नहीं तो चुनौतीपूर्ण ज़रूर था। प्राचीन काल से लेकर आधुनिक काल की बीसवीं सदी के अन्त तक का समय लगातार दलित अस्मिता के लिए संघर्षशील दिखाई देता है। 1950 के बाद प्रजातान्त्रिक-सामाजिक व्यवस्था में इन वर्गों को कुछ सहूलियात देने का वादा ज़रूर किया गया किन्तु उसकी आधी-अधूरी ख़ानापूरी ने उस सामाजिक न्याय के मिशन को लगातार

कमज़ोर किया। 1950 के बाद आर्थिक सामाजिक बदलाव अवश्य ही परिलक्षित हुए तथा अम्बेडकरी आन्दोलन ने इतिहास को समझने की सर्वथा नयी दृष्टि दी। इस लिहाज से दलित-वैचारिकी का पैनापन केवल अम्बेडकरी आन्दोलन के कारण ही सम्भव हुआ। आज की दलित वैचारिकी ने बहुजन हिताय के बजाय सर्व-जन हिताय के राजनैतिक घुमाव पर खुद को प्रश्नों के घेरे में खड़ा कर रखा है। प्राकृतिक संसाधनों पर बराबर की हिस्सेदारी के लिए कोई कारगर उपाय हो इसके पहले ही संसाधनों को पूँजीपतियों, माफियाओं के हाथों में सौंपने का काम शुरू हो चुका है। ऐसे में एक बड़े वर्ग को आगे की रणनीति तय करने के लिए यह बहुत कठिन समय है। ऐसे कठिन समय में श्रम शक्ति का अवमूल्यन तथा विपणन पुरानी वर्णवादी मानसिकता के पुनरुद्धार की याद दिलाता है। वैश्वीकरण, उदारीकरण और निजीकरण का हल्ला उड़ाकर इसके वायवीय लाभों के दबाव में सार्वजनिक हिस्सेदारी को क्रमशः जड़-मूल से समाप्त करने का कार्यक्रम किसी भी ग़रीब और सर्वहारा के पक्ष में नहीं हो सकता है। यह परोक्ष रूप से पूँजीवादी व्यवस्था का महिमामण्डन है जिसकी मूल सोच में कहीं न कहीं यह दर्शन छिपा है कि श्रमिक वर्ग को साधन विहीन एवं मजबूर करके ही अधिक उत्पादन लेना सम्भव हो पाता है। इसी के तहत दलित-पिछड़ों को उनके पूर्व परिभाषित खाचों में क़ैद करना ज़रूरी समझा जाता रहा है। ब्राह्मणवादी-मनुवादी वर्ण-व्यवस्था की पूरी की पूरी सोच तथा कोशिश भी यही रहती है। यहाँ तो यह निर्देश ही रहा है कि दलित-शूद्र यदि सक्षम एवं समर्थ हो जायेंगे तो पूरे जगत को व्याकुल कर देंगे। इस प्रकार दलित वैचारिकी के लिए आज का पूरा वैश्विक माहौल माफ़िक नहीं है जहाँ समता एवं स्वतन्त्रता को बढ़ाने की बात तो दूर उसकी वर्तमान व्यवस्था को बचाए रखना भी कठिन होता जा रहा है। शायद दलित-वैचारिकी को नये वैकल्पिक रास्तों पर विचार करते हुए अपने लिए नये लक्ष्य और नये तरीक़े ईज़ाद करने होंगे।

सन्दर्भ-सूची

1. हिन्दी के जनपद सन्त, सम्पादक काका साहेब कालेलकर एवं अन्य, प्रकाशक मोतीलाल बनारसीदास, बंगलो रोड़, जवाहरनगर, नयी दिल्ली-6, पृष्ठ 44,45 एवं 46
2. हिन्दी के जनपद सन्त, व्यक्तित्व और कृतित्व, -वही-, पृष्ठ 53
3. बीजक, प्रकाशक कबीर पारख संस्थान, सन्त कबीर रोड, प्रीतम नगर, इलाहाबाद, पृष्ठ 18, रमैनी 14
4. हिन्दी के जनपद सन्त, कबीर की बानी, प्रकाशक सुन्दरलाल जैन, मोतीलाल बनारसीदास, बंगलो रोड, जवाहरनगर, दिल्ली 6, पृष्ठ 27

5. कबीर भजनावली 2, कबीर पारख संस्थान, इलाहाबाद, पृष्ठ 92, भजन 94
6. हिन्दी के जनपद सन्त, कबीर की बानी, प्रकाशक सुन्दरलाल जैन, मोतीलाल बनारसीदास, बंगलो रोडद्व जवाहरनगर, दिल्ली 6, पृष्ठ 11
7. सम्पादक आचार्य महन्त गंगा शरण शास्त्री, कबीर वाणी प्रकाशन केन्द्र, सी 23/5, कबीर चौरा मठ, मूलगादी, वाराणसी-221001, पृष्ठ 49, बीजक रमैनी 62
8. वही-, पृष्ठ 150, बीजक सबद 84
9. हिन्दी के जनपद सन्त, कबीर की बानी, प्रकाशक सुन्दरलाल जैन, मोतीलाल बनारसीदास, बंगलो रोड, जवाहरनगर, दिल्ली 6, पृष्ठ 27
10. वही -, पृष्ठ 29
11. सम्पादक आचार्य महन्त गंगा शरण शास्त्री, कबीर वाणी प्रकाशन केन्द्र, सी 23/5, कबीर चौरा मठ, मूलगादी, वाराणसी-221001, पृष्ठ 29, रमैनी 32
12. वही -
13. वही - पृष्ठ 89, सबद 18
14. वही -
15. वही -
16. बीजक साखी, - वही - पृष्ठ 296
17. हिन्दी के जनपद सन्त, कबीर की बानी, प्रकाशक सुन्दरलाल जैन, मोतीलाल बनारसीदास, बंगलो रोड, जवाहरनगर, दिल्ली 6, पृष्ठ 184
18. वही -
19. वही - पृष्ठ 186
20. वही -
21. वही -
22. वही -
23. वही -
24. हिन्दी के जनपद सन्त, व्यक्तित्व एवं कृतित्व, प्रकाशक सुन्दरलाल जैन, मोतीलाल बनारसीदास, बंगलो रोड, जवाहरनगर, दिल्ली 6, पृष्ठ 76
25. हिन्दी के जनपद सन्त, कबीर की बानी, प्रकाशक सुन्दरलाल जैन, मोतीलाल बनारसीदास, बंगलो रोड, जवाहरनगर, दिल्ली 6, पृष्ठ 153
26. वही -
27. वही - पृष्ठ 154
28. वही -
29. वही - पृष्ठ 156
30. वही -
31. वही - पृष्ठ 165
32. हिन्दी के जनपद सन्त, व्यक्तित्व एवं कृतित्व, - वही - पृष्ठ 70
33. हिन्दी के जनपद सन्त, कबीर की बानी, - वही - पृष्ठ 111

34. वही -
35. वही -
36. वही - पृष्ठ 115
37. वही - पृष्ठ 115
38. वही - पृष्ठ 117
39. वही - पृष्ठ 118
40. वही - पृष्ठ 118
41. वही - पृष्ठ 119
42. वही - पृष्ठ 123
43. वही - पृष्ठ 126
44. वही - पृष्ठ 131
45. हिन्दी के जनपद सन्त, व्यक्तित्व एवं कृतित्व, प्रकाशक सुन्दरलाल जैन, मोतीलाल बनारसीदास, बंगलो रोड, जवाहरनगर, दिल्ली 6, पृष्ठ 60
46. हिन्दी के जनपद सन्त, कबीर की बानी, प्रकाशक सुन्दरलाल जैन, मोतीलाल बनारसीदास, बंगलो रोडद्व जवाहरनगर, दिल्ली 6, पृष्ठ 58
47. वही - पृष्ठ 61
48. वही - पृष्ठ 65
49. वही -
50. वही - पृष्ठ 66
51. वही -
52. वही - पृष्ठ 75
53. वही - पृष्ठ 76
54. हिन्दी के जनपद सन्त, व्यक्तित्व एवं कृतित्व, प्रकाशक सुन्दरलाल जैन, मोतीलाल बनारसीदास, बंगलो रोडद्व जवाहरनगर, दिल्ली 6, पृष्ठ 85-86
55. हिन्दी के जनपद सन्त, कबीर की वाणी, प्रकाशक सुन्दरलाल जैन, मोतीलाल बनारसीदास, बंगलो रोडद्व जवाहरनगर, दिल्ली 6, पृष्ठ 187
56. वही - पृष्ठ 188
57. वही - पृष्ठ 190
58. वही - पृष्ठ 187
59. वही - पृष्ठ 192
60. वही - पृष्ठ 192
61. वही - पृष्ठ 101
62. वही - पृष्ठ 209
63. वही - पृष्ठ 209
64. वही - पृष्ठ 210

अध्याय 6

योग्यता का अवसर या अवसर की योग्यता

विमर्श की शुरुआत करते हुए शब्दों की अकूत शक्ति का स्मरण दिला देना विषय-वस्तु के लिज़ए प्रासंगिक होगा। शब्दों के प्रचलन, उनके लोक-स्वीकृत अर्थ एवं अभिधारणा के कारण ही समाज में मान-सम्मान, आलोचना-अपमान, ईर्ष्या-द्वेष, हानि-लाभ, दोस्ती-दुश्मनी, घृणा-प्रेम, क्रोध-स्नेह, नम्रता-उन्माद, सहिष्णुता-असहिष्णुता, सहअस्तित्व-दुराव, क्षमा-प्रतिशोध एवं स्वाभिमान या आत्म-समर्पण के भाव का संप्रेषण एवं प्राप्तकर्ता द्वारा तदनुरूप भाव-बोध की स्वीकार्यता चिह्नित होती है। उसी के मुताबिक़ क्रिया-प्रतिक्रिया भी फलीभूत होती है। कई बार शब्दों की भिन्न धारणाओं के कारण या अपरिचित शब्दों के कारण भ्रामक अर्थबोध या 'कम्यूनिकेसन गैप' की स्थितियाँ भी बनती हैं। कई बार एक ही शब्द के लिए भिन्न शक्ति-समूहों की पृथक मान्यताएँ या समूह विशेष से छुपाकर दुराग्रह-पूर्ण अपमान-सम्बोधन हेतु उनकी सामयिक ईज़ाद या स्थानीय पैदाइश की जाती है।

कई बार एक समूह के लिए मान्य आदरसूचक शब्दों को ही अन्य समूह द्वारा अपमान सूचक कूट शब्द बनाकर इस्तेमाल करना भी शब्दों की ऐसी ही क्षमता का प्रतीक है। उदाहरण के लिए राम-राज का अर्थ सुशासन तथा स्वेच्छाचारी अनुशासन हीनता दोनों ही रूपों में मनमाने ढंग से प्रयुक्त होना। ऐसे अनेक उदाहरण दिये जा सकते हैं।

अर्थ छिपाते शब्द

सांस्कृतिक टकराव और वर्चस्ववादिता की लड़ाई में शब्दों का कारगर हथियार ऐतिहासिक परिप्रेक्ष्य में ध्यान देने लायक है। बुद्ध को बुद्धू(मूर्ख), विहारी (विहारों में रहनेवालों) को बिहारी (उच्छृंखल, असंयत, ग्रामीण आदि) मगध के लोगों या मागधी संस्कृति को मघई (मग्घा, देहाती, असंस्कारी) अर्थों में, बौद्धों के पिण्ड-पात(भोजन अर्पित करना) को पिण्डदान (मृतात्मा के तर्पण हेतु कच्चे आटे का पिण्ड अर्पण) के रूप में, होला[1](रबी की पहली नयी फ़सल की आमद के उत्सव स्वरूप गदराये गेहूँ/जौ, मटर तथा चना की बालियों/फलियों को आग में भूनकर पहली बार उस मौसम के अन्न को ग्रहण करने का रिवाज़) को होलिका(मिथकीय हिरण्यकश्यप नाम के असुर राजा की बहन जिसे जला कर मार दिया गया था) के रूप में, धम्म से गिरने अर्थात् धर्माचरण के मानकों से विपथन (Derailed from Religeon) को धड़ाम जैसी आवाज़ के साथ भौतिक वस्तुओं का गिरना आदि ऐसे ही प्रयोग-प्रयास हैं। शत्रु-समूह को सांस्कृतिक रूप से कंगाल बनाने हेतु शब्दों का नव अभिरोपण तथा उनकी पुनर्व्याख्या की जाती है। शब्दों का निर्माण एवं उनके पुनर्परिभाषित अर्थों के द्वारा ही सांस्कृतिक युद्ध तक जीतना सम्भव हुआ है। शब्दों के बल पर कई तरह की गढ़ी हुई मिथकीय कथाएँ कुछ लोगों को सम्मान देने एवं कुछ समूहों को अपमानित करने के काम आती रहीं हैं तथा इससे भी आगे सांस्कृतिक वर्चस्व स्थापित किया जाता रहा है। इसी सन्दर्भ एवं परिप्रेक्ष्य में हम योग्यता, मेरिट, प्रतिभा, स्पर्धा, प्रतियोगिता, गुणवत्ता आदि शब्दों के निहितार्थ प्रयोगों को समझने का प्रयास करेंगे।

योग्यता शब्द कोई ऐसा सार्वभौमिक विशेषण नहीं है जिससे प्रत्येक क्षेत्र, परिस्थिति एवं काल के लिए किसी की उपयुक्तता की प्रतिभूति या गारंटी हो। यह किसी कार्य विशेष के लिए भौगोलिक और सामयिक परिस्थिति विशेष के लिए किसी कार्य की अपेक्षित मात्रा, अपेक्षित स्तर तक और अपेक्षित गुणवत्ता के साथ निष्पादित कर सकने का न्यूनतम आकलन या अनुमान मात्र है। ऐसा भी हो सकता है कि निर्धारित मानदण्डों पर खरा उतरने के बावजूद भी कई

लोग अपेक्षित परिणाम न दे सकें। खुद मापदण्ड-निर्धारण की प्रक्रिया में उसके लिए निर्धारित विभिन्न अयवयों तथा निर्धारकों की मनोवृत्ति पर भी प्रश्न उठ सकता है या उस व्यक्ति और उस कार्य के लिए अपेक्षित समय काल और परिस्थिति की अनुकूलता का सुलभ न होना भी बाधक बन सकता है। ऐसी ही योग्यता के बल पर सार्वजनिक जीवन में लोगों द्वारा, लोगों के लिए तथा लोगों की आकांक्षाओं पर खरे उतरने के लिए सेवकों, शासकों, प्रशासकों तथा सरकारी अमलों का चुना जाना भी शामिल है। इस प्रक्रिया में न्यूनतम योग्यता के लिए पूर्व-प्रशिक्षण तथा पूर्व-ज्ञान से परे भी कई ऐसे आयाम हैं जहाँ तक पहुँच पाना कुछ लोगों के लिए क़तई मुमकिन नहीं। मिसाल के तौर पर किसी कारख़ाने में किसी आधुनिक मशीन के परिचालन के लिए योग्यता निर्धारण में यदि मशीन चलाये जाने का ही पुराना अनुभव निर्धारित किया जाये तो इस पेशे से इतर या पहली बार ऐसे पेशे में आने के लिए तैयार लोगों के लिए कोई स्थान नहीं रह जायेगा। दूसरी जाँच-परख की प्रक्रिया या मापदण्ड ऐसी मशीन को चला सकने की अभिरुचि तथा अभ्यर्थी की कार्य के प्रति मानसिक तैयारी से सम्बन्धित है। इसीलिए ऐसी मशीन चलाने के लिए शारीरिक क्षमता की पुष्टि तथा मानसिक विकास अर्थात् तर्कसंगत निर्णय लेने की समझ भी इसके मानक हो सकते हैं। अन्य कई मानकों के साथ स्कूली शिक्षा का न्यूनतम स्तर भी निर्धारित किया जा सकता है। भारतीय परिवेश के लिए विचार करने पर पता चलता है कि एक बड़ी आबादी शारीरिक एवं मानसिक स्वास्थ्य में अपंगता की हद तक पिछड़ी हुई है। आर्थिक कारणों का शारीरिक सबलता का भी सम्बन्ध है, और मानसिक विकास का भी। स्वाभाविक है कि यह आबादी ऊपर वर्णित मानदण्डों पर खरा नहीं उतर सकती। इसलिए निर्धारित काम के लिए उसका चयन भी नामुमकिन ही होगा। फलतः उस काम से प्राप्त होने वाले सभी लाभों एवं सुख-सुविधाओं से वह वंचित हो जायेगा। यही नहीं, अगली पीढ़ियों में यह आर्थिक सामाजिक विभेद संचयित रूप में बढ़ते रहने के लिए सन्तप्त होगा। कई बार ग्रामीण पृष्ठभूमि के उम्मीदवार शारीरिक योग्यता रखते हुए भी शैक्षणिक पिछड़ेपन के शिकार रहते हैं। कदाचित् उन्हें शिक्षा के समान अवसर अपेक्षाकृत बेहतर करने के योग्य बना देते। ऐसे में उसी व्यक्ति विशेष की योग्यता बेहतर अवसरों के परिणाम स्वरूप अधिक स्वीकार्य हो जाती है। अन्यथा यदि किसी योग्य व्यक्ति को चयन प्रक्रिया में शामिल होने का ही अवसर न मिले तो भी उसकी पात्रता किसी काम की नहीं रह जाती। ऐसे में समान अवसर, समान पृष्ठभूमि, समान शिक्षा, समान स्वास्थ्य एवं समान सामाजिक पृष्ठभूमि के लोगों में ही प्रतियोगिता से सही परिणाम

सामने आ सकते हैं। अवसर एक ऐसी अवस्था है जहाँ से होकर ही हर प्रतिभा अपने अभीष्ट तक पहुँच पाती है। बिना समुचित अवसर के कोई भी व्यक्ति या समूह अपनी कला या कारीगरी में गुणवत्ता, दक्षता तथा परिपक्वता हासिल नहीं कर सकता। भारतीय समाज में बहुत बड़े सामाजिक आर्थिक भेद-भाव के कारण लम्बी-चौड़ी खाईं मौजूद है जहाँ समान अवसर की कल्पना करना भी बेईमानी है। इस आलोक में योग्यता एवं प्रतिभा के तमाम मानदण्ड एवं परिभाषाएँ सापेक्ष और एकतरफ़ा रह जाती हैं जहाँ सीमित वर्ग या वर्ण को छोड़कर यह प्रतियोगिता सबके लिए सुलभ ही नहीं हो पाती है। सामाजिक तथा आर्थिक रूप से असमान लोगों के बीच से श्रेष्ठ लोगों को चुने जाने के मानक भी वही रहते हैं जिसके कारण ऐसी असमानता पैदा हुई है या पैदा होती है। इस प्रकार के चयन में श्रेष्ठता या मेरिट की पहली कसौटी तो सामाजिक-आर्थिक श्रेष्ठता ही बन जाती है और इसी की दुहाई देकर रोज़ श्रेष्ठता और मेरिट का डंका पीटा जाता है।

श्रेष्ठता का दर्शन

यदि हम भारतीय इतिहास एवं मिथकों का उदाहरण लें तो पायेंगें कि महाभारत के कर्ण को राजा न होने के कारण ही अर्जुन से मुक़ाबला करने के लिए स्वयंवर में भाग लेने से रोक दिया गया। ऐसी प्रतियोगिता में कर्ण की योग्यता या अयोग्यता सामने नहीं आ पायी। वह धनुर्विद्या के मानदण्डों पर खरा उतरने के बावजूद अयोग्य क़रार कर दिया गया। एकलव्य को धनुष विद्या सीखने का अवसर इसलिए नहीं दिया गया कि वह अवर्ण समुदाय का व्यक्ति दूसरों के लिए ख़तरा बन सकता था।यही नहीं, स्वयं की साधना से अर्जित धनुर्विद्या के महारथी एकलव्य का वही अंगूठा छलपूर्वक (बलपूर्वक काटना मुश्किल जानकर) काट लिया जाता है जिसके बलपर वह शायक का सन्धान करता है। बुद्ध, कबीर, रैदास, फुले, अम्बेडकर, साहू जी महाराज जैसे अनेक लोगों का, जिन्होंने सामाजिक न्याय का प्रश्न उठाया, ब्राह्मणवादी शक्तियों ने अयोग्य ठहराने का अभियान चलाया। अंग्रेजों ने जब सामाजिक न्याय के क़ानून बनाने शुरु किये तो एकाएक उनके विरूद्ध भी अयोग्यता के भाव अकस्मात तीव्रतर हो गये। ऐतिहासिक रूप से शम्बूक हो या राजा बलि ऐसे अनेकों नाम हैं जिन्हें पक्षपातपूर्ण रवैये का शिकार होना पड़ा। वस्तुतः वर्चस्ववादी शोषक संस्कृति के विरुद्ध लड़ाई लड़ने वाले हर किसी को अयोग्य करार दिया जाता है। योग्यता की मनमाफ़िक कसौटी पर मनमाफ़िक परिणाम निकाले जाने के लिए ये उदाहरण पर्याप्त हैं।

वर्तमान परिप्रेक्ष्य में सामाजिक न्याय की बहु-प्रचारित संकल्पना को सामने

रखकर इसके उद्देश्यों एवं इसकी प्राप्तियों का आकलन करें तो पाएँगे कि ये शब्द-जाल वास्तविक कार्यान्यवन से दूर तो हैं ही, ये अपने ऊपर एक खुशफ़हमी का आवरण भी ओढ़े हुए हैं। आज़ादी के इन सात दशकों में भी निर्धारित सामाजिक बराबरी का सपना अधूरा है तथा इसे पूरा करने की नीयत भी साफ़ नहीं दिखाई देती। राज्य-सत्ता अपने चरित्र में ऐसी धारणाओं को पालती-पोषती है जिसके ज़रिए उसकी लोकप्रियता को बिना ठेस पहुँचाए उसकी श्रेष्ठता बरक़रार रहे। भारतीय प्रजतातन्त्र ने इन सत्तर वर्षों में जिस सत्ता समाज का निर्माण कर लिया है वह नवाबी-सामन्ती जातिवादी प्रवृत्तियों का नामान्तरित रूपान्तरण है। यह सत्ता की श्रेष्ठता सामाजिक ग़ैरबराबरी तथा सामाजिक अशिक्षा के पाये पर खड़ी है। परिणामतः प्रजातान्त्रिक-संवैधानिक व्यवस्थाओं को लागू करने में उसकी कोई दिलचस्पी नहीं है। ऐसे में श्रेष्ठता की दुहाई देते हुए मेरिट, योग्यता, विद्वत्ता, बुद्धिमत्ता और ज्ञान को राजसत्ता अपने मानदण्डों पर निर्धारित किया करती है ताकि पूर्व में स्थापित कुलीनता, भद्रता और जाति श्रेष्ठता के पर्याय के रूप में ही श्रेष्ठता और योग्यता को स्थापित किया जा सके। प्रकारान्तर से सत्ता समाज के ये नये संस्करण बदले हुए भेष में, लोकतान्त्रिक प्रावधानों का मज़ाक बनाते रहते हैं। संवैधानिक प्रावधानों को धता बताकर आत भी तथाकथित कुलीन वर्ग को तरजीह देने में गरिमा महसूस की जाती है। यह कोई अनायास नहीं है कि भारतीय गणतन्त्र का संविधान लागू होते ही इसमें दलित-पिछड़ों, अल्पसंख्यकों को दिये जाने वाली विशेष सुविधाओं, सहूलियतों और अवसरों पर कई राज्य सरकारों ने जान-बूझकर हो-हल्ला मचवाया। तत्कालीन प्रधानमन्त्री पंडित जवाहरलाल नेहरू ने सभी मुख्य मन्त्रियों को पत्र लिखकर बताया कि यद्यपि संवैधानिक प्रावधानों में ऐसा है किन्तु इसे लागू करने में उन्हें कोई बाध्यता या दबाव नहीं महसूस करना चाहिए। इसी मंशा के तहत भारतीय संविधान के प्रावधानों और उसको लागू करने की ज़मीनी हक़ीकत को समझा जाना चाहिए जहाँ आज भी सामाजिक, आर्थिक, धार्मिक और राजनैतिक पिछड़ेपन को दूर करने के प्रति संजीदगी का अभाव दिखाई देता है। इसी का परिणाम है कि आज़ादी के इतने समय बाद भी केन्द्र सरकार की नौकरियों में सन् 2011 तक के आँकड़ों के अनुसार दलितों और पिछड़ों का प्रतिनिधित्व उनके लिए अपेक्षित और निर्धारित आँकड़ों का आधा भी नहीं हो पाया है। इसे यदि मेरिट और योग्यता से जोड़कर देखा जाता है तो भी यह एक सुनियोजित षड्यन्त्र मात्र है। इस योग्यता और मेरिट पर बात करते हुए हम ठोस यथार्थ की तरफ़ इशारा करना ज़रूरी समझते हैं।

वर्चस्ववादी श्रेष्ठता का संरक्षण या न्यायिक रक्षण की श्रेष्ठता

संविधान के मुख्य शिल्पी डॉ.बी.आर. अम्बेडकर ने अपनी तार्किक धारणा को इस प्रकार परिभाषित किया है—"Reservation is a ...Protection against the agrressive communalism of the Governing Class"[1] अर्थात् "आरक्षण शासक वर्ग के आक्रामक/उग्र साम्प्रदायिकता के विरुद्ध एक संरक्षण/बचाव है।" बहुत से लोग दलील दे सकते हैं कि इस संरक्षण/बचाव से लाभान्वित सुविधा-भोगी समुदाय आगे चलकर स्वयं ही शासक वर्ग का चरित्र अपना लेगा। इस ख़तरे से बचने का क्या उपाय है या उस वर्ग द्वारा उलटे शोषण तथा दमन का रास्ता अपना लेने से रोकने की संविधान संगत क्या गारंटी है? ऐसा रक्षण इन समुदायों को अन्य समुदायों पर तरजीह देने के कारण क्या आपसी ईर्ष्या-द्वेष तथा कलह का कारण नहीं बनेगा?

ज़मीनी हक़ीकत से दूर रहकर वायवीय कुतर्क करने वालों से यह पूछना आवश्यक होगा कि पिछले तीन हज़ार वर्षों से थोपी गयी गुलामी के कारण सामाजिक अपंगता की स्थिति प्राप्त इस दलित-पिछड़े समुदाय को सत्ता-चरित्र हासिल करने में क्या कुछ घंटे या कुछ दिन ही लगेगा? दूसरा यह कि सत्ता-चरित्र तक पहुँच कर पूर्व के अभिजात वर्ग को एक़दम नीचे उतार देने और व्यतिक्रम व्यवहार कर सकने में सक्षम होने में कितना वक़्त लगेगा? तीसरा यह कि आज शासक और शासित के बीच जीवन के हर स्तर पर मौजूद खाईं यदि पाट भी ली जाती है तो सर्वप्रथम दोनों के बीच बराबर की ज़मीन का ही अवसर मिलेगा। ऐसे में सत्ता चरित्र प्राप्त करना तथा शोषण की उलटी दिशा अख्तियार करने के लिए कदाचित् वे अवसर नहीं होंगे जो आज एकतरफ़ा मौजूद हैं। बराबरी एवं सन्तुलन ही ऐसा होने से रोकेगा।

जहाँ तक आपसी ईर्ष्या-द्वेष का तर्क है उसे यूँ समझा जाना चाहिए कि एक ही घर में एक ही माँ-बाप के चार बच्चों में यदि एक बच्चा घर भर की मलाई खा रहा हो, दूसरा केवल पेट भर भोजन से सन्तुष्ट हो रहा हो, तीसरा ऊपर के दोनों भाइयों से अधिक मेहनत करके भी भोजन जुटाने मात्र से सन्तुष्ट होकर; तथा चौथा अपनी हाड़-तोड़ मेहनत से सारे घर का अन्न-जल जुटाते हुए भी भूखा रहने को बाध्य हो तो क्या इससे आपसी स्नेह बरक़रार रह सकता है? निश्चित ही नहीं। कुतर्क के विमर्श तो किसी सकारात्मक तथा सृजनात्मक राष्ट्रीयता के लिए फलदायी नहीं हो सकते। इस जुमले की हक़ीकत समझी जानी चाहिए कि 'जब तक भूख और ग़रीबी रहेगी दुनिया में शान्ति क़ायम नहीं

रह सकती।' पेट भरने के बाद पनपने वाली वर्चस्ववादिता की होड़ व्यक्ति की आकांक्षाओं, परिस्थितियों एवं सामयिक कारकों द्वारा ही वजूद में आती है। यह व्यक्ति की नितान्त आवश्यकता नहीं बल्कि एक लोलुपताजन्य वैकल्पिक शगल हो सकती है। इसलिए सामाजिक ग़ैरबराबरी को जितनी द्रुतगति से दूर कर लिया जाये, शान्ति की सम्भावनाएँ उतनी ही बढ़ जायेंगी। कुछ लोग यह जानकर भी अनजान बने हैं कि ऐतिहासिक रूप से एक वर्ग-विशेष ने अपने एकाधिकार के ज़रिए जो फ़ायदे उठाए क्या उससे किसी तरह की वैमनस्यता या इर्ष्या पैदा होने के सवाल भी पूछे गये? जानना चाहिए कि सम्राट हर्ष के काल में "एक प्रकार का अनुदान अग्रहार था जो केवल ब्राह्मणों को मिलता था और कर-मुक्त होता था। ....अग्रहार ने ब्राह्मणों की विशेषाधिकृत स्थिति को निश्चय ही और अधिक महत्त्व प्रदान किया होगा।"[2]

योग्यता बनाम श्रेष्ठता

मेरिट तथा श्रेष्ठता के स्थापित मिथकों के बरअक्स तर्क देते हुए बाबा साहेब डॉ. भीमराव अम्बेडकर एक मूलभूत पारम्परिक मान्यता को राष्ट्रीय हित में चिह्नित करते हैं। यह तर्क केवल भारतीय परिप्रेक्ष्य में ही नहीं बल्कि विश्व के बौद्धिक समुदाय को भी ग़ौर करने लायक है—"प्रत्येक देश में बौद्धिक समुदाय सबसे अधिक प्रभावकारी समुदाय होता है—चाहे वह शासक समुदाय भले ही न हो। बौद्धिक समुदाय वह समुदाय है जो आगे देख सकता है, सलाह दे सकता है तथा अगुआयी कर सकता है। किसी भी देश में बहुसंख्य लोग प्रबुद्ध वैचारिक एवं व्यावहारिक जीवन नहीं जीते हैं। बहुधा वे अनुकरणशील होते हैं तथा बौद्धिक समुदाय का अनुसरण करते हैं। यह कहने में कोई अतिशयोक्ति नहीं है कि किसी देश की पूरी तक़दीर बौद्धिक समुदाय पर निर्भर करती है...यह सत्य है कि बुद्धि अपने-आप में कोई अच्छाई नहीं है, यह केवल साधन है और साधन का उपयोग उस अन्तिम लक्ष्य पर निर्भर करता है जिसे बौद्धिक व्यक्ति पाना चाहता है...एक बौद्धिक व्यक्ति अच्छा आदमी हो सकता है लेकिन वह आसानी से बुरा व्यक्ति भी हो सकता है। इसी प्रकार एक बौद्धिक समुदाय उच्च नैतिकता वाले लोगों का समूह हो सकता है जो भटती हुई मानवता की मदद एवं मुक्ति के लिए सहायता करने के लिए तैयार हो या वह आसानी से धूर्तों का झुंड भी हो सकता है, या संकीर्ण सोच वाले प्रवक्ताओं का समूह हो सकता है जिससे यह ऊर्जा ग्रहण करता है; आप इसे लज़्जाजनक सोच कह सकते हैं कि भारत के बौद्धिक समुदाय का दूसरा नाम ही ब्राह्मण जाति है"[3] वे आगे कहते हैं कि—"बौद्धिक

समुदाय और शिक्षित समुदाय में बड़ा अन्तर है। बौद्धिक समुदाय किसी भी वर्ग से लगाव के कारण या किसी फ़ायदा हेतु आगे आने के लिए कोई प्रतिबन्ध नहीं रखता....दूसरी तरफ़ शिक्षित समुदाय एक बौद्धिक समुदाय नहीं है, यद्यपि उसने अपने ज्ञान का संवर्धन किया है। इसका कारण यह है कि किसी नये विचार के लिए उसके दृष्टिकोण का दायरा तथा उसकी सहानुभूति उस वर्ग के स्वार्थ से घिरी होती है जिससे वह सम्बद्ध होता है।"[4]

इस प्रकार हम भारतीय समाज के पिछड़ेपन को जातीय विभेद की जड़ों में आसानी से तलाश कर सकते हैं। हमारी सम्प्रभुता को बचाए रखने एवं एक उन्नतशील राष्ट्र के निर्माण के लिए योग्य लोगों की आवश्यकता है न कि श्रेष्ठ लोगों की। जातीय श्रेष्ठता वाला समूह; केवल व्यक्तिगत कल्याण के लिए, इतर समूहों की भ्रामक दिशा में अगुआयी करता हुआ किसी भी प्रकार वृहद्तर मानवीय सरोकारों का हितसाधक नहीं हो सकता। उसकी सारी बुद्धिमत्ता रूढ़िगत कुण्ठा तक सीमित हो जाती है। वह बौद्धिकता के आवरण में क़ायदे-क़ानून, नियम-विनियम तथा परिभाषा परम्परा का सृजन सीमित हितसाधन हेतु करता रहता है। इस प्रकार शासन-प्रशासन और देश के प्रत्येक संसाधन में हिस्सेदारी के लिए अभिजात वर्ग द्वारा बनाये गये श्रेष्ठता के मानक पुनर्व्याख्या एवं संशोधन की माँग करते हैं।

यह दिलचस्प है कि भारतीय सत्ता और संसाधनों में दलितों-पिछड़ों की भागीदारी की माँग वाली मुहिम ब्रिटिश सम्राज्य से कम्युनल अवार्ड के रूप में दलितों-पिछड़ों द्वारा जीत लेने के बाद भी इसे देने से इंकार करते हुए अभिजात वर्गीय प्रतिनिधियों ने इसके ख़िलाफ़ एड़ी-चोटी का ज़ोर लगा दिया। निश्चित ही यह भारत की भावी तक़दीर के साथ एक छल था जिसमें भारत की एकता-अखण्डता की क्षय के नाम पर तो कम किन्तु हिन्दुत्व की काल्पनिक अखण्डता बनाए रखने की चिन्ता का सर्वाधिक प्रदर्शन था। पूना पैक्ट के ज़रिए भावी सत्ता समाज या सत्ता प्राप्ति हेतु लोलुप अभिजात समाज ने स्वयं ही आरक्षण का विकल्प देकर उसे मनवा लेने तक आमरण अनशन का मनोवैज्ञानिक दबाव बनाये रखा। इस कुटिल नीति के चलते न केवल भावी भारतीय राष्ट्र की समुन्नति की परिकल्पना को धता बताया गया बल्कि विकास की गति को ही प्रतिगामी दिशा देने का काम हुआ। यह ज़बरन किया गया समझौता एक बड़े मुक्त आकाश की सम्भावनाओं को अत्यन्त संकुचित एवं सीमित करने वाला ही साबित हुआ है। आज येन-केन-प्रकारेण इसे भी खत्म करने की नाना युक्तियाँ शोषण की पुरानी परम्परा को पुनर्स्थापित करने वाले तथाकथित हिन्दुत्व एजेण्डे के रूप में दिखाई देती हैं।

डॉ. अम्बेडकर स्वराज्य की धारणा को वास्तविक बनाने के लिए समाज, राष्ट्र तथा देश जैसे शब्दों को परिभाषित करते हुए पिछड़े वर्गों को विशेष रियायत देने के पक्ष में तर्क प्रस्तुत करते हुए कहते हैं–

पहला–"समाज, राष्ट्र और देश जैसे शब्द यदि अस्पष्ट/संदिग्ध नहीं हैं तो भी उनका कोई निश्चित स्वरूप नहीं है। इससे इन्कार नहीं किया जा सकता कि राष्ट्र यद्यपि एक शब्द है लेकिन यह भिन्न समुदायों के अर्थ में प्रयुक्त होता है। दार्शनिक रूप से राष्ट्र को एक इकाई के रूप में मान लेना सम्भव हो सकता है लेकिन सामाजिक तौर पर ऐसा नहीं है क्योंकि यह भिन्न-भिन्न समुदायों से निर्मित है और राष्ट्र की वास्तविक स्वतन्त्रता इसमें निहित विभिन्न समुदायों की स्वतन्त्रता की गारंटी सुनिश्चित करने वाली हो, विशेषकर उन लोगों के लिए जिनके साथ सेवकों जैसा व्यवहार किया जाता है।"[5]

दूसरा–दलित-पिछड़ों को विशेष संरक्षण देते हुए स्वतन्त्रता, समता तथा बन्धुत्व की स्थापना के व्यवहारिक उद्देश्य को स्पष्ट करने हेतु वे दूसरा तर्क देते हैं कि ऐसा करना किस प्रकार प्रजातन्त्र को सुरक्षित रखने के लिए आवश्यक है–"भारतीय समाज की विचित्र संरचना के कारण अल्पसंख्यक समूह तथा बहुसंख्यक साम्प्रदायिक हिन्दू समूह को आमने-सामने खडा कर दिया गया है। यदि इस हिन्दू साम्प्रदायिक बहुलता के पंख कतरने के लिए संवैधानिक उपाय नहीं किया गया तो भारत प्रजातन्त्र के लिए सुरक्षित नहीं होगा।"[6] इसलिए डॉ. अम्बेडकर ऐसे संविधान के प्रारूप पर अड़े थे जो भारत की विशेष परिस्थितियों को ध्यान में रखकर बने ताकि राजनैतिक शक्ति प्राप्त कर दलितों पर दमन, शोषण और अत्याचार करने वाली हिन्दू साम्प्रदायिक बहुलता से परहेज तथा बचाव हो सके, कम से कम अपने शोषण और दलन को बचाने के लिए उन्हें राजनैतिक शक्ति की पोषक कुछ मात्रा मिल सके तथा साम्प्रदायिक बहुलता के विरुद्ध उनकी लड़ाई तथा उनके अस्तित्व रक्षा में उन्हें सक्षम बनाये।

तीसरा–ऐतिहासिक कारणों का उल्लेख करते हुए डॉ. अम्बेडकर तीसरा महत्त्वपूर्ण तर्क देते हुए कहते हैं–"शासकीय समुदाय में अगुआ तथा मुखिया ब्राह्मण अपनी राजनैतिक शक्ति बुद्धि के बल पर नहीं, क्योंकि बुद्धि पर किसी का एकाधिकार नहीं है, केवल साम्प्रदायिकता के कारण प्राप्त किया। मनुस्मृति के क़ानून के अनुसार राजपुरोहित, धर्माधिकारी, मुख्य न्यायधीश एवं न्यायधीश तथा राजमन्त्री के पद ब्राह्मण के लिए आरक्षित थे! यहाँ तक कि सेनाअधिपति के पद को भी ब्राह्मण के लिए उचित एवं उपयुक्त व्यक्ति के रूप में आरक्षित रखने के लिए अनुशंसित किया गया था; यद्यपि इसका प्रावधान नहीं था।"[7]

चौथा–इस प्रकार के बचाव या संरक्षण हेतु चौथा संवैधानिक आधार ज़रूरी बताते हुए डॉ. अम्बेडकर कहते हैं- "भारत में अन्य देशों से भिन्न शासक-समुदाय इस प्रकार सर्वशक्तिमान और सर्वव्यापी है कि सेवक-समाज को वयस्क मताधिकार के अतिरिक्त पर्याप्त शक्ति देना आवश्यक होगा ताकि वे शासक-वर्ग द्वारा शोषण के विरुद्ध खुद को बचा सकें। इन प्रेक्षणों की रौशनी में देखने पर सेवक-समाज द्वारा माँगा जाने वाला आरक्षण; यद्यपि यह अमेरिकन संविधान में दिये गये परीक्षण एवं सन्तुलन (Check & Balance) के स्वरूप से अलग है, आधारभूत रूप से यह परीक्षण और सन्तुलन ही है, जिस पर अवश्य विचार किया जाना चाहिए "[8] वे आगे कहते हैं कि सामाजिक संरचना की यथार्थता को नज़रअंदाज़ करते हुए कोई भी संवैधानिक व्यवस्था नहीं की जा सकती जिसके द्वारा लोकतान्त्रिक मूल्यों की रक्षा हो सके–"संविधान निर्माण में सामाजिक संरचना हमेशा ध्यान में रखी जानी चाहिए। राजनैतिक ढाँचा, सामाजिक ढाँचा से सम्बद्ध होना चाहिए। सामाजिक शक्तियाँ केवल सामाजिक क्षेत्र में परिचालित होने तक ही सीमित नहीं हैं। वे राजनैतिक क्षेत्र तक व्याप्त रहते हुए इस को भी प्रभावित करती हैं।"[9]

पाँचवाँ–डॉ. अम्बेडकर तर्क देते हुए ऐसे सामाजिक संरक्षण दिये जाने का पाँचवाँ कारण बताते हैं–"राज्य की संचालक शक्तियों (Instrumentalities) के चयन में सामुदायिक पक्षपात के विचार की अनदेखी नहीं की जा सकती। वस्तुतः अच्छे शासन का यही मूल है। यह दुर्भाग्यपूर्ण है कि इस तथ्य के महत्त्व की सामान्यतः उन लोगों द्वारा भी पहचान नहीं हुई, जो अपने आपको लोकतन्त्र का प्रबल समर्थक मानते हैं। कार्ल मार्क्स ने सर्वप्रथम प्रशासन में पहली बार इस तथ्य को मान्यता दी (पेरिस क्म्यून) ...भारत में सेवक वर्ग द्वारा आरक्षण की माँग आवश्यक रूप से उन्हीं विचारों पर आधारित है जो डीसे (Dicey) द्वारा बताये गये हैं, मार्क्स द्वारा इसकी वकालत की गयी तथा रूस द्वारा इसे अपनाया गया। केवल वही लोग जो सेवक/शूद्र समुदाय से सम्बन्धित हैं, वही उस वर्ग के हितों को सुरक्षित रखने के लिए विश्वसनीय हो सकते हैं। यह विचार इतना महत्त्वपूर्ण है कि इसे पूरी तरह निरस्त करने हेतु दक्षता के सिद्धान्त को अनुमति नहीं दी जा सकती है"[10] जो लोग दलितों-पिछड़ों को दी जाने वाली विशेष रियायतों को समानता के सिद्धान्त के विरुद्ध मानते हें उनके तर्कों का जवाब देते हुए डॉ. अम्बेडकर आगे कहते हैं "हम जो चाहते हैं वह समानता नहीं बल्कि निष्पक्षता है। मैं सदन के सामने यही तर्क देना चाहता हूँ। समानता आवश्यक रूप से निष्पक्षता नहीं है (व्यवधान)। मैं इसे साबित करने जा रहा हूँ–इसलिए कि यह समाज में निष्पक्षता पैदा कर सके, इसलिए कि यह समाज में न्याय पैदा कर

सके, भिन्न तरह के लोगों के साथ असमानता का व्यवहार किया जाना चाहिए। ऐसा क्यों? आयकर का उदाहरण लें। मैं अर्थशास्त्र का विद्यार्थी हूँ इसलिए यह दृष्टान्त मेरे मस्तिष्क में तुरन्त आता है। हम उत्तरोतर बढ़ता हुआ आयकर क्यों रखते हैं? सभी से समान टैक्स क्यों नहीं वसूलते? हम धनवान को ऊचें दर पर तथा ग़रीब को कम दर पर टैक्स लगाने का कारण यह है कि दोनों की कर देय क्षमता अलग-अलग है। इस तरह के मामले में बराबरी सबसे बड़ा अन्याय का कारण बनेगी। एक सधारण केस लें। मान लें एक घर में बहुत से लोगों में एक व्यक्ति बीमार है। वह व्यक्ति ठीक हो जाये, इसके लिए उसे हम चिकन सूप देते हैं। लेकिन हम औरों को नहीं देते। ऐसे में कोई भी माँ को आक्षेपित नहीं करेगा कि वह बीमार को ही चिकेन सूप दी तथा दूसरे वयस्क तथा स्वस्थ सदस्यों को देने से मना कर दी। हम जो चाहते हैं वह निष्पक्षता है। यह निष्पक्षता पैदा नहीं की जा सकती यदि हम कमज़ोर और सहज़ोर, ग़रीब और अमीर, बुद्धिहीन और बुद्धिमान को एक ही स्तर पर व्यवहार करना चाहते हैं''[11]

छठा—छठे कारण के रूप में डॉ. अम्बेडकर सामाजिक पृष्ठभूमि को लेते हैं। वे कहते हैं कि—''भारतीय सामाजिक जीवन की पहचान समुदायों के रूप में की जानी चाहिए। इससे बचने का कोई रास्ता नहीं है। भारतीय सामाजिक जीवन में समुदाय वह कठोर सत्य है कि यह स्वीकार करना ग़लत होगा कि सांप्रदायिक भावुकता तथा साम्प्रदायिक पूर्वाग्रह समुदायों के सम्बन्धों पर वर्चस्व नहीं रखते। हिन्दू सांप्रदायिक बहुलता के मनोविज्ञान की मनोदशा उस हठधर्मिता द्वारा शासित है जो केवल असमानता को ही मान्यता नहीं देती, बल्कि समुदायों के आन्तरिक सम्बन्धों को चलाने के नियमों के रूप में श्रेणीकृत असमानता (Graded Inequility) को मान्यता देती है। श्रेणीकृत असमानता की यह हठधर्मिता स्वतन्त्रता एवं बन्धुत्व की शत्रु है। यह विश्वास नहीं किया जा सकता है कि यह सोपानिक ग़ैरबराबरी (सीढ़ीदार असमानता) समाप्त हो जायेगी या हिन्दू इसे समाप्त करने के लिए संघर्ष करेंगे। यह असम्भव है। यह सोपानिक असमानता संयोगवश या दुर्घटनावश नहीं बनी है। यह हिन्दुओं का धर्म है। यह हिन्दूवाद का अधिकृत सिद्धान्त है। यह पवित्र है इसलिए कोई हिन्दू इसे छोड़ने की नहीं सोच सकता। इसलिए इस सोपानिक असमानता वाले धर्म के साथ हिन्दू साम्प्रदायिक बहुलता कोई समाप्त हो जाने वाली अवस्था नहीं है। यह एक स्थाई तथ्य है और हमेशा के लिए ख़तरा है। भारत का संविधान बनाने के लिए साम्प्रदायिक बहुलता की उपस्थिति को दरकिनार नहीं किया जा सकता तथा

राजनैतिक लोकतन्त्र के साथ तालमेल बैठाने के लिए बचाव के उपाय निर्मित करने की समस्या से दो-चार होना पड़ेगा।"[12]

जाति प्रथा के रोग से बचने हेतु भी ऐसे बचाव के विशेष उपायों की आवश्यता बताते हुए डॉ. अम्बेडकर आगे तर्क देते हैं -"भारतीय जाति-व्यवस्था एक दूसरा विशिष्ट पहलू है जो इस (संरक्षण/बचाव) के उपाय को संविधान द्वारा प्रदत्त करने की अनिवार्यता को न्यायसंगत ठहराता है तथा इससे उत्पन्न होने वाले अनिष्ट से सुरक्षा प्रदान करता हैं। प्रत्येक समाज अलग-अलग समूहों से निर्मित है किन्तु यह स्वीकार किया जाना चहिए कि समूहों के आपसी सम्बन्ध हर जगह एक जैसे ही नहीं होते हैं। एक ही समाज में समूहों के आपसी मनोभाव केवल समाज निरपेक्ष हो सकते हैं किन्तु दूसरे समाज में वही समाज विरोधी हो सकते हैं। जहाँ विभिन्न सामाजिक समूहों को कार्यान्वित करने की प्रवृत्ति समाज निरपेक्ष हो वहाँ इसकी उपस्थिति या अस्तित्व को संविधान बनाने के लिए संज्ञान में लेने की आवश्यकता नहीं है। यह समाज निरपेक्षता किसी समूह के लिए ख़तरे का कारण नहीं होती किन्तु जहाँ कोई समूह दूसरे के लिए समाज-विरोधी प्रवृत्ति से कार्यान्यवित होता हो तथा जिसका भिन्न स्वभाव दुश्मन का पर्याय हो तो इस तथ्य को संविधान निर्माण में अवश्य लिया जाना चाहिए तथा उस वर्ग को जो उस समाज-विरोधी प्रवृत्ति का शिकार है, समुचित संरक्षण तथा बचाव दिया जाना चाहिए।"[13]

सातवाँ–प्रतिकूल प्रशासन को सातवाँ कारण बताते हुए डॉ. अम्बेडकर लिखते हैं–"आजकल प्रशासनिक शक्ति में विधिक शक्ति शामिल रहती है। आधुनिक समय का कोई क़ानून पूर्ण तथा विस्तीर्ण नहीं है। अधिकतर प्रशासन को नियम बनाने की विधिक शक्ति देते हैं ताकि क़ानून का प्रयोजन प्रभावी किया जा सके। दूसरा यह कि क़ानून का लाभ या अलाभ इस बात पर निर्भर करता है कि उसे कितनी न्यायिक और फलदायी ढंग से लागू किया गया है। इसलिए अच्छा प्रशासन अच्छे क़ानून से भी अधिक महत्त्वपूर्ण है। यदि प्रशासन ख़राब है तो अच्छा क़ानून किसी काम का नहीं। इसलिए अनुसूचित जातियों के लिए प्रशासन एक अहम प्रश्न है जो कि एक अच्छे क़ानून की बजाय अच्छे प्रशासन में अधिक रुचि रखते हैं। क्या वर्तमान प्रशासन अच्छा प्रशासन है? ...इसमें कोई सन्देह नहीं कि यह सर्वमान्य नज़रिया है कि पूरे भारत में सम्पूर्ण प्रशासन अनुसूचित जाति के लिए विरोधी, अन्यायी तथा दुराग्रही प्रवृत्ति रखता है। वस्तुतः अनुसूचित जाति की आबादी पर अधिकतर दुःख तथा पीड़ा का होना इस तथ्य से पता चलता है कि लोक सेवकों को दिये गये विवेक सम्मत निर्णयात्मक अधिकारों का प्रयोग

अधितर सभी मामलों में दलितों के हित-विरुद्ध तथा उन्हें नीचा दिखाने के लिए किया जाता है।"[14] यह तब तक चलता रहेगा जब तक कि प्रशासनिक कर्मचारी (कार्मिक) उन वर्गों से लिए जाते रहेंगे जो दलितों के विरोधी तथा उन्हें दबाने में विश्वास रखते हैं। इस तर्क से अधिक शक्तिशाली कोई दूसरा तर्क नहीं हो सकता कि दलितों की सामान्य आबादी के लिए लाभ तथा कल्याण का सबसे प्राण-भूत विचार उनकी लोक-सेवा में प्रवेश का है।

दक्ष प्रशासन बनाम अच्छा प्रशासन

एक प्रश्न का उत्तर देते हुए डॉ. अम्बेडकर ने संविधान सभा की बहस के दौरान कहा—"यह स्मरण रहे कि भारतीयकरण का मामला किसी दक्ष प्रशासन पर नहीं टिका है। यह अच्छे प्रशासन की वैचारिकी पर टिका है। इसे चुनौती नहीं दी गयी कि एक दक्ष प्रशासन बनाने वाले गुणों के मामले में भारतीय, यूरोपीय से तुच्छ था। इस तथ्य के प्रमाण के लिए इससे बढ़कर कुछ नहीं है कि यूरोपीय नौकरशाही ने जहाँ तक सम्भव हुआ दक्षतम सरकार निर्मित किया। यह सब होते हुए भी यूरोपियन नौकरशाही की दक्षता के बावजूद उसे नकारा गया क्योंकि उससे उस गुणवत्ता की चाह (भारतवासियों की) थी जो उसे मानवीय प्रशासन बनाती। इसलिए यह थोड़ा अजीब है कि वे लोग जो भारतीयकरण के लिए चिल्ल-पौं करते थे, वे ही पिछड़े वर्गों की तरफ़ बहने वाली धारा का विरोध यह भूलकर करते हैं कि भारतीयकरण का मामला पिछड़े वर्ग के मामले को अपने में समाहित किये हुए है। जो भी हो, मैं प्रान्तीय स्वयत्तता या प्रान्तीय कार्यकारिणी को सम्पूर्ण जिम्मेदारी देने को जितना महत्त्व देता हूँ उससे कहीं अधिक मैंने इसे (अच्छे प्रशासन को) महत्त्व दिया। यदि मुझे महसूस हुआ होता कि ये शक्तियाँ एक विशेष समुदाय के हाथों में; अधिशेष समुदायों को बहिष्कृत करके आने वाली हैं, तो मैं ऐसी बड़ी शक्तियों के हस्तान्तरण के लिए तैयार नहीं होता"[15] बहुधा इस प्रकार की मिथ्या धारणा को तर्क बनाकर प्रचार किया जाता है कि इस प्रकार के विशेष संरक्षण से सर्वोत्तम व्यक्ति की गुणवत्ता पर कम गुणवत्ता वाले लोग हावी हो जायेंगे। इस आशंका पर उठाये गये प्रश्न का जवाब देते हुए डॉ. अम्बेडकर कहते हैं—"इस सार सिद्धान्त से कोई भी विवाद नहीं करेगा कि ऐसा कुछ नहीं किया जाना चाहिए कि सर्वोत्तम को बेहतर, बेहतर को अच्छा तथा अच्छा को खराब पछाड़ दे। किन्तु यह तर्क पूरी तरह स्वीकार किये जाने में विफल हो जाता है, जब व्यवहार में यह पाया जाता है कि ऐतिहासिक परिस्थितियों में प्रत्येक समय जो सर्वोत्तम व्यक्ति चुना जाता है वह शासक-वर्ग का ही व्यक्ति साबित होता

है। ऐसा शासक-वर्ग के दृष्टिकोण से ठीक हो सकता है किन्तु सेवक-वर्ग के दृष्टिकोण से क्या यह ठीक हो सकता है? क्या सर्वोत्तम जर्मन फ्रेन्च के लिए भी सर्वोत्तम हो सकता है? क्या सर्वोत्तम तुर्क ग्रीक्स के लिए सर्वोत्तम है? क्या सर्वोत्तम पोलैंडवासी सर्वोत्तम ज्यू माना जा सकता है? इसमें शायद ही सन्देह होगा कि इनका सही जवाब क्या है?"[16]

इन प्रश्नों का उत्तर देते हुए दो चीज़ें नज़र अन्दाज़ नहीं की जा सकतीं। प्रथम यह कि एक महान व्यक्ति ज़रूरी नहीं कि अच्छा आदमी भी हो। दूसरा यह कि एक व्यक्ति भावना-विहीन मशीन मात्र नहीं है। यह सर्वोत्तम व्यक्ति के लिए भी सच है। उस पर भी वर्ग-सहानुभूति तथा वर्ग-असहानुभूति का आरोप लगता है। इन विचारों से सहमत होते हुए शासक वर्ग का सर्वोत्तम व्यक्ति सेवक वर्गों की निगाह में सबसे ख़राब व्यक्ति के रूप में परिवर्तित हो सकता है।

इसलिए केवल दक्षता ही परीक्षण हेतु कभी भी स्वीकार नहीं की जा सकती है। यदि इसे ही एक मात्र परीक्षण का पैमाना माना जाय तो फ्रेन्च के सभी कार्य-व्यापार जर्मनों द्वारा, तुर्कों के रूसियों द्वारा, चीनियों के जापानियों द्वारा अच्छी तरह चलाए जा सकते। वे जो कोरी दक्षता के ही सिद्धान्त को सही ठहराते हैं तथा अच्छे शासन के लिए दक्षता के अलावा अन्य कुछ नहीं मानते उन्हें फ्रेन्च, तुर्क तथा चीनियों से पूछना चाहिए कि इसके पालन करने से मिलने वाले नतीजों के बारे में उनका क्या कहना है?

संरक्षण की समयावधि

किसी भी प्रकार का संरक्षण उसी समय तक उचित ठहरता है जब तक उसे ऐसे संरक्षण की आवश्यकता हो। दूसरे शब्दों में नुकसान पहुँचाने वाले व्यक्तियों, तत्वों और अवयवों के मौजूद रहने तक इस प्रकार के बचाव की आवश्यकता स्वयमेव औचित्यपूर्ण साबित हो जाती है। आये दिन आरक्षण की समयावधि बढ़ाये जाने पर तरह-तरह से आलोचनाएँ होती रहती हैं। इसके पीछे भी वही सवर्णवादी मानसिकता हाथ धो कर पड़ी है जिससे बचाव की बात की जा रही है। शोषक या शिकारी हमेशा इस बात की ताक़ में रहता है कि उसके शिकार को माँद से निकलने का कब वक़्त आये ताकि उसे अपने काम में आसानी हो सके। यह वर्ग चाहता है कि उसका यह पारम्परिक अधिकार कि वह दूसरों का हिस्सा छीनकर खाता रहे, जल्दी से जल्दी बहाल हो जाये। यही इन कुतर्कों के पीछे की प्रेरणदायी शक्ति है। लोगों को शायद यह बता देने की ज़रूरत है कि इस प्रकार के संरक्षण या बचाव के प्रावधान किसी दान या भीख द्वारा प्राप्त कृपा वस्तु नहीं

हैं कि जब भी जी चाहा तो इसे देने से इंकार किया जा सकता है। और यह भी तथ्य है कि यह अधिकार बराबरी का और बराबरी के लिए है न कि किसी प्रकार की रस्म अदायगी या तुष्टीकरण का कोरम पूरा करने के लिए। देश की ज़रूरत तथा संविधान की मंशा के मुताबिक़ संसाधनों में सबके लिए बराबर की हिस्सेदरी के बिना समयावधि न बढ़ाने की बात बेमानी है। डॉ. अम्बेडकर के शब्दों में–"इसे दस साल तक की सीमा में बाँधने का फैसला वास्तव में उन लोगों (गाँधी और कांग्रेस) द्वारा तथा उनकी मंशा से हुआ है। मैं व्यक्तिगत रूप से तैयार था कि अधिक अवधि के लिए दबाव दूँ क्योंकि मैं यह महसूस करता हूँ कि अभी तक दलितों को अन्य अल्पसंख्यकों के स्तर तक भी व्यवहृत नहीं किया गया है। उदाहरणार्थ जहाँ तक मैं जानता हूँ कि मुसलमानों के लिए विशेष आरक्षण सन् 1892 ई. से शुरू हो गया था। इसलिए मुसलमानों ने इसका लाभ व्यवहारिक रूप से कमोबेश साठ वर्षों तक लाभ उठाया। इसाइयों को यह लाभ सन् 1920 के संविधान के अनुसार मिला तथा वे 28 वर्ष तक लाभ उठाए। दलितों को यह लाभ केवल सन् 1935 के संविधान में मिला। व्यवहारिकता में यह आरक्षण सन् 1937 से मिला, जब इसका क़ानून लागू हुआ। दुर्भाग्यवश उन्हें इसका लाभ इसको लागू होने के दो वर्ष तक ही मिला... दलितों को सन् 1935 अधिनियम के फ़ायदे नहीं मिल पाये और मेरे विचार में, यह उचित होता, यही सदन के लिए उदारता होती कि इस आरक्षण को अधिक लम्बी समयावधि तक इन्हें दिया जाता किन्तु जैसा मैंने कहा यह तो सदन द्वारा पहले से स्वीकृत हो चुका है। यदि दस वर्ष के अन्त पर दलित पाते हैं कि उनकी स्थिति में सुधार नहीं आया या वे आगे समय बढ़ोतरी चाहते हैं, यह उनकी बुद्धिमत्ता या क्षमता के बाहर नहीं होगा कि वे नये तरीक़े निकालें ताकि वही सुरक्षा; जिसका उनसे यहाँ पर वादा किया गया था, मिल सके।"[17?]

प्रायः सेवाओं में आरक्षण आर्थिक आधार पर देने की माँग के ज़रिए दलितों-पिछड़ों के सम्मान बहाली के एजेण्डे को सिरे से ख़ारिज करने की मुहिम चलाई जाती रही है। बावजूद इसके कि भारत में जाति व्यवस्था ने कुछ वर्गों को ग़रीबी के साथ जातीय अपंगता भी दे रखी है, कुछ लोग इसको बहस की ज़द में शामिल करने से इन्कार कर रहे हैं। क्या आर्थिक विकास के शीर्ष पर पहुँचा अपंग व्यक्ति स्वस्थ लोगों के बराबर माना जा सकता है? अन्य दलीलों में सुविधा प्राप्त जातियों के लाभान्वित कुछ लोगों के बनिस्बत सुविधा से दूर लोगों की फ़िक्र जता कर इस व्यवस्था को नुकसानदेह कह कर ख़ारिज़ करने की दलील है। बजाय इसके कि इन सुविधाओं की मात्रा तथा पहुँच को बढाएँ, वे इसे जड़-मूल

से मिटा देना चाहते हैं। उन्हें यह ख़ौफ़ अधिक है कि दलित-पिछड़ों के कुछ लोगों को सम्पन्नता एवं सम्मान हासिल हुआ है। वे क्रीमी लेयर के बहाने व्यक्तियों को नहीं बल्कि जातियों के विकास क्रम को रोकने का षड्यन्त्र कर रहे हैं। निर्धारित जगहों को भर नहीं पाने के बावजूद भागीदारी तथा प्रतिनिधित्व को कमज़ोर करके उनके भीतर द्वेषपूर्ण विभाजन द्वारा सेवक बनाये रखना इनका उदेश्य है।

मेरिट की मेरिट क्या है

उपर्युक्त तथ्यों से यह समझा जाना चाहिए कि बिना समुचित अवसर के व्यक्ति की आन्तरिक ऊर्जा एवं क्षमता के विकास की गति भीतर ही भीतर अवरुद्ध होती रहती है। यह अवरोध ऊपर गिनाये गये ऐतिहासिक, सामाजिक, प्रशासनिक, मनोवैज्ञानिक, पारम्परिक कारकों तथा ग़ैर-प्रजातान्त्रिक निष्ठाओं के कारण प्रभु-वर्ग या सत्ता-समाज में स्थाई मान्यता के रूप में अधिक भयावह हो जाते हैं। दुर्भाग्यवश भारतीय पृष्ठभूमि में सेवक-वर्ग को हर साँस लेने के लिए औरों का मुँह देखना पड़ता है जिसके कारण मानसिक अवमानना तथा हीनता उसे हर क़दम पर याद दिलायी जाती रहती है। इन स्थितियों में दलित-पिछड़े वर्ग के लिए योग्यता की परख करने वाले उच्च वर्गीय नियन्ता कितना न्याय कर पायेंगें—वह भी तब जब कि उन्हें अपने सनातनी एकछत्र अधिकार में से उनका हिस्सा देने का प्रश्न हो?

इन तर्कों तथा उद्धरणों से आगे बढ़कर जब हम ज़मीनी हक़ीक़त की पड़ताल करते हैं तो यह विभेदकारी मनोभाव स्पष्ट रूप से दिखाई देने लगता है। मिसाल के तौर पर स्वतन्त्र भारत में पहली बार आयोजित आई.ए.एस. परीक्षा की चयन-पद्धति के बरअक्स परीक्षा के वास्तविक निष्पादन तथा तदनुसार नतीजों के उपलब्ध आंकड़ों के साथ देखें—प्रामाणिक दस्तावेजों के आधार पर इसकी लिखित परीक्षा में सर्वोत्तम अंक पाने वाला एक दलित अभ्यर्थी अच्युतानन्द दास को मेरिट में चौरासीवाँ स्थान मिला तथा मद्रास के एक सामान्य अभ्यर्थी एन. कृष्णन को प्रथम एवं सामान्य अभ्यर्थी अनिरुद्ध गुप्ता को बाइसवाँ स्थान मिला। जाना जाये कि अच्युतानन्द दास ने लिखित परीक्षा में 613 अंक, एन. कृष्णन ने 602 अंक तथा अनिरुद्ध गुप्ता ने 494 अंक प्राप्त किये थे तथा मौखिक परीक्षा के लिए निर्धारित अधिकतम 300 अंकों में से उन्हें क्रमशः 110, 260 तथा 265 अंक मिले। सामान्यतः देखा गया है कि सामान्य ज्ञान में अच्छी अभिरुचि तथा प्रदर्शन वाले अभ्यर्थी ही साक्षात्कार में अच्छा प्रदर्शन करते हैं किन्तु यहाँ इस मान्यता को भी झूठा साबित किया गया। सामान्य ज्ञान के लिए निर्धारित अधिकतम 100 अंकों में से अच्युतानन्द दास को कुल 79 अंक, एन. कृष्णन को 69 अंक

तथा अनिरुद्ध गुप्ता को 40 अंक मिले थे। इस कड़वी सच्चाई पर स्वयं को बुद्धिजीवी समझनेवाले वर्ग को खुद से यह सवाल पूछना चाहिए कि जहाँ कहीं भी स्वतन्त्र विवेक द्वारा निर्णय लेने के अधिकार को ग़ैरदलितों ने इस्तेमाल किया है वह दलितों-पिछड़ों के ख़िलाफ़ ही क्यों जाता है? इस प्रकार की प्रतियोगिता और मेरिट से हम किस प्रकार की श्रेष्ठता या योग्यता का चयन करते हैं? क्या इसी मेरिट की दुहाई देकर हम एक बड़े तबके को जीवन के सुनहरे अवसरों से वंचित रखने की ही जोड़-तोड़ नहीं कर रहे होते हैं? ऐसे एक नहीं लाखों अच्युतानन्द दास हैं जो जीवन भर इसी मुगालते में रखे जाते हैं कि उनकी योग्यता कम होते हुए भी आरक्षण के कारण उन्हें कृपापूर्वक शासन-प्रशासन में स्थान दे दिया गया है। ऐसे भ्रम के कारण न केवल उस व्यक्ति को जीवन-भर अपमानित किया जाता है बल्कि उसकी पूरी क़ौम को भी बात-बात पर उसकी कम हैसियत तथा कम योग्यता के नाम पर संसाधनों से वंचित किया जाता है। सारे नियम-क़ानून को धता बताकर ऐसे आरक्षण के क्रियान्यवन को लगातार रोका—विलम्बित किया जाता या टाल दिया जाता है तथा नियम-विनियम की मनमानी व्याख्या करते हुए ऐसे हर प्रयास को जो वंचितों के हक़ में हो, अनुपलब्ध तथा उनकी पहुँच से बाहर कर दिया जाता है। ऐसे मामलों में सही तथ्यों एवं आँकड़ों को सामने लाना भी एक दुष्कर काम है क्योंकि उसी सोच के लोगों द्वारा हर टेबुल-कुर्सी और दफ़्तर के दरवाज़े पर सख़्त पहरा लगा रहता है जहाँ से उनके मनमाफ़िक सूचनाएँ ही बाहर जा सकती हैं।

ऐसा तर्क दिया जा सकता है कि इस प्रकार के एक उदाहरण का सामान्यीकरण नहीं किया सकता। इसके जवाब में देश के भिन्न कार्य-क्षेत्रों तक व्याप्त ऐसे लाखों उदाहरण दिये जा सकते हैं। वह चाहे केन्द्रीय या राज्य की सरकारी सेवाएँ हों, सरकारी ग़ैरसरकारी उपक्रम हों, पारम्परिक या तकनीकी शिक्षा-क्षेत्र हों, उद्योग-धन्धे हों, व्यापार-वाणिज्य हों, कला-संस्कृति साहित्य हो, निविदा-ग़ैरनिविदा-नीलामी हो, ज्ञान-विज्ञान का क्षेत्र हो, मीडिया की साँठ-गाँठ हो, रियल-स्टेट के नाम पर भू-आधिपत्य हो, कृषि-प्रबन्धन हो, सब्सिडी लेन-देन हो, अनुदान, पुरस्कार या खेल का मैदान हो, हर तरफ़ ऐसी साज़िश भरे भेद-भाव अपनी पूरी ठसक के साथ मौजूद हैं जिससे इन दलित-पिछड़ों को नीचा दिखाया जा सके। अव्वल तो इनकी उपस्थिति की सम्भावनाओं को ही भरसक दरकिनार कर दिया जाता है और यदि ये वहाँ तक पहुँच भी पायें तो इन्हें शारीरिक सछूत रखकर मानसिक अछूत जैसा होने का एहसास करा दिया जाता है। मेरिट बनाने वालों की सबसे बड़ी मेरिट यही है।

तथाकथित शासक वर्ग की भेद-भाव-पूर्ण मानसिकता के कारण अनगिनत अन्याय एवं भेदभाव के मामले दलित-पिछड़ों के साथ रोज़ घटित होते हैं। यही नहीं यह भेद-भाव की ग्रंथि भारतीय राष्ट्र के उच्च पदों तक पहुँचे व्यक्तियों के दिमाग़ में भी बैठी होने के दुष्परिणाम लगातार प्रगति में बाधक बनते रहते हैं। केन्द्र सरकार को अधिक लोकप्रिय बनाने तथा भारतीयों द्वारा युद्ध में सहयोग करने के मुद्दे पर चर्चा करने के लिए लार्ड लिनलिथगो ने सन् 1942 ई. में 52 महत्त्वपूर्ण भारतीयों को आमन्त्रित किया था। इसमें अनुसूचित जाति के भी सदस्य थे। सरदार बल्लभ भाई पटेल ने अहमदाबाद में भाषण देते हुए व्यंग्य किया कि "वायसराय ने हिन्दू महासभा के नेताओं को बुलाया, उन्होंने मुस्लिम नेताओं को बुलाया और तेली, मोची इत्यादि को भी बुलाया।"[18] इससे स्थिति का अन्दाज़ा लगाना शायद कठिन नहीं होगा। एक अन्य सन्दर्भ देखा जाये "पंडित नेहरू अपने ब्राह्मण होने के प्रति हमेशा सचेत रहते हैं। यह जानकर उन लोगों को धक्का लगेगा जो इस मुगालते में रहते हैं कि पंडित नेहरू समाजवादी हैं और उनका जाति-पाँति में विश्वास नहीं है।"[19] प्रधानमन्त्री के रूप में पंडित नेहरू ने 27 जून 1961 को आरक्षण के बारे में राय व्यक्त की थी—"मैंने कार्य दक्षता तथा पुरानी परम्पराओं से उबरने के बारे में लिखा है। इसके लिए आवश्यक है कि आरक्षण की पुरानी आदत तथा किसी ज़ात या समूह को दिये जा रहे विशेषाधिकार का त्याग किया जाये। मैं किसी भी प्रकार का आरक्षण, ख़ास तौर पर सेवाओं में आरक्षण को पसन्द नहीं करता। मैं दृढ़तापूर्वक ऐसी किसी भी बात के सम्बन्ध में तुरन्त प्रतिक्रिया करता हूँ, विरोध करता हूँ जिसके कारण व्यवस्था में अक्षमता तथा घटिया स्तर जैसे दुर्गुण आयें। यदि हम साम्प्रदायिक तथा जाति के आधार पर आरक्षण का समर्थन करते हैं तो प्रतिभावान तथा योग्य लोग गर्त में चले जायेंगे, दलदल में फँस जायेंगें तथा हमारा देश द्वितीय तथा तृतीय श्रेणी का होकर रह जायेगा। मैं चाहता हूँ कि मेरा देश हर दृष्टि से अव्वल हो। जिस क्षण हमने दूसरे दर्जे को प्रोत्साहन देना शुरू किया, हमें अपनी हार को स्वीकार करना पड़ेगा। मुझे यह जानकर दुःख पहुँचा कि किस तरह साम्प्रदायिक आधार पर आरक्षण का कारोबार चल रहा है। यह मार्ग मूर्खता या ग़लतियों से ही भरा नहीं है बल्कि यह तबाही की ओर ले जाता है।"[20] इस कथन द्वारा भारतीय राज्यों के मुख्य मंत्रियों को जो सन्देश दिया गया है वह स्पष्टतः संविधान के प्रावधानों के समर्थन में नहीं है। फिर भी हम किस प्रकार यह उम्मीद करते हैं कि दलितों-पिछड़ों को संवैधानिक प्रावधानों के अनुसार उनका हक़ मिलेगा? पंडित नेहरू आगे कहते हैं "यह सच है कि अनुसूचित जाति, अनुसूचित जनजाति

जो मदद के लिए डिजर्व करते हैं, की सहायता के सम्बन्ध में हम कुछ निश्चित नियम, क़ायदों से बँधे हुए हैं, लेकिन मैं इस प्रकार के किसी आरक्षण को पसन्द नहीं करता हूँ।''[21]

स्पष्ट है कि ये नियम-क़ायदे संविधान सभा की बहसों तथा संसद में नेहरू जैसे लोगों के तर्कों (कुतर्कों?) को परास्त करने के बाद ही अस्तित्व में आये, जिन्हें न मानने की स्वीकारोक्ति भारत के प्रथम प्रधानमंत्री नेहरू द्वारा की गयी। प्रकारान्तर से नहरू जी ने संविधान को मानने में असमर्थता दिखाई है जिसने ज़ाहिर कर दिया है कि तर्कसंगत न होते हुए भी कुछ चीज़ें भावना के स्तर पर मान ली जायें ऐसा आग्रह है; यथा जातीय श्रेष्ठता और वर्ण धर्म जो बराबरी का हक़ देने की मनाही करता है। इसलिए वे आरक्षण विरोध क़ो तर्क के स्तर पर नहीं बल्कि पारम्परिक हिन्दूवादी मानसिक गुलामी के स्तर पर करते नज़र आते हैं। ऐसा लगता है कि भारतीय संविधान को इन महानुभावों से जबरन (अतः अनमने ढंग से) मनवा लिया गया है या वे अपनी बौद्धिक हार के बावजूद परनाला वहीं बहाना चाहते हैं, जहाँ उनका वर्चस्ववाद कहता है; पंच चाहे जो भी फैसला करें।

''मेरिट और योग्यता के बदलते चेहरे खुद को इस प्रकार बदल लेते हैं कि किसी भी प्रकार की सब्सिडी या अनुदान भले ही दलितों-पिछड़ों के नाम से हों, उन्हीं के हाथों में रहे। ऐसे कई तरह के दलित-पिछड़ा कल्याण कोष के नियामक और नियन्ता बने अन्यथा मेरिट वाले क्रीमी हिन्दू दलित-पिछड़ों के नाम पर उनके हिस्से का सारा माल खा रहे हैं। ऐसे ही एक दलित संसाधन केन्द्र का निर्माण इसका उदाहरण है। यह दलितों के संसाधन को येन-केन-प्रकारेण हड़पकर खाने वालों का गिरोह है। ठीक उसी तरह जैसे सुलभ शौचालय के माध्यम से तरमाल पर हाथ साफ़ करता है कोई सवर्ण का ठेकेदार, लेकिन गंदगी साफ़ करता है वही अभिशप्त दलित भंगी।''[22]

यह कल्पना से परे है कि सत्ता के शीर्ष पर बैठे लोगों की उदासीनता और जातिवाद के पोषक हिन्दूवाद के जीते-जी दलितों-पिछड़ों को उनकी योग्यता तथा क्षमता के आधार पर राष्ट्र के आर्थिक-सामाजिक, धार्मिक एवं राजनैतिक संसाधनों में किस प्रकार हिस्सेदारी मिल पायेगी? उस पर भी तुर्रा यह कि अब इस प्रकार की विशेष लाभकारी परियोजनाएँ समाज में आपसी ईर्ष्या का कारण बन रही हैं, इसलिए इन्हें समाप्त किया जाये। देश के प्राकृतिक, आर्थिक संसाधनों में समानुपातिक हिस्सेदारी से लगातार इंकार करना शोषक वर्ग के चरित्र का हिस्सा है। वह देश के 90 प्रतिशत संसाधनों पर क़ाबिज़ होकर इसके समान वितरण के पक्ष में क़तई नहीं हो सकता। वह इस प्रकार के लोकतान्त्रिक प्रवाह को रोकना

अपना धर्म समझता है। इसके लिए वह लगातार मेरिट, दक्षता, गुणवत्ता आदि शब्दों को दलित-पिछड़ों के विरोध में इस्तेमाल करता है तथा ज़रूरत पड़ने पर आत्मदाह, आत्मबलिदान जैसे ग़ैर-संवैधानिक तथा पारम्परिक गाँधीवादी वितण्डे को हथियार बनाता है। दलितों-पिछड़ों की ज़मीन हड़पना, नौकरी-पेशे में उनकी भर्ती-प्रोन्नति रोकना तथा जो नौकरी-पेशे में हैं उनका मनोबल तोड़ना तथा उन्हें नाकारा साबित करने के हर तर्क ढूँढ़ना, ऐसे हथियार हैं जिनके बल पर उन्हें आर्थिक एवं मानसिक रूप से विपन्न बनाये रखने की लगातार साज़िश चलती रहती है। धार्मिक आस्था के शिकार इन वर्गों को धर्म के बहाने भी आर्थिक क्षति पहुँचाने का कार्य अंजाम दिया जाता है। शिक्षा के नाम पर ग़रीबों के लिए मिड-डे मील देना ही प्रायः शिक्षा का विकल्प मुकर्रर कर दिया गया है। प्राइमरी शिक्षा को अधोगति तक पहुँचा कर महँगी प्राइवेट शिक्षण संस्थाएँ दलितों ग़रीबों को फिर से अशिक्षित रखने की योजना में सन्नद्ध हैं। ऐसे में दलित-पिछड़ों की चौतरफ़ा नाकेबन्दी से उन्हें अशक्त और अशिक्षित ही रखने का पुराना ऐजेन्डा कार्यान्वित है। देश की छाती पर बैठी मुट्ठी भर आर्थिक शक्तियाँ देश को अपनी शर्तों पर संचालित करने में लगी हुई हैं। फोर्ब्स पत्रिका में छपे एक सूचना के अनुसार "भारत में वर्ष 2008 की तुलना में वर्ष 2009 में 27 अरबपति बढ़े हैं और अब भारत में अरबपतियों की संख्या 52 हो गयी है। समाचार में यह भी कहा गया है कि भारत में 100 अमीरों के पास 276 बिलियन डालर की पूँजी है। वर्ष 2009-10 में भारत का सकल घरेलू कुल उत्पाद 1100 विलियन डालर रहने की उम्मीद है यानी 100 करोड़ से ज़्यादा आबादी वाले देश का एक चौथाई पैसा सौ लोगों की मुट्ठी में क़ैद है।[23] दैनिक समाचार पत्र हिन्दुस्तान के अनुसार उस समय मुकेश अम्बानी के पास 29 विलियन डालर, लक्ष्मी निवास मित्तल के पास 28.7 विलियन डालर और अनिल अम्बानी के पास 13.7 विलियन डालर की सम्पत्ति थी[24] इन तीनों के सम्पत्ति का योग 71.4 विलियन डालर होता है जो उपर्युक्त 100 अमीरों की सम्मिलित सम्पत्ति का 26 प्रतिशत है और सकल घरेलू उत्पाद का 6.5 प्रतिशत है अर्थात् भारत के सकल घरेलू उत्पाद का 15वाँ भाग तीन व्यक्तियों के क़ब्जे में है। वर्ष 2015 में (फार्ब्स पत्रिका के अनुसार) भारत के दस सबसे धनवान व्यक्तियों की कुल आय 1240 मिलियन डालर है। वहीं दूसरी ओर भारत सरकार द्वारा गठित अर्जुन सेन गुप्ता समिति के अनुसार 78 प्रतिशत लोग 20 रुपये रोज़ पर गुजारा करते हैं।[25]

इस प्रकार हम देखते हैं कि आज़ादी के बाद जिस सामाजिक लोकतन्त्र की कल्पना की गयी थी वह राजनैतिक लोकतन्त्र (?) के गड्ढे में आकण्ठ डूबा हुआ

है। दलित-पिछड़ों के लिए जीवन-स्तर सुधारना दिनों-दिन कठिनतर होता जा रहा है। नौकरशाही की प्रतीक सरकारी सेवाओं में जिस आरक्षण का प्रावधान आज दलित-पिछड़ों के जीवन में सुधार की एक टिमटिमाती रौशनी के रूप में नज़र आ रहा है, वह भी निजीकरण के प्रायोजित षड्यन्त्र के कारण बुझने को है। नरसिम्हाराव के प्रधानमन्त्रित्व काल में जब उन्होंने स्वयं कहा था कि "मैं आर्थिक आधार पर आरक्षण का पक्षधर हूँ" निजीकरण के ज़रिए वंचितों के लिए संवैधानिक प्रावधानों की हवा निकाल दी गयी। तब से आज तक उस छोटे से शिगूफे ने राष्ट्रीय स्तर पर आरक्षण के प्रति दुराव एवं घृणा का भाव कई गुना बढ़ाने हेतु आग में घी का काम किया है। आरक्षण की तमाम सामाजिक तार्किकता ने प्रभुवर्ग के पूर्वाग्रहपूर्ण स्वार्थ को कम करने में अपने को अक्षम ही पाया है।

ऐतिहासिक परिप्रेक्ष्य में यदि देखें तो अकेले बम्बई प्रेसीडेंसी में नौकरशाही का 90 प्रतिशत से अधिक हिस्सा ब्राह्मणों के हाथ में था। यह अघोषित क़िलेबन्दी टूटने से उनका दुःखी होना स्वाभाविक है। इन्हीं विसंगतियों पर अंकुश लगाने के लिए सामाजिक सन्तुलन तथा न्याय का राज्य स्थापित करने के लिए राजर्षि साहूजी महाराज ने कोल्हापुर स्टेट में 26 जुलाई 1902 को दलितों-पिछड़ों के लिए 50 प्रतिशत आरक्षण लागू किया जिसे बाद में बढ़ाकर 90 प्रतिशत कर दिया गया। इससे भी पहले महामना ज्योतिबा फुले ने 01 जनवरी 1848 को लड़कियों का एक विद्यालय खोलकर 1852 तक मात्र 04 वर्ष की अल्पावधि में ही कुल 18 पाठशालाओं की स्थापना कर दी थी। साहू जी महाराज कहा करते थे कि हमारी प्रजा जिस दिन चौथी कक्षा तक पढ़कर तैयार हो जायेगी उसी दिन मैं अपने राज्य की बागडोर प्रजा के हाथों सौंप दूँगा।

दलित-पिछड़ों को विशेष सुविधा का विरोध करने वाले सत्ता समाज ने आज़ादी के बाद प्रारम्भिक प्रस्ताव के स्तर से ही इसका विरोध शुरू कर दिया था जो बाद के दिनों में मण्डल कमीशन की छीछालेदर के रूप में सामने आया। जानना चाहिए कि अन्य पिछड़ी जातियों के लिए संवैधानिक प्रावधान का लम्बे समय तक अनुपालन नहीं किया गया। बाबा साहेब डॉ. अम्बेडकर ने 10 अक्टूबर 1951 को नेहरू मन्त्रिमण्डल से त्यागपत्र देते हुए कहा था–"....पिछड़े वर्ग के लोगों के प्रति सरकार ने जो रवैया अपनाया है उससे मैं सन्तुष्ट नहीं हूँ। संविधान को पारित हुए एक वर्ष से भी ज़्यादा समय बीत चुका है परन्तु सरकार ने ऐसा आयोग गठन करने के बारे में सोचा तक नहीं"[26] उन्होंने त्यागपत्र देने के महत्त्वपूर्ण कारणों में इसे भी गिनाया। इसके बाद ही 29 जनवरी 1953 को सरकार ने काका कालेलकर कमेटी का गठन किया जिसकी सिफारिशों को

तत्कालीन प्रधानमन्त्री जवाहरलाल नेहरू ने ख़ारिज कर दिया था। 03 सितम्बर 1956 को संसद के दोनों सदनों में यह रिपोर्ट रखी गयी जिस पर संसद में चर्चा तक नहीं हुई। सन् 1977 में जनता पार्टी की सरकार ने 20 दिसम्बर 1978 को माननीय बी.पी. मण्डल की अध्यक्षता में एक नये आयोग का गठन कर दिया। 18 जुलाई 1989 को दिल्ली के लाल क़िला मैदान में मण्डल आयोग की रिपोर्ट लागू करने के लिए मान्यवर कांशीराम जी ने प्रदर्शन का नेतृत्व किया। इस प्रकार आज़ादी के चालीस वर्षों तक संवैधानिक प्रावधानों के प्रति हीला-हवाली करते हुए पिछड़ों को हक़ न देकर कितनी बड़ी राष्ट्रीय क्षति की गयी, आज इसका अनुमान लगाना कठिन है। एक लम्बे समय तक समुचित अवसर के अभाव में धार्मिक और आर्थिक शोषण की शिकार पिछड़ी जनता को आगे आने से जबरन रोका जाता रहा है। यही मानसिकता सत्ता समाज के दिलोदिमाग़ में बैठे शातिर धोखेबाज और अवसरवादी चरित्र को उजागर करती है। बेशर्मी की हद है कि जिन सुविधाओं से तीन हज़ार वर्षों तक वंचित रखकर शोषण किया जाता रहा, उन्हें आज भी बहाल करने के रास्ते में तरह-तरह के हथकंडे अपनाकर वे प्रतिरोध पैदा करते रहते हैं। ऐसे में अवसरों की योग्यता क्या है इसे बख़ूबी समझा जा सकता है। जायज़ और तार्किक माँग को लगातार अस्वीकार करती हुई क़ौम दूसरों का हक़ छीने जाने के सत्य को उद्घाटित होने तक अपनी कुतर्क पद्धति अपनाती ही रहेगी। देश में शान्तिपूर्ण सह-अस्तित्व के लिए यह आवश्यक हो जाता है कि नागरिक सहूलियात से दूर रखे गये समूहों को भी उनके वाज़िब हक़ मुहैया कराए जायें। हमें उनके बाग़ी बनने तक इन्तज़ार करने के दुष्परिणामों को नज़रअन्दाज़ नहीं करना चाहिए। इसी में समाज एवं राष्ट्र का हित है। देर हो चुकी है लेकिन इतनी भी नहीं कि पिछले पापों का प्रायश्चित् न हो सके।

सन्दर्भ-सूची

1. Thoughts of Dr. AmbedkUr by Y.D. Sontakke, Samyak Prakashan, 32/3, Pashchimpuri, New Delhi- 110063, Page - 188, (Original Ref: W&S, Vol-9, Page 479)
2. भारत का इतिहास, रोमिला थापर, राजकमल प्रकाशन नयी दिल्ली, पृष्ठ 132
3. डब्लू एण्ड एस, भाग एक, पृष्ठ 71
4. डब्लू एण्ड एस, भाग तीन, पृष्ठ 322
5. डब्लू एण्ड एस, भाग नौ, पृष्ठ 444
6. वही - पृष्ठ 169
7. वही - पृष्ठ 477

8. वही -
9. वही - पृष्ठ 477
10. वही - पृष्ठ 480-81
11. डब्लू एण्ड एस, भाग दो, पृष्ठ 230-231
12. डब्लू एण्ड एस, भाग नौ, पृष्ठ 170
13. वही - पृष्ठ 193-194
14. डब्लू एण्ड एस, भाग दस, पृष्ठ 417
15. डब्लू एण्ड एस, भाग दो, पृष्ठ 398
16. डब्लू एण्ड एस, भाग नौ, पृष्ठ 475/476
17. डब्लू एण्ड एस, भाग तेरह, पृष्ठ 852
18. वही - पृष्ठ 209
19. वही - पृष्ठ-208, तलांश टिप्पणी - वाई. जी. कृष्णामूर्ति द्वारा लिखित जवाहर लाल नेहरू की जीवनी भूमिका में पट्टाभिसीतारमैया ने बताया
20. अवधेश कुमार - हस्तक्षेप-राष्ट्रीय सहारा 15.03.2014
21. श्यौराज सिंह बेचैन, अतिथि सं. हंस अगस्त-2004 (सम्पादकीय)
22. मूल चन्द सोनकर कृत दलित विमर्श और डॉ. अम्बेडकर एक प्रासंगिक हस्तक्षेप, पृष्ठ 225
23. समयान्तर मार्च 2010, पृष्ठ 66
24. हिन्दुस्तान वाराणसी दिनांक 12.03.2010
25. मार्च 2010, बयान, पृष्ठ 34
26. माननीय कांशीराम जी का संघर्ष, लेखक डॉ. महेश प्रसाद अहिरवार, प्रका. अम्बेडकर बुद्ध मिशन (पब्लिक चैरिटेबल ट्रस्ट) नालन्दायन, नाला रोड : संघोल (दक्षिण) पोस्ट–उलाव, जिला–बेगूसराय, बिहार-851134, पृष्ठ 21,

अध्याय-7

भाषाई वर्चस्ववाद का वैदिक संस्करण

पूर्व-पाषाणकालीन सभ्यता के मानविकी की प्रामाणिक जानकारी के लिए आज की वैज्ञानिक/तार्किक सूचनाओं एवं तत्कालीन परिस्थितियों की संकल्पना के आधार पर आकलन ही मददगार हो सकते हैं। कदाचित् मनुष्य की पारिवारिक प्रथा के विकास के साथ ही उसकी ज़रूरतों के अनुसार आपसी सम्वाद की शुरुआत हुई होगी—भले ही वह भौतिक प्रतीकों या ध्वनि संकेतों के माध्यम से हुई हो। आपसी समझ-बूझ द्वारा साझा संकेतों का विकास ही भाषा-विकास की आधारशिला हो सकती है। भाषा विकास के अनवरत बदलते हुए विभिन्न संस्करणों के एक साथ अस्तित्व में आने को इसी प्रकार समझा जा सकता है। किन्तु इसका यह क़तई निष्कर्ष नहीं हो सकता कि एक ही समय में भिन्न भौगोलिक परिस्थितियों में विकसित ये सम्वाद-माध्यम एक ही स्वभाव के तथा एक सार्वभौम शब्दावली लिए हुए होंगे। ऐसे कोई भी समन्वित भाषाई विकास मूलतः एक-दूसरे के सम्पर्क

में लम्बे समय तक रहने के कारण ही अस्तित्व में आ सकते हैं। भौगोलिक या अन्य कारणों से एक-दूसरे के सम्पर्क में न आने के कारण ऐसे अलग समूहों में सर्वथा भिन्न भाषा संस्करण एवं भाषा संस्कृति अवश्यंभावी हैं। लम्बे समयान्तराल बाद भी एक-दूसरे के सम्पर्क में आने के फलस्वरूप विकसित भाषाओं ने आपसी समझौते के तहत एक मिली-जुली भाषा का विकास किया होगा। इसी आधार पर भाषा के सीमित पारिवारिक स्वरूप ने क़बीलों, अन्तर-क़बीलों, राज्यों तथा राष्ट्रों के लिए क्रमिक रूप से साझा सम्वाद की एक सर्व-स्वीकृत भाषा का उत्तरोत्तर विकास किया होगा। आवश्यकता के अनुरूप तथा आपसी स्वीकार्यता के सहज मानदण्डों पर सधा हुआ होकर ही यह विकास आगे बढ़ सकता है। इसी तार्किक परिकल्पना के आधार पर हम भारतीय परिप्रेक्ष्य में भाषाओं के विकास-क्रम का जायज़ा लेते हैं। इसमें न केवल मौखिक सम्वाद बल्कि लिपियों से सम्बन्धित भाषा-विकास का इतिहास जानना भी दिलचस्प तथा विषय को व्यख्यायित करने में मददगार हो सकता है।

मनुष्य की सामाजिक पृष्ठभूमि के कारण ही आपसी सम्वाद तथा आपसी व्यवहार के लिए कतिपय अवलम्बों (प्रतिमानों, बिम्बों, संकेतों आदि) की ज़रूरत पड़ती है। भावनाओं व सूचनाओं को एक-दूसरे तक हू-ब-हू पहुँचाने में भाषा तथा आपसी आचार-व्यवहार के नियमों (धर्म) की आवश्यकता हुई होगी। अकेले मनुष्य के लिए न तो भाषा की ज़रूरत है, न ही धर्म की। इस प्रकार की सामाजिक आवश्यकताओं ने ही परस्पर-निर्धारित संकेतों के द्वारा नामों तथा संज्ञाओं के रूप में भाषा का उत्तरोत्तर विकास किया होगा। इस तरह जन्मी भाषाओं की भौगोलिक सीमाएँ होना स्वाभाविक ही होता है। फलतः दुनिया के अलग-अलग हिस्सों में मनुष्य के सामाजिक रहन-सहन के विकास के साथ ही अलग सामाजिक इकाईयों के रूप में अलग भाषाओं का विकास हुआ होगा। शुरुआती दौर में भिन्न भाषाओं तथा अलग क़बीलों के बीच दुर्गम्यता के कारण अन्तर-क़बीलाई सम्वाद तथा सांस्कृतिक मेल-जोल प्रायः शून्य था। परिणामतः अन्तर-क़बीलाई सम्वाद एवं बन्धुत्व के अभाव में उपलब्ध संसाधनों पर आधिपत्य का दावा एवं तद्जनित आपसी वैमनस्य ने संघर्ष को स्वाभाविक रूप से मनुष्य की आदतों तथा उसके चरित्र में शामिल कर दिया होगा।

ज़ाहिर तौर पर क़बीलाई पृथकता एवं भाषाई अल्प-समूहों में आपसी द्वन्द्व को तोड़ने के लिए यह आवश्यक था कि उनमें सम्वाद क़ायम हो। सभ्यता के विकास-क्रम में भौगोलिक सीमाओं का विस्तार भी ऐसी क़बीलाई पृथकता को तोड़ने का कारण बना होगा। अनिवार्यतः भाषाई एकता की यही नैसर्गिक शक्ति

भी होती है। आपसी लड़ाईयों तथा एक-दूसरों पर आक्रमणों के कड़वे अनुभव के बाद भी सह-अस्तित्व हेतु भाषाई सीमाएँ टूटीं होंगी। भौगोलिक सीमाओं के टूटने के साथ ही आपस में घुलमिल कर भिन्न भाषाएँ भी एकाकार होती गयी होंगी। यही कारण था कि आगे चलकर एक भाषा के प्रभाव ने एक समाज तथा एक राज्य की संकल्पना को प्रस्तुत किया। प्रकारान्तर से एक जैसी सामाजिक आवश्यकताओं तथा सह-अस्तित्व ने भी एक भाषा–राज्य की ज़रूरत महसूस की। यह भी तथ्य है कि भारत के भिन्न भागों में फैली हड़प्पाई सिन्धु सभ्यताओं की भौगोलिक पृथकताओं के बावजूद प्राप्त पुरातात्विक अवशेषों की साम्यता, ऐसी ही किसी समुन्नत सामूहिक भाषा के फैले होने का प्रमाण है। यह भाषाई विरासत आर्य-पूर्व भारत की बहुत बड़ी देन कही जा सकती है।

दुनिया की प्राचीन भाषाई सभ्यताओं के बरअक्स भारतीय भाषाई सभ्यता

प्रागैतिहासिक काल में छितरी हुई आबादी के क्रमिक भाषाई एकीकरण तथा ऐतिहासिक काल में ग्रामीण एवं शहरी समाज की संयुक्त भाषा ने भौगोलिक सीमा का एक वृहत्तर विस्तार किया। भारतीय प्रायद्वीप में भाषा, इतिहास, पुरातत्व, संस्कृति तथा कला के उत्तरोत्तर विकास और उनके अन्तर-मिश्रण के साक्ष्यों से गुज़रते हुए नये समाज-निर्माण को देखा जाना चाहिए। यह सत्य है कि भारतीय सिन्धु-घाटी सभ्यता, बेबीलोनिया–सुमेरिया–मोसोपोटामिया एवं मिश्र की सभ्यताएँ बनिस्बत बहुत कम समयान्तराल में तथा कमोबेश समानान्तर विकसित हुईं। अतः इनके बीच भाषाई एवं सांस्कृतिक आदान-प्रदान होना स्वभाविक है जो ऐतिहासिक पुरातात्विक अवशेषों द्वारा साबित भी हुआ है। भाषा-बोली तथा लिपि से सम्बन्धित विकास-क्रम को भारतीय परिप्रेक्ष्य में समझने तथा विषय के निष्कर्ष पर पहुँचने के लिए इतिहासकारों, प्राच्यविदों, पुरातत्ववेत्ताओं, नृतत्ववेत्ताओं, भाषाविज्ञानियों, भूगोलवेत्ताओं, मानव विज्ञानियों एवं सामाजिक अध्येताओं की खोजों द्वारा स्थापित किये गये तथ्यों को ध्यान में रखते हुए, अब तक के भाषा से सम्बन्धित सर्वेक्षणों, शोधों तथा पुरातात्विक साक्ष्यों का अनुशीलन करना आवश्यक होगा।

बेबीलोनियन-मेसोपोटामियन-सुमेरियन सभ्यता

अब तक ज्ञात प्राचीनतम सभ्यताओं में बेबिलोनिया की मेसोपोटामियन-सुमेरियन जो ईराक़ की यूफ्रेटिश तथा टिगरीश नदियों के बीच का उपजाऊ इलाका था, में विकसित मानी जाती है। यहाँ की लिपि का विकास प्रायः सिन्धु लिपियों के कुछ

पहले का माना जाता है क्योंकि सिन्धु लिपि की मुद्राएँ सिन्धु सभ्यता के विकास के सबसे नीचे के स्तरों में नहीं मिलतीं। इस प्रकार मेसोपोटामिया की लिपि को अब तक की सबसे पुरानी लिपि माना जा सकता है। यह कथन इस बात से भी पुष्ट होता है कि मेसोपोटामिया की कीलाकार लिपि में 900 या उससे कुछ अधिक चिह्न हैं जबकि हड़प्पा लिपि में 300 या उससे कुछ अधिक चिह्न हैं। यह कमी जान बूझ कर किये गये सुधारात्मक परिवर्तन होने का भी उदाहरण हो सकती है।[1] यद्यपि मेसोपोटामिया के लेखों की काल गणना के अनुसार इनका समय हड़प्पा सभ्यता के समकालीन ही ठहरता है। यथा "मेसोपोटामिया के विभिन्न क्षेत्रों से कीलाक्षर लिपि में लिखी कुछ ऐसी मृत्पट्टिकाएँ मिली हैं जिनमें वहाँ के व्यापारियों द्वारा विभिन्न देशों से वस्तुएँ आयात करने के सम्बन्ध में तीन नाम 'दिलमुन, मगन और मेलूहा' जिन्हें क्रमशः बहरीन, मकरान तथा सिन्धु-घाटी-क्षेत्र के रूप में चिह्नित किया गया है, मिलते हैं। इन नामों के उल्लेख वाले लेखों की तिथि लगभग 2450 ई.पू. से 1900 ई.पू. है। ...लगभग 2450 ईसा पूर्व के एक लेख में दिलमुन से लकड़ी से लदे जहाज आने का उल्लेख मिलता है। सारगन काल (लगभग 2350 ई.पू.) के लेखों में दिलमुन, मगन और मेलूहा से जहाजों का उसकी नयी राजधानी अगेर (बेबीलोन) में आने का उल्लेख है।"[2] इससे यह निष्कर्ष भी निकाला जा सकता है कि सिन्धु सभ्यता की लिपि यदि मेसोपोटामिया के लिपि का सुधारात्मक रूप भी है, तो भी यह अपनी प्रकृति में सर्वथा अलग तथा विशिष्ट है।

टर्की की कताल हुयुक तथा नेवसेहिर सभ्यता

हाल ही में सुमेरियन सभ्यता की सर्वमान्य प्राचीनता से पूर्व की एक सभ्यता का भी पता चला है जिसे बीसवीं सदी के छठवें दशक में खोज लिया गया है। इसकी प्राचीनता के बारे में सन् 1961 ई. में "जेम्स मेलार्ट (James Mellart) जो एक फ्रांसीसी पुरातत्वविद थे; जब कि वे सीरिया की प्राचीन किम्वदन्तियों के आधार पर अपना काम कर रहे थे, एक प्राचीन सभ्यता की खुदाई 'कताल-हुयुक' (Catal-Huyuk) में की। यह सभ्यता तुर्की के अनातोलिया प्रदेश में सरसम्बा नदी के किनारे थी, जिनकी रेडियो कार्बन तिथियाँ 7200-7100 ई.पू. तथा 6400-6300 ई.पू. हैं। स्पष्ट है, मानव सभ्यता उक्त क्षेत्र में मिश्र तथा सुमेर की महान सभ्यताओं से भी लगभग 2500 साल पूर्व से चली आ रही थी।"[3] कताल-हुयुक की भौगोलिक स्थिति से यह निष्कर्ष आसानी से निकाला जा सकता है कि यह एक व्यस्त व्यापारिक केन्द्र रहा होगा जिसका सम्पर्क प्राकृतिक रूप से

समुद्री मार्ग द्वारा एशिया के साथ जुड़ा रहा होगा। जो भी हो, कताल-हुयुक की सभ्यता अब तक की खोजी गयी पृथ्वी की प्राचीनतम सभ्यता है। इसी क्रम में सन् 2014 ई. में तुर्की के एक अन्य पुरातात्विक स्थल नेवसेहिर में मिले लगभग सात किलोमीटर लम्बे भूमिगत नगर को मानव विज्ञानियों ने अतिप्राचीन आटोमन साम्राज्य के समय का शहर माना है।[4]

इस प्रकार सुमेरियन भाषाओं के भारतीय भाषाओं पर प्रभाव की अगली कड़ी में तुर्की से भारतीय सम्पर्क-सूत्रों को खोजने तथा भविष्य में शोध करने पर कदाचित् कुछ सर्वथा नये तथ्य सामने आयें।

सिन्धु सभ्यता

अब तक के शोधों से यह साफ़ हो जाता है कि भारतीय भू-भाग की अपनी आदिम सभ्यता के बावजूद यहाँ की पश्मिोत्तर सीमाओं पर एक अति-विकसित सभ्यता ने ई.पू. के लगभग 3000-2000 वर्षों से 2000-1800 वर्षों के बीच प्रायः एक हज़ार वर्षों तक अपनी समुन्नति के उच्चतम शिखर पर थी, जिसे सिन्धु घाटी की मोहनजोदड़ो हड़प्पा सभ्यताओं के नाम से जाना जाता है।

सिन्धु सभ्यता की लिपि तथा भाषाई स्वरूप

सिन्धु सभ्यता, उसकी लिपि तथा भाषाई स्वरूप का अध्ययन उसकी समानान्तर सभ्यताओं के साथ करते हुए जो तथ्य उभर कर सामने आते हैं उन्हें निम्नलिखित महत्त्वपूर्ण बिन्दुओं अन्तर्गत रख कर देखा जा सकता है–

(1) सिन्धु सभ्यता के समानान्तर मेसोपोटामिया तथा मिश्र की सभ्यताओं में आपसी आदान-प्रदान के समान अवयवों को खोजते हुए प्रायः भाषाई प्रभाव का विस्तृत अध्ययन प्रायः किया जाता रहा है। किन्तु अब तक के निष्कर्ष यही बताते हैं कि सिन्धु सभ्यता की भाषा तथा लिपि विशिष्ट तरह की थी जो सर्वथा अलग स्वरूप में विकसित हुई होगी। "यह कहा जाता है कि सिन्धुवासियों की प्रारम्भिक शब्दांश वर्णमाला 2000 ई.पू. में वर्णमाला क्रम में अनुशासित थी"[5]

(2) सिन्धु-लिपि को पढ़ने के तमाम दावों के बावजूद इसे पूरी तरह पढ़ा नहीं जा सका है। यद्यपि "रूसी भाषाविद प्रो. यूरिया नोरोजोव ने माया लिपि का भेद सारी दुनिया के सम्मुख खोल कर रख दिया। अत्यन्त परीश्रम से सिन्धु-घाटी-लिपि को पढ़ा और निष्कर्ष दिया कि जिस प्रकार उत्तर भारत की आर्य भाषाओं हिन्दी, पंजाबी, बंगाली आदि का सम्बन्ध संस्कृत भाषा से है उसी प्रकार दक्षिण भारत की द्रविण भाषाओं तमिल, मल्यालम, कनेरी आदि का सम्बन्ध उस भाषा से था

जो सिन्धु लिपि में लिखी जाती थीं।[6] किन्तु इस पर आम सहमति नहीं बन पायी है तथा अधिक तर्कसंगत एवं वैज्ञानिक प्रमाणों की दरकार है।

भारत में कई विद्वानों ने सिन्धु लिपि पढ़ने की कोशिश की है जिसमें श्री पी.एस. सदार तथा श्री ए. के. वर्मा ने भी इसे पढ़ने का दावा किया है। श्री वर्मा का अध्ययन विशेष रूप से गोंड भाषा के बारे में है—"साहिबगंज के संथालों द्वारा व्याख्यायित महत्त्वार्थ तथा प्रतीकात्मक ध्वनिमत के आधार पर एन.के. वर्मा ने सिन्धु पाण्डुलिपि में जो भी गूढ़ाक्षर स्पष्ट किये हैं वह बहुत उद्घाटनीय हैं। उनके अपने शब्दों में 'पूजा खोण्ड'(खण्ड) कहलाने वाले अपने संस्कारों, रीतियों तथा कर्मकाण्डों में वे सिन्धु शिलालेख के समान प्रतीकों का प्रयोग करते हैं। 'करम विनती' की कविताएँ कहलाने वाले जन-जातीय पारम्परिक गीतों से हमें यह पता चलता है कि उनके पूर्वज सात नदियों की सुन्दर भूमि पर निवास करते थे, 'ऐय नेई देसम'। इस क्षेत्र में उन्होंने अपनी खुद की लिपि ईज़ाद की।' लिखावट को निर्दिष्ट करने को वे 'दाग ग्रोहण' कहते हैं। वर्मा द्वारा स्पष्ट किये गये मूल भारतीय लोगों के मध्य प्रचलित कुछ और शब्द हैं। 'नायक' अर्थात् पुजारी, 'ऐय' अर्थात् सात; 'नेइ' अर्थात् नदी, 'देसम' अर्थात् भूमि अथवा देश; 'ओराब' अर्थात् हे! ईश्वर, 'गौइ' अर्थात् गाय; 'कश्कम' अर्थात् कपास; 'अभरण' अर्थात् वस्त्र इत्यादि।"[7]

(3) भारत में सबसे पुराने लिखित प्रमाण के रूप में ई.पू. 249 तथा ई.पू. 230 के सम्राट अशोक द्वारा स्थापित शिलालेख जो क्रमशः निग्लीवा तथा लुम्बिनी में हैं, से खरोष्ठी तथा ब्राह्मी नाम की दो लिपियों का ज्ञान होता है। "अशोक के शिलालेखों में से एक शिलालेख नेपाल की तराई में निग्लीवा से मिला था। सम्राट अशोक ने यह शिलालेख ईसा के 249 वर्ष पूर्व में पवित्र बौद्ध स्थान की अपनी तीर्थ-यात्रा की स्मृति में उकेरवाया था।"[8]

(4) खरोष्ठी लिपि सिन्धु लिपि की तरह ही दाहिने से बाएँ की तरफ़ लिखी गयी है तथा ब्राह्मी लिपि बाएँ से दाहिने लिखी हुई है, किन्तु कुछ ब्राह्मी लिपियाँ (टिकियों में प्राप्त) दाहिने से बाएँ लिखी हुई भी मिली हैं। खरोष्ठी तथा ब्राह्मी लिपियाँ अन्य साभ्यताओं के अलावा, सम्राट अशोक के समय के बाद भी समानान्तर चलती दिखाई देती हैं अतः ये एक ही मातृ लिपि से उद्भूत होने का प्रमाण देती हैं।

चूँकि अशोक से पहले के ब्राह्मी लेख न के बराबर हैं अतः सिन्धु लिपि के विकास के विभिन्न चरणों के लिए कोई साक्ष्य नहीं है, और साक्ष्यों के अभाव में इस मत को (भारत की परम्परागत लिपियाँ और ब्राह्मी दोनों ही सिन्धु लिपि

से आयी हैं—डॉ. सुधांशु कुमार राय) विशेष महत्त्व नहीं दिया जा सकता। लेकिन जैसे बृजवासी लाल ने दिखाया है, सिन्धु सभ्यता की लिपि के चिह्नों से मिलते-जुलते कुछ चिह्न द्वितीय सहस्त्राब्दि ई.पू. की मध्य भारत गुजरात तथा उत्तरी दक्कन की ताम्र पाषाण संस्कृतियों के सन्दर्भ में तथा उससे कुछ बाद की दक्षिण भारत की वृहद पाषाण संस्कृति के मृदभाण्डों पर ग्रेफिटी के तौर पर अंकित मिलते हैं। उन्होंने इस सन्दर्भ में सानूर से प्राप्त प्रथम सहस्त्राब्दि ई.पू. के प्रथम अर्द्ध के एक काले लाल भाण्ड पर सिन्धु सभ्यता के तीन चिह्न मिलने का साक्ष्य प्रस्तुत किया है लेकिन तृतीय सदी ई.पू. की ब्राह्मी से सिन्धु लिपि को जोड़ने का प्रमाण नहीं मिलता। न तो चित्रित धूसर भाण्ड " 1000-700 ई.पू.) में कोई ग्रेफिटी मिलती।[9]

इस प्रकार सिन्धु लिपि के मूल से ब्राह्मी लिपि के होने के प्रमाण स्पष्ट नहीं है किन्तु यह कहा जा सकता है की सिन्धु लिपि की निर्विवाद उत्तराधिकारी खरोष्ठी लिपि ही है जो दाहिने से बाएँ तरफ़ लिखी जाती थी।

आर्य भाषाई सभ्यता

भारतीय उपमहाद्वीप में भाषाई विकास के लिए आर्यों के भारत आगमन से जुड़े तथ्यों को जानना ज़रूरी होगा। ई.पू. 2000-1800 से 1500-1300 तक का इतिहास आर्य आगमन तथा सिन्धु घाटी सभ्यता के अवसान का समय माना जाता है। अधिकतर इतिहासकारों ने आर्य-अनार्य संघर्ष को सिन्धु घाटी सभ्यता के विनाश का कारण माना है। कुछ इतिहासकारों ने इसका कारण प्राकृतिक आपदा बताया है, किन्तु यह सन्देहास्पद है क्योंकि सुदूर भौगोलिक क्षेत्रों में फैली सभ्यता पर एक साथ ही प्राकृतिक आपदा आने के भी कोई ठोस सबूत नहीं हैं। जो भी हो आर्य भाषा-भाषी लोगों के कारण भारत में भाषा पर होने वाले प्रभाव तथा आज के भाषाई वर्चस्व की जड़ें तलाश करनी आवश्यक हैं जिसके ज़रिए संस्कृत को सभी भाषाओं की जननी तथा देव-भाषा कहकर महिमा-मंडित किया जाता रहा है।

भारतीय भाषाओं के आदि-स्वरूप की पहचान करने के लिए यहाँ के मूल-निवासियों का इतिहास तथा उनके साथ पश्चिमी एशिया, यूरोप आदि इलाकों से आने वाले लोगों के भाषिक मेल-जोल एवं मिश्रण को भी क्रमबद्ध रूप से जानना ज़रूरी होगा। यह ऐतिहासिक तथ्य है कि भारतीय उपमहाद्वीप में पश्चिमी एशिया के रास्ते आने वाले आक्रमणकारियों, यात्रियों, व्यापारियों तथा शरणार्थियों के कई दल भिन्न-भिन्न समय में आते रहे। निश्चित ही यहाँ पर लम्बे समय

तक रहने के क्रम में भाषाओं का आदान-प्रदान हुआ होगा, जो यहाँ की मूल निवासी भाषा-बोली के अनुरूप ढल कर भिन्न भौगोलिक स्थानों पर भिन्न रूपों में विकसित हुई होगी। भारत के सीमावर्ती क्षेत्रों पर भाषाओं का प्रभाव इसके आन्तरिक भागों के प्रभाव से कुछ अलग होना स्वाभाविक है।

भारतीय सन्दर्भ में सिन्धु-घाटी सभ्यता के पुरातात्विक अवशेष विस्मृत ऐतिहासिक कड़ी की निशानदेही करते हैं जहाँ एक उन्नत सभ्यता होने के सशक्त प्रमाण हैं। निश्चित ही इस सभ्यता की समान भाषा ने ही इसके समरूपीय अवशेषों को सुदूर गुजरात की कच्छ खाड़ी से लेकर उत्तरप्रदेश एवं हरियाणा के बीच पाकिस्तान, अफगानिस्तान, बलूचिस्तान, तुर्कमेनिस्तान के लम्बे क्षेत्रों में फैलाने का विस्मयकारी काम किया है। ऐसा केवल मानक भाषा, मानक शिल्प तथा तथा मेल-मिलापपूर्ण रहन-सहन की साझेदारी के ज़रिए ही सम्भव हो सकता है। सिन्धुघाटी की उन्नत भाषा की प्रामाणिकता उसके अवशेषों में प्राप्त सिन्धुलिपि से स्वयमेव सिद्ध है। उत्तर-ऋग्वैदिक काल में यही प्राचीन लोक-भाषा प्राकृत भाषा से संस्कारिक होकर, पालि भाषा का समादृत स्थान प्राप्त कर सकी। आक्रमण-प्रति-आक्रमण और राज लोलुपता प्रायः भाषाई आक्रामकता का रुख अख्तियार करती रही ताकि सांस्कृतिक वर्चस्ववाद (Hegomany) के ज़रिए मौजूद व्यवस्था का वजूद खत्म किया जा सके। इसी कारण भाषा की प्राकृतिक शब्दावली को विक्षेपित कर तथाकथित शुद्ध तत्सम शब्दावली का जामा पहनाया गया होगा। तद्भव अर्थात् जैसा था या जैसा है तथा तत्सम अर्थात् उसी जैसा, या उसी के समान। अतः तत्सम शब्द तद्भव का स्थान नहीं ले सकता बल्कि तद्भव शब्दों के हटने से मूल सांस्कृतिक पहचान मिटाने का प्रायोजित षड्यन्त्र सफल ज़रूर हो सकता है। इसे भाषायी परिष्करण नहीं वरन भाषायी अपहरण कहा जा सकता है। यह अन्तरभाषिक समन्वय के बहाने पुरानी भाषा पर नयी भाषा के संक्रमण का प्रायोजित कार्यक्रम कहा जा सकता है। सांस्कृतिक आक्रमण ने पुरानी भाषा संस्कृति को पीछे ढकेलने का प्रयास किया किन्तु हज़ारों साल की संचित दृढ़ भाषाई जीवनी-शक्ति ने खुद को किसी न किसी रूप में ज़िंदा ज़रूर रखा।

भारतीय आर्य एवं अनार्य भाषाएँ

डॉ. होरनल भारतीय भाषा परिवार के दो वर्गों की ओर संकेत करते हुए लिखते हैं,"आर्यों में आधुनिक भाषाओं में कुछ अन्तर का विश्लेषण नवआगन्तुकों की दो मुख्य धाराओं के आगमन से किया जा सकता है। जिनमें पहली का सम्बन्ध बाहरी घेरे की भाषाओं से किया जा सकता है यानी कश्मीरी, सिन्धी, मराठी,

उड़िया, बंगाली तथा दूसरे वर्ग की प्रतिनिधि मध्य भाग की भाषाएँ हैं यानी पंजाबी, राजस्थानी तथा हिन्दी। कुछ विद्वानों का विचार है कि बाहरी घेरे की भाषाएँ उस वर्ग की हैं जिनका सम्बन्ध उस तत्व से है जो यहाँ पूर्व काल, सम्भवतः पूर्व वैदिक लहर से था जबकि मध्य वर्ग का सम्बन्ध बाद की वैदिक लहर से है।"[10]

जहाँ तक भाषाओं का सम्बन्ध है सिन्धु घाटी के क्षेत्रों यथा "बाहरी घेरे के भाषाई परिवार का सम्बन्ध मूल रूप से पैशाची से है। इन भाषाओं के बोलने वाले मूल रूप में ईरान के अल्पाइन जन-जाति के लोग थे। ये लोग आर्य भाषाएँ बोलने वाले नार्डिक लोगों के भारत में आने के बाद उनसे विभिन्न स्थानों व समयों पर सम्पर्क में आये। इस सम्पर्क के परिणाम स्वरूप दोनों जातियों की भाषाएँ एक-दूसरे से प्रभावित हुईं।"[11] "प्रसिद्ध विद्वान नीलकान्त शास्त्री लिखते हैं बौद्ध धम्म का साहित्य पालि में था जिसका निकटम सम्बन्ध पैशाची के साथ था। पालि-पैशाची और सभी बाद की प्राकृत भाषाओं की उत्पत्ति होरनर के अनुसार उस ढंग से हुई जिस प्रकार विभिन्न स्थानों की असंस्कृत भाषी जनसंख्या ने संस्कृत बोलने का प्रयत्न किया। स्टेन कोनो महोदय (Sten Know: "The Home of Paishachi" ZD M. G. - 64 1910) ने हमारा ध्यान इस तथ्य की ओर आकर्षित किया है कि तिब्बती परम्परा के अनुसार स्थावरों या थेरों (बौद्ध भिक्षुओं) की रचनाएँ पैशाची भाषा में थीं और पिशल (Pichel) के अनुसार ये पैशाची धार्मिक रचनाएँ पालि में होंगी। ये पालि, पैशाची बोलियाँ, कुछ अन्तर के साथ पश्चिमोत्तर से दक्षिण तक भारत के विशाल क्षेत्र में बोली जाती थीं और ये भाषाएँ द्रविण भाषाओं से प्रभावित थीं अथवा उनकी निकट सम्बन्धी थीं।"[12]

"दर्दिस्तान के निवासियों का प्राचीन साहित्य में प्रायः उल्लेख मिलता है। संस्कृत साहित्य में इन्हें 'दारद' या 'दरद' कहा गया है। ...उनके रीति-रिवाज़ भी बड़ी घृणा की दृष्टि से देखे जाते थे। उनके मनुष्यभक्षी होने की कथाएँ भी प्रचलित थीं, इसीलिए इन्हें 'पिशाच' शब्द से विभूषित किया, जिसका प्रयोग मनुष्य के मांस पर निर्भर रहने वाले 'राक्षस' के अर्थ में किया जाता है। यह कहा नहीं जा सकता कि पिशाच उनका जातीय नाम था जिसका अर्थ बाद में विस्तृत होकर इस प्रकार का दैत्य हो गया अथवा केवल बुराई करने के लिए दर्द देश के निवासियों को कच्चा मांस खानेवाला कहा गया। इनके सम्बन्ध में इतना अवश्य ज्ञात है कि लोग इनकी भाषा के अध्ययन में प्रवृत्त रहे और भारतीय व्याकरणों ने पैशाची के अन्तर्गत इनका विवरण भी दिया है।[13]

उपर्युक्त उद्धरणों से स्पष्ट है कि भारतीय भू-भाग पर दो सभ्यताएँ यथा आर्य एवं अनार्य, तथा उनसे सम्बन्धित दो भाषा परिवारों का विकास हुआ।

दोनों संस्कृतियों जिन्हें सुर-असुर संस्कृति के नाम से भी जाना जाता है, के सम्पर्क तथा नस्लीय एवं सामाजिक मिश्रण के कारण एक मिली-जुली भाषा का विकास हुआ जो ईसा के बाद के वर्षों में क्रमिक रूप से अभिमुख (Converge) होकर एकाकार होती गयी। यह स्पष्ट है कि आर्य तथा अनार्य धारा के लोगों की भाषा अलग होने के कारण उन भाषा-भाषाईयों को अलग सभ्यता का नाम दिया गया, किन्तु बाद के दिनों में निश्चित ही भाषाई सीमाएँ टूट कर अन्तर-सभ्यता की भाषाएँ भी सामने आयी होगीं, शायद इसी लिए प्रसिद्ध इतिहासकार रोमिला थापर इस बारे में कहती हैं कि–'कोई जाति-वंश से आर्य नहीं है, वैज्ञानिक भाषा में आर्य किसी जाति के लिए बिल्कुल ही प्रयुक्त नहीं हुआ है जिसका अर्थ केवल भाषा और भाषा के सिवाए कुछ भी नहीं है तथा हम यदि आर्य जाति की बात करते हैं तो हमें यह जानना चाहिए कि उसका अर्थ आर्य वाणी के सिवाए कुछ भी नहीं है''[14] आर्य और हड़प्पाई लिपि के बारे में रोमिला थापर स्पष्ट करती हैं कि आर्य भाषा-भाषियों के पास अपनी कोई लिपि नहीं थी–''हड़प्पा के लोगों की अपनी लिपि थी परन्तु आर्यों की; बहुत समय तक बाद भी, अपनी कोई लिपि नहीं थी। यह सम्भव है कि लगभग 700 ई.पू. तक किसी लिपि का प्रयोग होने लगा हो क्योंकि 500 ई.पू. के आस-पास एक सामान्य चर्या के रूप में लेखन के संकेत मिलते हैं। भारत में उपलब्ध प्राचीन नमूनों (सम्राट अशोक के शिलालेख) जो तीसरी शताब्दी ई.पू. के हैं–को देखने से ज्ञात होता है कि प्रारम्भिक लिपि सैमिटिक लेखन-पद्धति से प्रभावित हुई होगी।''[15] (सेमेटिक नाम जर्मन ओरियंटलिस्ट वान सोल्जर तथा इच्छार्न ने 1780 ई. में बुक ऑफ जेनेसिस में मध्य पूर्व की भाषा के लिए दिया जिसे नोह के पुत्र सेम के नाम पर रखा)

अतः यह स्वयं ही स्पष्ट हो जाता है कि जो भी लिखित साहित्य या दस्तावेज ई.पू. 700 से पहले के हैं वे अनार्यों द्वारा लिखे हुए ही हो सकते हैं।

संस्कृत की प्राचीनता का सच

विद्वानों ने प्रायः एक मत से यह सिद्ध कर दिया है कि भारत का श्रमण-धर्म वेद पूर्व का है तथा इसी से आर्यों को आश्रम तथा आश्रम-धर्म को विकसित करने की सीख मिली। श्रमण परम्परा के प्राचीन वाहक जैन परम्परा के ग्रन्थों के प्रमाणों से यह बात और भी स्पष्ट हो जाती है। ''जैनों के पवित्र ग्रंथों या आगमों के सात प्रभाग हैं उनमें अंग सबसे प्राचीन, प्रथम तथा महत्त्वपूर्ण प्रभाग है। अंगों की संख्या ग्यारह है। उनमें से 'आचारंग सुत' का, जिसमें कि जैन मुनियों के कार्य-कलापों के नियमों का उल्लेख किया है, अंग्रेजी के विद्वान डॉ. जैकोबी ने

अनुवाद किया है और उपासक दशा, जिसमें जनसाधारण जैनियों के कार्य-कलापों का वर्णन है, अनुवाद डॉ. हार्नली बुक्स ने किया। जब हम इस प्रश्न का उत्तर प्राप्त करने का प्रयास करते हैं कि भारत में प्रथम धार्मिक ग्रन्थ कौन से थे तो हमें वास्तव में यह जान कर आश्चर्य होता है कि वेद नहीं अपितु आगम शास्त्र थे जो वैदिक साहित्य से पूर्व के थे तथा उनके अधिकार भी वेदों के अधिकारों से ऊपर थे। सत्य धर्म के अन्वेषक संस्कृत विद्वान ने इस विषय पर लिखा है—इस विषय पर शास्त्रों में लिखित प्रमाण इस प्रकार है—

आगमनिन्नगमो जातो निगमाद् यमालोहभवत्
यामलादवेद—संजातम् वेदाजातंक पुराणकम्
पुराणात स्मृति संजातम्, स्मृतेय रनयानी यानिच
तानि गृहायानी यत्नेन चोन्नमं ही क्रमोत क्रमाव

"आगम से निगमों का लेखन हुआ, निगम से जमाला आये; वेद जमाला से लिखे गये; पुराण वेदों से; स्मृतियाँ पुराणों से तथा अन्य शास्त्र स्मृतियों से आये। उनकी श्रेष्ठता ऊर्ध्वगामी क्रम में है"[16]

यही नहीं, बल्कि संस्कृत भाषा के कथित प्राचीनतम ग्रन्थ ऋग्वेद की भाषा तथा व्याकरण का अनुशीलन करने वाले कई अन्य विद्वानों ने भी इस बात पर सहमति व्यक्त की है कि संस्कृत भाषा का जन-भाषा से कोई लेना-देना नहीं है। महापंडित बाबू श्यामसुन्दर दास ने संस्कृत भाषा के स्वरूप पर अपने विचार व्यक्त करते हुए लिखा है—"प्राचीन आर्यों की भाषा का स्वरूप क्या था इसका शोध करना कठिन है। उनका प्राचीन ग्रन्थ ऋग्वेद है। ऋग्वैदिक ऋचाओं की रचना विभिन्न काल तथा विभिन्न स्थानों में की गयी। भारत में आने पर आर्यों ने देखा कि उनकी भाषा में भारत के आदि निवासियों के सम्पर्क से कुछ नये शब्द आ रहे हैं और उच्चारणों में भी परिवर्तन हो रहा है, अतः उन्होंने अपनी भाषा सुरक्षित रखने हेतु उसका संस्कार कर संस्कृत नाम दिया। अब आर्यों की संस्कृत भाषा मात्र साहित्य की भाषा बन गयी। किन्तु प्रचलित बोलचाल की भाषा का प्रभाव यथावत बना रहा" दूसरे शब्दों में जैसा कि एस.ए. जोगलेकर कहते हैं कि संस्कृत अल्पसंख्यक आर्यों की भाषा है वह बहुजन की भाषा कदापि नहीं थी। धार्मिक कृत्यों के हेतु संस्कृत का व्यवहार करने वाले आर्य, दैनिक व्यवहार प्राकृत में करते थे। अगर ऐसा न होता तो दीक्षा सम्पन्न होने तक प्राकृत में न बोलने का प्रतिबन्ध दंडक सूत्राधार नहीं लगाते। आर्य संस्कृत मुख्यतः संस्कृतज्ञ ब्राह्मण व क्षत्रियों की ही भाषा थी" इस विचार का समर्थन डॉ. इन्द्रचन्द्र शास्त्री ने किया है। वे लिखते हैं—"प्राचीन नाटकों में उच्च जाति के क्षत्रिय और ब्राह्मण

संस्कृत भाषा बोलते थे, शूद्र तथा नारियाँ प्राकृत" इसका अर्थ हुआ कि यहाँ दूसरी भाषा प्राकृत भी थी जो जन-सधारण की भाषा थी, जिसे संस्कृत बोलने वाले आर्य भी बोलते थे।[17]

वास्तव में जो खरोष्ठी लिपि ऐतिहासिक सिन्धु लिपि की वारिस थी उसमें मामूली फेर-बदल करके उसे ब्राह्मी (ब्राह्मणी?) तथा बाद में देव-भाषा संस्कृत के मोह के कारण ही देवनागरी नाम दिया गया। इस सम्बन्ध में ऐतिहासिक तथ्यों तथा नामकरण के कालक्रम को देखने से यह बात स्पष्ट हो जाती है। प्रायः संस्कृत साहित्य में पूर्व काल की पालि भाषा की विद्यमानता से हम इस निर्णय पर पहुँचते हैं कि जो लिपि संस्कृत भाषा में प्रयुक्त की जाती है वह देवनागरी लिपि नहीं थी, किन्तु यह वह लिपि थी जिसमें पालि भाषा लिखी जाती थी और वह भारत में सबसे पहली प्राप्त लिपि थी, भारत में सर्वप्रथम लिखित पाठ अशोक की खरोष्ठी एवं ब्राह्मि लिपि में थे। ये ईसा पूर्व तीसरी शताब्दी में लिखे गये थे। आरम्भ में ये समझा जाता था कि यह लिपि मेडिटेरेनियन सागर के पूर्वी तट पर अवस्थित सिडान-बिबोल नगरों की फोनिशियन लिपि के प्रभाव से उपजी। यह निष्कर्ष निकाला गया कि प्राचीन भारतीय भाषाएँ विदेशी मूल की लिपि में लिखी गयीं। ...यह भी निश्चित रूप से स्थापित किया जा चुका है कि पालि भाषा में लिखे सम्राट अशोक के स्तंभ एवं लिपि का जन्म 4500-5000 वर्ष पूर्व सिन्धु प्रदेश की लिपि पर अधारित है।[18]

हाँ! इस बात में सभी विद्वानों ने सहमति व्यक्त की है कि सिन्धु लिपि तथा ब्राह्मी लिपि में एक पारिवारिक भाषा होने जैसी निकटता है। किन्तु यह निकटता मूलतः खरोष्ठी के साथ है जिसका परिवर्तित रूप ही ब्राह्मी प्रतीत होता है। अतः यह कहा जा सकता है कि आर्यों के भारत प्रवेश के पूर्व जो भाषा सिन्धु सभ्यता ने विकसित की थी, उसी भाषा की उत्तराधिकारी पालि तथा प्राकृत बनीं तथा लिपि खरोष्ठी एवं ब्राह्मी। यह बात महान सम्राट अशोक(ईसा पूर्व 230) द्वारा लगवाये गये शिलालेखों से भी प्रकट होती है जिसमें खरोष्ठी एवं ब्राह्मी लिपि में पालि भाषा के सन्देश खुदे हुए हैं। निष्कर्षतः सिन्धु भाषा की ऐतिहासिकता संस्कृत भाषा से पूर्व की है इसलिए यह कहा जा सकता है कि आर्यों द्वारा सिन्धु-घाटी-सभ्यता-पराभव के संक्रमण काल से लेकर बाद के कुछ वर्षों में पालि की इस मातृक भाषा से अपनी अलग संस्कृति व भाषा विकसित की गयी हो। इस बारे में विद्वान पिटर्सन महोदय ने अपने लेख 'वैदिक संस्कृत एण्ड प्राकृत' 1912, पृष्ठ 423 में लिखा है कि प्राकृत वह संस्कृत है जिसे यहाँ के अदिवासी दास लोग अशुद्ध उच्चारण के रूप में बोलते थे।[19]

स्पष्ट है कि पालि जिसकी गणना द्वितीय प्राकृत के अन्तर्गत है; उसी बोलचाल की लोक-भाषा से ही निकली है जहाँ से कि संस्कार या कृत्रिमता के बाद संस्कृत। इसलिए यह सन्देह से परे दिखाई देता है कि दोनों भाषाएँ पाली तथा संस्कृत एक ही लोक-भाषा परिवार से जन्मी हैं। अतः यह कहना कि पालि भाषा संस्कृत से निकली है तर्कसंगत नहीं प्रतीत होता है। दोनों ही भाषाएँ जिस लोक-भाषा से निकली हैं उसे यहाँ के आदि निवासी लोग बोलते थे। अतः इनका मूल स्रोत भी भारतीय आदिवासी जन भाषा स्रोत ही कहा जायेगा। प्रकारान्तर से संस्कृत ही यहाँ के पालि स्रोत की मूल भाषा से बनाई गयी भाषा ठहरती है क्योंकि इसका कोई भी जन-भाषिक स्वरूप आज तक नहीं मिलता है, बल्कि यह साहित्य में सिमट कर कुछ भद्र-जनों के बीच ही संकुचित रह गयी है।

इसी सम्बन्ध में कई अन्य विद्वानों ने भी अपने शोध मन्तव्य रखे हैं। प्रसिद्ध विद्वान सुबलचन्द्र ने प्राकृत भाषाओं के आदि स्रोतों के ज़रिए यह प्रमाण दिया है कि मागधी, महाराष्ट्री, पाली तथा संस्कृत भाषाएँ समानान्तर में विकसित हुईं उनके अनुसार—"संस्कृत भाषा में ब्राह्मणों ने, मागधी भाषा में बौद्धों ने और महाराष्ट्री में जैनों ने अपना साहित्य रचा। कालान्तर में प्राकृत भाषा ने अनेक स्थानीय भाषाएं उत्पन्न की। बौद्ध-धम्म के प्रभाव में मागधी प्राकृत का विलक्षण विकास हुआ। इसी भाषा में बौद्ध-धम्म प्रचारकों ने जन-साधारण में अपने धर्म का प्रचार प्रसार किया। ईसा पूर्व 307 के लगभग बौद्ध प्रचारक मागधी प्राकृत भाषा को सिरीलंका ले गये। यह मांगधी-प्राकृत ही पालि भाषा की जननी है। ईसवी सन् की दसवीं सदी तक भारत में प्राकृत भाषा का प्रचार दिखाई देता है। उसके बाद आजकल की बोली जाने वाली स्थानीय बोलियों का विकास हुआ। निस्सन्देह प्राकृत भाषा का प्रारम्भ से ही रूपान्तर जारी था"[20]

जिस प्राकृत का वर्णन हम मूल भाषा स्रोत के रूप में कर रहे हैं वह वास्तव में स्वाभाविक रूप से विकसित भाषा है। इसमें परिवर्तन-परिवर्धन से कई नयी भाषाओं ने जन्म लिया है। शाब्दिक बोध के अनुसार भी 'प्राकृत का अर्थ है नैसर्गिक एवं अकृत्रिम भाषा। इसके विरुद्ध संस्कृत का अर्थ है—संस्कार की हुई तथा कृत्रिम भाषा। प्राकृत की इस परिभाषा से ही स्पष्ट हो जाता है कि प्राचीन वैदिक मन्त्रों की बोल-चाल की भाषाएँ बाद के मन्त्रों की कृत्रिम संस्कृत भाषा की तुलना में वास्तव में प्राकृत (नैसर्गिक) भाषाएँ थीं। अतः इन्हें भारतवर्ष की प्रथम प्राकृत कहा जा सकता है। यह तथ्य पूर्ण बात है कि प्रथम प्राकृत तथा द्वितीय प्राकृत अथवा तृतीय प्राकृतों के मध्य कोई विभाजक रेखा नहीं खींची जा सकती।"[21] वैदिक स्रोतों के अध्ययन से भी पालि एवं संस्कृत का यह अन्तर और

अधिक स्पष्ट हो जाता है। "भारतीय आर्य भाषाओं की वास्तविक बोल-चाल के रूपों में प्राचीनतम नमूने हमें ऋग्वेद के मन्त्रों में मिलते हैं। ब्राह्मण युग में विकसित कृत्रिमता पूर्ण लौकिक संस्कृत से तुलना करने पर यह स्पष्ट हो जाता है कि मूलतः अधिकांश ऋचाओं की रचना निश्चय ही उनके ऋषियों द्वारा व्यवहृत नैसर्गिक एवं अकृतित्रम बोल-चाल की भाषा में ही की गयी होगी।"[22]

जहाँ तक अपभ्रंश भाषाओं का सवाल है हिन्दी तथा उर्दू भाषाएं हिन्दुस्तानी से पैदा हुई हैं। जिस प्रकार सर्बियन तथा क्रोटिअन भाषाएं सर्वो-क्रोटिअन से पैदा हुईं। ब्रज, मैथिली, अवधी, भोजपुरी, बुन्देलखण्डी आदि भाषाएं हिन्दी से पैदा नहीं हुई हैं बल्कि इनसे हिन्दी पैदा हुई। इसी प्रकार संस्कृत के बारे में मिथक है कि यह परिपूर्ण भाषा है तथा विश्व की सभी भाषाओं की जननी है। यह सच नहीं है। तिब्बती बर्मन परिवार की भाषाएँ द्रविण परिवार की हैं तथा मुन्डा भाषा का संस्कृत से कोई लेना-देना नहीं है। मुन्डा, हो, सन्ताल, भूमीज, असुर इत्यादि कोलारियन समुदाय की जनजातियां हैं तथा कोल शब्द कोलारियन शब्द से उत्पन्न है। बकौल ए.सी. राय सिन्धु घाटी से प्रब्रजित होने के पश्चात कोलारियन जनजातियों ने अरावली पर्वत माला से होते हुए खैरगढ़, मिर्जापुर, छत्तीसगढ़, आज़मगढ़ तथा कैमूर की पहाड़ियों में निवास किया[23] श्री राय के अनुसार मुन्डा जाति ने छोटानागपुर इलाके में पश्चिम दिशा से 100 ईसा पूर्व प्रवेश किया। हो और मुन्डारी भाषाओं की शब्दावली आर्य भाषाओं में विद्यमान है। बिहार-बंगाल की सीमा पर स्थित साहबगंज के संथाल जनजाति के लोग आज भी अपनी धार्मिक क्रिया-कलापों में सिन्धु लिपि का प्रयोग करते हैं जो द्रविण भाषाओं की मूल लिपि है।

पालि भाषा ने खरोष्ठी लिपि से होते हुए आज की नागरी लिपि तक की यात्रा की है। स्वतन्त्रता प्राप्ति के समय तक एक सौ बासठ छोटे-छोटे राज्यों में विभक्त भारतीय उपनिवेश की भिन्न संस्कृतियाँ तथा भिन्न-भिन्न विरासत उनके एकीकरण के मार्ग में कड़ी रुकावट थे। ऐसे में भाषाई आधार पर प्रस्तावित राज्यों के पुनर्गठन का काम तथा संघीय ढाँचे का निर्माण ख़तरनाक ढंग से चुनौतीपूर्ण था। छोटी-छोटी रियासतों की भौगोलिक राज्य सीमाएँ रुकावट थीं ही, उनके क्षेत्रीय भाषा वैभिन्य ने भी एकता के मार्ग में बड़ी बाधा पैदा की। ऐसे में भारतीय गणराज्य में प्रस्तावित राज्यों की संख्या घटाने के साथ-साथ भाषायी एकता के ज़रिए भाषाओं की प्रस्तावित संख्या भी घटाने का काम किया जाना था।

भाषाई संस्कृति का वर्चस्ववाद

भाषा एवं संस्कृति का चोली-दामन का रिश्ता है। किसी एक के अभाव में दूसरे की कल्पना भी नहीं की जा सकती। कारण, संस्कृति को उस भाषा से अलग

नहीं किया जा सकता जिसके ज़रिए उसका निर्माण, विकास, अभिव्यक्ति और संप्रेषण एक पीढ़ी से दूसरी पीढ़ी को होता है। भाषा केवल संप्रेषण का माध्यम ही नहीं बल्कि वह सांस्कृतिक विकास की प्रक्रिया में एक सशक्त उत्प्रेरक होती है। भाषा-विहीन संस्कृति और संस्कृति-विहीन भाषा का सभ्यता में अस्तित्व ही नहीं है। संस्कृति के स्वरूप के सम्बन्ध में वैज्ञानिक धारणा यह है कि बार-बार एक ही क्रियाएँ करते रहने से एक ख़ास तरह की गति, लय, आदत एवं प्रवृत्ति का अनुभव एवं ज्ञान का निर्माण होता है। इस अनुभव एवं ज्ञान को पिछली पीढ़ी अगली पीढ़ी को सौंप देती है। इस प्रकार एक जातीय विरासत की सृष्टि होती है। इन मूल्यों का क्रमिक संचालन, स्वयं-सिद्ध सत्य की मान्यता प्राप्त कर लेता है, जिससे एक जीवन-पद्धति का निर्माण, एक विशिष्ट संस्कृति तथा इतिहास का सृजन होता है। संस्कृति अपने में नैतिक एवं सौन्दर्य-बोधक मूल्य को वहन करती हुई जातीय अस्मिता का निर्माण करती है। यह अपने सम्पूर्ण ऐतिहासिक सन्दर्भ में जाति-विशेष का जीवन-शिल्प होती है।

वैश्वीकरण के इस दौर में प्रभावशाली राष्ट्र अपनी भाषा को ज़बरन थोप रहे हैं। इस ख़तरे को चीन, जापान और यूरोप के कुछ देशों ने सही तरह समझ लिया था। इसीलिए वे अपनी भाषा को किसी भी सूरत में छोड़ने को तैयार नहीं हैं। डॉलर को पीटने के लिए यूरो को अपनाने वाले देश अंग्रेजी से परहेज कर रहे हैं। ईराक़ पर हमले को लेकर फ्रांस और जर्मनी जब अमरीका के समर्थन में नहीं गये तो अमरीका ने उनके माल का बहिष्कार किया। फ्रांस ने इसी प्रतिक्रियास्वरूप अपनी भाषा फ्रेन्च से उन शब्दों को निकाल दिया जो अंग्रेजी से लिए गये थे। उन देशों ने अंग्रेजी को प्रगति का पर्याय न मानकर एक अनुकरणीय आदर्श प्रस्तुत किया कि मातृभाषा में ही वह क्षमता है जो उन्हें ज्ञान, गौरव और स्वाभिमान प्रदान करती है।

वर्तमान भाषा नीति का जनवाद

उपर्युक्त उदाहरणों से भारतीय भाषाई वर्चस्ववाद को भी सीख लेनी चाहिए जो संस्कृत जैसी अलोकप्रिय भाषा को अपनी श्रेष्ठता का जातीय पर्याय बनाए हुए है। आज ऐसी किसी बाध्यकारिता के कारण ऐसा कोई अल्पसंख्यक वर्चस्ववाद नहीं चल सकता। विकास के महत्त्वपूर्ण और विख्यात शीर्ष पर पहुँची ऐतिहासिक सैन्धव सभ्यता ने न कभी भाषा उधार लिया न ही किसी भाषा के वर्चस्व को स्वीकार किया। उसकी स्वतंत्र लिपि तथा भाषा उसके विकास की गवाह है। उलटे उस भाषा से उधार ली गयी तथा नक़ल की गयी संस्कृति और संस्कृत

को छद्म श्रेष्ठतावाद से यर्थाथवाद की तरफ़ लौट आना चाहिए। समय के साथ सामाजिक विकास की गतिशीलता भाषाई इतिहास के विस्मृत पन्नों में उलझ कर नष्ट होने को तैयार नहीं है। इस वाद को संज्ञान में लेते हुए ही आज़ादी के बाद भारतीय भाषा नीति को स्वीकार किया गया।

आज़ादी बाद भाषाओं के जातीय वैमनस्य एवं निरंकुश संघर्ष पर लगाम लगाकर ही एक राष्ट्र की नींव रखी जा सकती थी। इस बारे में सर्वमान्य तथा सहज स्वीकार्य राज-काज की भाषा के रूप में हिन्दी के स्वरूप को निर्धारित करते हुए संविधान-सभा में बोलते हुए डॉ. अम्बेडकर ने कहा था—"चूँकि राज्यों के पुनर्गठन के लिए भाषा सबसे महत्त्वपूर्ण कारक था अतः इस सम्बन्ध में संवैधानिक व्यवस्था आवश्यक थी। इस सम्बन्ध में क़ानून बनाने से पहले भाषा आयोग का गठन किया गया जिसमें आयोग ने विचार व्यक्त किया कि राज्यों की जनसंख्या के अनुसार उनके आकार का कोई महत्त्व नहीं है किन्तु इसे संविधान निर्माताओं ने ज्यों-का-त्यों स्वीकार नहीं किया। एक राज्य एक भाषा लगभग हर एक राज्य का एक सार्वभौम लक्षण होता है। जर्मनी, फ्रांस, इटली, इंगलैंड और संयुक्त राज्य अमेरिका का संविधान देखने से यही प्रतीत होता है। मिश्रित भाषावार राज्यों में भ्रातृत्व-भावना का अभाव फलतः नेतृत्व के लिए दलों में लड़ाई-झगड़े और प्रशासन में भेद-भाव का अभाव सदा बना रहता है और उनका लोकतन्त्र के साथ निर्वाह हो नहीं सकता। इस ख़तरे से तभी निपटा जा सकता है जब संविधान में यह व्यवस्था रखी जाय कि क्षेत्रीय भाषा किसी भी राज्य की राज-भाषा नहीं होगी। राज्य की राज-भाषा हिन्दी रहेगी और जब-तक भारत इस प्रयोजन के लिए योग्य न हो जाय, अंग्रेजी बनी रहेगी। क्या भारतवासी इसे स्वीकार करेंगे? यदि वे इसे स्वीकार नहीं करते तो भाषावार राज्य सहज ही देश के लिए ख़तरा बन जायेगें।[24]

श्री राज गोपालाचारी ने कहा था कि समस्त भारत के लिए एक परिसंघ जिसमें सभी क्षेत्रों का समान प्रतिनिधित्व हो सफल नहीं हो पायेगा। ऐसे परिसंघ में भारत का प्रधानमन्त्री एवं राष्ट्रपति हमेशा हिन्दी भाषी क्षेत्र से हुआ करेगा। दो परिसंघों की व्यवस्था करनी चाहिए, एक परिसंघ उत्तर के लिए, एक परिसंघ दक्षिण के लिए और उत्तर तथा दक्षिण का एक संयुक्त परिसंघ हो जिसके पास क़ानून बनाने के लिए तीन विषय हों और जिसमें दोनों परिसंघों का समान प्रतिनिधित्व हो। किन्तु यह बात नहीं भूलनी चाहिए कि अमेरिका में उत्तर और दक्षिण के बीच गृहयुद्ध हुआ था। हमें यह भी नहीं भूलना चाहिए कि भारत के उत्तर एवं दक्षिण में भारी सांस्कृतिक मतभेद है और सांस्कृतिक मतभेद बहुत जल्दी भड़क

जाते हैं। इन बहसों के आधार पर संविधान निर्माताओं ने भाषा के बारे में 12 सितम्बर सन् 1950 को राष्ट्रभाषा का मसौदा श्री गोपालस्वामी अयंगकर ने पेश किया। इस ड्राफ्ट में 300 संशोधन आये। घोषणा की गयी कि संविधान लागू होने के 15 साल बाद हिन्दी राज-काज हेतु अंग्रेजी का स्थान लेगी। किन्तु अंग्रेजी को हटाकर हिन्दी को राजभाषा बनाने के विरोध में तमिलनाडु राज्य में छात्रों के आन्दोलन में दो लोगों ने आत्मदाह किया तथा 66 मौतें हुई। 1965 में अंग्रजी को Associated official languages में बने रहने का आश्वासन दिया गया।

हिन्दी को राजभाषा बनाये जाने की पृष्ठभूमि में संविधान के अनुच्छेद 351 द्वारा प्रावधान इस प्रकार किया गया कि "हिन्दी भाषा के विकास के लिए निदेश—संघ का यह कर्त्तव्य होगा कि वह हिन्दी भाषा का प्रसार बढ़ाये, उसका विकास करे जिससे वह भारत की सामासिक संस्कृति के सभी तत्वों की अभिव्यक्ति का माध्यम बन सके और उसकी प्रकृति में हस्तक्षेप किये बिना हिन्दुस्तानी और आठवीं अनुसूची में विर्निदिष्ट भारत की अन्य भाषाओं में प्रयुक्त रूप शैली और पदों को आत्मसात करते हुए और जहाँ आवश्यक या वांछनीय हो वहाँ उसके शब्द भंडार के लिए मुख्यतः संस्कृत से और गौणतः अन्य भाषाओं से शब्द ग्रहण करते हुए उसकी समृद्धि सुनिश्चित करे।[25]

उपर्युक्त अनुच्छेद में अंग्रेजी का शब्द Secondarily का अर्थ गौड़ रूप से या गौड़तः कहना उचित नहीं प्रतीत होता। इसका अर्थ दूसरे विकल्प के रूप में ही उचित जान पड़ता है। इस अनुच्छेद में कही गयीं बातों को निम्नलिखित रूप में सूत्रबद्ध कर सकते हैं—

(1) संघ का कर्त्तव्य है कि वह हिन्दी भाषा का प्रसार बढ़ाएगा।
(2) संघ का यह भी कर्त्तव्य है कि वह हिन्दी भाषा का विकास करेगा।
(3) संघ यह विकास इसलिए तथा इस प्रकार करेगा ताकि हिन्दी भाषा भारत की सामासिक संस्कृति के सभी तत्वों की अभिव्यक्ति का माध्यम बन सके।
(4) शर्त यह है कि संघ हिन्दी भाषा की प्रकृति में कोई हस्तक्षेप नहीं करेगा।
(5) शर्त यह भी है कि हिन्दी के लिए संघ हिन्दुस्तानी में प्रयुक्त रूप शैली और पदों को आत्मसात करेगा।
(6) संघ इसके साथ-साथ आठवीं अनुसूची की भारतीय भाषाओं- असमिया, बंगला, बोडो, डोगरी, गुजराती, हिन्दी, कन्नड़, कश्मीरी, कोंकड़ी, मैथली, मलयालम, मणपुरी, मराठी, नेपाली, उड़िया, पंजाबी,

संस्कृत, संथाली, सिन्धी, तमिल, तेलगु और उर्दू में प्रयुक्त रूप शैली और पदों को भी आत्मसात करेगा।

(7) उपरोक्त प्रावधानों के बाद संघ यह भी देखेगा की क्या अब भी हिन्दी में शब्द भण्डार के लिए शब्द लेना आवश्यक या वांछनीय है।

(8) आवश्यक या वांछनीय होने पर संघ पहली प्राथमिकता में शब्दों को संस्कृत से लेगा।

(9) यदि ऐसा शब्द संस्कृत में मौजूद नहीं है तो वह उस शब्द को अन्य किसी भाषा से लेगा।

(10) इस प्रक्रिया से गुज़रकर ही संघ हिन्दी की समृद्धि सुनिश्चित करेगा।

संविधान सभा की बहसों को पढ़ने से पता चलता है कि हिन्दी को भारत सरकार की राजभाषा बनाना कितना कठिन हो गया था। सही बात यह है कि हिन्दी को समर्थन देने वाले सदस्यों की अपनी शर्तें रही थीं कि इसे जनभाषा से दूर नहीं किया जायेगा। सरदार हुकुम सिंह ने कहा था कि "जैसा मैं हिन्दी का समर्थन करता था तो मैं समझता था कि वह जनसाधारण की भाषा है जिसे वे बोल सकते हैं और समझ सकते हैं। और उनके कानों को मीठी लगती थी।"[26] उन्होंने आगे कहा था "किन्तु जब मैंने हिन्दी के कट्टर समर्थकों को लोक मंचों पर तथा इस सदन में भाषण देते सुना तो मुझे भय है कि वे भाषा को अन्य भाषा के शब्द ग्रहण करके उन्नत नहीं करने देना चाहते और उसे सामान्य भाषा के समान विकसित नहीं होने देना चाहते। इस बहस में हिस्सा लेते हुए फ्रैंक ऐन्थनी (मध्य प्रान्त और बारात/जनरल) ने कहा था मैं एक हिन्दी-भाषी प्रान्त का निवासी हूँ। इस विवाद के आरम्भ होने के पूर्व हम जानते थे कि हिन्दी के ये स्वरूप हैं और वह स्वरूप किसी साहित्यिक की हिन्दी का स्वरूप नहीं है बल्कि साधारण आदमी के हिन्दी का स्वरूप है। आज हम क्या देखते हैं। कट्टरपन्थी तथा धर्मांधता की भावना से शोधन की प्रक्रिया आरम्भ की गयी। जब तक इस भाषा की परिभाषा की नहीं जाती मेरी ये धारणा है कि इस धर्मांधता के आन्दोलन में साधारण हिन्दुओं तथा जनसाधारण पर एक दुर्बोध तथा नवीन संस्कृतनिष्ठ हिन्दी थोप दी जायेगी।"[27] जयपाल सिंह (बिहार/जनरल) ने कहा था "मेरे विचार में हमारा यह सोचना अवनति सूचक है कि हम आज बोली जाने वाली भाषा को भावना वश शत-प्रतिशत संस्कृत शब्दों से भर कर उन्नत्त कर सकते हैं।"[28] बी. एम. गुप्ते (बम्बई/जनरल) ने भाग लेते हुए कहा था "इन शब्दों के साथ मैं इस प्रश्न को छोड़कर एक अन्य प्रश्न के सम्बन्ध में कुछ शब्द कहना चाहता हूँ जिसका इससे कहीं अधिक महत्त्व है और जिसके सम्बन्ध में बहुत काल तक

दिलचस्पी रह सकी। वह प्रश्न यह है कि इस भाषा का भविष्य में किस प्रकार विकास हो''[29] उन्होंने आगे कहा था ''मैं यह स्वीकार नहीं कर सकता कि संस्कृत जनसाधाण की भाषा हो सकती है और मैं यह भी स्वीकार नहीं कर सकता कि संस्कृतनिष्ठ हिन्दी भी जनसाधारण की भाषा हो सकती है। इस लोकतन्त्र तथा वयस्क मताधिकार के युग में जब हम इस प्रकार के प्रश्नों को हल करने बैठें तो हमें सबसे पहले जनसाधारण की ओर ही ध्यान देना चाहिए। हमें जनसाधारण की भाषा बोलने में समर्थ होना चाहिए।''[30]

प्रो. सिब्बल लाल सक्सेना (संयुक्त प्रान्त/जनरल) ने संविधान सभा के अनुच्छेद; जो मसौदे का अनुच्छेद 301'ज' था इस प्रकार संशोधन रखा था—हिन्दी भाषा की प्रसार-वृद्धि करना, उसका विकास करना ताकि वह भारत की सामासिक संस्कृति के सब तत्वों के अभिव्यक्ति का माध्यम हो सके तथा अन्य भारतीय भाषाओं के रूप, शैली और पदावली को आत्मसात करते हुए तथा जहाँ आवश्यक या वांछनीय हो वहाँ उसके शब्द भंडार के लिए मुख्यतः संस्कृत के शब्द ग्रहण करते हुए उसकी समृद्धि सुनिश्चित करना संघ का कर्त्तव्य होगा।[31] संविधान सभा में इस संशोधन पर मतदान होने पर यह अस्वीकृत हो गया। यह ध्यान देने योग्य है कि इस संशोधन में शब्द हिन्दुस्तानी तथा गौड़तः अन्य भाषाओं से निकाल दिये गये थे। इस प्रकार एक कूप-मंडूक सी सीमित दायरे की भाषा संस्कृत से शब्द ग्रहण करने की प्राथमिकता का जन-अनुरूप भाषा से शब्दों को ग्रहण करने की स्वच्छंदता पर वैधानिक अंकुश लगाने से रोका गया।

यदि आधुनिक प्रशासन को जुड़ना है तो घोषित रूप से आम जनता से जुड़ना है, जनता की सेवा उसका लक्ष्य है। चूँकि जनता में भूख, बीमारी, ग़रीबी और अशिक्षा है इसलिए उन्हें मिटाने के लिए उसे जनता के पास जाना होगा, लोगों की मुसीबतें दूर होंगी तभी उनमें राष्ट्र की रक्षा करने की ताक़त पैदा होगी। और यदि प्रशासन को कुछ सीखना है तो उसे आधुनिक विज्ञान और नयी प्रौद्योगिकी से सीखना है। विज्ञान और प्रौद्योगिकी की कोई खोज संस्कृत भाषा में नहीं हो रही है। भौतिकशास्त्र और रसायनशास्त्र की प्रयोगशालाएँ कहीं भी संस्कृत भाषा में काम नहीं कर रहीं हैं। यह मात्र बनावटीपन तथा नक़लीपन होगा कि रोज़ खोजी जा रही विज्ञान की प्राप्तियों के नामों को हम अनुवादित करते रहें। शब्दों का प्रयोग तो जनता तय करती है इसलिए इन्हें प्रयोग के लिए जनता पर छोड़ा जाता है उन्हें कभी थोपा नहीं जाना चाहिए। यहाँ यह भी बताना आवश्यक है कि हिन्दी और संस्कृत की प्रकृति एक़दम अलग-अलग है। हिन्दी बातों को खोलती है, समझाती है और संस्कृत खुलने से रोकती है तथा अर्थों को को गूढ़

बहुअर्थी बनाकर मन्तव्य को ढँकती और छुपाती है। संस्कृत के प्राचीन नाटकों की भाषा स्त्रियों तथा निचली श्रेणी के श्रमजीवी समाज के लिए माकूल नहीं होगी, इसी कारण उन्हें पाली-प्राकृत जैसी लोक भाषाओं में ही संवाद करना पड़ता है। इसीलिए हिन्दी जैसी जनभाषा लोगों को जोड़ती है संस्कृत बेगानापन पैदा करती है। हिन्दी से उसकी हिन्दुस्तानियत नहीं छीनी जानी चाहिए। हिन्दी संस्कृत की तरह कूपजल नहीं है। कबीर की नदी का बहता हुआ नीर है जिसमें हर तरफ़ से छोटे-बड़े बरसाती या ग़ैर बरसाती नालों को जुड़ने दिया जाना चाहिए। इसलिए जनभाषा पर देवभाषा की कृत्रिमता का वर्चस्व कभी भी सफल नहीं हो सकता है।

सन्दर्भ-सूची

1. सिन्धु सभ्यता, डॉ. किरण कुमार थपल्याल एवं डॉ. संकटा प्रसाद शुक्ल, उत्तर प्रदेश हिन्दी संस्थान, लखनऊ, पृष्ठ 27
2. वही - पृष्ठ 334
3. डॉ. नवल वियोगी, प्रचीन भारत के शासक नाग उनकी उत्पत्ति और इतिहास, सम्यक प्रकाशन, 32/3, पश्चिम पुरी, नयी दिल्ली - 110063, पृष्ठ 24
4. 30.03.2015, दैनिक हिन्दुस्तान, वाराणसी संस्करण, अंकारा एजेन्सी के सौजन्य से
5. डॉ. नवल वियोगी, प्रचीन भारत के शासक नाग उनकी उत्पत्ति और इतिहास, सम्यक प्रकाशन, 32/3, पश्चिम पुरी, नयी दिल्ली - 110063, पृष्ठ 31
6. वही - पृष्ठ 32,
7. स्वपन कुमार विस्वास, बौद्ध धर्मः मोहनजोदड़ो हड़पा नगरों का धर्म, गौतम बुक सेन्टर दिल्ली, पृष्ठ 283
8. वही - पृष्ठ 49
9. सिन्धु सभ्यता, डॉ. किरण कुमार थपल्याल एवं डॉ. संकटा प्रसाद शुल्क, उत्तर प्रदेश हिन्दी संस्थान, लखनऊ, पृष्ठ 258-259
10. डॉ. नवल वियोगी, प्रचीन भारत के शासक नाग उनकी उत्पत्ति और इतिहास, सम्यक प्रकाशन, 32/3, पश्चिम पुरी, नयी दिल्ली - 110063, पृष्ठ 164
11. वही - पृष्ठ 166
12. वही - पृष्ठ 163
13. भारत का भाषा सर्वेक्षण, सर जे.ए. ग्रियर्सन, हिन्दी अनुवादक डॉ. उदय नारायण तिवारी, उत्तर प्रदेश हिन्दी संस्थान, लखनऊ, पृष्ठ 211-12
14. भारत का इतिहास, रोमिला थापर, राजकमल प्रकाशन, पृष्ठ 21-22 नयी दिल्ली मैक्समूलर द्वारा 1861 के अपने भाषा विज्ञान के प्रभावी भाषण के हवाले से।
15. भारत का इतिहास, रोमिला थापर, राजकमल प्रकाशन, नयी दिल्ली, पृष्ठ 36
16. स्वपन कुमार विस्वास, बौद्ध धर्मः मोहनजोदड़ो हड़पा नगरों का धर्म, गौतम बुक सेन्टर दिल्ली, पृष्ठ 37

17. डॉ. नवल वियोगी, प्रचीन भारत के शासक नाग उनकी उत्पत्ति और इतिहास, सम्यक प्रकाशन, 32/3, पश्चिम पुरी, नयी दिल्ली - 110063, पृष्ठ 163
18. स्वपन कुमार विस्वास, बौद्ध धर्मः मोहनजोदड़ो हड़पा नगरों का धर्म, गौतम बुक सेन्टर दिल्ली, पृष्ठ 47
19. भारत का भाषा सर्वेक्षण, सर जे.ए. ग्रियर्सन, हिन्दी अनुवादक डॉ. उदय नारायण तिवारी, उत्तर प्रदेश हिन्दी संस्थान, लखनऊ, पृष्ठ 238
20. डॉ. नवल वियोगी, प्रचीन भारत के शासक नाग उनकी उत्पत्ति और इतिहास, सम्यक प्रकाशन, 32/3, पश्चिम पुरी, नयी दिल्ली - 110063, पृष्ठ 168
21. भारत का भाषा सर्वेक्षण, सर जे.ए. ग्रियर्सन, हिन्दी अनुवादक डॉ. उदय नारायण तिवारी, उत्तर प्रदेश हिन्दी संस्थान, लखनऊ, पृष्ठ 238
22. वही - पृष्ठ 237
23. The Mundas and their countries, A.C.Roy, Page 147
24. डॉ. अम्बेडकर, W&S, Vol-I
25. भारत का संविधान ख, फरवरी-2011, प्रकाशक विधि साहित्य प्रकाशन- भारतीय विधि संस्थान भवन, भगवान दास रोड -नयी दिल्ली - 1, पृष्ठ - 178
26. संविधान सभा के वाद-विवाद की सरकारी रिर्पोट, हिन्दी संस्करण खण्ड 9 'ख', पुस्तक सं. 8 - लोक सभा सचिवालय, नयी दिल्ली, प्रथम पुर्नमुद्रण 1994, पृष्ठ - 2235
27. वही - पृष्ठ - 134
28. वही - पृष्ठ - 2240
29. वही - पृष्ठ - 2195
30. वही - पृष्ठ - 2195
31. वही - पृष्ठ - 2301,

अध्याय-8

स्त्री और दलित प्रश्नों के कठघरे में हिन्दी कविता

समकालीन हिन्दी-काव्यालोचना में दलित विषयक समस्याओं की अभिव्यक्ति और उससे जुड़ी धार्मिक, सामाजिक, आर्थिक और राजनैतिक चिन्ताओं की सन्तुलित समीक्षा और विस्तृत पड़ताल करने का संकल्प हिन्दी साहित्य के लिए शुभ संकेत हो सकता है। लैंगिक आधार पर उपेक्षित आधी आबादी तथा शेष की बहुसंख्यक आबादी—जो वर्ण-जाति-वंश के आधार पर तिरस्कृत, अपमानित, लांछित और प्रताड़ित है, के जीवन-अनुभवों को उन्हीं की जुबानी सुनना सचमुच आँखें खोलने वाला तथा हिन्दी के तथाकथित मूर्धन्य विद्वानों को आत्मान्वेषण का अवसर देने वाला होगा। हिन्दी-साहित्य अपने सीमित दायरे से निकलकर विस्तृत फ़लक से अपना नाता जोड़े, यही उसके वैश्विक विकास में सहायक हो सकता है। कट्टर हिन्दूवादी जातीय समाज-व्यवस्था ने इन वर्गों के लिए अपने खिड़की-दरवाज़े प्रायः अब तक भी बन्द कर रखे हैं और यदि कभी बाहर झाँका

है तो सिर्फ़ अपने स्वार्थ-सिद्धि के साधन हेतु ही। किन्तु वह रूढ़िवादी वैचारिकी आज व्यापक वैज्ञानिक लोकमत की बहुआयामी स्वीकार्यता के आगे घुटने टेकने को लगभग विवश हो गयी है। उन्मुक्त वैचारिक-फ़लक के स्वाभाविक फैलाव को रोकने तथा नयी विधाओं को ख़ारिज करने वाली मानसिकता आत्मघाती बनकर समूचे विश्व-परिदृश्य से स्वयं को ही ख़ारिज कर लेने की भूल करती आ रही है। आज इस सोच को बदल डालने के लिए संघर्षरत नयी पीढ़ी का निश्चित ही स्वागत किया जाना चाहिए।

हिन्दी का दलित-साहित्य बहुत बड़े जन-समुदाय का प्रतिनिधित्व करता है, जिसकी सशक्त लेखन-धारा को अब और अधिक देर तक नज़रअन्दाज़ नहीं किया जा सकता। वास्तव में दलित-साहित्य को समझने के लिए इसके सामाजिक सरोकारों और दलितों के ऐतिहासिक शोषण का नये सिरे से वैज्ञानिक और तर्कपूर्ण अध्ययन करना होगा। ये विषय केवल ज्ञान-रंजन और बुद्धि-विलास के लिए नहीं हैं, बल्कि दलित-अस्मिता तथा उनके जीवन-जगत के विभिन्न आयाम भी इससे जुड़े हैं। दलित-साहित्य और दलित-कविता की बात करने से पहले हमें हिन्दी कविता और काव्यालोचना के वर्तमान स्वरूप तथा उसमें परिवर्तनकारी घटकों पर एक विहंगम दृष्टि डालनी होगी तथा यहाँ उपस्थित विभिन्न साहित्यिक धाराओं में दलित-प्रश्नों के सरोकार या उनकी उपेक्षा को भी रेखांकित करना होगा। इसके ज़रिए ही हिन्दी के दलित-विमर्श को पहचानने की शुरुआत हो सकेगी।

कविता का वर्तमान परिदृश्य

तथाकथित मुख्य धारा की समकालीन कविता और काव्यालोचना का परिदृश्य बहुत उत्साहवर्धक नहीं है। बीसवीं सदी का उत्तरार्ध प्रायः छंद-अनुशासन-मुक्त कविता के भावुक तत्सम शब्दों के ज़रिए अर्थों की बाज़ीगरी ही करता दिखाई देता है, जिसमें गम्भीर सामाजिक सरोकार तथा भावुक सम्वेदना का उथलापन साफ़ दिखाई देता है। हाँ! वामपन्थी वैचारिक पोशाक में हिन्दी-कविता भी अक्सर ग़रीबों और मज़लूमों के हक़ के लिए दिखावा करती नज़र आती है किन्तु सामाजिक वर्ण-व्यवस्था के बरअक्स आर्थिक स्तरीकरण में उलझ कर वह भी कोई बड़ा आन्दोलन खड़ा नहीं कर पाती। यही कारण है कि प्रगतिवाद और आधुनिकतावाद का परचम लिए हिन्दी-कविता भी सामाजिक संकीर्णता का शिकार होकर केवल भावों और सन्देशों के बासीपन परोसते हुए पारस्परिक हुआँ-हुँआ की जुगलबन्दी से अपना आकर्षण खो बैठती है। एक तो इलेक्ट्रानिक मीडिया ने प्रिन्ट मीडिया को वैसे ही कड़ी चुनौती दे रखी है, दूसरे हिन्दी कविता की आम आदमी या

आम पाठक से दूरी ने इसे किताबों तक ही सीमित कर दिया है। आज के व्यस्त कारोबारी समय में कविता जैसी अनुत्पादक चीज़ के लिए समय निकालना वक़्त की बरबादी ही समझा जा रहा है। कविता के नाम पर शब्द-जालों के अवगुंठन और बौद्धिक जटिलताओं से बोझिल गूढ़ार्थ इसे और अधिक उपेक्षित रह जाने के लिए उत्प्रेरक का काम कर रहे हैं। ऐसे में कवियों का 'सेल्फ एप्रीशिएशन क्लब' ही हिन्दी कविता की घुटती साँसों में फूँक मार रहा है। कवि सम्मेलनों की कविता, चुटकुलों और लतीफों का पर्याय बनकर रह गयी है। गीतों-ग़ज़लों तथा दीगर गेय काव्य-विधाओं के साथ आलोचकों का दोयम दर्जे का व्यवहार इसमें नकारात्मक शह दे रहा है। ग़ज़लों को तो उर्दू की विरासत समझकर म्लेच्छ और अछूत ही समझा गया है और कुछ हद तक यह हठ आज भी हिन्दी-कविता को लोकप्रियता के एक बड़े अवसर से महरूम किये दे रहा है। सन्तोष की बात यह है कि इस विधा की लोकप्रियता आज प्रायः सारे प्रतिबन्धों को नकार रही है। यह भी एक स्वस्थ बुद्धिवादी सोच की जीत है। बहुत से कूढ़ मग़ज हिन्दी के तथाकथित पैरोकारों ने देवनागरी में लिखी जाने वाली ग़ज़ल को हिन्दी-ग़ज़ल, नागरी-ग़ज़ल आदि नामों से अभिहित किया है तथा इसे साम्प्रदायिकता की हद तक खींच ले गये हैं। तर्क दिया जा रहा है कि ग़ज़ल में उर्दू का प्रयोग तो हमें इस्लामी परम्पराओं तथा मान्यताओं से जोड़ता है फलतः यह एक समुदाय विशेष की चीज़ है। ऐसे में हिन्दी कविताओं से बढ़कर हिन्दी कवियों की झिझक समझी जा सकती है। ग़ज़ल तो केवल ग़ज़ल है। गीत तो केवल गीत है। भाषा-बोली में व्यावहारिक फ़र्क हो सकता है। किन्तु ग़ज़ल का शिल्प उसकी अनूठी-संप्रेषण क्षमता, उसकी ज़बान पर चढ़नेवाली लोकोक्ति और मुहावरे के साथ यकजा होकर, ऐसी सारी बन्दिशों को तोड़ रही है। यह ग़ज़ल की विशेषता है कि वह भाषा-भेद के कारण एक कला की हत्या को रोकने में स्वयं ही सक्षम है। यही इस विधा को भाषा-भेद से निरपेक्ष बनाता है।

कविता की उपर्युक्त विवशताओं के कारण ही आज प्रकाशकों ने व्यापारिक दृष्टिकोण के मद्देनज़र कविता छापना घाटे का सौदा मान रखा है। कुछ स्थापित नामों को छोड़ दें तो काव्य-पुस्तकों का प्रकाशन अमूमन कवि के पैसे से ही होता है। जिनके पास धन नहीं है, वे यहाँ भी पिछड़े हैं। यह परिदृश्य तो हिन्दी कविता की एक झलक भर है। ऐसे में हिन्दी काव्यालोचना की कल्पना भर की जा सकती है। कविता में छन्द-मुक्ति के नाम पर उबाऊ शब्दों का बोझ और ज़ब्रिया आरोपित दार्शनिकता ने इसे सामान्य पाठक और श्रोता से दूर कर दिया है। ऐसे में निरपेक्ष आलोचना का सेतुबन्ध ही कविता के अनुशासन और पाठक

में इसके प्रति रुझान पैदा कर सकता है। हिन्दी कविता में ऐसी आलोचना और ऐसे दृष्टिकोण की भारी कमी महसूस की जा रही है। केवल अकादमिक बहसों में उलझी, विद्यालयों-विश्वविद्यालयों और चन्द बौद्धिक वर्गों के बीच सिकुड़ी कविता एक विस्तृत फ़लक की माँग करती है। ऐसे में दलित कविता से बहुत उम्मीदें हैं, बशर्ते इसे पूर्वाग्रह-मुक्त दृष्टिकोण से देखा और समझा जाये। नये युग की यान्त्रिकता के शुष्क भौतिकवाद से प्रभावित आज का हिन्दी काव्यालोचक भी सारे शार्टकट अपनाने को तैयार है ताकि अपेक्षित श्रम के बिना ही उत्पादकता का ज़्यादा लाभ लिया जा सके। ऐसी सोच वालों के लिए अतुकान्त-गद्य-अकविता की पक्षधरता स्वाभाविक है जिसके कारण गेय कविताओं की अनदेखी और उनके प्रति उपेक्षा का भाव ऐसे सृजन को हतोत्साहित करता है। इसका परिणाम यह है कि शार्टकट के आलोचक और कवि ही पूरे विमर्श के केन्द्र में हैं। ऐसे में स्त्री और दलित प्रश्नों की परवाह करना उनके लिए कोई लाभकारी सौदा नहीं है।

हिन्दी साहित्य के पूरे परिदृश्य पर नज़र दौड़ाएँ तो साफ़ हो जाता है कि कविता को अब तक केवल अभिजात्य वर्ग द्वारा, अभिजात्य वर्ग के लिए तथा अभिजात्य वर्ग का अघोषित पैरोकार ही बनाकर रखा गया है। यहाँ दलित विमर्श की क़तई गुंजाइश नहीं दिखाई देती है। अव्वल तो लम्बे समय तक यहाँ जनवादी विचार की अनुपस्थिति ही बनी रही है। हाँ! स्त्री के नाम पर जो कविताएँ लिखी जाती रहीं वे भी प्रायः उसके भौतिक रंग-रूप पर केन्द्रित रह कर भोग्य दृष्टि लगाये रह गयीं। यहाँ स्त्री को सती होने के प्रेरक प्रसंग या उसकी कमनीयता की प्रशंसा को स्तुति की हद तक व्यक्त किया गया। उसे पूजनीया तथा भोग्या बने रहने या बनाने रखने के आख्यान ही गढ़े जाते रहे। यहाँ देह के भीतर अवस्थित स्त्री के जीवन को समझना तो दूर उसे भौतिक सामग्री से अधिक कुछ समझा ही नहीं गया है। यदि यह गुड़िया बेसुरा राग छेड़ देती है तो उसके कान उमेठकर, दाँत तोड़कर, हाथ-पैर तोड़कर या ज़िन्दा जलाकर उसकी आवाज का गला घोट दिया जाता है—जीवन में भी, साहित्य में भी। ज़रूरत के मुताबिक़ स्त्री-सौन्दर्य का वर्णन उस बकरे के मोटा-ताजा और गभरू होने का वर्णन है; जिसे सुस्वादु भोजन के रूप में एक दिन उपभोग किया जायेगा। यह सर्वथा निरर्थक कथन है कि स्त्री के प्रश्न तो केवल उसके मालिक या उसके रखवाले से सम्बद्ध हैं। रखवाले की नीयत और उसके द्वारा बरती जाने वाली यन्त्रणा का बयान करने भर या बता पाने भर के सारे अवसर तो वहाँ नहीं के बराबर होते हैं। दुःखों का सार्वजनीकरण मालिक की दम्भ भरी इज़्जत को बेनक़ाब करता है। इसलिए स्त्री के लिए हर तरफ़ घुटन ही घुटन है। मर्दवादी समाज में ज़मीन और स्त्री

के लिए लड़ाईयाँ इस बात को स्पष्ट करती हैं कि दोनों केवल वस्तुएँ हैं जिनका आदान-प्रदान, लेन-देन या उसे हासिल करके हक़ जताने से विजेता की ही गरिमा बढ़ती है—वहाँ उन वस्तुओं का अपना कोई वजूद नहीं होता।

दलित स्त्री के प्रश्न

सच तो यह है कि हिन्दी कविता में दलित-स्त्री प्रश्न ही बहिष्कृत हैं। हिन्दी काव्यालोचना में स्त्री-प्रश्नों को बड़ी सफ़ाई के साथ गुमनामी के अँधेरे तक महदूद कर दिया गया है। छायावाद की प्रसिद्ध कवयित्री महादेवी वर्मा की पीड़ा को सहानुभूति तो मिलती है किन्तु इसके निहितार्थ को पहचानने की कोई पहल नहीं होती। स्त्री के रोने की प्रशंसा भी की जाती है किन्तु रोने के कारणों की पड़ताल नहीं होती। फलतः स्त्री का प्रतिनिधित्व करती कविताएँ स्त्री-कल्याणकारी उपादानों को फलीभूत नहीं कर सकतीं। यह हिन्दूवादी सोच और स्त्री के प्रति दमन की मनोग्रंथि ही है जिसके कारण यहाँ भूख, ग़रीबी और रुदन को बड़े बेशर्म कसाईपने से प्रशंसित कर मनोरंजन का साधन बनाया जाता है। इस प्रशंसा की तरफ़ किसी हिन्दी आलोचक ने विमर्श नहीं छेड़ा। रीति काव्यों की रसिक-प्रिय भोग-वृत्ति से आगे छायावादी युग के कवि निराला तक की दृष्टि उसके दुःखों की तरफ़ गयी भी तो उसके शोषण की ओर नहीं जा पायी, जहाँ इस दुःख के उत्स हैं। स्वातंत्र्योत्तर काल में भी छिटपुट स्त्री-लेखन एवं अभिव्यक्ति को कभी भी वह प्रोत्साहन नहीं मिल पाया, जिससे उसके अभिव्यकि की कुंठा को पूरी तरह मिटाने की सकारात्मक ऊर्जा मिल सके।

एक तरफ़ तो स्त्री लेखन की अस्वीकार्यता की बात है तथा दूसरी तरफ़ दलित स्त्रियों के तिहरे दुःखों का दंश। इस दृष्टिकोण से हिन्दी साहित्य अभी तक कंगाली की हालत में है। हिन्दी साहित्य में स्थापित दलित-साहित्य ने अवश्य ही स्त्री के दुःखों को शामिल करने की कोशिश की है। दलित कवि कर्मशील भारती ने उत्पीड़न शीर्षक कविता में नारी पर होने वाले अत्याचारों का बख़ूबी चित्रण किया है—

> भारत आज भी/जंगली युग में जी रहा है
> स्त्री और दलित की अस्मिता पर/हमला हो रहा है
> कर्मशील मानव, नित नये अपमान के/आँसू पी रहा है[1]

दलित कवि मंशाराम विद्रोही की कलम उन व्यभिचारियों की तरफ़ इशारा करती है जो स्त्री को व्यभिचार का शिकार बनाते हैं। यह पशुता से भी गया-गुज़रा

कर्म मनुष्यता को शर्मसार करता है। वे कहते हैं—"नारी का क्रंदन रोदन है/ करते बलात् हैं व्यभिचारी"[2]

सुप्रसिद्ध चिन्तक एवं कवि ओमप्रकाश वाल्मीकि 'झाडूवाली' शीर्षक कविता में दलित स्त्री के दर्द को कुछ इस तरह व्यक्त करते हैं—

सुबह पाँच बजे/हाथ में झाडू थामे/घर से निकल पड़ती है।
'रामेसरी'/लोहे की हाथ-गाड़ी धकेलते हुए
खड़ंग-खडंग की कर्कश आवाज़ टकराती है-
शहर की उनींदी दीवारों से।
रामेसरी के हाथ में थमी बांस की मोटी झाडू।
सड़क के ऊबड़-खाबड़ सीने पर/ श्च-श्च की ध्वनि से तैरती है।
उड़ाती है धूल का गुबार/धूल जो सैकड़ों,
वर्षों से/जम रही है पर्त-दर-पर्त/फेफड़ों में रामेसरी के,
रंग रही है स्वांश नली को/ चिमनी सा[3]

दलित-स्त्री के त्रिकोणीय सन्ताप का प्रतिनिधित्व करती 'रामेसरी' अलसुबह कूड़े की हाथ-गाड़ी ढकेलती है। यहाँ शहर की उन्नींदी दीवारों के बरअक्स उसका कर्मयोग तो है किन्तु उसकी त्रासदी भी है। दलित-स्त्री के जीवन-मूल्य को सड़क की ऊबड़-खाबड़ धूल उड़ाती गुबार ने उपेक्षित और चेतना-शून्य कर रखा है। पर्त-दर-पर्त फेफड़ों में धूल जमने का चित्रण सफ़ाई-कर्मी दलित-स्त्री के कठिन संघर्ष, आजीवन कर्तव्य-निष्ठा और समर्पण के बदले प्राप्त तिरस्कार के पारितोषित का रूपान्तरण है। इसी प्रकार कवि मंशाराम विद्रोही जातीय ख़ानों में बँटी स्त्री के जीवन-मूल्यों को उसके उपेक्षित सामाजिक मूल्यों के सामने रखते हैं। वे श्रमिक-वर्ग की स्त्रियों और अश्रमिक-वर्ग की स्त्रियों के अन्तर को भी भली-भाँति रेखांकित करते हैं। यहाँ सवर्ण-स्त्रियों की अलग पहचान अर्थ-तन्त्र पर कब्ज़ा जमाए उनके मालिक की पहचान से जुड़ी है। बनिया-बाभन के घर की स्त्री क्या खन्ती खोदते दिखाई देती है? अर्थात् वह स्त्री होते हुए भी सवर्ण बनिया-बाभन की उच्च्व-कुलीनता ओढ़े हुए है—

सखी री ढो तू गारा ईंट
बनिया-बाभन की री बेटी, ढोई कहीं क्या ईंट
खन्ती खोदत मिलै कहीं क्या? पहिन किनारी छींट
हो मज़दूरन क्षत्रि की बेटी, तनय चीथड़ा चीट
करुँ गुलामी सखी तुम्हारी, मुझको देना पीट[4]

दलित मुद्दों को अपनी सम्वेदना की आँखो से देखते हुए कवि जयपाल सिंह

अबोध बच्चों की ज़ुबानी उनके माँ-बाप पर होने वाले अत्याचारों का चित्रण करते हैं। गोलियों से भून दिये गये पिताओं तथा बन्दूक़ों की नोक पर माताओं के ठेले जाने का मार्मिक चित्र खींचा है–

कुछ बच्चे मटमैले/अपने स्वर में बोले
गत रात हमारी झोपड़ियों में आग लगाकर
गोलियों से भून दिया गया हमारे पिताओं को
और ले गये हमारी माताओं को
ठेलते बन्दूक़ों की नोक पर[5]

प्रखर चिन्तक और कवि कंवल भारती अपनी कविता में दलित स्त्री द्वारा भोगे अमानवीय एवं क्रूर अपमान को दर्शाने के लिए सवर्ण हिन्दू मानसिकता से प्रतिकार के लहजे में जो प्रश्न खड़ा करते हैं उससे स्त्री के अपमान और दलन की पुरुष परम्परा की ही अभिव्यक्ति होती है। यह बिडम्बना ही है कि पुरुषों की वर्चस्वादी कलह और लड़ाई में हर तरह के पाशविक-वहशीपन एवं नारकीय-यन्त्रणा की शिकार केवल स्त्री ही बनती है चाहे वह दलित स्त्री हो या ग़ैर-दलित। यह भी सच्चाई है कि सवर्णों के घर की स्त्रियाँ भी दलित उत्पीड़न में बराबर की हिस्सेदार बनती हैं। वे स्त्रीत्व के स्तर पर दलित स्त्री के साथ एका करते हुए समूचे मर्दवाद का विरोध करने की बुद्धि और विवेक हासिल करने में अभी भी न जाने कितना वक़्त लगाएँगी। यहाँ भी ब्राह्मणवादी षड्यन्त्र ने बड़ी चतुराई से उन्हें भी उतने ही वर्णों और जातियों में बाँट रखा है जितने में पुरुषों को। यह क्रमिक असमानता एक स्तर पर पुरुषों से स्त्रियों को तथा अगले स्तर पर स्त्रियों को भी स्त्रियों से विभाजित करता है। जब दलित कवि सवर्णों की स्त्रियों को भी बदले की भावना से प्रताड़ित करने की बात कहता है तो उसमें स्त्री-उत्पीड़न जातीय भेद-भाव से भी आगे निकल जाता है–

तुम्हारी बहन-बेटियों को/सर्वथा अवस्त्र कर घुमाया जाये
गली-गली नचाया जाये/कसे जायें फिकरे/और
किये जायें बलात्कार/सड़कों चौराहों पर
सामने तुम्हारे/तब तुम्हें कैसा लगेगा?[6]

यह दलित द्वारा अपनी बहन-बेटियों पर हुए अत्याचार का बदला उसी तरीक़े से लेने का उपालम्भ है। ऐसा अपने दुःख का एहसास कराने के लिए ही उसी तरह के हृदय विदारक यन्त्रणा से दूसरे पक्ष को गुजरते हुए देखने की उत्कट अभीप्सा है। कवि रघुनाथ प्यासा ने स्त्री-जीवन के अत्यन्त कोमल पक्ष को लेकर क्रान्तिकारी विद्रोही स्वर उठाया है। यहाँ दलित स्त्री आर्थिक मोर्चे से

जूझते हुए यदि चूड़ी पहन पाने की अपनी साध पूरा करने में सक्षम भी हो पाती है तो जातिवाद का दूसरा पक्ष ऐसा करने से रोक देता है। डर है कि मुखियानी द्वारा मुखिया से शिकायत करने पर एक दलित स्त्री के साज-श्रृंगार या अच्छे जीवन-स्तर से वैमनस्यता पैदा हो जायेगी–

> इत मत आईये रे मनिहार/चूड़ी कैसे पहनूँ रे
> मेरे बलमा बेरोज़गार/महँगी चूड़ी पहनी एक दिन बड़ी मुसीबत आयी
> मुखियानी ने मुखिया जी से तभी शिकायत लगाई
> म्हारे सामने महँगी चूड़ी/पहने नीच गँवार[7]

इस प्रकार स्त्री प्रश्नों को पूरी शिद्दत के साथ समूची दुनिया के सामने रखने का काम भी दलित साहित्य ने बखूबी किया है। इस नक़्शे-क़दम पर चलते हुए आज की दलित स्त्री ही नहीं बल्कि समूची स्त्रियाँ इस विमर्श की झंडाबरदार बनी सामने आ रही हैं। अन्तर्राष्ट्रीय नारी आन्दोलनों और भारतीय सन्दर्भ में स्वतन्त्रता बाद के संवैधानिक प्रावधानों ने स्त्री को सशक्त बनाने की कोशिश ही नहीं की बल्कि उन्हें अधिकार-संपन्न भी किया। परिणाम स्वरूप हिन्दी साहित्य में स्त्री अभिव्यक्ति की स्वतन्त्रता पूरी शिद्दत से आकार पा रही है। शायद तथाकथित मुख्य-धारा के साहित्य में आज तक स्त्री के इन पक्षों पर इस तरह का विमर्श नहीं हुआ है जैसा दलित स्त्री के सन्दर्भ में हुआ है। आज स्त्री भी निर्णायक बनकर समाज में अपना स्थान बनाती हुई एक सशक्त आवाज़ बन कर उभर रही है। मर्दवादी सोच और योनि-शुचिता के बहाने स्त्री के मन-मस्तिष्क को क़ैद करने वाले एकाधिकर के विरुद्ध तुमुल-नाद करती हुई स्त्री अपने शोषक को ललकारने लगी है। 'वह अपनी देह की मालिक खुद है' इस घोषणा के बाद पुरुष-वर्चस्व के सभी पूर्वाग्रही गढ़ टूटने-ढहने लगे हैं। यद्यपि आर्थिक स्वतन्त्रता की आड़ में स्त्री-मुक्ति ही नहीं दलित-मुक्ति के सारे हथियारों को कुंद करने की कोशिश आज भी जारी है। आर्थिक आज़ादी का ताला तो सामाजिक आज़ादी की कुँजी से ही खुलता है। यहाँ उपस्थित बहुत सी गुप-चुप साज़िशों को नाकाम करने की चुनौतियाँ अभी भी सामने मुँह बाये खड़ी हैं।

दलित-साहित्य की अवधारणा और दलित कविता

दलित-साहित्य की अवधारणा, उसकी चुनौतियों और उसकी वैज्ञानिक सोच की परम्परा पर बात करें तो व्यापक परिदृश्य सामने आयेगा। इसके बाद ही हिन्दी-साहित्य में दलित-साहित्य की उपस्थिति पर बात करना प्रासंगिक होगा।

हिन्दी में दलित-साहित्य की पुरानी परम्परा है। इसकी जड़ें अत्यन्त पुरानी

तथा गहरी हैं। यह मिथ्या धारणा प्रायः लोगों के मन-मस्तिष्क में बैठी है कि हिन्दी का दलित साहित्य मराठी के दलित साहित्य का अनुकरण मात्र है। दलित साहित्य के नाम से भले ही इसे बहुत बाद में पहचान मिली हो, किन्तु हिन्दी का समूचा निर्गुण सन्त-साहित्य इसी धारा का प्रतिनिधित्व करता है। यहाँ दलित-उत्पीड़न के विरुद्ध स्पष्ट स्वर सुनाई पड़ते हैं। वह चाहे सूफ़ीवाद हो, बाउल परम्परा हो या बौद्ध दर्शन की अनीश्वरवाद की वाहक निर्गुणवादी परम्परा हो, लगातार दमन के विरुद्ध खड़े होने का आवाहन करती ये कविताएँ सदियों से हिन्दी साहित्य की अगुआई कर रही हैं। कदाचित् यह बात और अधिक गहरे शोध से सामने आये कि विगत में किस प्रकार ऐसे मानवतावादी स्वर को मिथ्या, पाखण्डवाद और ईश्वरवादी दर्शन में विरूपित करने का काम किया गया। जो भी हो, यह सच्चाई किसी सुलह-सफ़ाई की मोहताज नहीं है कि हिन्दी में एक महान दलित साहित्य उपलब्ध है जो केवल दलितों का पक्षधर ही नहीं बल्कि दलितों द्वारा लिखा भी गया है। निश्चित ही हिन्दी का दलित-साहित्य मराठी के दलित-साहित्य का अगुआ साहित्य है। हाँ! हिन्दी में दलित-साहित्य का नामकरण मराठी दलित-साहित्य की प्रेरणा स्वरूप ही हुआ किन्तु इस पर काम तो सदियों से चलता आ रहा है। हिन्दी में सन्त, सिद्ध, नाथ परम्परा और लोक-भाषा में लोगों की ज़ुबान पर चढ़ा जन-साहित्य उतना ही पुराना है जितनी कि हिन्दी भाषा। यह बुद्ध, जैन, चार्वाक, मक्खलि गोशाल की श्रमण, लोकायत और आजीवक परम्परा को आगे बढ़ाने वाला लोकोपकारी साहित्य है।

दलित-साहित्य धार्मिक-पाखण्ड द्वारा अध्यारोपित सामाजिक-आर्थिक ग़ैरबराबरी के बल-बूते एक मनुष्य द्वारा दूसरे मनुष्य के साथ अमानवीय अपमान के विरुद्ध आवाज़ है। यह अतार्किक अन्याय-उत्पीड़न से उपजे आक्रोश, प्रतिकार और प्रतिशोधजन्य भावों की अभिव्यक्ति है। इसमें आह भरते हुए अत्याचार झेलने की परम्परा के धराशायी होने के स्पष्ट संकेत हैं तथा व्यवस्था को चुनौती देते हुए व्यवस्था-परिवर्तन हेतु प्रतिगामी शक्तियों से संघर्ष का शंखनाद है। सुविधा-भोगी, परजीवी, मज़ामारू क़ौम अपने ही विरुद्ध किसी लड़ाई की पैरोकार हो, यह अप्राकृतिक और अस्वाभाविक है। इसीलिए दलितों द्वारा, दलितों के लिए लिखा गया दलितों का साहित्य ही दलित-साहित्य है।

पारम्परिक और स्वाभाविक रूप से हिन्दी की तथाकथित मुख्य धारा ने किसी तरह के दलित-साहित्य की अलग उपस्थिति और पहचान से लगातार इंकार किया है। यह स्वाभाविक भी है क्योंकि दलित-साहित्य ने हिन्दी के पारम्परिक साहित्य या यूँ कहें कि हिन्दी-साहित्य के स्थापित बहुत से मानकों को जड़ से

उखाड़ फेंकने का काम किया है। यह अभिजात्यों की असुविधा का साहित्य है, किन्तु द्विज परम्परा के आलोचकों की अनदेखी से दलित और स्त्री प्रश्नों के ज़रिए उठाया गया यह तूफ़ान आसानी से टलने वाला क़तई नहीं है। यह हिन्दी साहित्य के लिए एक समृद्धिकारक नयी आमद है जिसके माध्यम से मनुष्यता का पक्षधर बहुत बड़ा विश्व-साहित्य हिन्दी के गौरव को बढ़ानेवाला है। इससे उसकी अन्तर्राष्ट्रीय पहचान में बृद्धि भी हो रही है। दलित-साहित्य आज किसी की प्रशंसा या आलोचना का मोहताज नहीं है। दलित-साहित्य की धारा अवरुद्ध करने वाले यह मानने को क़तई तैयार नहीं हैं कि दलित-साहित्य नाम से अलग साहित्य की पहचान हो। इसे वे साहित्य का जातीय विभाजन कहकर ख़ारिज करने में लगे हैं। उनका मन-मस्तिष्क जान बूझ कर इस सत्य से इंकार कर रहा है कि साहित्य की अलग-अलग धाराओं के मिलने से हिन्दी साहित्य की धारा अधिक बलवती होगी। संयोजन के दृष्टिकोण को विभाजन की नज़र से देखना जातीय खेल का ही नया संस्करण है।

कुछ पूर्वाग्रही लोग यदि दलित-साहित्य की उपस्थिति को अनिवार्य मान भी रहे हैं तो वे यह मानने को क़तई तैयार नहीं हैं कि यह केवल दलितों द्वारा ही लिखा जा सकता है। लम्बे समय से ऐसी असहमतियाँ हैं। आज के समय में ऐसी असहमतियाँ केवल सामन्ती दम्भ मात्र रह गयीं हैं। दलील दी जा रही है कि दलित-साहित्य के नाम पर यह साहित्यिक आरक्षण है। यह भी एक कुतर्क है। दलित रचनाकार साहित्य को कुछ दे रहे हैं, ले नहीं रहे हैं। वास्तव में यह मनुवादी सोच का परिणाम है। यह मालिकाना हक़ जताने का दुराग्रह है कि "तुम चाहे जितना कमाओ जहाँ से भी कमाओ, जैसे भी कमाओ, लेकिन उसके मालिक केवल हम (अभिजात्य वर्ग) ही थे, हम ही हैं और हम ही रहेंगे।" सारी परेशानी का कारण शायद यह है कि इसके ज़रिए सामन्तों-द्विजों की नक़ली प्रगतिशीलता का भेद खुल रहा है। कम्यूनिस्ट चोले में ढँके ब्राह्मणवादी चेहरे धीरे-धीरे नमूदार हो रहे हैं—आख़िर भारतीय सांस्कृतिक संकट का पिशाच जो खड़ा किया जा रहा है।

दलित-साहित्य तो ब्राह्मणवादी मानसिकता की क़ैद से साहित्य के जन-सराकारों को छुड़ाने की क़वायद है। यह तो वर्णवादी-सामन्तवादी वर्चस्व के तहत साहित्य में शत-प्रतिशत आरक्षण के विरुद्ध लड़ाई का बिगुल है। वर्तमान परिप्रेक्ष्य में दलित-साहित्य समता, स्वतन्त्रता और बन्धुत्व का पैरोकार है जिसकी प्रेरणा का स्रोत डॉ. अम्बेडकर का प्रखर दार्शनिक, सामाजिक, राजनैतिक, और धार्मिक चिन्तन है। उनका मानतावादी साहित्य-सागर दलित-साहित्य का ऊर्जा-स्रोत है।

दुर्भाग्य है कि अम्बेडकर के योगदान को राष्ट्रीय परिप्रेक्ष्य में लगातार दरकिनार किया जाता रहा है, जबकि उनका सामाजिक, आर्थिक और राजनैतिक चिन्तन ही इस देश की डूबती नैया का खेवनहार है। यही कारण है कि दलित-साहित्य तर्क और विवेक पर आधारित सम्यक साहित्य है।

तथाकथित मुख्यधारा का साहित्य अपनी हठधर्मिता, आडंबरपूर्ण छद्म-व्यंजना और दिशा-विहीन कपोल कल्पना के चलते लगातार अपनी प्रासांगिकता खोता जा रहा है। ऐसे में दलित-साहित्य का नया संसार अपनी ज़मीन पर—अपने आकाश तले—पूरे वजूद में आ चुका है। दलितों का अपना अनुभव-संसार है जिसे वे सामने ला रहे हैं। "जाके पाँव न फटी बिवाई, वो क्या जाने पीर पराई"।

ऐसा भी नहीं कि ग़ैर-दलित के पास उसका अपना अनुभव नहीं है। किसी का भी जीवन-अनुभव हो, सच्चाई से सामने आये तो सार्थक साहित्य के निर्माण में सहायक होगा। एक शोषक के अनुभवों की सच्ची अभिव्यक्ति भी दिलचस्प हो सकती है, किन्तु ग़ैर के अनुभवों पर लेखन तो सीमाओं का अतिक्रमण है। फिर भी यदि ग़ैर दलित-साहित्यकार दलितों के बारे में लिखते हैं तो लिखें। उन्हें कौन रोकता है। वह जिनके लिए लिखा जायेगा वही उसका मूल्यांकन भी तो करेंगे। पाठकीय सरोकार और रचना का पाठक के साथ तादात्म्य तो तभी बनेगा जब कहीं न कहीं अनुभवों की साझेदारी होगी वरना हज़ारों सफ़ेद पृष्ठों पर स्याही बिखेरने से अँधेरा ही बढ़ेगा। यही बात कुछ लोग स्वीकार नहीं कर पा रहे हैं एवं तरह तरह से अपनी भड़ास निकाल रहे हैं। प्रगतिशील लेखन के झंडाबरदार और सामन्तवादी सोच के पोषक एक कामरेड ने तो यहाँ तक कह दिया कि 'दलितों को कुत्ता काटा है।' अब काटनेवालों को आप कुछ भी कहो। दलित तो काटे का दर्द अपनी ज़ुबानी बताने पर अडिग हैं। जब स्वनामधन्य आलोचकों का यह रवैया है तो साहित्य पर आभा मण्डल की तरह छाये लोग दलित-साहित्य पर क्यों कर कान दें? यह संस्कारगत दृष्टि, 'पैराडाइम' शिफ्ट नहीं होने दे रही है। आप बिना दृष्टि बदले देखना चाहते हैं। कहा है कि "शौक़े-दीदार अगर है तो नज़र पैदा कर" बिना दलित-दृष्टि के दलित-साहित्य का हीरा भी साधारण पत्थर ही दिखेगा।

संस्कारगत दृष्टि के फिक्स पैराडाइम की मीमांसा करें तो हम पायेंगे कि वास्तव में वर्णवादी व्यवस्था ने भिन्न वर्ण के मनुष्यों का अलग-अलग संस्कारगत ट्रीटमेन्ट कर डाला है। अलग कन्डीशनिंग के कारण उनको अलग तेवर, अलग शक्ति और अलग दृष्टि मिली। इसे हम एक वैज्ञानिक उदाहरण से आसानी से समझ सकते हैं। लोहे से ही लोहा काटा जाता है—यह सबको मालूम है। दूसरे

शब्दों में एक ही तरह के लोहे से बनी छेनी उसी तरह के लोहे को काट देती है लेकिन छेनी बनाने के लिए लोहे का कुछ अलग ट्रीटमेन्ट करना पड़ता है। छेनी की धार को बार-बार गरम करके हथौड़े से पीटना, उसे पानी डालकर ठण्डा करना, फिर गलने के तापक्रम तक गरम लाल करना, पीटना और ठण्डा करना, यह है उसकी कंडीशनिंग। इस तरह गरम-ठण्डा करके उसे हार्डनेस तथा न टूटने लायक (अनब्रेकेबल) बनाया जाता है। इस तरह के ट्रीटमेन्ट और कन्डीशनिंग की हुई दलित मानवता वाकई मज़बूत और न टूटने वाली है। उसकी जिस्मानी बनावट औरों जैसी होते हुए भी उसकी मानसिक बनावट अधिक सशक्त है, जो अपनी अस्मिता और अपने मानवीय सम्मान के प्रति सजग हो चुकी है। वह किसी भी बहकावे या शब्दजाल से बचने की माद्दा रखती है।

दलित-साहित्य पर दलित का एकाधिकार होने का एक और वैज्ञानिक तर्क देते हैं। कबीर कहते हैं—

> कैसे मेरा तेरा मनुवा एक होई रे
> मैं कहता हौं आँखन देखी, तू कहता कागद की लेखी
> मैं कहता सुरझावन हारी, तू रख्यौ उरझाई रे
> मैं कहता हूँ जागत रहियो, तू कहता है सोई रे[8]

ऊपर कहा गया है कि दलित चिन्तन और दलित-साहित्य की परम्परा सदियों पुरानी है, भले इसकी निशानदेही इस रूप में बाद में की गयी है। इससे कोई फर्क नहीं पड़ता। कबीर का सन्देश स्पष्ट है। सन्त कवि या भक्त कवि कह देने से उनकी ओजस्विता या दलित तेवर समाप्त नहीं हो जाता। बड़े कटु अनुभव के बाद कबीर प्रश्न उठाते हैं कि तुम्हारा और हमारा मन एक कैसे हो सकता है? कबीर उसका साक्ष्य भी देते हैं। जहाँ हमारी सोच में छत्तीस का आँकड़ा है तो मन एक कैसे होगा? प्रेम कैसे पनपेगा? प्रेम का धागा तो चटका कर तोड़ दिया अब जोड़ने से भी गाँठ पड़ेगी ही। टूटे लोहे की वेल्डिंग भी करेंगे तो भी गाँठ पड़ेगी ही। एक मित्र ने सुझाया कि गाँठ पर ग्राइन्डर चला दीजिए और पालिश-पेन्ट कर दीजिए गाँठ तिरोहित हो जायेगी। ठीक है बाहर की गाँठ तो छुप जायेगी किन्तु अन्दर की गाँठ तो कभी भी टूट सकती है। यह और बड़ा धोखा है। इससे तो दुर्घटना हो जायेगी। एक और सुझाव आया कि इलेक्ट्रिक वेल्डिंग और गैस वेल्डिंग से बेहतर एक और तकनीक है। वह है फोर्ज वेल्डिंग, देसी भाषा में (लुहार की भाषा में) ताव लगाना। जब एक लोहे की राड को दूसरी राड से जोड़ना होगा तो बड़ी राड में एक खाँचा (स्लाट) बनाया जायेगा अर्थात् स्पेस क्रीएट किया जायेगा जिसमें छोटी राड के प्रोजेक्टेड भाग को फिट किया

जायेगा और बार-बार दोनों लोहों को गलाने तक के तापक्रम तक गरम करके पीटा जायेगा। इस तरह दोनों राड मिलकर एकाकार हो जायेंगी। यहाँ परेशानी यह है कि जुड़ने के लिए स्पेस देना होगा और दोनों को समान तापक्रम तक वह भी गलनांक तक जलना होगा। सुविधा भोगी उपजीवी वर्ग न स्पेस देने को तैयार है न जलने को। -ऊपर से चोट अलग खानी है। इसीलिए कबीर ने कहा कि "कैसे तेरा मेरा मनवा एक होय रे।" दलित-साहित्य से असहमति का यह वैज्ञानिक कारण है। हमारी सोच, हमारी संस्कृति, हमारी रहनी, हमारा आचरण तो बेमेल है। आप जुड़ना भी चाहते हो तो पेन्ट-पालिश लगाकर एक दिखने के लिए।

दलित काव्य परम्परा और काव्यालोचना

दलित कविता का जन्म "वियोगी होगा पहला कवि, आह से उपजा होगा गान" की पारम्परिक सोच से अलग कारणों और कारकों द्वारा हुआ है। दलित कविता स्वानुभूत दुःख-सुख, हानि-लाभ करुणा-आक्रोश एव मानसिक गुलामी से छूटने की छटपटाहट को वाणी देने की कोशिश है। यह उत्पीड़न और ज़बरन मूक-बधिर बनाकर स्थापित इकतरफ़ा शान्ति के विरुद्ध भीषण कोलाहल और संघर्ष का शंखनाद है। ज़ाहिर है ऐसी कविता से पारम्परिक रूढ़ मान्यताओं को चुनौती मिल रही है तथा सदियों से स्थापित मिथक टूट-ढह रहे हैं। दलित- कविता तथाकथित आभिजात्य साहित्य के लिए प्रतिरोध, भय, कौतूहल और किंकर्तव्यविमूढ़ता की स्थिति पैदा करती है। दलित-साहित्य और दलित-कविता को नकारने के पुराने हथकंडे अभी भी ताक़ में हैं। इसके साथ मिलकर भीतर-घात की साज़िशें साहित्य में भी हैं और साहित्येतर भी। इस प्रकार की चुनौतियों से दो-चार होती हुई दलित-कविता आज अपने उरूज़ पर है।

दलित-साहित्य की जड़ें लोक-जीवन में गहरी हैं। इस परम्परा में कबीर, रैदास, चोखा मेला, दादू, पीपा, मलूकदास, नानक, सन्तमारहखी जैसे कवियों की लम्बी परम्परा है जिन्होंने धार्मिक एवं सामाजिक परिवर्तन की लड़ाई में अग्रणी भूमिका निभाई।

कबीर ने जो प्रश्न उठाये उनका जवाब हिन्दू-मुस्लिम सम्प्रदाय के मठाधीशों को आज तक नहीं सूझा। और तो और उनकी नाजायज़ आलोचना की गयी। उन्हें अनपढ़, अक्खड़, दम्भी कहकर, उनकी भाषा को अनगढ़, खिचड़ी, सधुक्कड़ी कहकर उनके निर्वर्ण-दर्शन को राम-भक्ति का बाना पहनाकर दलित-आन्दोलन की दिशा ही उलट दी गयी। ऐसी द्वेषपूर्ण आलोचना ने दलित-साहित्य और समाज दोनों को भ्रमित किया। जिस अवर्ण दर्शन के जनक रैदास और कबीर हैं, उन्हें

राम-भक्त बताना और मनगढ़न्त आडम्बरपूर्ण क़िस्से जोड़ना, दलित आन्दोलन की आग को राख के भीतर दबाने की कोशिश है। रैदास की हत्या बाद आँतों के बाहर निकलने को जनेऊ दिखाना तथा कबीर की हत्या को उनका अन्तर्धान होकर फूल बन जाना बताकर अवैज्ञानिक मान्यताओं का महिमामण्डन किया गया है। यहाँ तक कि यही पाठ्यक्रमों में पढ़ाकर नयी नस्लों को भी अन्धविश्वास और आडम्बर के दलदल में धकेला जाता रहा है। एक झूठ को सैकड़ों बार बोलने पर वह सच की प्रतीति देने लगता है। यह दलित-साहित्य के साथ ही नहीं दलित-समाज के साथ भी किया जाता रहा है।

जिस तरह के सवाल कबीर की भाषा पर उठाये गये, वैसे ही सवाल आज के दलित-साहित्य पर उठाकर, मूल स्वर को शब्दों के ब्रह्मजाल में फाँसकर गलाघोट साज़िश अब भी जारी है। कबीर की भाषा उस आम जन की भाषा है, जिसके बीच वे उठते बैठते हैं। कबीर और कबीर के लोगों की अलग भाषा बोली, उनकी अलग पहचान है। बुद्ध-वचन संस्कृत की बजाय पाली-प्राकृत में देने का निर्देश देकर भगवान बुद्ध ने जन-भाषा में जनता से सम्वाद क़ायम रखा। लोकभाषा ही लोक तक पहुँचने का माध्यम है। यही दुराग्रही शक्तियाँ उर्दू का भी विरोध करती हैं। उर्दू जैसी मीठी और शीरीं ज़ुबान के शब्द यहाँ के लोक-जीवन में घुले हुए हैं। हिन्दी को उर्दू से अलग करके देखना वर्चस्ववादी खेल है। संस्कृत की तमाम अलोकप्रियताओं के बावजूद उसका गुणगान और उसकी जटिल शब्दावली और पेंचदार शैली को हिन्दी में ठूँसना आज भी आभिजात्य हिन्दीवादी (हिन्दूवादी?) की निशानी है।

तत्सम शब्दावली गढ़कर भाषा के लोक स्वरूप को नष्ट करने के यही कारण हैं। भाषा के इन्हीं स्वनिर्मित मानदंडों पर कसकर लोक-साहित्य को हिक़ारत भरी नज़रों से देखा गया है। दलित-साहित्य में भाषा-शैली की कसावट और परिपक्वता(उनके अपने मापक) खोजने वाले लोग जन-विरोधी हैं। जहाँ भाषा जनता से सहज सम्वाद स्थापित करती हो ऐसी भाषा को आभिजात्य-वर्ग, "साहित्य के दोयम दर्जे की भाषा" क़रार देता है, क्योंकि उसके यहाँ तो साहित्य केवल आभिजात्य वर्ग के लिए ही लिखा जाता रहा है। उर्दू से भेदभाव भी भाषा के गुण-अवगुण के आधार पर न होकर साम्प्रदायिक कारणों से है। दलित-साहित्य से असहमति भी कदाचित् ऐसे ही कारणों से है।

मूल तथ्य यह है कि दलित-कविता या दलित-साहित्य केवल साहित्यिक प्रतिरोध का स्वर नहीं है वरन यह दो संस्कृतियों के वजूद की लड़ाई है। इस प्रतिरोध में छद्‌म-पूर्ण धर्मान्धता और राजनैतिक षड्‌यन्त्र के प्रति विद्रोह का स्वर

भी है। ऐसे में दलित-साहित्य की स्वीकृति का अर्थ है अपनी धार्मिक, सामाजिक, आर्थिक एवं राजनैतिक चालबाजियों के गुनाहों को स्वयं स्वीकार कर लेना और अपने वजूद को ख़तरे में डाल देना। ऐसा भला कौन चाहेगा? यही इन विरोधों के पीछे का सत्य है। दलित-साहित्य की वैचारिकी, इसका दर्शन, इसकी नैतिकता कभी भी द्विज-धर्म के लिए सुविधा-जनक नहीं रही है, अतः इसकी तारीफ़ या स्वीकारोक्ति तो छोड़िए इसकी चर्चा पर भी किसे परेशानी पैदा नहीं होगी? क्या वह इस उक्ति का मन से स्वागत करेगा?—"पहिरि जनेऊ जे बाभन होना, मेहरहिं का पहिराया"[9] यही नहीं—"सुनत कराइ तुर्क जो होना औरत को क्या कहिए?"[10] ठीक इसी तरह रैदास के पद भी क्रान्तिकारी और पाखण्ड विरोधी हैं—

बाभन को मत पूजिए जो हो गुन से हीन
पूजिए चरन चण्डाल का जो गुन-ज्ञान-प्रवीन[11]

या फिर यह कि—"कह रविदास मैं ताहि को पूजूँ, जाके ठाँव, नाँव नहिं कोई"[12]। यहाँ बिना नाम और बिना स्थान वाले की पूजा अर्थात् उसके प्रति अपनी श्रद्धा और ध्यान स्पष्ट रूप से अनीश्वरवादी चिन्तन का घोषणा-पत्र है। फिर भी यदि ब्राह्मण-साहित्य रैदास को हिन्दू ख़ाने में क़ैद करने के लिए उन्हें कृष्ण, राम एवं ईश्वर का पूजक सिद्ध करने पर तुला है, तो इसमें कोई आश्चर्य की बात नहीं। इन कवियों ने शोषण और आडंबर-युक्त धर्म को चुनौती दी; इसीलिए शोषक खेमें में इनकी सकारात्मक प्रशंसा होगी, ऐसी उम्मीद बेमानी है।

वर्तमान परिप्रेक्ष्य में दलित कविता के स्वर : बनाम अभिजात्य साहित्य

बीसवीं सदी में इस परम्परा को आगे ले जाने वाले लोगों में स्वामी अछूतानन्द हरिहर, एवं केवलानन्द का नाम सम्मान के साथ लिया जा सकता है। स्वामी अछूतानन्द हरिहर के आन्दोलन और उनकी कविता ने उत्तरी भारत की दलित-जागृति में अविस्मरणीय योगदान किया। दलित-आन्दोलन के आज के रचनाकारों ने इन कवियों को खोज निकाला वरना इनका साहित्य ही भुला दिया गया था। प्रश्न है कि ग़ैर-दलित आलोचक इसका नोटिस क्यों नहीं लेते?

'हरिहर' जी की कविता की बानगी देखिए और स्वयं फ़ैसला कीजिए कि इन सन्देशों की सच्चाई क्या है?—

निसिदिन मनुस्मृति ये हमको जला रही है
ऊपर न उठने देती नीचे गिरा रही है[12]

इसी प्रकार केवलानन्द की कविता "मनु जी तुमने वर्ण बनाये चार/ जा दिन तुमने वर्ण बनाये, न्यारे रंग बनाये क्यों ना/गोरे ब्राह्मण, लाल क्षत्रिय, बनिया

पीले बनाये क्यों ना''[13] और अन्त में कहते हैं- लोहे के बर्तन पर पानी कंचन का दियो डार।''[14] हीरा डोम के नाम से 1914 में सरस्वती पत्रिका में छपी कविता ''अछूत की शिकायत'' भी दलित आक्रोश की गवाह है—

हमनी के राति दिन दुःखवा भोगत बानि/हमनी के सहेबे से मिनती सुनाइब
हमनी क दुःख भगवनवो न देखता जे/हमनी के कब ले कलेसवा उठाइब
पदरी साहेब के कचहरी में जाइब जा/बेधरम हो के रंगरेज बनि जाइब
हाय राम धरम न छोड़त बनत काजे/बेधरम होके कैसे मुँहवा देखाइब
खंभवा के फारि प्रह्लाद के बचवले जा/ ग्राह के मुँह से गजराज के बचवले
धोती दुरजोधना का भइया छोरत रहे/ परगट होके तहाँ कपड़ा बढ़वले
मरले रवनवाँ के पलले भभिखना के/ कानी अंगुरी पर धैके पथरा उठवले
कहवाँ सुतल बाटे, सुनत न बाटे अब/ डोम जानि हमनी के छुए से डेरइले
हमनी के इनरा के निगचे न जाइला जा/ पाँके में से भरि-भरि पियतानी पानी
पनही से पीटि-पीटि हाथ गोड़ तुरि देलें/ हमनी के एतनी काहे के हलकानी[15]

इस रचना में दलित-वेदना की कहानी स्पष्ट है, जिसमें अंग्रेज बहादुर से सवर्ण समाज की शिकायत और धर्म बदलने की धमकी शामिल है।

दलित साहित्य के नाम पर बीसवीं सदी में ग़ैर दलितों ने भी दलितों के जीवन पर कविताएँ लिखीं किन्तु वर्णवादी सोच हमेशा ऊपर रही और सहानुभूति की इन फुटकर रचनाओं ने दलित अस्मिता के ज्वार को ठण्डा करने का ही काम किया। इनमें प्रायः द्विजों से नहीं बल्कि दलितों से अपील है कि वे ईश्वरीय विधान को स्वीकार करें। इन रचनाकारों में राष्ट्रकवि सोहनलाल द्विवेदी, सूर्यकान्त त्रिपाठी निराला, सुभद्रा कुमारी चौहान, मैथिली शरण गुप्त, गया प्रसाद शुक्ल सनेही, पं. माधव शुक्ल, धूमिल, त्रिलोचन, मुक्तिबोध, नागार्जुन, जगदीश गुप्त आदि कई नाम हैं। दलित-दृष्टि में वहाँ बनावटी सान्त्वना और सहानुभूति के अलावा कोई मूलभूत परिवर्तन के स्वर नहीं सुनाई पड़ते।

कुछ उदाहरणों से बात स्पष्ट हो जायेगी। (1) प्रकृति के सुकुमार कवि पं. सुमित्रानन्दन पन्त ने कविता 'चमारों का नाच' में जो वर्णन किया है वह मात्र कौतूहल तथा मनोरंजन का पर्याय है। यहाँ लोक गायन के जुमलों को न ही उदघाटित एवं विश्लेषित किया गया है न ही उनके असम्मान-जनक जीवन के विद्रूपों में छुपी उत्सव-धर्मिता के ज़िन्दा रखने वाली ऊर्जा की पड़ताल की गयी है। सूर्यकान्त त्रिपाठी निराला की कविता 'वह आता/दो टूक कलेजे का करता/ पछताता पथ पर आता...मुठ्ठी भर दाने को, भूख मिटाने को''[16] में भी सहानुभूति (2) निराला रचनावली में भी सहानुभूति की चित्रात्मकता अधिक है किन्तु इस

स्थिति को बदलने के कोई संकेत या कोई प्रतिबद्धता नहीं है। बाबा नागार्जुन ने भी इस प्रकार के कई प्रसंग उठाए हैं जिसमें दलितों के उत्पीड़न का वर्णन है—

खिला-खिला सेठ है, श्रमिक है बुझा-बुझा
मालिक बुलन्द है मज़दूर पस्त है
सेठ यहाँ सुखी है, सेठ यहाँ मस्त है
उसकी है जनवरी उसी का अगस्त है[17]

ऐसी ही अन्य कई कविताएँ जो मार्क्सवादी दर्शन से प्रभावित हैं; लिखी गयी हैं, किन्तु इन कविताओं के दर्शन में वर्गवाद ने वर्णवाद के सत्य को विस्मृत या नज़रअन्दाज़ सा कर दिया है। इन कवियों से अलग पं. रामचन्द्र शुक्ल सीधे शब्दों में कहते हैं—"चीथड़े लपेटे चने चाबेगें चौखट पर/चाकरी करेंगे नहीं चौपट चमार की"[18] इन रचनाओं को भली-भाँति समझ लेने के बाद दलित कविताओं को पढ़ते हुए दोनों के अन्तर स्पष्ट हो जायेंगे।

साठोत्तरी दलित-साहित्य में संघर्षशील तेवर और विद्रोह के स्वर हैं। धार्मिक आडम्बर, राजनैतिक अव्यवस्था, सामाजिक भेदभाव तथा आर्थिक ग़ैर बराबरी इसके केन्द्रीय विषय हैं। इसी दशक में चन्द्रिका प्रसाद 'जिज्ञासु' दलित चेतना के प्रबल प्रवर्तक के रूप में जाने जाते हैं। ललई सिंह यादव, डॉ. अँगनेलाल, सुन्दर लाल सागर, राम स्वरूप वर्मा, डॉ. डी. आर. जाटव, रजनीकान्त शास्त्री, मंगल देव विशारद, खेमचन्द सौगत, लालचन्द राही, बदलू राम रसिक आदि हज़ारों साहित्यकारों ने डॉ. अम्बेडकर की विचारधारा को क्रान्तिकारी रूप में प्रचारित-प्रसारित किया। साठोत्तरी भारतीय साहित्य ने भारत की लगभग हर भाषा में दलित-साहित्य की हुँकार सुनी जो उत्तरोत्तर अपनी क्षेत्रीय सच्चाइयों, शिल्पगत अच्छाइयों और वैचारिक ईमानदारी के चलते आज सुर्ख़ियों में है। दलित-साहित्य अमीरों की जुगाली या दरबारी कविता न बनकर व्यापक जन-जागरूकता का रूप अख़्तियार कर चुका है। इसके धार्मिक, सामाजिक, आर्थिक और राजनैतिक आन्दोलन की झंडाबरदारी एक ही साथ और एक ही समय में हो रही है क्योंकि दलित-साहित्य अपनी ऊर्जा लगातार बाबा साहब डॉ. भीमराव अम्बेडकर के जीवन दर्शन से ले रहा है। डॉ. अम्बेडकर समय के साथ अधिक प्रासंगिक, अधिक राष्ट्र-हितकारी और अधिक मानवीय चरित्र के साथ इस सदी की अगुवाई कर रहे हैं।

हिन्दी में दलित-साहित्य-लेखन लगभग हर विधा में पूरी शिद्दत और मनोयोग से हो रहा है। कविता, अकविता, गीत, ग़ज़ल, दोहा, चौपाई, छंद सवैया आदि

विधाओं में दलित-काव्य-साहित्य ने निरन्तर नयी ऊँचाइयों को छुआ है और आज कई विदेशी भाषाओं में अनूदित होकर विश्व साहित्य बन रहा है।

हिन्दी दलित कविता में हज़ारों रचनाकार निरन्तर अपनी बेहतरीन रचनाओं से दलित अस्मिता की पहचान में लगे हैं। इनमें प्रमुख रूप से ओमप्रकाश वाल्मीकि, डॉ. धर्मवीर, डॉ. श्यौराज सिंह 'बेचैन', कँवल भारती, मोहनदास नैमिशराय, सुशीला टाँक भौरे, आर. डी. निमेष, प्रो. अच्युतन, मंशा राम विद्रोही, डॉ. रजत रानी मीनू, मूलचन्द सोनकर, अनीता भारती, डॉ. तेज सिंह, सोहन पाल सुमनाक्षर, डॉ. कालीचरण स्नेही, जय प्रकाश कर्दम, कर्मशील भारती, डॉ. एन. सिंह, बाबू लाल सुमन, डॉ. सूरज पाल चौहान, सुरेश चन्द्र, जय प्रकाश लीलवान, रजनी तिलक, गुरु प्रसाद मदन, रतन कुमार साँभरिया, बुद्धशरण हंस, रामप्रीत जख़्मी, जवाहर लाल कौल 'व्यग्र', सी.वी भारती, के.पी.मौर्य, मलखान सिंह, डॉ. यशवन्त वीरोदय, यादकरण याद, सुरेश उजाला, जितेन्द्र कुमार गौरव, कैलाश दहिया, डॉ. शत्रुध्न कुमार, डॉ. तुलसी राम, श्याम कुमार शशि, स्व. रामदास अकेला के नाम लिए जा सकते है। इस तरह के और भी नाम हैं जो अनवरत दलित-साहित्य की सार्थकता को प्रमाणित कर रहे हैं।

उदाहरणार्थ त्रयंबक सकपले की कविता के स्वर स्पष्ट रूप से दलित वैचारिकी के पृष्ठ खोलते हैं–

भैंसा यहाँ का वेदान्ती हो गया
मीलों दूर रखा अक्षर शत्रु बनाकर हमें
गधा यहाँ का गंगा जल पी गया
खेद नहीं हुआ तुम्हें/कि हम भी तड़प रहे थे आँसू पीकर[19]

यहाँ वेदान्त और गंगाजल के बरअक्स अक्षरों की शत्रुता और आँसू पीने की तड़प के भाव किसी भुक्त-भोगी दलित कवि की कलम से ही निकल सकते हैं।

रजत रानी मीनू की कविता को ही लें–

ऐ/बहेलिए रूपी दलितों के नरसंहारी/बचकर भागकर
अब तू कहाँ जा पायेगा?/हर जगह मेरी भूख प्यास
और चूसे हुए खून को/आहें कराह पायेगा[20]

इस प्रकार की सांकेतिक चुनौती देती दलित कवयित्री मनुष्यता के संहारक बहेलिए को चिह्नित करती हैं किन्तु उससे छूटने की हलचल की जगह उसे अपनी आहें-कराह देकर भाग्यवादी अभिशाप पर भरोसा आगे चलकर क्रान्ति की ज़मीन बनाता है।

कर्मशील भारती अपनी कविता द्वारा निष्ठुरता का बेबाक चित्रण करते हैं–

बलात/दोनो आँखें/चाकू से निकाल कर/पीड़ा से छटपटाता
और तड़पता देख/ठकाहा मार कर हँस देती है।
बहरी संपूर्ण व्यवस्थाऔर जुट जाती है/ईश्वरवाद की/
महिमा का बखान करने में[21]

इस क्रम में ओमप्रकाश वाल्मीकि की कविता दृष्टव्य और अधिक मुखर हो जाती है–

चूल्हा मिट्टी का, मिट्टी तालाब की।/तालाब ठाकुर का
भूख रोटी की, रोटी बाजरे की/ बाजारा खेत का, खेत ठाकुर का
बैल ठाकुर का, हल ठाकुर का, हल की-/मूंठ पर रखी हथेली अपनी
फ़सल ठाकुर की, कुंआ ठाकुर का-/पानी ठाकुर का, खेत-खलिहान ठाकुर के।
गली-मुहल्ले ठाकुर के/ फिर अपना क्या? गाँव? शहर? देश?[22]

कवि और कहानीकार रत्नकुमार सांभरिया ने ख़ानदानी विरासत में मिली ग़रीबी, अस्पृश्यता और दमन पर चलाते रहने के लिए हिन्दू मानसिकता के दुराग्रह को इस प्रकार चित्रित किया है–

मेरी समूची/देह पर/जूतों की मार के/साथ/दी जाती है
हिदायतें कि/गाँव में रहना है/तो अपने बाप-दादाओं
के पदचिह्नों/पर चल/जो पहनते थे।/हमारी उतरन
और खाते थे जूठन[23]

हज़ारों की संख्या में हिन्दी के ये दलित रचनाकार अपनी गौरवशाली परम्परा की जड़ें तलाश रहे हैं जहाँ से काटकर इन्हें दमन की क्रूर अमानवीय कारा में डाल दिया गया है। वे दलित अस्मिता एवं सम्मान के नित नये अध्याय रच रहे हैं। यही नहीं वरन् इतिहास-पुरातत्व-कला-अध्यात्म और ज्ञान-विज्ञान के महत्त्वपूर्ण प्रस्थान बिन्दुओं तक पहुँचकर इन मनीषियों ने अपने स्वर्णिम इतिहास पर डाका डाले जाने के चरित्र की पहचान करते हुए आज शोषण की पुनरावृत्ति रोकने और आतताईयों से मुक़ाबले के लिए तैयार हो रहे हैं। इन चिन्तकों में दलित इतिहासकार एवं चिन्तक डॉ. नवल वियोगी ने भारतीय इतिहास एवं पुरातत्व की गहन छानबीन करते हुए एक महत्त्वपूर्ण स्थापना दी है जिससे दलितों की गरिमामयी तथा गौरवमयी नाग-वंशीय परम्पराओं की विरासत को खोज निकाला गया है। प्राचीन शूद्रों की राजसत्ताओं को चिह्नित करते हुए यह सिद्ध कर दिया है कि किस प्रकार बर्बर विदेशी आर्य आक्रमणकारियों ने छलपूर्वक यहाँ के सुसंस्कृत एवं समृद्ध जन-जीवन को पाखण्ड के गर्त में ढकेला। यद्यपि सिन्धु-घाटी की प्राचीन लिपियों को अभी तक प्रामाणिक रूप से पढ़ लिए जाने

की पुष्टि नहीं हो पायी है फिर भी उम्मीद की जाती है कि भविष्य में इसे पढ़ लिए जाने के बाद इन तथ्यों को और अधिक प्रामाणिकता प्राप्त होगी। इसी क्रम में महान अध्येता डॉ. पु.श्री सदार ने अपने पैंतीस वर्षों के सतत गम्भीर अध्ययन के द्वारा सिन्धु लिपि को पढ़ने का दावा किया है तथा उनकी तत्सम्बन्धी खोजपूर्ण पुस्तक प्रकाशित भी हो चुकी है।[24] यदि यह विश्व-समुदाय द्वारा स्वीकार कर लिया जाता है तो इस दिशा में श्री सदार का सिन्धु-घाटी का अध्ययन यहाँ के मूल निवासियों की महान परम्परा के लिए एक मील का पत्थर साबित होगा।

आज दलित कविता ने अपने नये मानदंड, अपनी नयी उपमाएँ और कथ्य तलाश लिए हैं जो अपने आप में अनुपम हैं। कुछ अन्य उदाहरणों से दलित कविता को और अधिक बेहतर ढंग से समझने में मदद मिलेगी—

सुन-सुन री ओ भारत माता, तू क्यों जन्मी पूत कपूत
कोख में तोरी ओ मतवारन कहाँ से आये कूत अकूत
छल खेलत तोहे लाज न आयी।
गोरे-गोरे ठाकुर ब्राह्मण, काले-काले सब भंगी।

सन्त मारहखी की यह कविता तल्खी से भरी होने के बावजूद जिस यथार्थ को सामने रखती है उससे हिन्दी साहित्य को एक नयी दृष्टि मिलेगी। इसी प्रकार डॉ. एन. सिंह ने श्रम संस्कृति तथा परजीवी रामनामी संस्कृति के बारे में अनूठे ढंग से अपने विचार व्यक्त किये हैं।—"हमारी दुकान पर बिकता है जूता, तुम्हारी दुकान पर राम नामी/हमारे लिए जूते का महत्त्व वही है जो तुम्हारे लिए रामनामी का"

दलित साहित्य के महत्त्वपूर्ण हस्ताक्षरों में शुमार कवि, कथाकार एवं चिन्तक मोहनदास नैमिशराय ने ईश्वर की प्रासंगिता पर वैसे ही प्रश्न उठाये हैं जिस प्रकार वैदिक श्रेष्ठता के लिए भगवान बुद्ध ने उठाये थे—"ईश्वर की मौत उस पल होती है/जब मेरे भीतर उठता है सवाल/ईश्वर का जन्म किस माँ की कोख से हुआ/ ईश्वर का बाप कौन?"

कवि सुरेशचन्द ने हिन्दू राष्ट्रवाद के खोखलेपन तथा मिथ्या दर्शन का भांडा फोड़ते हुए हिन्दू समाज में फैले मानसिक ग़लीजपन को इस प्रकार व्यक्त किया है—

जब तुम गर्व से कहते हो/नेपाल एक हिन्दू राष्ट्र है
तब इसका मतलब हम यूँ समझते हैं कि
वर्ण-व्यवस्था के दल दल में धँसा
छुआछूत, भेदभाव, असमानता के सीवर में प्रवाहित
बदबू छोड़ता वही हिन्दू समाज- जैसे भारत"

दलित कविताओं में महत्त्वपूर्ण स्थान रखनेवाले मलखान सिंह ने गाँवों की शोषक प्रवृत्ति को आदमखोर कहा है, जिसे पढ़कर लगता है जैसे दलित प्रताड़ना के पुराने घावों के टांके खोल दिये हों—

यक़ीन मानिए/इस आदम-खोर गाँव में/मुझे डर लगता है
लगता है कि अभी बस अभी/ठकुराइसी मेड़ चीखेगी
मैं अधशौच ही उठ जाऊँगा/अभी बस अभी/हवेली घुड़केगी
मैं बेगार में पकड़ा जाऊँगा/कि अभी बस अभी बुलावा आयेगा
खुलकर खाँसने के अपराध में/प्रधान मुश्क बाँध मारेगा
लटकवाएगा डकैती में/सीखचों के भीतर/उम्र भर सड़ाएगा

मराठी संस्कार में पले-बढ़े युवराज सोनटक्के ने हिन्दी दलित साहित्य को अपने अप्रतिम कवि कर्म के द्वारा नये तेवर दिये हैं। वे दमन और शोषण का रोना रोने की बजाय उसे ललकारने की कविता लिखते हैं। वे विषमता की अभिव्यक्ति करते हुए जीवन को "पिरोयी हुई घुमावदार रस्सी से खूँटे पर टाँग रखने" की अप्रतिम एवं सटीक उपमा गढ़कर भावों को मस्तिष्क की अन्तिम शिराओं तक पहुँचाने का काम करते हैं। कदाचित् घुमावदार रस्सी ने समाज की धोखेबाजी भरी रहस्यमय वृत्तियों की ओर इशारा किया है। इसी कविता में कवि ने आशा की किरण भी फूटते देखा है जिससे जीवन की हार को जीत में बदलने का जज़्बा है—

विषमता के ज़ुल्म की चक्की में/संदलित किया गया दलितों का जीवन
उन्होंने पिरोई हुई घुमावदार रस्सी से/खूँटे पर टाँग कर रखा
तब से—मेरे लहू से भीगे हुए उग्र घाव/आपस में क्रान्ति की भाषा बोलने लगे
हमारे हृदयों के चिथड़े फाड़कर कठपुतलियाँ बनाईं /उनके रंजन के लिए
झुग्गियों के दीपक बुझा कर अन्धेरा फैलाया/उनकी इच्छा पूर्ति के लिए
गाँव के बाहर स्थित शापित घरों को नज़रअन्दाज़ कर
विषैली हँसी के साथ खुशी मनाता रहा
और उमड़ उठने वाले उजाले को यहाँ /पग भर भी जगह नहीं दी।[25]

एक अन्य कविता में युवराज सोनटक्के हज़ारों भ्रष्ट सूरज से मोर्चा लेते उन्हें गाँव की सरहद के पार तक ढकेलने के लिए प्रेरित करते हैं—

जलता क्षितिज और चमकता सूरज लेकर
प्रिये, उनके बेईमान सूरज के उद्धत उजाले को तिलांजलि देकर आ
ओढ़ना है यहाँ फौलादी गगन भूखे हाथों से
और ढकेलना है सरहद पार उनके हज़ारों भ्रष्ट सूरज

आलिंगन की अग्नि की उपमा अंगों पर सजाकर
विद्रोह मोर्चे जैसा मैं दौड़ता ही रहूँगा गाँव की सरहद के पार
भीषण वर्तुल की परिधि पर
जलता क्षितिज और चमकता सूरज लेकर।[26]

इस प्रकार हिन्दी काव्य में दलित एवं स्त्री-साहित्य की आमद ने सर्वथा नये और निर्माण-निर्णायक क्षितिज के द्वार खोले हैं। इस प्रकार साहित्य को समृद्ध करने का काम भी मेहनतकश श्रमिक समाज के खून-पसीने के ही जिम्मे जाता है। ऐसे ज्वलन्त प्रश्नों से मुँह चुराती हिन्दी कविता खुद को एक समृद्ध साहित्य से महरूम किये हुए है। यह पारम्परिक जड़-बुद्धि से उबरने का समय है। यह समय भारतीय लोकतन्त्र के ज़रिए सुख और शान्ति के लिए विश्व-समुदाय का मार्ग-दर्शन करने का है।

आज भारतीय परिदृश्य में सामाजिक पुनरुत्थान की वैधानिक परिकल्पना पर छाये संभावित अँधेरे के बरअक्स राष्ट्रीय अस्मिता के लिए शायद नीचे लिखी मेरी कविता नये उद्‌बोधन का काम करे—

चरन की धूल लो पूजा करो सौ बार दलितों की
कभी बनने न पाये देखना सरकार दलितों की
अगर गिरवा नहीं सकते बनी सरकार दलितों की
तो उनके साथ हो जाओ करो जयकार दलितों की[27]

इन उदाहरणों से दलित कविता के वर्तमान परिदृश्य को रेखांकित करने मात्र की कोशिश की गयी है किन्तु यह न तो हिन्दी कविता का सम्पूर्ण लेखा-जोखा। इस छोटे आलेख में सब कुछ बाँधना सम्भव भी नहीं है। यहाँ दलित और स्त्री पक्ष की सामाजिकी के सन्दर्भ को ही लेने की कोशिश की गयी है ताकि सामाजिक बदलाव के लिए साहित्य की भूमिका को भी नज़र में रखा जाये। आने वाले समय में स्त्री और दलित रचनाकारों की विशद सोच के कारण और बदलाव के लिए उनकी सकारात्मक भूमिका के कारण राष्ट्रीय परिदृश्य में गुणात्मक परिवर्तन आयेगा ऐसा मेरा विश्वास है। हाँ! इस बाबत चुप्पी टूटनी चाहिए।

सन्दर्भ-सूची

1. नवें दशक की हिन्दी दलित कविता, सम्पादन रजत रानी मीनू, प्र. भारतीय भाषा केन्द्र, भाषा संस्थान, जवाहर लाल नेहरू विश्वविद्यालय, नयी दिल्ली, पृष्ठ 69
2. वही
3. वही - पृष्ठ 70

4. वही - पृष्ठ 71
5. वही - पृष्ठ 75
6. तब तुम्हारी निष्ठा क्या होती, कंवल भारती की कविता 31 मई 1992, नवभारत टाईम्स में प्रकाशित
7. नवें दशक की हिन्दी दलित कविता, सम्पादन रजत रानी मीनू, प्र. भारतीय भाषा केन्द्र, भाषा संस्थान, जवाहर लाल नेहरू विश्वविद्यालय, नयी दिल्ली, पृष्ठ 107
8. कबीर भजनावली भाग -1, कबीर पारख संस्थान, इलाहाबाद, पृष्ठ 82, भजन 85
9. आचार्य महन्त गंगा शरण शास्त्री मूलगादी वाराणसी, पृष्ठ 150, बीजक सबद 82
10. वही -
11. गुरु रविदास, लेखक आचार्य पृथ्वी सिंह आज़ाद, नेशनल बुक ट्रस्ट इंण्डिया, पृष्ठ 18
12. दलित विमर्श की भूमिका, लेखक कंवल भारती, प्र. इतिहास बोध प्रकाशन, बी 239, चन्द्रशेखर आज़ाद नगर, इलाहाबाद-211004, पृष्ठ 112
13. वही - पृष्ठ 113
14. वही-
15. वही - पृष्ठ 111 (हीरा डोम के नाम से 1914 में सरस्वती पत्रिका में छपी कविता "अछूत की शिकायत")
16. निराला रचनावली, सम्पादक नंद किशोर, राजकमल प्रकाशन, नयी दिल्ली, पृष्ठ 324
17. नवें दशक की हिन्दी दलित कविता, सम्पादन रजत रानी मीनू, प्र. भारतीय भाषा केन्द्र, भाषा संस्थान, जवाहर लाल नेहरू विश्वविद्यालय, नयी दिल्ली, पृष्ठ 14
18. वही - पृष्ठ 15
19. वही - पृष्ठ 17
20. नवें दशक की हिन्दी दलित कविता, सम्पादन रजत रानी मीनू, प्र. भारतीय भाषा केन्द्र, भाषा संस्थान, जवाहर लाल नेहरू विश्वविद्यालय, नयी दिल्ली, पृष्ठ 28
21. वही - पृष्ठ 27
22. वही - पृष्ठ 59
23. वही - पृष्ठ 115
24. सिन्धु घाटी सभ्यता का इतिहास, लेखक पु. श्री सदार, प्रकाशक पु. श्री सदार, 71 कोतवाल नगर, नागपुर - 22
25. अग्निध्वजा, युवराज सोनटक्के, शाश्वत प्रकाशन, 172, बालाजी ले आउट, बेंगलूर-560056, पृष्ठ 76
26. वही -
27. लेखक

अध्याय-9

अम्बेडकरी मिशन का सामाजिक रूपान्तकार : मान्यवर कांशीराम

सामाजिक परिवर्तन की अवधारणा में भारतीय समाज के बहुस्तरीय ढाँचे के लिए इसकी गति एक समान नहीं है। यह भी नहीं कि इस परिवर्तन की गति में कोई उन्नीस या बीस का अन्तर हो। सामाजिक ताने-बाने के बेहद उतार-चढ़ाव और अकल्पनीय विभिन्नता ने स्वयमेव ऐसे परिवर्तनों की गति को मन्द या तेज़ करने में अहम भूमिका अदा की। ऐतिहासिक परिप्रेक्ष्य में ईसा पूर्व दस हज़ार साल के मानवीय भौतिक सरोकारों ने बहुधा पाशविक छीना-झपटी, आन्तरिक और बाहरी संघर्ष, अस्तित्व की रक्षा हेतु पारस्परिक सहयोग, प्राकृतिक संसाधनों की उपलब्धता या अनुपलब्धता के आधार पर उसके उपभोग की गुंजाइश एवं अनुभवों से सीख कर बेहतर जीवन-शैली अपनाने का हुनर ऐसे सामाजिक परिवर्तनों का कारक रहा है। प्रागैतिहासिक और ऐतिहासिक साक्ष्यों के आधार पर यह कहा जा सकता

है कि पृथ्वी के भौगोलिक परिवर्तनों के साथ सामंजस्य स्थापित करने की बाध्यता या आवश्यकता ने मनुष्य को जीवनयापन की चिन्ताओं तक ही महदूद रखा और उनके बीच किसी तरह की प्रत्यक्ष वर्चस्ववादिता ने जड़ नहीं जमाया होगा। ऐसी होड़ केवल जीवन के संसाधनों को उपभोग करने तक रही होगी क्योंकि संग्रह या भविष्य की चिन्ताओं ने किसी प्रकार के योजनाबद्ध अतिक्रमण को प्रश्रय नहीं दिया होगा। समय के साथ बढ़ते जीवन अनुभवों ने मनुष्य को सामूहिक शक्ति के लाभ से परिचित कराया होगा और यहीं से कबाइली संस्कृति ने जन्म लिया होगा। अकेलेपन की अशक्तताओं और बड़े लक्ष्यों की प्राप्ति हेतु सामुदायिक विकास स्वयमेव वजूद में आता गया होगा। ऐसे में समुदायों और क़बीलों के बीच सहयोगात्मक और असहयोगात्मक प्रवृत्तियाँ स्वाभाविक तौर पर पनपी होंगी। इन प्रवृत्तियों में समुदायों के बीच स्वार्थों के टकराव के कारण जोड़-तोड़ और संघर्षों का स्वाभाविक प्रचलन अस्तित्व में आया होगा। इसी विकास-क्रम में धीरे-धीरे मनुष्य के भीतर तरह-तरह के भेद-भाव, वर्चस्ववादिता तथा वैमनस्य का आविर्भाव होना स्वाभाविक है। भौगोलिक एवं अन्य स्थानीय कारकों ने मानव सभ्यताओं को स्वाभाविक रूप से एक ही स्तर तक प्रगतिशील नहीं रहने दिया और यह खाई बढ़कर आर्थिक, सामाजिक, धार्मिक एवं आध्यात्मिक क्षेत्रों में दुर्लंघ्य सीमा तक पहुँच गयी जो भेद-भाव को आपसी घृणा तक आगे ले गयी। इसीलिए समाज की गतिशीलता ने कई सभ्यताओं को बहुत पीछे रखा और कई को बहुत आगे तक ले गयी। अन्तर-सभ्यताओं के आपसी मिलन के पूर्व तक इनमें उल्लेखनीय अन्तर स्वाभाविक था।

इस सामाजिक ऐतिहासिक पृष्ठभूमि में हम भारतीय भूभाग पर होने वाले विकास पर ध्यान केन्द्रित करते हैं तो यहाँ भी ऐसे अन्तर आश्चर्यजनक रूप से सामने आते हैं जिसमें कई सभ्यताओं के बीच मेलजोल होने में कई सदियाँ बीत जाती हैं। भारतीय इतिहास के ऐसे अध्यायों को खंगाल कर उसे निर्पेक्ष भाव से व्याख्यायित करना आज इतिहास की बड़ी आवश्यकता है।

ज्ञात भारतीय इतिहास एवं पुरातात्विक साक्ष्यों से स्पष्ट है कि पश्मिोत्तर भारत ने ईसा के तीन हज़ार वर्ष पूर्व अपने स्वर्णकाल को जिया था जहाँ उद्योग-व्यापार, कृषि तथा शिल्प के उच्चतम आदर्श उपस्थित थे। ऐसी सभ्यता ने ईसा के डेढ़ हज़ार वर्ष पूर्व तक अपनी अन्तिम साँसें लीं किन्तु उसके तिरोहित होते ही जो बड़ा शून्य उपस्थित हुआ उसके बाद मानव-सभ्यता का विकास नये सिरे से होना चाहिए था। यह इतिहास पन्द्रह सौ ईसा पूर्व में नयी आव्राजक विस्थापक सभ्यता द्वारा अतिक्रमण के कारण एक संशलिष्ट समाज बनना चाहिए था किन्तु सभ्यताओं के भारी विभेदों के कारण यह प्रक्रिया देर तक भी पूरी नहीं हो पायी

और आगे चलकर इसने सर्वथा विभाजित समाज का प्रणयन किया। ऐसे भेद-भाव भरे समाज में अन्याय, शोषण, दमन और अत्याचार के कारण विभाजित समाज ने इस अन्तर को फर्श से शिखर तक पहुँचाने का प्रयास किया। इस प्रक्रिया में शोषित एवं दलित समाज को मानवता के प्राकृतिक उपादानों और परिभाषाओं से परे धकेल कर उनके लिए पशुवत श्रेणी की सर्वथा विचित्र अवधारणा को पाला-पोसा गया। इस सन्दर्भ में भारतीय इतिहास की बीसवीं-इक्कीसवीं सदी परिवर्तनों के तूफ़ानी दौर की गवाह बनी जिसमें भारतीय उपमहाद्वीप पर अंग्रेजी हुकूमत के बाद का उथल-पुथल मानवता की नयी पहचान का नया अध्याय लिखता है। इस प्रकार सामाजिक परिवर्तन की अवधारणा कोई नयी नहीं है।

सदियों से समाज में धार्मिक, वैचारिक, नैतिक राजनैतिक मत-मतान्तरों और भिन्न मान्यताओं के कारण मानसिक रूपान्तरण तथा भौगोलिक-खगोलीय उथल-पुथल के कारण कई परिवर्तन परिवर्धन होते रहे हैं। परिवर्तन ही गतिशीलता के गवाह हैं। जहाँ परिवर्तन नहीं वहाँ गतिशून्यता है। जो मृत्यु का पर्याय है। दूसरे शब्दों में ज़िन्दा कौमों को परिवर्तन के उतार-चढ़ाव वाले रास्तों से लगातार गुजरना पड़ता है। सुधार या बिगाड़ जैसी प्रक्रियाएँ सदैव चलती रही हैं। परिणामतः आज का समाज अपने नये तेवर में मौजूद है।

परिवर्तन की दिशा उर्ध्वगामी भी हो सकती है और अधोगामी भी। इसीलिए मात्र परिवर्तन ही किसी कल्याणकामी नायक का लक्ष्य नहीं हो सकता। यूँ तो परिवर्तन स्वतःस्फूर्त भी होते हैं किन्तु उस की दिशा को जनकल्याण के पक्ष में मोड़ना और पूर्व-परिभाषित मिथकों को तोड़कर बहुजन हितों को साधने हेतु प्रयास ही किसी सच्चे जन-नायक का लक्ष्य हो सकता है। सामाजिक विसंगतियों, विषमताओं, तर्कहीन रूढ़िगत मानयताओं, अन्धविश्वासों और संकीर्ण मानसिक गुलामी की ज़ंजीरों को तोड़कर सामाजिक न्याय की स्थापना हेतु लाया जाने वाला परिवर्तन ही आज का अभीष्ट को सकता है।

वर्तमान सामाजिक परिवर्तन की अवधारणा को इस विशेष सन्दर्भ में समझा जाना चाहिए जिसमें परम्परागत जाति, वंश में पैदा, भगवान और भाग्य की आड़ में भेदभाव, अन्याय, अत्याचार आदि के स्थापित प्रतिमानों को ढाह कर बहुसंख्यक मेहनतकश इंसानों को न्यायपूर्ण, भयमुक्त और सम्मानयुक्त जीवन जीने का अवसर मिल सके। भारतीय समाज ने ऐसी आवश्यकता बार-बार महसूस किया है। समय-समय पर ऐसे आन्दोलनों ने समाज में बदलाव की ज़मीन तैयार की है किन्तु बहुधा षड्यन्त्रकारी ताक़तों के छद्मपाश में उलझकर इसकी गति मन्द पड़ जाती रही है।

ग़ैरबराबरी से आगे

भारतीय सन्दर्भ में ईसा के 500-600 वर्ष पूर्व सामाजिक उथल-पुथल की पराकाष्ठा नज़र आती है। निश्चित रूप से इसकी शुरुआत काफ़ी पहले हो चुकी होगी। ज्ञात सूत्रों से पता चलता है कि ईसा पूर्व बारहवीं शताब्दी से ही श्रमण परम्परा ने वैदिक ब्राह्मण परम्परा को चुनौती देना आरम्भ कर दिया था। यही कारण है कि दो विपरीत ध्रुवीय सभ्यताओं के बीच का अन्तर आज भी स्पष्टतः दिखाई देता है। वैदिक स्थापनाओं की आड़ में सिन्धु सभ्यता के उत्तराधिकारियों पर अत्याचार को चुनौती देता श्रमण समुदाय बुद्ध एवं जैन काल तक पूरी तरह मुखर हो उठता है। आगे चलकर ऐसी श्रमण स्थापनाओं को ज़मींदोज़ कर उसको विस्थापित करती हुई ब्राह्मण परम्परा राजसत्ता के नज़दीक तक पहुँच पाने में सफल हो जाती है। जो शुंगों की अगुवाई में पूरी तरह पदस्थापित की जाती है। ब्राह्मण परम्परा और ब्राह्मण धर्म के नामकरण में एक विशेष जातीय समुदाय का नाम है जो बाकी जन-समुदायों से पृथकता प्रदर्शित करता है। इस बात का ज्ञान होते ही इस अल्पसंख्यक समुदाय ने स्वयं को मज़बूत करने के इरादे से इसका छद्म नाम हिन्दू धर्म रखकर इसमें मनमाफ़िक समुदायों को शामिल किया। सावधानी यह रखी गयी कि इस छद्म नाम में इनकी पहचान अलग रहे अर्थात् ऊपर से एक दिखाई देता हुआ धर्म भी ब्राह्मण धर्म का प्रतिरूपण होकर उसे सुदृढ़ करने वाले दूसरे पायों के साथ वजूद में आये। इनमें क्षत्रिय, वैश्य तथा शूद्र इनके सहायक बने जो स्वयं के शोषण को भी भुलाकर अपने ही भू-भाइयों के शोषण के लिए हथियार बनते रहे। इनसे अलग पंचम वर्ण ने खुद को इस परम्परा से अलग रखा और सबसे ज़्यादा टकराव और प्रतिरोध के वाहक भी यही बने। इस लड़ाई में बार-बार तेज़ी आती रही किन्तु बार-बार इसे कुचला जाता रहा।

श्रमण परम्परा को नष्ट करने के लिए हिन्दू धर्म की परिकल्पना एक नियोजित प्रतिक्रान्ति के रूप में सामने आती है। ऐसी ही प्रतिक्रान्तियाँ पूरे भारतवर्ष में समय-समय पर होती रहीं जिसके कारण ऐसे श्रमण आन्दोलन अपने प्राप्य तक नहीं पहुँच सके। इस क्रम में कर्नाटक के बासव हरलइयाँ, अक्का महादेवी, महाराष्ट्र के दर्जी नामदेव, गाँव के चौकीदार चोखा मेला, शूद्र तुकाराम, सब्जी उत्पादक सवता माली, उत्तर भारत के कबीर, रैदास, दादू दयाल, मीरा, नानक, गोरा, सेना, तमिल के सिद्ध तिरूमूलर शिव वक्कीयार और पामबत्ति सितार आदि समाज सुधारकों ने बुद्ध की परम्परा को ही आगे बढ़ाया किन्तु उन्हें भी मुँह की खानी पड़ी। मुगलों और अंग्रेजों के शासनकाल तक यही उठ-पटक चलती रही।

इस कड़ी में उन्नीसवीं सदी के फुले दम्पत्ति तथा उसके बाद पेरियार रामास्वामी नायकर, केरल के आयंकली, उत्तर प्रदेश के अछूतानंद आदि ने इस मशाल को जलाये रखा। बीसवीं सदी में बाबा साहेब डॉ. भीमराव अम्बेडकर के सामाजिक आन्दोंलन ने अपेक्षाकृत बेहतर फल दिये। संवैधानिक प्रावधानों में ग़ैरबराबरी मिटाने के कारगर उपाय किये गये किन्तु सन् उन्नीस सौ छप्पन में बाबा साहेब के देहावसावन के बाद इन प्रावधानों की पैरोकारी करने तथा उन्हें अमलीजामा पहनाने के लिए पंजाब के एक रमदसिया नवयुवक ने यह कमान संभाली। ये महानुभाव कांशीराम के नाम से विख्यात हुए।

कांशीराम का अविर्भाव

बाबा साहेब के परिनिर्वाण के बाद उनके सपनों का भारत बनने में आने वाले प्रतिरोध अधिक मुखर होकर सिर उठा रहे थे तथा सामाजिक आन्दोलन में ठहराव सा आने लग गया था। ऐसे समय में सामाजिक बदलाव का दृढ़ संकल्प लेकर मान्यवर कांशीराम ने अपना पूरा जीवन दलितों-पिछड़ों के उद्धार के लिए समर्पित कर दिया।

पंजाब प्रान्त के रोपड़ जिले में गाँव खवासपुर (जन्मस्थान पिरथीपुर तोंगा-बोंगा साहब) में उन्नीस सौ चौंतीस ईस्वी को एक सामान्य रमदसिया परिवार में मान्यवर का जन्म हुआ। वे अपने पिता के सबसे बड़े पुत्र थे। उन्होंने चौथी कक्षा तक की शिक्षा सरकारी प्राथमिक स्कूल मलकपुर जो उनके गाँव से दो किलोमीटर दूर था, से पूरी की। पाँचवी से आठवीं तक उनकी शिक्षा इस्लामिया स्कूल रोपड़ में, नवीं एवं दसवीं की शिक्षा डी.बी.ए. पब्लिक स्कूल में तथा महाविद्यालयीय शिक्षा गवर्नमेंट कालेज रोपड़ में हुई। बी.एस.सी. तक शिक्षा प्राप्त कर वे अपनी रोज़ी-रोटी की तलाश में लग गये। उन्नीस सौ छप्पन में विज्ञान स्नातक होते ही सर्वे आफ इण्डिया के लिए चयन परीक्ष पास कर लिया तथा देहरादून स्थित भारतीय भू-वैज्ञानिक सर्वेक्षण विभाग में कुछ दिनों तक नौकरी की। इसके बाद ही उन्हें सेन्ट्रल इंस्टीट्यूट ऑफ मिलिट्री एक्सप्लोजन, पूना में असिटेंट रिसर्च सांइटिस्ट के पद पर नौकरी मिल गयी। नौकरी के दौरान उन्हें एक ऐसी घटना से रू-ब-रू होना पड़ा जिसने उनका जीवन ही बदल कर रख दिया। हुआ यूँ कि इस मिलिट्री संस्थान ने बुद्ध जयन्ती तथा अम्बेडकर जयन्ती पर होने वाली छुट्टियों को रद्द करके उसकी जगह तिलक जयन्ती तथा अन्य तरह की छुट्टी का प्रावधान कर दिया। वहाँ एक चतुर्थ श्रेणी के कर्मचारी श्री दीनाभाना; जो राजस्थान के रहने वाले थे, ने इस बात का कड़ा विरोध किया। उनके विरोध का प्रतिफल यह हुआ

कि संस्थान के प्रशासन ने दीनाभाना को अनुशासनहीनता के आरोप में निलम्बित कर दिया। दीनाभाना को नौकरी से निकालने की प्रक्रिया चलने लगी। दीनाभाना को बर्ख़ास्त करने की बात जब कांशीराम ने सुनी तो वे इस मामले को न्यायलय तक ले गये। लगातार केस की पैरवी करते हुए उन्होंने दीनाभाना को ससम्मान बहाल करवाया। इस घटना के बाद से ही सामाजिक विसंगतियों को देखकर कांशीराम जी अक्सर खिन्न रहने लगे। वे हमेशा अन्यायपूर्ण सामाजिक व्यवस्था को मिटाने के लिए चिन्तन करते रहे। इस दौरान वे पूना के अन्य सामाजिक संगठनों के सम्पर्क में आये जो सामाजिक बदलाव के लिए कार्यरत थे। उन्हीं के विभागीय कर्मचारी डी.के. खापर्डे जी ने उन्हें बाबा साहेब डॉ. अम्बेडकर द्वारा लिखित 'एन्नीहिलेशन ऑफ कास्ट' किताब भेंट की जिसके कारण उनके विचारों में चट्टानी दृढ़ता तथा संकल्पों में अडिगता आ गयी। यहाँ आकर कांशीराम जी ने सामाजिक परिवर्तन हेतु अपनी कार्य योजना को अपने संकल्प में बदल दिया। पूना में ही रह रहे श्री डी.के. खापर्डे के सम्पर्क में आकर वे उनसे घंटों चर्चा करते और भारतीय सामाजिक व्यवस्था में परिवर्तन के क्रान्तिकारी क़दम उठाने की योजनाएँ बनाते रहते। निश्चित तौर पर ऐसे विचारों तथा आन्दोलनों के लिए सरकारी नौकरी में या तो कोई स्पेस नहीं था या जो थोड़ा था वह भय से घिरा हुआ था। उन्होंने अपनी योजना को ज़मीन पर उतारने के लिए अपनी नौकरी छोड़ने का मन बना लिया। सन् उन्नीस सौ चौसठ ईस्वीं में अपनी माँ माननीया बिशन कौर जी को उन्होंने चौबीस पृष्ठ का एक लम्बा पत्र लिखा। इस पत्र में उन्होंने अपना संकल्प व्यक्त करते हुए अपने परिवारजनों को आगाह कर दिया। इस पत्र में उन्होंने निम्नलिखित घोषणाएँ की—"मैं कभी विवाह नहीं करूँगा, घर और परिवार नहीं बसाऊँगा, विवाह हो या मृत्यु, घर परिवार के किसी कार्यक्रम में शरीक़ नहीं होऊँगा, व्यक्तिगत रूप से मेरी कोई सम्पत्ति नहीं होगी। बहुजन समाज ही मेरा परिवार है। घरवालों के लिए मैं मर चुका हूँ।"[1]

1963 ई. में अपने पिता हरि सिंह के देहान्त पर भी वे अपने गाँव नहीं लौटे। अपनी नौकरी के बारे में कांशीराम जी कहते हैं कि "1965 ई. में जैसे ही मैंने समाज के लिए काम करने का निश्चय किया उस दिन के बाद मैं कभी अपनी नौकरी करने हेतु कार्यालय नहीं गया। मैंने इस्तीफा तो नहीं दिया मगर नौकरी पर भी नहीं गया। मुझे मेरे कार्यालय से कुछ रकम भी हासिल करनी थी मगर मैंने वह रकम लेने के लिए भी उस कार्यालय में जाना उचित नहीं समझा"[2]

अप्रैल 1971 ई. में पुणे के एक मद्रासी स्कूल में उन्होंने एक बैठक आयोजित की जिसमें डी.के. खापर्डे, मधु परिहार, भीमराव, मनोहर आटे समेत 50-60

कर्मचारी उपस्थित हुए। इस बैठक में उन्होंने बताया कि "अब देश भर में अनुसूचित जाति-जनजाति के 17 लाख शिक्षित कर्मचारी हैं, उन्हें एक झण्डे के नीचे लाकर ग़ैर राजनीतिक संगठन बनाकर डॉ. अम्बेडकर के सपनों को साकार किया जा सकता है।"[3] 14 अक्टूबर 1971 ई. को पूना नेहरू मेमोरियल हॉल में पंजीकृत संस्था एस.सी.-एस.टी.-ओ.बी.सी.-मायनारिटीज कम्युनिटीज इम्पलाइज एसोसिएशन के नाम से बनी तथा वे इसके अध्यक्ष चुने गये।

कांशीराम जी का कहना था कि "हमारा प्रथम उद्देश्य किसी क़ीमत पर ताक़त पाना ही नहीं अपितु सम्मान पाना भी है।"[4] ये संकल्प ताज़िन्दगी उनके मार्गदर्शक और आदर्श रहे। इन संकल्पों पर गम्भीरतापूर्वक विचार करें तो एहसास होता है कि इस महानायक के भीतर दृढ़ संकल्प-शक्ति, त्याग-भावना और अकूत आत्म-विश्वास कूट-कूट कर भरा था। वंचित-शोषित समाज के लिए अपने निजी सुखों को तिलांजलि देकर लोभ-मोह से मुक्त वैराग्यमय जीवन जीना किसी महापुरुष वैरागी की वन में की गयी तथाकथित साधना से उच्चतर कोटि की है। उन्होंने दुनिया की तमाम अनैतिक-अमर्यादित लिप्साओं से दूर रहने का केवल संकल्प की नहीं लिया, वरन उसका जीवन-पर्यन्त निर्वाह भी किया। किसी बड़े उद्देश्य के लिए यह उच्च आदर्शयुक्त जीवन निजी सुख-दुःख जैसे विषयों को तुच्छ समझने का जीवन्त उदाहरण है।

निष्काम कर्म और निर्वाण की जिस साधना हेतु ऐतिहासिक सन्त-महात्माओं ने गृह-त्याग किया और दर-दर भटके उसे इतने सहज और सरल ढंग से प्राप्त करना सचमुच कांशीराम जैसी महान विभूति के ही वश की बात थी। भौतिक जीवन के अनमोल सुख को मानवता के उद्धार हेतु उत्सर्ग करने का यह अप्रतिम उदाहरण है। उन्होंने इस बात को पूरी तरह समझ लिया था कि सार्वजनिक कल्याण के काम में व्यक्ति का निजी स्वार्थ और परिवारिक सरोकार बड़ी रुकावटें डालते हैं, फलतः उन्होंने अपनी प्रतिज्ञा में एक स्वार्थमुक्त जीवन जीने का संकल्प लिया। इतिहास में त्याग का यह बेमिसाल रूप दलित सरोकारों से खुद को पूरी तरह जोड़ने की वचन-बद्धता को व्यक्त करता है। ये प्रतिज्ञाएँ आज के सार्वजनिक और राजनैतिक जीवन के लिए आदर्श और अनुकरणीय अनुशासन बन सकती हैं। यह अनुशासन स्वयं पर स्वयं द्वारा आरोपित है, इसलिए इसमें उपने उद्देश्यों के प्रति उस महानायक की ईमानदारी व्यक्त होती है। ऐसे व्यक्तित्व का स्वामी ही सच्चे अर्थों में दलित-शोषित मानवता का मसीहा बन सकता है। कांशीराम के त्याग, तपस्या और मनस्विता ने उन्हें न सिर्फ़ इतिहास-पुरुष बनाया है बल्कि उन्हें अन्य सामाजिक, धार्मिक, राजनैतिक विचारकों और सुधारकों से अलग

और विशिष्ट दर्जा दिया है। उनका पूरा जीवन उस पवित्र मिशन में लगा जिससे निकलने वाली परिवर्तन की अजस्र धारा का स्रोत मानवता को तृप्त करता रहेगा।

सफ़रनामा

कांशीराम ने दृढ़ एवं अटल संकल्पों के साथ जो संघर्षमय सफ़र शुरू किया था, वह कई पड़ावों से होकर गुज़रा किन्तु कहीं ठहरा नहीं। निरन्तर चिन्तन आत्म-मन्थन, आत्म-समीक्षा और पुनरावलोकन के ज़रिए खुली दृष्टि और खुले दिमाग़ के साथ उन्होंने सामाजिक-परिवर्तन मिशन को नित नये तेवरों के साथ गतिमान रखा।

नौकरी छोड़ने के बाद उन्होंने अपना सारा समय सामाजिक व राजनैतिक कार्यों में लगा दिया। सन् 1965 से 1970 के शुरुआती दौर में वे रिपब्लिकन पार्टी से जुड़े रहे, किन्तु इससे वे पूर्णतः सन्तुष्ट नहीं थे। उन्होंने एस.सी.-एस.टी. -ओ.बी.सी.-मायनारिटीज कम्युनिटीज इम्पलाइज एसोसिएशन को अधिक विस्तार देने के उद्देश्य से सन् 1973 ई. में बामसेफ (बैकवर्ड एण्ड माइनारिटी कम्युनिटी इम्प्लाइज फेडेरेशन) के गठन की घोषणा की तथा सन् 1978 ई. में बामसेफ का औपचारिक गठन किया। इस संगठन को मज़बूत करते हुए सन् 1981 ई. में डी.एस-4 (दलित शोषित समाज संघर्ष समिति) तथा चौदह अप्रैल सन् 1984 ई. में एक राजनैतिक संगठन की नींव रखी जिसका नाम रखा बहुजन समाज पार्टी (बी.एस.पी.)।

बी.एस.पी. के गठन के बाद वे राजनैतिक सत्ता प्राप्ति के लिए लगातार प्रयासरत रहे। चालीस किलोमीटर की साइकिल यात्रा करके जन-जन तक पहुँचने के अपने संकल्प को कार्यकर्ताओं तक पहुँचाया। देश के विभिन्न भागों में जन-सभाओं के माध्यम से जनता को आत्मसम्मान तथा सामाजिक परिवर्तन हेतु सत्ता में भागीदारी की लड़ाई में शिरकत करने का आवाहन किया।

संघर्ष के इस सफ़र में उत्तर-प्रदेश में चुनाव लड़ने से लेकर चुनाव में बी.एस.पी. की जीत सुनिश्चित कराने तक के तमाम क़िस्से हैं। इस संघर्ष में हार को जीत में बदलने का रण-कौशल कांशीराम की ख़ास राजनैतिक और सामाजिक समझ का परिचायक है।

धारा के विरुद्ध

ग़ौर करें तो कांशीराम का पूरा जीवन ही धारा के विरुद्ध चलने का सफ़रनामा है। हालात से समझौता करनेवाले कभी क्रन्तिकारी परिवर्तन नहीं ला सकते। यही फलसफ़ा लेकर कांशीराम ने विरोधी ताक़तों को चुनौती दी।

जिन दिनों विशाल जनसभाओं और रैलियों के ज़रिए बहुजनों को जोड़ने का ऐतिहासिक काम हो रहा था, मीडिया ने इन घटनाओं को प्रायः नकारा ही। इसके पीछे परम्परावादी सोच कार्यरत थी जिसे यह डर था कि बहुजन-शक्ति को मीडिया में तूल देने से इनका प्रचार प्रसार बढ़ेगा और इनकी शक्ति में इज़ाफा होगा। इन साज़िशों से वाक़िफ़ कांशीराम ने अपने लोगों को मीडिया के चरित्र और भूमिका का भी राज़ समझाया तथा इससे सावधान रहने को कहा। वे बहुजनों को नज़रअन्दाज़ करती मीडिया के सामने कभी झुकने वाले नहीं थे।

उन्हें अपनी शक्ति का ज्ञान था चाहे उसे विरोधी कम आँकें या ज़्यादा। सभी सामन्तवादी और वर्णवादी ताक़तें इस बहुजन आन्दोलन के विरुद्ध लामबन्द थीं। फिर भी इस महानायक ने न अपना मनोबल गिरने दिया न अपने लोगों का। उन्होंने हमेशा बहुजनों का हौसला बुलन्द रखा। जब वे बहुजन समाज को 'एक वोट' और 'एक नोट' देकर संगठन को मज़बूत करने की अपील कर रहे थे तो वे राजनैतिक फ्रंट जीतने के लिए आर्थिक फ्रंट की ज़रूरत को रेखांकित कर रहे थे। संगठन चलाने के लिए कर्मचारी संगठनों को 'पे बैक टु द सोसायटी' का मन्त्र दिया जिसके फलस्वरूप लोगों ने जी खोलकर सहायता की। धन की कमी ने संगठन के लिए कभी बाधा नहीं खड़ी की। शुरुआती दौर में ही इस संगठन को नेस्तनाबूद करने की क़वायदें हुईं तथा विरोधियों ने इसकी जमकर खिल्ली उड़ाई। आलोचना हुई, लांछन लगाये गये, पार्टी फन्ड पर सरकार ने लगाम कसी। किन्तु सभी बाधाओं को पार कर मान्यवर कांशीराम ने इस पार्टी को एक राष्ट्रीय स्तर की पार्टी बना दिया जिसका समर्थन पाने के लिए सारी पार्टियां इसका मुँह जोहने लगी।

राजनैतिक संगठन बनाम सामाजिक संगठन

बामसेफ के अपने अभिन्न सहयोगी श्री खापर्डे को छोड़ कर कांशीराम ने जब राजनैतिक संगठन बनाया तो इस पर तरह-तरह के सावाल उठने लगे। क्या कांशीराम की राजनैतिक लिप्सा उन्हें भटकाकर उधर ले गयी? इस तरह के ढेर सारे सवालों से बामसेफ के अन्दर और बाहर का बहुजन-समाज कुछ समय के लिए पशोपेश में आ गया। कांशीराम ने अपने पुराने साथियों को समझाया कि दोनों के उद्देश्य एक ही हैं, किन्तु मोर्चे अलग-अलग हैं। इसलिए अलगाव जैसी कोई बात नहीं है।

कांशीराम ने यह बात पूरी तरह मान ली थी और वे इस बात से मुतमईन थे कि बिना राजनैतिक सत्ता प्राप्त किये सामाजिक परिवर्तन की गति में सकारात्मक

तेज़ी नहीं लायी जा सकती। इसीलिए पूरे ज़ोर-शोर के साथ उन्होंने पूरी ऊर्जा राजनैतिक परिवर्तन के लिए लगा दी। सामाजिक संगठन अपनी जगह काम करते हुए राजनैतिक सत्ता प्राप्ति हेतु खाद-पानी बनकर ऊर्जा देते रहे। उनका मानना था कि सामाजिक संगठन जागरूकता पैदा कर सकते हैं किन्तु इस जागरूकता को 'ट्रान्सफार्म' करके सत्ता-प्राप्ति और उस सत्ता के ज़रिए आर्थिक-विकास तदोपरान्त सामाजिक उत्थान किया जाना ही क्रमवार और समयानुकूल तरीक़ा है।

उनका कहना था कि "हमें आरक्षण लेने वाला नहीं देने वाला समाज बनाना है। मनुवादी यह समझते हैं कि हमें भीख दे रहे हैं लेकिन आरक्षण तो हमारा अधिकार है"[5] नौकरियों में प्राप्त आरक्षण की बदौलत बहुजन समाज को आर्थिक स्वतन्त्रता की प्राप्ति हो सकेगी। इसमें संशय लाज़मी है। यही कारण है कि बाबा साहेब द्वारा व्यक्त दुःख को उन्होंने महसूस किया जिसमें भारतीय संविधान द्वारा राजनैतिक समानता दिये जाने और सामाजिक असमानता बरक़रार रहने के विरोधाभास का ज़िक्र किया गया था। इसे मिटाने का तरीक़ा भी बाबा साहेब द्वारा ही 'सत्ता सभी तालों की कुंजी है' कहकर दिया गया था जिसे कांशीराम पूरी तरह आत्मसात कर इस 'मास्टर की' को पाने की कोशिश में लगे रहे। इसी कोशिश में बहुजन समाज पार्टी का गठन भी एक महत्त्वपूर्ण क़दम था। वोट के अधिकार को राजनैतिक हथियार के रूप में इस्तेमाल करने के लिए बहुजन समाज को शिक्षित-प्रशिक्षित करते हुए उन्होंने उन में सत्ता की लालसा पैदा की। वे कहा करते थे कि "मैं बुलेट का नहीं बल्कि बैलेट का प्रयोग करने का समर्थक हूँ" सत्ता में भागीदारी द्वारा मिलने वाले सम्मान की लड़ाई के लिए बहुजनों को तैयार किया।

वोट के अधिकार को सही मायने में बहुजन समाज का हथियार बनाने की दिशा में कांशीराम का योगदान अविस्मरणीय है। बहुजन समाज के लोगों से 'एक वोट, एक नोट' की मांग के ज़रिए हर मतदाता की सकारात्मक भागीदारी एवं उसके स्वाभिमान को पहचान दी। इस प्रकार बाबा साहेब का ठहरा हुआ कारवां आगे चलता दिखाई देने लगा जिसके सफल सूत्रधार थे मान्यवर कांशीराम।

उत्तर प्रदेश से शुरुआत

यह बात अपने आप में विस्मयकारी है कि दलित-वंचित आम जन जिसे दो जून की भरपेट रोटी भी नसीब नहीं, जिसके तन पर सम्मानजनक वस्त्र भी उपलब्ध नहीं तथा जिसकी जेब में किराए का पैसा भी नहीं, वह अनपढ़ गंवार सदियों का दबा-कुचला आदमी किस तरह भूखा प्यासा रहकर बहुजन-समाज की रैलियों

में भाग लेने सैकड़ों किलोमीटर दूर से चलकर आता है। यह करिश्मा उत्तर-प्रदेश की ज़मीन पर जुनून का रूप लेता दिखाई देता है। सामाजिक ऐतिहासिक कारणों की पड़ताल से ही यह स्पष्ट हो सकेगा कि उत्तर प्रदेश को बहुजन-समाज के लिए रोल माडल बनाने का निर्णय खूब सोच-समझकर लिया गया था जिसके पीछे कांशीराम की गहरी ऐतिहासिक-सामाजिक दृष्टि की दाद देनी पड़ेगी।

उत्तर-प्रदेश जनसंख्या के हिसाब से भारत का विशालतम राज्य है। यहाँ दलितों की आबादी लगभग सोलह प्रतिशत तथा जनजातीय आबादी को मिलाकर कुल तेईस से चौबीस प्रतिशत जनता की शक्ति निर्णायक हो सकती है। ज़रूरत है इस आबादी को एक दिशा में मोबलाइज (गतिमान) करने की।

दूसरी महत्त्वपूर्ण बात गंगा-यमुना के उर्वर मैदान के लिए हुई प्राचीन सभ्यताओं/क़बीलों की आपसी उठा-पटक और संघर्ष के पीछे की दास्तान की है। आर्य संस्कृति, वैदिक संस्कृति और ब्राह्मण धर्म के प्रचार प्रसार का यह मुख्य केन्द्र रहा है तो दूसरी तरफ़ बुद्ध और कबीर की अवैदिक और अनीश्वरवादी वाणी भी यहीं अनुनादित हुई है। ऐतिहासिक तथ्यों से यह बात साफ़ हो जाती है कि बहुजनों के मानस-पटल पर आज भी बुद्ध और कबीर के सन्देश अमिट छाप की तरह टँके पड़े हैं। भले ही यह अनुगूँज और संस्कार बाहरी दबावों के कारण कुछ समय के लिए दब-छुप कर 'हाइबरनेट' कर गये रहे हों।

तीसरी महत्त्वपूर्ण बात यह कि उत्तर प्रदेश का बहुजन समुदाय ज़्यादातर भूमिहीन है। कई जगह दलित बस्तियों की ज़मीन पर भी सवर्ण ज़मींदार का मालिकाना हक़ दर्ज है। जिसका अपना घर नहीं, अपनी ज़मीन नहीं और जो ज़मींदार की कृपा-दृष्टि पर पलता हो, वह इस प्रकार के राजनैतिक आन्दोलन से क्योंकर जुड़ेगा? उसका उत्तर सीधे-सीधे नहीं दिया जा सकता।

बीसवीं सदी के छठे दशक में दलित-जागरण अभियान का शंखनाद उत्तर प्रदेश के गाँव-गाँव तक गूँजा। फलतः एक पूर्व निर्धारित तिथि तक मृत जानवर उठाने तथा दलित महिलाओं द्वारा सवर्णों के यहाँ जचगी कराने एवं जच्चा-बच्चा के मल-मूत्र की सफाई करने का पुश्तैनी धन्धा छोड़ दिया गया। प्रतिकार में कई वर्षों तक सवर्णों द्वारा दलितों पर अत्याचार बढ़ गये। इन कुप्रथाओं को छोड़कर दलितों ने सम्मानजनक जीवन जीने का बीड़ा उठाया था। अत्याचारों से बचने के लिए अधिकतर खेतिहर मज़दूर अपना गाँव छोड़कर पंजाब, मुम्बई, कोलकता या गुजरात जैसे राज्यों में जाकर मेहनत मज़दूरी करने लगे। उन्हें जातीय प्रताड़ना से दूर रहकर सम्मानजनक जीवन जीने का अवसर मिला। उनकी कमाई भले ही पारिवारिक पालन-पोषण के लिए अपर्याप्त थी किन्तु वे उन अपमानजनक कार्यों

को करने के लिए अब क़तई तैयार नहीं थे। कुछ इसी पृष्ठभूमि के साथ उत्तर प्रदेश का दलित-वंचित समुदाय कांशीराम के साथ जुड़ा ताकि उन्हें सम्मानजनक जीवन जीने का स्वतन्त्र अवसर मिल सके।

चौथी बात यह थी कि उत्तर प्रदेश में जातिवाद अपने चरम पर रहा है। यहाँ से जाति और जातिवाद समाप्त करना प्रायः असम्भव जान पड़ता है। आज भौतिक छुआछूत ने मानसिक छुआछूत का रूप ले लिया है जो ज़्यादा ख़तरनाक है। ऐसे माहौल में कांशीराम ने जाति के आधार पर बहुजनों को जोड़ने का नुस्ख़ा अपनाया जो कामयाब भी हुआ।

उपर्युक्त विसंगतियों पर गम्भीरतापूर्वक विचार करते हुए कांशीराम ने इन्हें ही अपने पक्ष में मोड़ने की युक्ति लगायी तथा बहुजनों को अपने साथ जोड़ने में कामयाब हुए। ग़रीब के मन में स्वाभिमान और सम्मान का जज़्बा जगाया तथा इसे लड़ाई का मुद्दा बनाया। दलितों-वंचितों ने सदियों से छीने गये अपने गौरवमयी इतिहास की वापसी का स्वप्न देखा। जाति को समाप्त करने के नारों के बजाय जातीय स्वाभिमान जगाने का काम कांशीराम की व्यावहारिक तथा अनुभवी सोच का नतीजा है। ऐतिहासिक महापुरुषों को जातीय स्वाभिमान जगाने हेतु उत्प्रेरक की भाँति इस्तेमाल करते हुए उन्होंने लोगों को वोट की क़ीमत अच्छी तरह समझाई। वोट के अधिकार को दबंग-बाहुबलियों द्वारा इस्तेमाल से रोके जाने या मनमाफ़िक इस्तेमाल कराये जाने के ख़तरों से भी बहुजनों को आगाह किया।

ऐसा नहीं था कि सवर्ण मानसिकता ने अपने पाँवों की जूती समझे जाने वाले दलितों को इतनी आसानी से 'सर चढ़ने' की इजाज़त दे दी। इस परिवर्तन के संक्रमण में कितने ही दलितों की हत्याएँ तथा कितनी दलित महिलाओं के साथ बदसलूकी की घटनाएँ पेश आयीं। कांशीराम ने इन हत्याओं और दुष्कर्मों को भी निष्फल नहीं जाने दिया। आन्दोलन तेज़तर होता गया फलतः दलितों-वंचितों में सदियों से बैठा डर धीरे-धीरे निकलने लगा। लोगों को लगा कि इनकी लड़ाई में कांशीराम जैसा महानायक इनके साथ है। हज़ारों ख़ानों में बँटी बहुजन जातियों को साथ लेकर चलना भी आसान नहीं था। सामन्तवादी ताक़तें इस बात को लगातार हवा दे रही थीं कि इस संगठन में कुछ ख़ास जातियों का बोलबाला है। इन चुनौतियों का सामना करने के लिए कांशीराम का निर्विवादित, निर्लिप्त और भेद-भाव विहीन व्यक्तित्व ही काफ़ी था। कांशीराम; जिन्हें बहुजन सम्मानपूर्वक 'साहब' कहते थे, के सामने जाकर सारे विभेद, सारे शिकवे-गिले मिट जाते थे। ऐसे जादुई व्यक्तित्व के स्वामी कांशीराम ने बहुजनों को एकता के सूत्र में बाँधे रखा।

सत्ता में भागीदारी के लिए प्राप्त अवसरों पर उन्होंने बहुजन समुदाय का

अनुपातवार प्रतिनिधित्व सुनिश्चित कर यह सन्देश भी दे दिया कि यह संगठन सभी जातियों-उपजातियों को बराबर की तहजीह देता है। कांशीराम ने अपने समाजिक परिवर्तन के महान लक्ष्य के सामने छोटी-छोटी बातों को कभी महत्त्व नहीं दिया। इसी का परिणाम था कि उत्तर प्रदेश के चुनावों में बहुजनों के एकमुश्त वोट कांशीराम की मज़बूत लीडरशिप के नाम पड़े। बहुजन समाज के हितों को ध्यान में रखकर उन्होंने अपनी सरकार नहीं बनने की स्थिति में "मज़बूत नहीं मजबूर सरकार चाहिए" का सिद्धान्त दिया ताकि दलितों-मज़लूमों के वोटों की क़ीमत मजबूर सरकारों से वसूली जा सके और सत्ता में भागीदारी का यह रास्ता भी अपनाकर अपना एजेण्डा लागू कराया जा सके।

वे व्यक्तिगत रूप से सत्ता के मोह और शक्ति के लालच से ऊपर थे। कांशीराम जी ने एक बार भाजपा की तरफ़ से आये हुए राष्ट्रपति की उम्मीदवारी का प्रस्ताव ठुकरा देने का ज़िक्र 17 अगस्त 1997 को संसद के विशेष अधिवेशन में किया। इस अविस्मणीय भाषण में उन्होंने कहा– " मै बोल रहा था कि आज से 6-7 महीने पहले उत्तर प्रदेश के बारे में चर्चा करने के लिए हमारी अटल जी से बात हो रही थी। अटल जी ने मुझसे कहा अभी थोड़े समय में राष्ट्रपति का चुनाव होने वाला है। हम सोचते हैं कि आपको राष्ट्रपति बनाया जाये। ऐसी कोई पार्टी नहीं है जो आपका विरोध करेगी। मैंने अटल जी से कहा कि मैं जो कुछ बात बोलता हूँ, कुछ काम करता हूँ। अगर इस तरह मैं बड़े घर में जाकर बैठ जाऊंगा, तो यह काम कौन करेगा।"[6] उन्होंने कहा कि " स्वतन्त्रता के पचास वर्षों बाद भी सामाजिक समता नहीं है। सामाजिक और आर्थिक विषय में हमें जो प्रगति 50 वर्षों में करनी चाहिए थी वो हमने नहीं की। आज भी हम सामाजिक और आर्थिक फ्रंट पर आगे नहीं बढ़े हैं और यह काम दलित प्रेमियों द्वारा होने वाला भी नहीं है। ये दलित प्रेमी चाहे किसी भी पार्टी के हों, क्योंकि उन्हें 50 साल मिले और इन 50 सालों में उन्होंने दलितों को सामाजिक और आर्थिक क्षेत्र में आगे नहीं बढ़ाया जिसके लिए फुले, शाहू और डॉ. अम्बेडकर ने संघर्ष किया। दलितों को अगर आगे बढ़ना है तो उन्हें यह काम खुद करना होगा। चाहे वह उत्तर प्रदेश के दलित हों, बिहार के हों, महाराष्ट्र के हों, तमिलनाडु के हों, उन्हें आगे बढ़ने का काम खुद ही करना होगा, उन्हें आपस में मिलजुलकर यह काम करना होगा। सदन के माध्यम से मैं यह मैसेज सारे दलितों तक पहुँचाना चाहता हूँ"[7]

इस प्रकार बहुजन समाज के द्वारा सत्ता-प्राप्ति की प्रयोगशाला के रूप में उत्तर प्रदेश को विकसित करना सही मायने में अनुकूल परिणाम दे गया जिससे देश के दूसरे प्रदेश भी सबक़ ले रहे हैं। बहुजन संगठनों ने अन्य राज्यों में भी

ज़ोर-आज़माइश शुरू की है तो यह कांशीराम के करिश्मे का ही कमाल है।

बाबा साहेब के धार्मिक विचारों के वारिस

यह प्रश्न उठता रहा है कि डॉ. अम्बेडकर के कारवाँ को आगे ले जानेवाला शख़्स उनके धार्मिक विचारों को आगे क्यों नहीं ले गया?

प्रश्न स्वाभाविक और तर्कसम्मत है। इसका उत्तर कांशीराम की व्यावहारिक सोच में ही निहित है। धर्म, व्यक्ति के लिए प्राथमिक ज़रूरत नहीं है। हिन्दू धर्म की मनुवादी धारणा को बेनक़ाब करने का काम कांशीराम ने हर प्लेटफार्म से किया तथा इसे दलित-एकता हेतु इस्तेमाल किया। वे हिन्दू धर्म द्वारा दलित-उत्पीड़न की भूमिका से वाकिफ़ थे, फिर भी उन्होंने धर्मान्तरण के लिए जल्दबाजी नहीं की। वे सत्ता में भागीदारी के ज़रिए दलितों की प्राथमिक समस्याओं का समाधान चाहते थे। वे धार्मिक आन्दोलन में फँसकर राजनैतिक सत्ता हासिल करने तथा सामाजिक परिवर्तन करने के अपने प्राथमिक उद्देश्य को रंचमात्र भी विचलित नहीं करना चाहते थे। यद्यपि धार्मिक आन्दोलन भी सामाजिक परिवर्तन के लिए एक ज़रूरी उपकरण और अस्त्र है, फिर भी अप्रैल 2002 में उन्होंने धर्म के बारे में एक महत्त्वपूर्ण घोषणा करके लोगों की आशंकाओं का समाधान कर दिया। उन्होंने कहा—"2006 में बाबा साहेब के धर्म-परिवर्तन की स्वर्णजयन्ती पर मैं और मायावती उ.प्र. के दो करोड़ से ज़्यादा दलितों को बौद्ध बनने की सलाह देंगे और मुझे विश्वास है कि मेरी सलाह मानकर बौद्ध धर्म को अवश्य अपनाएँगे।" किन्तु इस घोषणा का अंजाम तक पहुँचाने के पहले ही उनका स्वास्थ्य साथ छोड़ने लगा था।

कांशीराम की विरासत और चुनौतियाँ

वर्ष 2003 में उन्हें हृदयाघात हुआ और उपचार के बाद भी उनके स्वास्थ्य में यथेष्ट सुधार नहीं हो पाया। अन्ततः नौ सितम्बर 2006 को उन्होंने अन्तिम साँसे ली। वर्ष 2001 में ही उन्होंने सुश्री मायावती को अपना वारिस घोषित कर दिया था। उनके सामाजिक परिवर्तन के सपने को पूरा करने के लिए बहुजन आज समाज द्वारा सच्चे मन से दायित्वों के निर्वाह की महती ज़रूरत आन पड़ी है। भविष्य की चुनौतियाँ कठिनतर होती जा रही हैं। पूँजीवादी व्यवस्था ने अपना रूप बदल लिया है और इसके चंगुल में ग़रीब-दलित मज़दूर फँसने के लिए मजबूर किये जा रहे हैं। शिक्षा के निजीकरण के ज़रिए ग़रीबों का फिर से मनु-युग की ओर ढकेलने की साज़िश फिर से रची गयी है। उद्योगों और रोज़गार के अन्य संस्थानों

में निजीकरण ने पंख पसारने शुरू कर दिये हैं जहाँ ग़रीब-दलित-मज़दूर को रोज़गार मिलना प्रायः असम्भव होता जा रहा है। वहाँ भी सफ़ाई-कर्मी के रूप में दलितों को रखकर अपने कर्तव्यों की इतिश्री समझने वाले तथाकथित मल्टीनेशनल कम्पनियों के एजेन्ट अवसर पाते ही दलित-संवेदनशीलता का दिखावा करेंगे।

कांशीराम ने सामाजिक वास्तविकताओं को स्वीकार करते हुए विपरीत शक्तियों को भी अपने पक्ष में मोड़ लेने का जो कौशल दिखाया वह उनके अनुयायियों के लिए एक सबक़ भी है और एक आदर्श भी। उनकी दृढ़ संकल्प शक्ति और रणनीति ने सन् 1984 में जन्मे एक राजनैतिक संगठन को मात्र दस वर्ष के अल्पकाल में सत्ता के शिखर तक पहुँचा दिया। यह ऐतिहासिक उपलब्धि शोधकर्ताओं के जिज्ञासा का विषय हो सकती है। कांशीराम की राजनैतिक सूझ-बूझ, उनका त्याग, उनकी मेहनत और लगन ने बहुजन समाज को सम्मान, स्वभिमान और वह गौरव दिया है जिसमें वे अपनी जातीय हीनता को छोड़कर जातीय स्वाभिमान के गौरव को प्राप्त कर देश और समाज को बहुमुखी विकास की ओर ले जाने की क्षमता अर्जित कर रहे हैं। कांशीराम जी की दृढ़ संकल्पशक्ति और असीम आत्मविश्वास के लिए मैं यही कहूँगा कि......

हवाएँ तेज़ हैं ये तो महज बहाना है
अगर ये सच भी है तो भी दीया जलाना है

आँधियों और झंझावातों के बीच चराग़ रौशन करने का हौसला रखनेवाले, सामाजिक-परिवर्तन के महानायक को शतशः नमन।

सन्दर्भ-सूची

1. सतनाम सिंह, चन्द्रभान, बहुजन नायक कांशीराम, सम्यक प्रकाशन, नयी दिल्ली प्रथम संस्करण 2005, पृष्ठ 27
2. सामाजिक न्याय सन्देश, सम्पादक जी.एस. राजू, डॉ. अम्बेडकर प्रतिष्ठान, नयी दिल्ली, सितम्बर अक्टूबर. 2004
3. डॉ. रामविलास भारती—बीसवीं सदी में दलित समाज, अनामिका पब्लिशर्स एण्ड डिस्ट्रीब्यूटर्स (प्रा.) लि., पृष्ठ 178-179
4. वही
5. सतनाम सिंह, चन्द्रभान, बहुजन नायक कांशीराम, सम्यक प्रकारशन, नयी दिल्ली प्रथम संस्करण 2005, पृष्ठ 84
6. डॉ. रामविलास भारती—बीसवीं सदी में दलित समाज, अनामिका पब्लिशर्स एण्ड डिस्ट्रीब्यूटर्स (प्रा.) लि., पृष्ठ 184
7. वही -

अध्याय-10

बुद्ध-कबीर-अम्बेडकर-परम्परा वैचारिकी : शंकाएँ एवं समाधान

दलित आइकान बुद्ध-कबीर-अम्बेडकर की वैचारिक कड़ियाँ आपस में इस तरह गुँथी हुई हैं कि किसी एक के बारे में किसी रूप में भी या किसी बिन्दु पर भी बातचीत किया जाय तो अन्य दोनों का सन्दर्भ आना अपरिहार्य है। ईसा के छः सौ साल पहले बुद्ध द्वारा जिन आर्थिक-सामाजिक-राजनैतिक मूल्यों की समाजवादी सोच को धार्मिक ताने-बाने के ज़रिए स्थापित किया गया उसी धारा के मध्यकाल में कबीर द्वारा उनकी प्रत्यक्ष साक्ष्यवादी क्रिया द्वारा उसे व्याख्यायित किया गया। आगे चलकर तत्कालीन भारतीय प्रजातान्त्रिक व्यवस्था में उन मूल्यों को डॉ. भीमराव अम्बेडकर द्वारा संवैधानिक प्रावधानों के ज़रिए अन्तर्निविष्ट किया गया। यह वैचारिक तारतम्यता का द्योतक है। इतने बड़े काल-क्रम में विशेष वैचारिक मूल्यों को समझे जाने में कई तरह की भ्रान्तियाँ और शंकाएँ लाज़मी हैं। इससे

सम्बन्धित मत-वैभिन्न्य तथा भ्रम-धारणाएँ निश्चित रूप से अपने पूर्वाग्रहों से निकल कर युक्तिसंगत एवं न्यायसंगत उत्तर तलाश करें तो यह शुभ संकेत है। इसके पहले कि प्रश्नोत्तर के ज़रिय विषय का सम्यक विश्लेषण प्रस्तुत किया जाय, सम्वाद-सान्निध्य बनाने के लिए ज़रूरी है कि इन युगान्तकारी व्यक्तित्वों के बारे में अर्जित की गयी अपनी जानकारी और सूचनाओं को निरपेक्ष भाव से साझा करते हुए व्याप्त किम्वदन्तियों और अफ़वाहों को नये नज़रिए से व्यवहारिकता के धरातल पर देखने की कोशिश की जाय। ज़ाहिर है कि विश्वविद्यालयीय-शैक्षणिक पाठ्यक्रमों से हट कर भी कई ऐसी विचारधाराएँ चलती रहती हैं जिनको देखने के लिए भी पूर्व मानदण्डों को बदलना पड़ता है अन्यथा अरसे से जड़ीभूत विचार नये सच को भी आसानी से ग्रहण नहीं करने देते।

काशी हिन्दू विश्वविद्यालय के डॉ. राधा कृष्णन सभागार में विषयागत विमर्श में उपस्थित हिन्दी के विभागाध्यक्ष, प्रोफेसर, रीडर, शोध छात्र और छात्राएँ—एक इतर व्यावसायिक चिन्तन के कई अनछुए पहलुओं को इसी दृष्टिकोण से देखकर बहस में सक्रिय भागीदारी करें। हाँ! इसे भी मठाधीशों की स्वपरिभाषित एवं पूर्वनिर्धारित निषिद्ध सीमा में अनधिकृत प्रवेश मानकर, अकादमिक ज्ञान-मीमांसा की सरहद पर देखते ही ख़ारिज न कर दिया जाय। उद्देश्य और मंशा यही है कि साहित्यिक पोथियों में लिखी-पढ़ी बातों को सामाजिक सन्दर्भों में परिचर्चा का विषय बनाया जाये। यह बता देना ज़रूरी है कि इस चर्चा की सीमाएँ कबीर के सामाजिक सरोकारों के बहाने प्राचीन तथा आधुनिक विमर्शों तक ही सीमित होंगी। कबीर की विरासत के असली-नक़ली पैराहन की भीतरी शिनाख़्त उनके लोगों की रोज़मर्रा की उठने-बैठने, खाने-पीने, बोल-चाल तथा सोच-विचार से लेकर लोकाचार तक के माध्यम के ज़रिए ही तय की जानी है। सबसे पहले यह साफ़ हो जाना चाहिए कि यदि अगरबत्ती-लोबान जलाकर कबीर का भूत उतारना है या फूल-माला चढ़ाकर कबीर के विचारों का गला घोट देना है तो इन आयोजनों को छलावा ही कह सकते हैं। कबीर की कविता पर बातचीत होगी तो दलित-शोषित की बात अवश्य ही होगी। यदि दलित की बात होगी तो साथ में ब्राह्मणवाद की भी बात होगी ही। इसके बिना यह चर्चा कबीर के सच के साथ आँख-मिचौली का खेल और लुका-छिपी जैसा धोखा बनकर केवल मन-बहलाव का साधन मात्र रह जायेगी। यदि इस भ्रमवाद (ब्रह्मवाद) की चर्चा को पर्दे में रखकर बात की जायेगी तो कबीर पर बातचीत अधूरी, ग़ैरवाज़िब तथा आत्मवंचना बनकर असंगत ही बनी रहेगी। ऐसी स्थिति में कबीर को ईमानदारी से समझ पाने के लिए हमें उनके शब्दों, सम्बोधनों, ध्वनियों, मुहावरों, कहावतों, उलाहनों, गालियों और

व्यंग्योक्तियों को सहलाना-पुचकारना होगा और उनके साथ रहकर उनको जीना होगा। ब्राह्मणवाद सरीखे शब्दों को व्यक्तिगत अवमानना का सम्बोधन न समझकर शोषणवादी विचारधारा की अभिव्यक्ति समझना चाहिए वरना कबीर और कबीर की कविता की आरती उतारकर यहाँ से विदा हो लेना ही ज़्यादा श्रेयष्कर होगा। ठीक इसी प्रकार धम्म या धर्म की मूलभूत और लोक-स्वीकृत धारणाओं को समझे बिना भी कबीर की कविता और अध्यात्म पर बातचीत युक्तिसंगत, तर्कसंगत व न्यायसंगत नहीं हो पायेगी। जहाँ कबीर होंगे, वहाँ उनकी जुझारू भाषा की हनक भी होगी ही। मनमाफ़िक कहानी या आख्यान गढ़कर किसी को अच्छा या बुरा बनाने में कबीर की आड़ ली जाय या उन्हें ग़लत सन्दर्भित (मिस-कोट) किया जाय यह परम्परा बन्द होनी चाहिए, वरना यूनिवर्सिटी ग्रान्ट कमीशन के पैसे पर दलित और स्त्री-विमर्श की काग़जी ख़ानापूरी का सामाजिक न्याय से कोई लेना-देना नहीं रह जायेगा। कबीर के दलित मुक्ति के स्वर को दबाने के लिए दलित-विमर्श का दिखावा कबीर के साथ फिर से एक धोखा ही साबित होगा।

कबीर-परम्परा की बोली-बानी और शब्दों की अवधारणा उन लोगों पर सही नाज़िल होगी जो उन्हें अनायास ही जीते हैं तथा वही जिनका ओढ़ना-बिछौना है। कबीर की आम-फ़हम भाषा को अनपढ़-असभ्य-गँवार कहकर उनके आन्दोलन की आँच को ठण्डा कर देने का काम ही अब तक हुआ है ताकि पीढ़ी दर पीढ़ी वंचित समुदाय को शाश्वत ज्ञान परम्परा से दूर रखकर उनकी जड़ों से काटा जा सके। इसी उद्देश्य से लोक-स्वीकृत शब्दावलियों की पारिभाषित अभिधारणा को बदलकर एक ज़िन्दा परम्परा को विपथित करने का कुटिलतापूर्ण काम होता रहा। मसलन धम्म के बरअक्स धर्म को गढ़कर खड़ी की गयी विरोधी आइडोलॉजी में भी उनके लिए इतनी ही जगह बनाई और बताई गयी ताकि बार-बार सर उठाती आवाज़ों को दमन करने का हथियार उसी खेमे से हासिल किया जा सके।

ज्ञातव्य है कि धर्म की आधारभूत संरचना एवं मान्यता ही परा-प्राकृतिक है जबकि धम्म का आधार विशुद्ध प्राकृतिक है। धम्म मानव मात्र से सीधा सम्वाद स्थापित करता है किन्तु धर्म में उसके ठेकेदारों के ज़रिए ईश्वर तक पहुँचने की बाध्यता है। धम्म का तो आधार ही यही है कि इसकी धुरी का जुड़ाव मानव तथा ईश्वर के बीच न होकर केवल मानव तथा मानव के बीच है। प्रकारान्तर से दुनियावी जीवन में मानवता की सेवा-सहायता ही सच्चा धम्म है। कबीर की कविता इसी मानव-धम्म की वकालत करती दिखाई देती है जो धर्म के कृत्रिमता की पोषक नहीं बल्कि उसकी उन्मूलक है। यहीं से कबीर की परम्परा एक मज़बूत प्रतिरोध पैदा करती है तथा वंचित-समाज इसी प्रतिरोध को उत्तरोत्तर विकसित

करता हुआ आगे बढ़ता है। यही प्रतिरोध उसे भयंकर झंझावातों में भी अडिग एवं दृढ़ रखता है तथा जड़ों समेत उखड़ जाने से बचाता है।

भ्रमवाद की पीठिका

इस परम्परा की वैचारिकी शोषितों द्वारा मानवता के कल्याणार्थ; जिसमें उनका खुद का कल्याण भी सन्निहित है, किसी प्रकार के सामाजिक-धार्मिक अत्याचार को रोकने का संकल्प और शक्ति का निर्माण करती है। दलित प्रतिरोध का यह भाव अवरोध के भाव से भिन्न है क्योंकि अवरोध सामान्यतया किसी हितकारी मार्ग में जान बूझकर रुकावट डालने या पैदा करने के अर्थ में प्रयुक्त होता है। प्रतिरोध ऐसी रुकावट है जो औरों द्वारा संचालित अनधिकृत व अवांछित आवेगों, भावों और वृत्तियों के संचरण और प्रभाव को रोकने की प्रकृति रखता है। यह प्रतिरोधी-वैचारिकी ऐसा कवच बनाती है जिसमें अवांछनीय आक्रमणों को स्वतः बेअसर करने की ताक़त होती है। विज्ञान की भाषा में प्रतिरोध किसी धातु या चालक का वह प्राकृतिक गुण है जो उष्मा या विद्युतधारा के स्वतन्त्र बहाव को अंशतः या पूर्णतः रोकता है। ध्यान रहे कि वह धारा को रोकता नहीं बल्कि उसे अपने अन्दर प्रवाहित होने देने से अपनी क्षमता की सीमा तक विरोध करता है। ऐसी ही प्रतिरोधक-क्षमता विकसित करने की बात कबीर की कविता में भी देखी जा सकती है। दलित वैचारिकी आक्रमण नहीं करती, ज़बरदस्ती किसी का रास्ता नहीं रोकती बल्कि स्वयं को इस स्तर तक मज़बूत और अभेद्य बना लेती है ताकि आक्रामक शक्तियों का कोई भी हथियार निष्क्रिय और अप्रभावी हो जाये। इसीलिए कबीर के यहाँ शोषण के भुक्तभोगी द्वारा प्रतिशोधक आक्रामकता की बात नहीं कही गयी है बल्कि स्वयं को दूसरों की आक्रामकता से बचने के लिए भीतरी कवच पैदा करने और उसे मज़बूत करने की बात कही गयी है। यदि आक्रामक अवयवों के प्रत्यावर्तन के कारण आक्रमणकारी स्वयं को घायल कर लेता है तो इसमें उस प्रतिरोधक क्रिया को ज़िम्मेदार ठहराना कदाचित् प्राकृतिक न्याय नहीं होगा। ज़ाहिर है कि विद्युत या उष्मा का बेहतर बहाव कम प्रतिरोध चाहता है। कम प्रतिरोध का मार्ग ही सुगम मार्ग है। इसी भौतिकी के उदाहरण से प्रकृति के कई कार्य-व्यापारों को आसानी से जाना जा सकता है। यही नहीं बल्कि ये सिद्धान्त सामाजिक संरचना और परिघटना को व्याख्यायित करने के लिए मददगार हो सकते हैं। हम इसके ज़रिए यदि दलितों-वंचितों पर हो रहे अत्याचारों को समझना चाहें तो यह स्पष्ट हो जाता है कि अतिवादी आक्रामक संस्कृति इस वर्ग के ऐसे हर प्रतिरोध पर अधिक उत्तेजित होती दिखाई देती है

जहाँ उसकी मनमानी का रास्ता रोका जाता है। अभिजात वर्ग को तो ऐसी जमात चाहिए जो आसानी से प्रतिरोध-शून्य बनकर उनके सभी तरह के अत्याचारी हमलों को केवल बर्दाश्त ही न करे बल्कि उनका जयकारा भी करे। आज यदि ऐसा जानने-सुनने में कुछ असुविधाजनक लगता है तो वह इसलिए कि आज तक यह कुछ लोगों का शगल रहा है जो आज भी ऐसे दमन को ही सामाजिक शान्ति का एक मात्र आसान रास्ता मानते हैं।

यह बताना प्रासंगिक होगा कि जहाँ भी दलितों के साथ अत्याचार में ख़ून-ख़राबा होता है, द्वन्द्वात्मक प्रतिकार होता है, वहाँ के दलित-पिछड़ों को तथाकथित भद्र समाज के लोग प्रायः निरीह, कमज़ोर और डरपोक समझते हैं। जबकि इसे तो क्रान्तिकारी परिवर्तन हेतु इंक़लाब का शुभ संकेत माना जाना चाहिए। वास्तव में जहाँ प्रतिकार नहीं है, वहाँ अत्याचार भी नहीं हो रहे हैं, यह भी एक भ्रामक मिथ है। प्रतिकार और प्रतिरोध शून्य समाज की अत्याचार सहने की विवशता-जनित शान्ति से सन्तुष्ट होकर यह मान लेना कि वहाँ सब कुछ ठीक है, एक आत्म-वंचना या आँख मूँद लेने के अलावा कुछ और नहीं है। जहाँ प्रतिकार, प्रतिशोध और अन्याय के विरुद्ध तन कर खड़े होने की प्रवृत्ति होगी, संघर्ष वहीं होगा। शेर-बकरी के बीच संघर्ष नहीं हो सकता। वहाँ एक-तरफ़ा हमला होता है तथा जंगल की शान्ति में ख़लल केवल चन्द चीत्कार के शब्दों भर पल-दो-पल ठहरकर एक स्तब्ध नीरवता में तब्दील हो जाता है। किन्तु एक शेर और सुअर की लड़ाई से जंगल प्रायः थर्रा उठता है। शोर दूर तक पहुँचता है। शेर की मृत्यु भले ही न हो किन्तु अपनी ज़िदगी बचाने के लिए जूझता सुअर, शेर को मुश्किलों में डाल देता है। ऐसे में जंगल का राजा यूँ ही—तफ़रीहन—सुअर की अस्मिता पर हाथ डालने की हिम्मत नहीं करता। यही इन संघर्षों का सबक़ है।

दलितवाद का पिशाच

एक पूर्व वक्ता के हवाले से उनके द्वारा ज़ाहिर की गयी आशंका पर स्पष्टीकरण की आवश्यकता सामने आयी है। कदाचित् उन्होंने (त्रिपाठी जी ने) जो वक्तव्य दिया, उसमें यह प्रश्न उठाया कि "लोग ब्राह्मणवाद की बात तो करते हैं लेकिन यह क़तई नहीं बताते हैं कि वे किस ब्राह्मणवाद की बात करते हैं? ब्राह्मणवाद के भी कई भेद हैं आदि-आदि।"

इस सम्बन्ध में मेरा इतना अवश्य कहना होगा कि ब्राह्मणवाद केवल ब्राह्मणवाद है तथा इसमें हिन्दू जातियों की भाँति तरह-तरह के भेद गढ़ कर भारी-भरकम शब्द-जाल में तथ्यों को उलझाना भी वही पुरानी भ्रमवादी परम्परा

है। ऐसे शब्दों के अवगुंठन में छिपी ख़तरनाक नीयत; वंचितों-दलितों-मज़्लूमों को लक्ष्य से भटकाने के लिए, ताक़ लगाये बैठी है। इसे पहचानना ज़रूरी है। वह अपने चोले को समयानुसार एवं परिस्थिति-अनुकूल बदल-बदल कर प्रकट होती रहती है। इसे तो इसके हर रूप में ही चुनौती मिलनी चाहिए। परजीवी संस्कृति की यह विशेषता होती है कि वह अपनी इकलौती स्ट्रेटेजी की पुनरावृत्ति के अन्तर्गत ही अपना शिकार बार-बार नहीं करती है। इससे पहले कि शिकार उसकी चाल को समझे वह अपनी चाल और तकनीक बदल देती है। कई बार वह छद्म रूप में शिकार का हम-सफ़र बनकर चलते हुए एकाएक शिकारी के बाने में नमूदार हो जाती है तथा परजीवी संस्कृति अपने लक्ष्य में एक बार फिर से सफल हो जाती है। इसीलिए आजकल दलित-ब्राह्मणवाद, दलितों में ब्राह्मणवाद आदि नये-नये शब्द-उत्पादों की ओर ध्यान खींचा जा रहा है ताकि मुख्य मुद्दे से लोगों का ध्यान हटाया जा सके। ऐसे हथकंडे कोई नये नहीं हैं।

इस सन्दर्भ में एक छोटी सी ग्रामीण कहानी का ज़िक्र प्रासंगिक होगा। इसके ज़रिए शायद इन उपक्रमों को समझने में काफ़ी मदद मिल सकती है। हुआ यूँ कि एक बार गाँव के पुरोहित ने बस्ती के लोगों में यह बात फैला दी कि अमुक तारीख़ की रात बारह बजे के बाद पिशाच की बेटी का ब्याह सिवान के पीपल के पेड़ पर होने का मुहूर्त बना है। तदनुसार पाहुन पिशाच पूरी शान-शौक़त से बारात लेकर आसमान मार्ग से आयेगा। बारातियों के आते ही आसमान में चकाचौंध करता उजाला हो जायेगा। इस बात को नमक-मिर्च लगाकर अफ़वाह की सूरत फैला दिया गया। फिर हुआ यूँ कि मुक़र्रर तारीख़ को रात बारह बजा नहीं कि उसके पहले से ही बस्ती के लोग एक-एक कर इक्ठ्ठा होने लगे। देखा-देखी समूची बस्ती के बाल-वृद्ध, नर-नारी उस पीपल के नीचे एकत्र हो गये। सिवान में जैसे मेला लग गया। बस्ती में सन्नाटा था—सिवान में चहल-पहल! सयानों (जानकारों) ने सबको ख़ामोश रहने की हिदायत दी ताकि पूरा तमाशा बिना टोक-टाक के देखा जा सके। ख़बर यह भी थी कि पिशाच की बारात जब गगन-मार्ग से आयेगी तो उस समय आसमान में एकाएक उल्का पिंड जैसा अप्रतिम उजाला पीपल के पेड़ तक आ जायेगा। सबकी आँखो को तेज़ मशाल की सूरत में वह रौशनी चका-चौंध कर देगी। वहाँ उपस्थित लोग ख़ामोशी की हिदायत के बावजूद आपस में खुसर-फुसर करने से बाज़ नहीं आ रहे थे। सबके दिमाग़ में बस उसी ब्याह के भावी दृश्य पर मन्थन चल रहा था। समय बीतता रहा और लोग साँसे रोके इन्तज़ार करते रहे। रात के बारह बज गये। अँधेरी रात की ख़ामोशी में वक़्त के पदचाप सुनाई नहीं पड़े तथा ढलते हुए रात्रि-प्रहर के एक, दो और तीन बज

गये। बारात में देर-सबेर होने के व्यावहारिक कारणों पर चर्चा होती रही। भिनसार की चुक-चुकिया चिरई भी बोल उठी। कहीं कोई रौशनी नहीं। रौशनी दिखी तो बस सबेरे के सूरज की। सारी बस्ती रतजगा करके उदास-निराश अपने-अपने घरों की ओर लौटने लगी। बस्ती वाले अच्छे-भले, खाते-पीते लोग थे। बस्ती के कमासुतों ने एक-दूसरे से प्रतिस्पर्धा करते हुए सुख-समृद्धि के सामान जुटाने में कोई कोताही नहीं की थी। लेकिन यह क्या? घर लौटकर बस्ती के लोगों ने जो कुछ देखा वह किसी रहस्य-कथा से कम न था। उनका सारा माल-असबाब तो रात में ही लुट चुका था। लगता है पिशचवा की बारात पीपल के पेड़ पर न आकर बस्ती की ओर रुख कर ली। एक गुनिया ने शक ज़ाहिर करता हुआ प्रश्न उठाया कि कहीं पुरोहित जी की पिशचवा के साथ पुरानी दोस्ती तो नहीं थी? रोना-पीटना-कोसना तो दिन भर चला लेकिन किसकी मज़ाल कि पंडित जी पर दोष मढ़े? गुनिया ने प्रवक्ता के तौर पर बयान बदल दिया कि बारात आने के समय गाँव के किसी औरत ने छींक दिया था जिसके कारण अपशकुन हुआ और क्रोधित पिशचवा ने पूरी बस्ती को तबाह कर डाला।

कहना यह है कि ऐसी कहानियाँ कई हक़ीक़तों और अनुभवों के बाद ही बनती हैं। ठगे-लुटे लोग कुछ समझ पायें, इसके पहले ही पिशचवा स्वयं देवता का रूप धर लेता है और भारत भर का दूध अकेले ही पी जाता है। कभी दूध पीता है, कभी टोपी लगा कर भष्टाचार मिटाने के लिए अवतार ले लेता है। कभी योग-विद्या और आयुर्वेद विज्ञान के द्वारा सशक्त भारत बनाते-बनाते चुनाव लड़ने या लड़ाने का मन्त्र-फूँक नारा लगाने लगता है। वह जब कभी बौद्ध भिक्षुओं का नया नक़ली संस्करण तैयार करके आत्म-विस्फोटक बम का रूप दे देता है तो भी उसका चोला सामयिक एवं प्रथम दृष्ट्या प्रासंगिक ही लगता है। ऐसे में उसका शिकारी स्वरूप खाल और खोल के नीचे घात लगाये बैठा रहता है। मठों, ठगों और स्वनाम-धन्य बाबाओं की अश्लील हरकतों को बताना भी कठिन, छुपाना भी भारी। बटमार धर्माधारियों की ऐसी टीम नियोजित प्रबन्धन के तहत काम करती है। वेदवानों (विद्वानों?) की ऐसी ही परम्परा अपने मायाजाल में उलझाकर बड़े-बड़े आन्दोलनों की हवा निकाल चुकी है।

भोगवान बनाम भगवान

एक प्रश्न यह उठाया गया है कि आख़िरकार बुद्ध ईश्वर, आत्मा, परमात्मा जैसे प्रश्नों को अव्याकृत रखकर उनसे टकराने से क्यों बचते रहे? क्या उन्होंने भी वर्णवादी व्यवस्था को सीधी चुनौती न देकर मूक रहकर उन्हीं का साथ नहीं दिया?

कहना यह है कि किसी विचारक, मनीषी, दर्शन-शास्त्री या अन्वेषक के विचारों का मूल्यांकन सामाजिक, राजनैतिक एवं धार्मिक परिवेश में उसके समय के सापेक्ष करना अधिक वस्तुपरक होगा। ईसा के 600 वर्ष पहले जब वैदिक प्रभाव ने अपना विस्तार सशक्त कर लिया था, धर्म के एकमात्र ज्ञाता, वाचक, प्रकाशक और व्याख्याता ब्राह्मण ही थे। उन्होंने प्रत्यक्ष या परोक्ष रूप से राजनैतिक सत्ताओं को भी अपने काबू में करने का उपक्रम कर रखा था। ऐसे में सरल-हृदय दलित-पीड़ित जनता को प्रशिक्षित करने के बजाय उन्हीं के भरोसे वेदवाद से भौतिक संघर्ष कदाचित् आत्मघाती भी होता और अस्थायी भी। इसी तारतम्य में वैदिक ब्राह्मणी मान्यताओं की अस्वीकृति या अव्याकृति को देखा जाना चाहिए।

बुद्ध भी एक मनुष्य ही थे कोई पराप्राकृतिक या आसमान से उतरनेवाले तथाकथित चमत्कारी शक्ति सम्पन्न फरिश्ते या देवदूत नहीं। देश-काल की नब्ज़ टटोलकर, पीड़ित मानवता को दुःखों से छुड़ाने का यत्न ही उनका अभीष्ट था। कुतर्कियों से निरर्थक शस्त्रार्थ या बहस में न पड़ने के कारण ही उनकी अव्याकृति को उनकी मौन स्वीकृति मान लेना भी एक कुटिल और कपटपूर्ण टिप्पणी ही है। उन्होंने बार-बार आत्मा-परमात्मा, स्वर्ग-नरक, ईश्वर, पुनर्जन्म की मान्यताओं को नकारा है। ऐसे निरर्थक प्रश्नों को बार-बार उठाने के कारण उन्होंने इसे अनुत्पादक और लोक हित में बाधक कहा। अव्याकृति का उनका आशय है कि जिसे व्याकृत या परिभाषित न किया जा सके। वे हमेशा कहते थे कि कुछ ऐसी चीज़ें हैं जिनके बारे में हाँ या न के रूप में उत्तर दे पाना कठिन है। कुछ चीज़ें जानने के परे हैं। उनका मानना था कि कई अज्ञात बातों के बारे में वे ही अन्तिम निर्णायक नहीं हैं जो यह बता दें कि इस धरती और आसमान के उस पार क्या है? या यह कब से अस्तित्व में है तथा कब तक रहेगी? या इसे बनाने वाला कौन है, आदि-आदि। उनका विश्वास था कि उनके बाद भी बहुत से बुद्धिमान आयेंगे और शायद सभी प्रश्नों का नहीं तो बहुत से प्रश्नों का उत्तर देंगे तथा समस्याओं को हल करेंगे—उनका निदान बताएँगे। इसीलिए बुद्ध ऐसे बहुत से प्रश्नों को बार-बार चिन्तन-मनन के लिए लोगों पर छोड़ देते थे ताकि वे अपनी स्वतन्त्र एवं निष्पक्ष बुद्धि-विवेक तथा तर्क से यह जानें कि सच्चाई क्या है। किसी के द्वारा बताए गये सच को खुद अनुभव के द्वारा सन्तुष्ट हुए बिना न मानें। अव्याकृत को इस सन्दर्भ में समझे जाने के बजाय भगवान बुद्ध द्वारा दुनिया के तमाम अनुपयोगी, निरर्थक और समय-बर्बाद करने वाले विषयों पर अनुत्पादक बहस में न पड़ने की बात को यह कहना कि वे उन प्रश्नों से जूझने के बजाय उनसे बचते रहे, ठीक नहीं है। भगवान बुद्ध ने अपने समय

की ख़ामियों, आडम्बरों, अन्धविश्वासों तथा किम्वदन्तियों का जितना स्पष्ट उत्तर दिया है, उससे आगे की सोचना भी शायद आज तक सम्भव नहीं हो पाया है। बुद्ध का दर्शन केवल बुद्धि-विलास या शब्दों की जुगाली का संसाधन नहीं बल्कि सामाजिक परिवर्तन का अस्त्र बन कर उभरा जिसके द्वारा बहुजन समाज को सशक्त और आत्म-चेतनायुक्त बनाने की शक्ति मिली। निश्चित रूप से इन उपादानों से परजीवी वंचक-संस्कृति के निहित स्वार्थ पूरे नहीं होते, इसी परिप्रेक्ष्य में उनके द्वारा बुद्ध और बौद्धों की निन्दा-आलोचना को समझा जाना चाहिए।

भ्रमवाद के बदलते चेहरे और चोले का ज़िक्र करते हुए पहले ही कहा जा चुका है कि इसके बोलने और करने की मनसा बहुधा एक ही नहीं होती है। वह जो कहता है वही करता नहीं और जो करता है उसे बताता नहीं। ऐसी ही उसकी रणनीति और चाल है। किन्तु कबीर जो कहते हैं, वही करते हैं—वह जो करते हैं वही कहते हैं। इसीलिए उपदेशक कबीर, तोन्द पर हाथ फेरते हुए दूसरों की माल-मलाई उड़ानेवाला बातूनी और कामचोर नहीं है। वह तो श्रमण संस्कृति का अनुगामी है। वह कठिन मेहनत की कमाई से ही अपना भरण-पोषण करता है। यह कबीर कपड़ा बुनता है और उसे लेकर खुद बाज़ार में बैठता है, बेचता है और अपने श्रम की क़ीमत पर अपनी ज़िन्दगी बसर करता है। इसीलिए कबीर भ्रमवाद की दोगली चाल को सरेआम दुत्कारता और खण्डन करता है। ठीक यही बुद्ध के यहाँ भी है। बुद्ध जो स्वयं करते हैं, वही और उतनी ही शिक्षा भिक्षुओं को देते हैं।

बताना यह है कि भगवान बुद्ध के अग्रिम पंक्ति का भिक्खु सुभद्र कुशीनारा में भगवान बुद्ध की मृत्यु के तत्काल बाद ही अपने मूल ब्राह्मणी चरित्र को छुपा न सका था। अभी भगवान का भौतिक शरीर वहीं (कुशीनारा में) रखा ही था कि उस भिक्खु ने कहा ''अच्छा ही हुआ कि यह महान् श्रमण अब नहीं रहा। मत रोओ, मत विलाप करो। हम सब श्रमण गौतम से मुक्त हुए। हमें उसके इस कहने पर बड़ी हैरानी होती थी कि यह तुम कर सकते हो और यह नहीं कर सकते। अब हम जो चाहेंगे करेंगे और जो नहीं चाहेंगे नहीं करेंगे। क्या यह अच्छा नहीं है कि वह चल बसा है। रोना किस लिए। विलाप किस लिए। यह तो खुशी की बात है''[1]। यह सुनकर भिक्खु-संघ तत्काल चौकन्ना हो गया। तदन्तर समय पाकर संघ की सभा बुलाकर यह निर्णय लिया गया कि भगवान के वचनों को तत्काल लिपिबद्ध कर लेना चाहिए वरना इनमें मनमाने परिवर्तन कर इसे नक़ली बनाने में देर नहीं लगेगी। धम्म के विरोधी इसे अपनी सुविधा के अनुसार लिखकर मूल वचन गायब कर दें तो आश्चर्य क्या? पुस्तकों के

प्रकाशन की खोज होने से पहले रंगून में बने नये विश्व शान्ति स्तूप के परिसर में सन् 1954 की बुद्ध पूर्णिमा के छठे संगायन का आयोजन किया गया जिसमें देश-विदेश के 2500 भिक्षुओं ने भाग लिया। यह संगायन दो वर्ष तक चला। मूल वाणी के शुद्ध प्रमाणित रूप को पुनः जाँच कर उसके प्रामाणिकता की घोषणा की गयी। मूल वाणी की प्रामाणिकता को जाँच कर उसकी शुद्धता को कायम रखने के लिए समय-समय पर संगायन का आयोजन किया गया। भगवान बुद्ध के परिनिर्वाण के तीन महीने बीतते-बीतते प्रथम संगायन का आयोजन किया गया। जिसमें पाँच प्रमुख भिक्खु; राजगीर की सप्तपर्णी नामक गुफा में एकत्रित हुए। सम्पूर्ण बुद्ध वाणी का संकलन सम्पादन करके उसके प्रमाणिकता की घोषणा की गयी। इसी प्रकार सौ वर्ष बीतते-बीतते दूसरा संगायन तथा सम्राट अशोक के समय में तीसरा संगायन आयोजित किया गया। भागवान बुद्ध के परिनिर्वाण के 400 वर्ष बीतते-बीतते लंका के भिक्षुओं ने चौथा संगायन आयोजित कर बुद्ध वाणी को ताड़-पत्रों पर लिखवा दिया। सन् 1754 में माण्डले के बर्मी राजा के राज्यकाल में पाँचवाँ संगायन आयोजित कर बुद्ध वाणी को संगमरमर पर खुदवा दिया गया जिससे यह शुद्ध रूप में चिर स्थाई रह सकी।

आज भगवान बुद्ध के कारण ही दुनिया भारत को सम्मान की नज़र से देखती है। आश्चर्य नहीं होना चाहिए कि इस देश के भ्रमवादियों ने उसी भगवान बुद्ध का देश-निकाला कर दिया जिसके द्वारा उपदेशित धम्म से जोड़कर हम अपने आप को विश्वगुरु कहते हुए शेखी बघारते हैं—उन्हें ही तिरस्कृत करने और उनके विचारों को नेस्तनाबूद करने में कोई कोर-कसर नहीं छोड़ी गयी। ऐसा करना ब्राह्मणवाद के ही बूते की बात है। इस प्रकार का दोहरा चरित्र पग-पग पर और भारतीय वातावरण की नस-नस में व्याप्त है। इसीलिए कबीर इस बात की तीखी आलोचना करते हैं कि उपदेश के नाम पर जान-बूझकर पतन का रास्ता बताने वाले लोग कितने असहिष्णु तथा विनाशकामी हैं। वे कहते हैं कि—तुम हमसे स्वर्ग की अच्छी-अच्छी लुभावनी बातें करते हो और वहाँ ख़ुद जाने को तैयार नहीं हो। यदि इतनी अच्छी चीज़ हमें मिलने के उपाय बता रहे हो तो पहले तुम्हें ही प्राप्त करनी चाहिए थी। खुद तो ख़ारी (अखाद्य) खा रहे हो, हमें कपूर की सुगंध से बहला रहे हो। इस प्रकार तुम्हारी कथनी और करनी में ज़मीन-आसमान का अन्तर स्पष्ट है।

यह दिलचस्प है कि भगवान बुद्ध ने जिस प्रचीन श्रमण-मार्ग को प्रशस्त किया, उसी को कबीर ने अपनी प्रत्यक्ष रहनी द्वारा प्रमाणित कर दिखाया। कबीर ने भगवान बुद्ध के दर्शन को तत्कालीन माँग के अनुसार परिभाषित-परिचालित

किया। कबीर की अहिंसा मार खाकर चुप रह जाने का सबक़ सिखाने वाली नहीं है। कबीर लुकाठी लेकर चौराहे पर खड़े हैं और दुश्मन से दो-दो हाथ करने को तैयार हैं। कबीर ने तो भगवान बुद्ध के विचारों को परिष्कृत करके उसमें वही प्रतिरोधी क्षमता पैदा की है जिससे लैस होकर हम अपने को अपसंस्कृति के हमले से स्वयं को सुरक्षित रख सकते हैं। जाति, वर्ग, सम्प्रायगत विभाजनों एवं सांसारिक व्याधियों को देखते हुए कबीर ने तो बुद्ध-दर्शन को ही एक नया संस्कार दिया। वे कहते हैं कि—

आग लगी आकाश में, झर झर परे अंगार
सन्त न होते जगत में, जल जाता संसार

अतिशयोक्ति नहीं कि भगवान बुद्ध यदि दलित-वंचित और पीड़ित मानवता के उद्धार के प्रथम संस्करण हैं तो कबीर उसके द्वितीय संस्करण—बाबा साहब डॉ. भीमराव अम्बेडकर उसके नवीनतम संस्करण हैं। उद्देश्यों एवं वैचारिकी में कोई भी कहीं से भिन्न नहीं है। धम्म के प्रतिपूरक और शोधक बनकर नये अवरोधों को चुनौती देते कबीर कल भी प्रासंगिक थे, आज भी हैं और कल भी रहेंगे। बस डर है कि कहीं हम कबीर को भी पत्थर का बुत न बना दें और उनके महिमामण्डन के घने जंगल में उनके क्रान्तिकारी विचारों को भटका न दें। केवल विचारों की पूजा से ही भला होगा अन्यथा लोग तो लाल, गेरुआ, हरे या नीले रंगों के झण्डे-डण्डे में कबीर के बुत को लपेटकर एक बिजूका बना देने को तैयार खड़े हैं। इन विचारों के अन्तिम संस्कार (अन्तेष्टि?) करने को अमादा बहुरूपिए आज अपनी तिकड़मी चाल के ज़रिए बुद्ध-कबीर-अम्बेडकर को अगवा करने की हर जुगत भिड़ाए पड़े हैं। भगवान बुद्ध को विष्णु का अवतार, कबीर को अनपढ़ तथा विधवा ब्राह्मणी का बेटा कहना ऐसी ही कुटिल करतूतों का परिणाम है। आज इसी परजीवी संस्कृति द्वारा अम्बेडकर भी किसी कद्दावर भगवान के चोले में बैठाए जाने की प्रतीक्षा-सूची में रखे गये हैं। इसी प्रकार के अभियान वैचारिक आन्दोलनों को भस्मीभूत कर देने में लगातार कामयाब होते दिखाई दे रहे हैं तथा कबीर के वारिस कठुआए यह तमाशा देखे जा रहे हैं।

दोहरे चरित्र को भारतीय-जीवन के केवल एक ही क्षेत्र में नहीं बल्कि अमूमन सभी क्षेत्रों में देखा जा सकता है जिसने चरमोत्कर्ष पर पहुँची एक संस्कृति को मटियामेट करने में कोई कसर नहीं छोड़ी तथा आज भी सक्रिय है। शब्दों, तीज त्योहारों, वेष-भूषा, पूजा-मान्यता एवं साहित्य-इतिहास को अपनी सुविधा के अनुसार बदलते रहना इस अपसंस्कृति की दूरगामी स्वार्थ-परक रणनीति रही है। विचारणीय है कि भिक्खु, भिक्खा, सिक्खा, मूसा, खेत आदि शब्दों में क्या गलत,

क्या अशोभन, क्या कर्ण-कटु है जो त्यागने लायक है? साहित्य में भी तद्भव और तत्सम का ईज़ाद किया गया ताकि बुद्ध-कबीर की परम्परा को भाषा के स्तर पर ही पटखनी दे दी जाय। तद्भव का मायने हुआ वैसा ही जैसा था या है और तत्सम का मायने हुआ उसी के समान। विचारणीय है कि जो वही है वह मौलिक है या जो वैसा ही है वह मौलिक है? इस प्रकार के उदाहरणों से स्पष्ट है कि किसी शब्द और भाषा को दोयम दर्जे की कहना, एक साज़िश है। यूँ ही एक भरी-पूरी भाषा-संस्कृति को अशुद्ध कहकर अमर्यादित किया गया है। इनकी भाषा अशुद्ध, इनकी बोली अशुद्ध, इनकी वेश-भूषा अशुद्ध, इनकी वाणी अशुद्ध, इनका देखना अशुद्ध, इनको छूना अशुद्ध, इनका वचन-प्रवचन, गुण सभी कुछ अशुद्ध। इस प्रकार से एक प्रतिकारात्मक वर्चस्ववाद (Hegemony) का निर्माण भी इसी षड्यन्त्र की एक कड़ी है जिसके ज़रिए यह व्यवस्था अपने वर्चस्व को परवान चढ़ाती आयी है और इसी के शिकार कबीर, नानक, रैदास, दादू, चोखा मेला जैसे सन्तों की वैचारिकी है। बदलाव के प्रयासों को लगातार इसी हथियार से निष्क्रिय किया जाता रहा है और आज भी दलित-जागृति को धता बताने के लिए नये-नये तरीक़े खोजे जा रहे हैं।

वाद पर विवाद

आजकल दलित-संकीर्णतावाद, दलित-ब्राह्मणवाद, दलित-जातिवाद, दलित-वर्चस्ववाद और दलित-आक्रामकता पर बहस ज़्यादा तेज़ कर दी गयी है ताकि मुख्य मुद्दे की गरमाहट को पानी डालकर ठण्डा कर दिया जाय। इस प्रकार के वादों से इंकार नहीं किया जा सकता किन्तु यह भी प्रकारान्तर से ब्राह्मणवाद की ही प्रस्तुतियाँ हैं। क्यों? क्योंकि हमारे देश-समाज का आदर्श ही ब्राह्मण है। यहाँ हर व्यक्ति ब्राह्मण बनकर सम्मान पाना चाहता है। बिना श्रम के मलाई उड़ाना चाहता है। समाज का अगुवा बनना चाहता है—हर तरह से अपना प्रभुत्व औरों पर थोपना चाहता है। निश्चित रूप से किसी भी समाज में जो विकसित या समादृत है, वही हमारा आदर्श या माडल रोल बनता है। हम उसी की नक़ल करते हैं और उसी के नक़्शे-क़दम चलते हैं या चलने की कोशिश करते हैं। यदि किसी गाँव में एक युवक कड़ी मेहनत से आई.ए.एस./आई.पी.एस. जैसा उच्च पद पा जाता है तो उसकी देखा-देखी दूसरे घरों के युवक भी पढ़ाई की ओर ध्यान लगाते हैं। यही नहीं, पास-पड़ोस के युवक भी इससे प्रेरित होकर उसी तरफ़ बढ़ने की कोशिश करते हैं। बच्चों और नौजवानों के अभिभावक गण भी बार-बार उसी कामयाब युवक की मिसाल देते हैं और अपने पाल्य को वैसा ही बनने की चुनौती

देते रहते हैं। तो आखिर आई.ए.एस. बनने में ऐसी क्या ख़ास बात है? चूँकि आई.ए.एस. की छवि यही है कि वह पूरे ज़िले में अपनी हुकूमत चलाता है, बड़े-बड़े लोग उसकी चरण-रज लेते नहीं अघाते तथा वह बड़े बंगले, अच्छी गाड़ी और नौकर-चाकर की फ़ौज का मालिक होता है। सारे पुलिस-दारोगा-कोतवाल डिप्टी कलेक्टर उसके हुक्म के गुलाम होते हैं। उसे धूप-बारिस-सर्दी का कोई डर नहीं क्योंकि उसका सब काम जबान चलाने से हो जाता है। उसे पैसे की कोई कमी नहीं। बल्कि किसी चीज़ की कोई कमी नहीं है। ऐसे सुविधा-सम्पन्न और पूजनीय व्यक्ति की नक़ल कौन नहीं करना चाहेगा। ठीक यही उदाहरण सामाजिक प्रभुत्व का भी है। ब्राह्मण के लिए श्रम किये बिना ही सारी वस्तुएँ उपलब्ध हैं तथा वह पृथ्वी का पूरा उपभोग करने का अधिकारी है। उसकी चरण-रज लेकर या आशीर्वाद लेकर लोग धन्य हो जाते हैं। उनके घर की लुगाइयाँ पर्दे में रहती हैं। वे कभी श्रम नहीं करतीं इसलिए उनकी इज़्ज़त भी सबके ऊपर है। कामगारों की जनानियाँ तो मालिक के खेत-खलिहानों, घर-आँगन, मरनी-जीवनी जैसे हर श्रम-साध्य कार्य में अपने को दिन-रात खपाती हैं, वह भी अपने श्रम की माकूल मज़दूरी पाये बिना। उनकी मेहनत-मशक्क़त ही उन्हें नीच-अछूत और अनादरणीय बनाने की बाह्मणी मान्यताएँ हैं। कदाचित् वे भी चाहती हैं कि ब्राह्मणी बनकर वही सम्मान और सामान हासिल करें जो एक कामचोर अभिजात्य पुरुष और उसकी लुगाई को मिलता है। ऐसी स्थिति सारे समाज में कामचोरी फैलाने का मूल कारण क्यों न बने? इतिहास गवाह है कि हमने श्रम की तौहीन की है तथा कामचोरी, बेईमानी, जालसाजी एवं लफ्फ़ाजी की पूजा की है। हमारे आदर्श और हमारे हीरो ब्राह्मण हैं। हम सभी ब्राह्मण बनने की ओर उन्मुख हैं।

यह भी मुख्य मुद्दे से भटकाने की चालाकी है कि लोग चाहते हैं कि कोई क़ानून, कोई संविधान या कोई लोकपाल जैसा जादू इस देश से भ्रष्टाचार मिटा देगा। यह मात्र दिवा-स्वप्न ही है। भ्रष्टाचार का क़ानून से एक सीमा तक ही लेना-देना है। यदि क़ानून लागू करने वाले लोग ही भ्रष्ट हों तो कौन रोकेगा भ्रष्टाचार? अभी तो हम आर्थिक भ्रष्टाचार की ओर मुँह उठाये अन्धी दौड़-धूप का हिस्सा बनकर भ्रष्टाचार मिटाने की मुहिम में अपना नाम लिखाना चाहते हैं। सामाजिक, सांस्कृतिक, धार्मिक, मानसिक, मनोवैज्ञानिक और नैतिक भ्रष्टाचार की ओर से आँखें मूँदे पानी पर लाठी पीट रहे हैं तथा उठती लकीरों की बेमानी गिनती करना चाह रहे हैं। हम पेड़ के पत्ते को काट-छाँट रहे हैं और उसकी जड़ को मिलने वाली ऊर्जा की ओर से या तो बेख़बर हैं या जानबूझकर लोगों को मूल-प्रश्न से भटकाए रखना चाहते हैं।

इस देश की नींव ब्राह्मणवाद पर है जिसे आज़ादी के बाद समाजवाद में तब्दील करने का सपना देखा गया था। लोकतान्त्रिक सेकुलर क़ानून के पुलिन्दे को आज भी ब्राह्मणवाद ही धता बताए हुए है—क़ानून तो उसकी मर्ज़ी से चलता रहा है, और आज भी वह भीतर ही भीतर इसे मानने में हिचकिचाता है। इसे मानने का अर्थ है ब्राह्मणवाद की अर्थी निकालना—जो वह कभी नहीं चाहेगा। इस गुत्थी को सुलझाये बिना हमारी मुश्किलें दूर नहीं होने वाली हैं। क़ानून पर चलने वालों की मंशा, नीयत और उनका नैतिक चरित्र ही इसे लागू करने या न करने के लिए निर्णायक होता है। जहाँ का हर व्यक्ति बिना श्रम के अन्न, बिना मेहनत के दुनिया की हर सुविधा, बिना गुण के सारा सम्मान हासिल करने की ओर उन्मुख है, वहाँ पर नैतिक-चरित्र की शुचिता की उम्मीद भी बेमानी है। इसीलिए क़ानून के साथ नैतिक मूल्यों की स्थापना हेतु मानवतावादी धर्म या धम्म की आवश्यकता होती है। जहाँ का धर्म भौतिकता को ही मान्यता देता है, खुद के भ्रष्टाचार को अपना आभूषण मानता है, ऐसे धर्म से उम्मीद भी क्या की जाय! कुल मिलाकर भारत का ज़र्रा-ज़र्रा ब्राह्मणवाद के मकड़जाल में उलझा-फँसा हुआ है। फिर उद्धार कैसे हो? इसी कारण कोई भी सच्चा भारतीय, सच्चा राष्ट्रवादी हमेशा ही उन पतित धार्मिक मूल्यों पर कुठाराघात करेगा जिसके कारण जीवन का हर क्षेत्र दूषित हो गया है। कोई भी परजीवी अपनी प्रकृति के अनुसार अपना भोज्य प्राप्त करने हेतु अपने शिकार की तलाश करता है। एक जगह से भोज्य बन्द होते ही दूसरा शिकार तलाशता है। खटमल कुर्सी से निकलेगा तो चारपाई में जायेगा, चारपाई से निकलेगा तो सोफ़ा में जायेगा, सोफ़े से निकलेगा तो तख़्त में जायेगा। यह सुनने में सबके लिए कर्ण-प्रिय नहीं होगा कि जब तक वह ज़िन्दा रहेगा, ख़ून ही पियेगा। ऐसी परजीवी संस्कृति को समाप्त करने के उपाय सरल नहीं हैं। इस पर विचार किया जाना चाहिए। शायद यहीं से वामपन्थी विचारधारा की हिंसक प्रवृत्ति को अपना औचित्य सिद्ध करने का मौक़ा मिलता है। देश को ख़ूनी-क्रान्ति की ओर धकेलने के इस कुचक्र को रोकना है, तो सच्चे मन से इस फ़ासीवादी पुरोहितवाद को उखाड़ फेंकना होगा।

कबीर बार-बार इसी परजीवी संस्कृति को नेस्तनाबूद करने की बात कहते हैं। ''साधो बाभन, निपुन कसाई''[2] इससे कठोर व दर्दनाक चोट और क्या हो सकती है? वे ब्राह्मणवाद को और ब्राह्मण को केवल कसाई कहकर सन्तुष्ट नहीं होते बल्कि कहते हैं कि वह तो कसाईपने में निपुण है। कबीर की ऐसी वाणी में कबीर को ढूँढना कोई मुश्किल नहीं है, शर्त इतनी है कि हम ईमानदारी से ढूँढने का साहस करें। कबीर अपनी वाणी के माध्यम से बार-बार दलितों-शोषितों को

सचेत करते हैं तथा उनकी उदासीनता तथा भाव-शून्यता को कोसते हैं—"साधो यह मुर्दों का गाँव"[3]। वे जीते जी मुर्दा बनने वाली क़ौम को धिक्कारते हैं तथा चेतना के स्तर पर इन्हें सावधान करते हैं। यही कबीर की वाणी या उनकी कविता की विशेषता है जिसमें दलित प्रतिरोध की अनगिनत संजीवनियाँ हैं—बस उन्हें सही सन्दर्भों में देखने व समझने की ज़रूरत है।

कबीर की कविता का स्वर नितान्त मानवतावादी है। वह न तो ब्राह्मणवादी है न ही शूद्र-दलितवादी। कबीर को किसी वाद में उलझाना कबीर के विचारों को अपहृत करने जैसा है। वाद हमेशा किसी व्यक्ति या विचार की तरफ़ झुका (Aligned) होता है इसलिए उसका चरित्र व्यक्ति, विचार और पन्थ निरपेक्ष नहीं रह जाता। कबीर जब कहते हैं कि- "हिन्दू कहो तो हौं नहीं, मुसलमान मैं नाहिं"[4] तो उनकी यह घोषणा सच्चे अर्थों में पन्थ-निरपेक्ष है, सेकुलर है। भारत का धार्मिक-राजनैतिक घराना परम्परागत रूप से अपनी ही जाति-धर्म के व्यक्ति का नेतृत्व स्वीकार करता है। इसीलिए कबीर का सेकुलर नेतृत्व हमारे देश के लिए एक आदर्श नेतृत्व हो सकता है। ऐसा नहीं होने देने का कारण भी यही है कि कबीर के भरोसे किसी धर्म या पन्थ की रोटी नहीं सेंकी जा सकेगी और सारा गुरुडम धरा-का-धरा रह जायेगा। भारत का साम्प्रदायिक-वर्चस्ववादी वर्ग इसे क्यों क़बूल करेगा? ऐसे में कबीर की कविता, कबीर की भाषा, कबीर की बोली-बानी, कबीर की वेश-भूषा, कबीर के विचार, कबीर की साधना यहाँ तक की कबीर की जाति और जन्म तक को अशुद्ध घोषित करने वाले लोग उपर्युक्त कारणों से ही कबीर के आलोचक हैं। साहित्य में कबीर की आलोचना भी पूर्वाग्रही है। धर्म में उनका कोई स्थान नहीं है।

क्योंकि कबीर ग़लत के साथ समझौतावादी नहीं है—जब वह लुकाठी हाथ में लेकर काशी के चौराहे पर पाखंडियों को ललकारता है, तो भला कबीर की आलोचना नहीं होगी तो क्या होगा? कबीर का मध्यम मार्ग दो अतियों से बचाने का मार्ग है, दो नावों पर पाँव रखने का नहीं। कबीर अपनी मान्यता में स्पष्ट हैं, अपनी अभिव्यक्ति में सादा हैं—किन्तु अपनी सच्चाई पर दृढ़ हैं। कबीर द्वारा आत्मा-परमात्मा, राम, ईश्वर, यमराज, स्वर्ग, नरक आदि की उक्ति पारम्परिक मान्यताओं को नकारने के लिए ही उद्धरण में आयी है। वस्तुतः सामाजिक स्वीकृतियों को बिना नाम लिए ख़ारिज करना प्रायः भ्रामक ही होता है। इस रूप में कबीर की रणनीति न तो भुलावा देने की है और न ही रहस्यवादी। उनका सन्देश उनके लोगों की जनभाषा में है, जहाँ कोई लाग-लपेट, कोई छुपाव या कोई बचाव नहीं है। इसीलिए कबीर 'अँखियन देखी बात' और 'सुरझावन वारी'

बातें ही अपने पदों के माध्यम से करते दिखाई देते हैं। उनकी भाषा का सम्बोधन सन्त को, साधु को होता है—किसी धर्म गुरु या ज़ाहिद को नहीं। कबीर की ताक़त उनकी साफ़गोई और सपाट बयानी है। कबीर की साहित्यिक आलोचना में जब रूढ़िवादी विचारों का पुट होता है तो कबीर पर आक्रमण ही होता है। कबीर जैसे मज़बूत विचारक को हिन्दी साहित्य के पुरोधाओं में अग्रगण्य, रामचन्द्र शुक्ल और हजारी प्रसाद द्विवेदी जैसे लोगों ने अक्खड़ी स्वभाव, खिचड़ी भाषा, ब्राह्मणी-पुत्र, अनपढ़-अहंकारी जैसे विशेषणों से लांछित-गर्हित किया है। कबीर को अपने समय की षड्यन्त्रकारी ताक़तों की नज़रों में भी इसी रूप में चिह्नित किया गया। अन्त में उन्हें काशी छोड़कर मगहर में शरण लेनी पड़ी—वहाँ भी अपनी हत्या से बच नहीं पाये। इस प्रकार हम कबीर की सामाजिकी को अधिक मुखर पाते हैं जिसके ज़रिए केवल दलित प्रतिरोध का विकास ही नहीं बल्कि भारतीय समाज में व्याप्त बुराइयों के हमले से बचने के लिए अपने ऊपर भी प्रतिरोधक कवच बना लेने की शक्ति मिलती है। यहाँ से झूठ और प्रपंच को जड़ से उखाड़-फेंकने की उद्यमशीलता पूरे वजूद में है।

कुछ मित्रों का कहना है कि 'जिस दलित की चर्चा हम कर रहे हैं, वह आज वैसा नहीं रह गया है। काफ़ी बदलाव हुआ है तथा भेद-भाव में कमी आयी है।'

कहना यह है कि प्रकृति में बदलाव या परिवर्तन हर जगह, हर समय घटित होना सार्बभौम सत्य है। इस नज़रिए से हमें केवल बदलाव से ही सन्तुष्ट हो जाना पर्याप्त नहीं है। विचारणीय है कि क्या यह बदलाव लाभकारी तथा दलित-उद्धारक भी है? जहाँ सकारात्मक बदलाव है उसी का स्वागत होना चाहिए। इसीलिए उसकी पड़ताल ज़रूरी है। शारीरिक छुआछूत अब मानसिक छुआछूत से विस्थापित हो गया है। हम आपके साथ उठेंगे-बैठेंगे, बोलेंगे-बतियाएँगे, खाएँगे-पीएँगे लेकिन अपना शिकार करने अन्यत्र कहाँ जायेगें? हू-ब-हू ऐसी ही स्थिति है बदलाव की। ऊपर से देखने पर या प्रचार के लिए यह कहना बड़ा अच्छा लगता है कि दलित-उत्पीड़न और जातीय-भावना में कमी आयी है किन्तु सच्चाई कुछ और ही है। एक उदाहरण से बात स्पष्ट हो जायेगी। यह क़िस्सा नहीं इक्कीसवी सदी की सच्चाई है।

यह छुपा नहीं है कि किसी न किसी पन्थ की महन्थगीरी करने का चस्का पुरोहिताई का पुराना शगल है। माल-मलाई अलग—और—पाँव-छुवाई अलग मिलती है। इसमें पन्थ की छोटाई या बड़ाई नहीं देखते। ये देखते हैं कि वहाँ की गद्दी मिले, बस! तर्क यह है कि नरक में भी रहो तो राजा बनकर। तो एक स्वनामधन्य पुरोहित ने कबीर-पन्थ को पकड़ा और धीरे-धीरे पकड़कर ज़ोर से

जकड़ लिया। अपनी विद्वत्ता के सारे हथकण्डे कबीर-पन्थियों पर आज़माए ताकि चुग्गा-चारा कहीं फिसल न जाय। उन्होंने बड़े नेताओं और अफ़सरों (दलित-शूद्र) को अपनी वाणी से प्रभावित किया और चन्दा से लेकर आश्रम की ज़मीन तक का उपहार पाकर कबीर नाम की नैया के खेवनहार बन बैठे। आश्रम की महिमा दूर-दूर तक फैलायी गयी। कबीर पर किताबों की झड़ी लगा दी और कबीर के दर्शन के एक मात्र पारखी बनकर अपने आभा-मण्डल के नीचे बड़ों-बड़ों को चौन्धिया दिया। आये दिन कबीर-बानी का गायन होता और उनका प्रवचन चलता तथा जगह-जगह उनका भण्डारा भी होता रहता था। पन्थ-गुरु एक बार गोरखपुर पधारे—भण्डारे का कार्यक्रम था। पता लगा कि कुछ दलित कार्यकर्ता रसोई में हाथ बँटाना चाह रहे हैं। महन्थ जी ने साफ़ मना कर दिया। भण्डारा सम्पन्न होने के बाद जब इस बाबत उनसे पूछा गया कि कबीर के यहाँ तो ज़ात-पात का भेद नहीं है। फिर कबीर के नाम पर भण्डारे में इस प्रकार का जाति-वर्ताव क्यों? उन्होंने अपना स्टैन्ड क्लीयर किया कि 'कबीर-पन्थ में होने के नाते मैं भी जाँत-पाँत में विश्वास नहीं करता किन्तु यहाँ पर हमारे परिवार और गाँव के लोग जुटे हैं। अगर उन्होंने अछूत का बनाया हुआ खाने से मना कर दिया तो क्या होगा? मैं ब्राह्मण होकर उन्हें अपने से दूर तो नहीं भगा दूँगा।'—तो यह चौकी और चौका की बात सामने आ गयी। महन्थ जी अब इस दुनिया में नहीं हैं लेकिन इस घटना में उनकी मजबूरी या उनके भीतर छुपे हुए पौरोहित्व के पक्ष और प्रतिपक्ष में बहस ज़रूर की जा सकती है।

कहना यह है कि इसी स्तर के माहौल में परिवर्तन या सुधार पर आत्म-मुग्ध होना है तो हो लें। चलिए, एक और उदाहरण प्रथम श्रेणी के अधिकारी (पदेन भारत सरकार के संयुक्त सचिव) का है जिसके एक ब्राह्मण बॉस उसे दिन में कम से कम तीन या चार बार अपनी उच्च्य बुद्धिमत्ता और वाक्पटुता के ज़रिए इशारों-इशारों में यह जता देते थे कि 'वह कुछ भी हो जाये किन्तु उनकी कुलीनता के नीचे ही है।' कभी वे अपने नौकर की कहानी बनाकर, कभी बनिहार की, कभी अपने सहपाठी की, यही दर्शाते थे कि कुछ भी हो वे ब्राह्मण हैं और अगला ग़ैर-ब्राह्मण। सतही स्तर पर भेद-भाव मिटने का भ्रम यूँ ही फैलाया जाता है। भौतिक-छुआछूत ने अब मानसिक-छुआछूत का रूप ले लिया है। आजकल तो मानसिक चोट का दर्द अरसे बाद पता चलता है, जब कि डैमेज-रिपेयर के सभी रास्ते बन्द हो गये रहते हैं।

एक प्रश्न उठाया गया है (संचालक की ओर से) कि पिछले दिन के वक्तव्य में डॉ. काली चरन 'स्नेही' (विभागाध्यक्ष, हिन्दी, लखनऊ विश्वविद्यालय, लखनऊ)

द्वारा अपने सम्बोधन में यह कहा गया कि—"जो दलित तिवारी जी, शुक्ला जी, मिश्रा जी, चौबे जी के इर्द-गिर्द ही पिछलग्गू बनकर रहेंगे उन दलितों के सुधरने की क्या आशा की जाय?" यही नहीं श्री स्नेही ने अपने वक्तव्य के बाद पूछे गये प्रश्नों का उत्तर देने से भी कथित रूप से इंकार कर दिया था।

इस बारे में यही कहा जा सकता है कि कदाचित् स्नेही जी द्वारा ब्राह्मणी जंजाल में दलित के फँस जाने की आशंका को व्यक्त करना नाजायज़ नहीं है क्योंकि यही आशंकाएँ तो कबीर की चिन्ता का कारण रही हैं। डर है कि दलित के पास षड्यन्त्रकारी चालाकी शायद नहीं है। अतः उसके भोलेपन के कारण उसके ठगे जाने की सम्भावना कहीं अधिक है। चूँकि ब्राह्मण हमेशा ऐसी ही चतुराई का परिचालन एवं संस्करण करता रहा है। अतः यह सम्भव है कि उसके पास जाने पर या साथ रहने पर दलित स्वयं उसका शिकार हो जाये और उसका प्रतिरोधक स्वर आत्महन्ता बन जाय। इस तरह की नसीहत के पीछे यही उद्देश्य दिखाई देता है कि दलित-चिन्तक-विचारक भी इस सच्चाई को पूरी शिद्दत से स्वीकार करें। यह विज्ञान का सिद्धान्त है कि उच्च विभव से वोल्टेज नीचे विभव वाली वस्तु में जाता है या ऊँची टंकी का पानी निचली सतह की टंकी में जाता है। चूँकि छल-छद्म-विद्या में शूद्र-दलित बिल्कुल कोरा काग़ज है। ब्राह्मण के पास तो छद्म-कौशल है—चाहे वह इसे भले के लिए इस्तेमाल करे या बुरे के लिए। दलित-शूद्र जब ब्राह्मणी संगत में पड़ता है तो वह उसी ब्राह्मणी बुराई का शिकार होने के लिए ज़्यादा संवेदनशील (Suceptible) हो जाता है। आक्रामकता के उच्च क्षमता के सामने उसकी रोधक क्षमता के पंगु होने का ख़तरा रहता है। इसी कारण सावधानी के लिए आगाह किया होगा। दलित-शोषित यदि बल-बुद्धि में ज़्यादा मज़बूत हो जायेगा तो उसके पास बुराइयों के आक्रमण से बचने की प्रतिरोधक क्षमता भी पैदा हो जायेगी। यह स्वयं को बुलन्द करने का मामला है। दलित के लिए यही चुनौती है कि वह अपने को बौद्धिक, आर्थिक, सामाजिक और राजनैतिक रूप से सबल करे तथा देने वाला बने—माँगने वाला नहीं। आप जब तक माँगने वाले बने रहोगे—आपको निन्दा-प्रतारणा झेलनी पड़ेगी। सशक्तिकरण में ही प्रतिरोध की शक्ति भी निहित होती है।

संचालक ने जिन अन्य दो मुद्दों पर प्रश्न उठाए हैं तथा उनका उत्तर चाहा है, वे ये हैं—

पहला प्रश्न : यह कि एक तरफ़ तो आपने बुद्ध को मनुष्य कहा तथा अपने पूरे वक्तव्य में पाँच से सात बार भगवान भी कहा, यह विरोधाभास क्यों? आपने

बुद्ध के बचाव में कहा कि आख़िरकार बुद्ध भी मनुष्य ही थे।

दूसरा प्रश्न : आपने कहा कि ब्राह्मणों के पास बुद्धि तो होती ही है फिर वे इसे अच्छी ओर लगायें या बुरी तरफ़–यह उनका अपना मामला है। दूसरी तरफ़ आपने ब्राह्मणों को, बुरा ही बुरा कहा जिससे किसी भी ब्राह्मण को बुरा क्यों नहीं लगेगा?

इन प्रश्नों का पैदा होना स्वाभाविक है। हाँ, विश्वविद्यालय के तथाकथित विद्वानों द्वारा उठाये गये पहले प्रश्न पर आश्चर्य अवश्य होता है। वर्तमान भारतीय वातावरण में ईश्वर, भगवान, आत्मा, परमात्मा, महात्मा, अवतार आदि शब्दों के अर्थ और अभिधारणा को एक सोची-समझी रणनीति के तहत इतना भ्रामक और गड्ड-मड्ड किया गया है कि यहाँ विद्वानों, प्रोफेसरों, आचार्यों, शोधार्थियों की भीड़ में भी इनके सही अर्थ या भाव को तलाशना कठिन है। यदि हिन्दू मिथकों की भी बात की जाये तो वहाँ भी ईश्वर ही संसार का सृजनकर्ता है-भगवान तो कई हैं–जिस मनुष्य में पूर्व निर्धारित आचरण-शुचिता, पराक्रम और विवेकशीलता हो, वही भगवान हो सकता है। आत्मा या आत्मन, परमात्मा या परमात्मन के अर्थ भी जीव-जगत के बोध तथा परम-सत्ता बोध से हैं। स्पष्ट है कि ईश्वर और भगवान में बहुत बड़ा फ़र्क है। इसी क्रम में बुद्ध को मनुष्य से भगवान बन जाने को समझा जाना चाहिए–

भग्ग रागो–भग्ग दोसो भग्ग मोहो अनासवो
भग्गस्स पापका धम्मा भगवा तेन पबुच्चति[6]

अर्थात् जो अपने भीतर का राग, द्वेष एवं मोह को भग्न कर लिया हो तथा आश्रवहीन भाग्यवान होकर इसी जीवन में विमुक्ति के वैभव का ऐश्वर्यमय जीवन जीता हो वही भगवान कहलाता है। कोई भी मनुष्य इस बुद्धत्व के ज़रिए भगवान बन सकता है। चूँकि बुद्ध अपने समस्त आन्तरिक मनोविकारों का निर्मूलन करके जन्म-मरण के भव-संसरण से विमुक्त हो गये, इसीलिए बुद्ध को भगवान कहा गया और मनुष्य तो वे प्रथमतः हैं ही। किसी भी भगवान को बनने-बनाने की पहली शर्त ही है कि वह मनुष्य हो। कोई पराप्राकृतिक जिसे किसी ने देखा भी नहीं, वह वैदिक ब्राह्मण शास्त्रों के अनुसार ईश्वर हो सकता है–भगवान नहीं हो सकता। भगवान रजनीश की पुस्तक (मैं अपने को भगवान क्यों कहता हूँ) कृपया आप पढ़ें। इससे भी बहुत सी भ्रम-धारणाएँ शायद ख़त्म हो जायेंगी। ब्राह्मणवाद ने बुद्ध को भगवान विष्णु का अवतार बताकर पूरे आन्दोलन को ही हाईजैक कर लेने की कोशिश की है। इतना गोलमाल दुनिया के किसी भी अन्य इतिहास में शायद नहीं देखा गया होगा। बच्चों को स्कूलों में यही सुविधा और दुविधा का

इतिहास रटाया जाता है। आज इन बातों को सुनकर कुछ लोगों को शायद ऐसा लगे जैसे वे किसी सिरफिरे की बात सुन रहे हों। इस प्रकार इतिहास, संस्कृति, साहित्य को शामिल-गमला कर दिया गया है। सही-ग़लत का निर्णय करने के लिए विवेक के साथ बड़ी हिम्मत चाहिए। तर्क को भी अन्धभक्ति और आस्था के नीचे दबा दिया गया है। न तराज़ू रहेगा न तौल होगी। दाम बस कूतेंगे और मनमाफ़िक सौदा होगा। यही इन भ्रमधारणाओं के प्रचार प्रसार के पीछे है।

दूसरे प्रश्न का उत्तर यही हो सकता है कि यदि सच को सच कहने में किसी को बुरा लगता है तो उसे खुश रखने के लिए झूठ बोलना तो उचित नहीं कहा जा सकता। आज तक सच का गला भी इन्हीं चाटुकार-चापलूस जमातों ने घोटा है। यदि खरा-खरा सच नहीं सुनना हो तो 'दलित-विमर्श' नामक नाटक को बन्द किया जाना चाहिए। सदियों से व्यवहार में घृणा और अनाचार करने वाले लोग अब अपनी करतूत को कान से सुनना भी गवारा नहीं कर रहे हैं, प्रायश्चित् तो दूर की बात है। अपनी करतूतों के उजागर होने से उन्हें असुविधा ज़रूर हो रही होगी किन्तु इसे ग़ाली तो न समझा जाये।

यह मैंने ज़रूर कहा कि ब्राह्मण पराया माल खाकर बैठा-बैठा ज़्यादातर दिमाग़ी ख़ुराफ़ात ही करता रहा है। इसलिए इस मामले में उसका दिमाग़ तेज़ है। दलित कितनी भी सावधानी से उसके पास रहे, उसकी कुटिल करतूत का शिकार होने के लिए अभिशप्त है। इसीलिए इस छल-कपट के निरोध हेतु भी उन चालाकियों से बढ़कर दिमाग़ विकसित करना होगा। यदि दलित बुद्धिवादी होकर अपनी समझदारी एवं विवेक को उनसे ऊँचा उठा लेता है तब उसे डरने की ज़रूरत नहीं होगी। हर मोर्चे पर, हर तरह सशक्त और बुद्धिवादी होना सबसे पहली ज़रूरत है। इसके बिना दलित उद्धार असम्भव है। देने वाला अपनी मर्ज़ी से देता है, माँगने वाले की मर्ज़ी नहीं चलती, इसलिए मांगनेवाला नहीं बनना है। बौद्धिक सशक्तिकरण ही इसकी कुंजी है। इसीलिए अम्बेडकरवाद, कबीरवाद या बुद्धवाद की पहली सीख है कि आप प्रज्ञावान बनें। प्रज्ञा के प्रकाश के बिना आपको अँधेरे में भटकते हुए सही-ग़लत की पहचान नहीं हो सकती।

प्रश्न के दूसरे भाग में आपने ब्राह्मणवाद पर खरी बातों को बुरा समझा है तथा बताया है कि लेखक द्वारा ब्राह्मण को विद्वान तो माना है। स्पष्ट कर दें कि ब्राह्मण को बुद्धिमान तो नहीं हाँ वेदवान (वेद वाला/वेद मानने वाला/ वेद जानने वाला) ज़रूर समझा गया है। जो वेदों का ज्ञाता हो, उसकी लोक-कल्याणकारी बुद्धि का आकलन आप स्वयं करें। जहाँ वेदों में शत्रुओं के नाश की[6], बरसात होने की[7], कृषि अच्छी होने की[8], गायों को दूध देने वाली

होने[9] की प्रार्थनाएँ हैं जिनमें अपनी स्वार्थ-परक चाहत एवं लोक-अमंगल की पराकाष्ठा है। लोग चाहें तो वेद पढ़कर तसदीक कर लें। सबसे पुराने ऋग्वेद के शुरुआती छः मण्डल ही पुराने प्रामाणिक जान पड़ते हैं उसमें भी प्रथम मण्डल को छोड़कर[10]। तो प्रश्न यह उठता है कि यदि वेदों में दुनिया का सारा तथाकथित ज्ञान भरा पड़ा है तो यह वेदवान (ब्राह्मण) जो अपने को बुद्धिमान भी मनवाने की जुगत में है, आज तक समाज के लिए सकरात्मक योगदान क्यों नहीं कर सका? सारे वैज्ञानिक अविष्कारक केवल अमरीका, यूरोप, चीन, फ्रांस, जर्मनी, इंगलैण्ड, जापान में ही क्यों हुए? हमारे विद्वान कहाँ व्यस्त थे? पिछले ढाई हज़ार साल का इतिहास देखें तो बात समझ में आ जायेगी कि ज्ञान के ठेकेदारों के द्वारा नकारात्मक-वंचक व्यवस्था के अलावा और क्या खोज की गयी? धर्म में, दर्शन में, विज्ञान में, कृषि में, उत्पादन में इनका क्या योगदान रहा है? अपकृत और अपहृत धर्म-कर्म पर आधारित यह व्यवस्था सच्चे आँकड़ों के द्वारा भेद खुलने पर शर्मशार होने की जगह उलटे आक्रामक हो जाती है। यही इसकी प्रकृति भी है।

आज पुरातत्वविदों ने तो साबुत भौतिक वस्तुओं को दुनिया के सामने ला पटका है। विज्ञान ने भी इसे स्वीकार करते हुए समय की विभिन्न श्रेणियों में क्रमबद्ध कर रख दिया है। ऐसे सच ने झूठे इतिहास को नेस्तनाबूद कर दिया है। हड़प्पाई संस्कृति या सैन्धव-सभ्यता का शतांश भी आर्य-सभ्यता या ब्राह्मण-विद्वत्ता ने यदि स्वयं में पैदा किया होता तो भी मानते इनकी बुद्धि का लोहा। लेकिन नहीं, बस दूसरों का अन्न चाहिए, दूसरों का वस्त्र चाहिए, दूसरों की स्त्री चाहिए, दूसरों का धन चाहिए, दूसरों का घर चाहिए और दूसरों को गुलाम बनाने की स्वतन्त्रता चाहिए[11]—बस यही इनकी खोज है, इतनी ही समझ है। दूसरों की चीज़ों पर अपना ट्रेडमार्क लगाना, दूसरे के माल का रैपर बदलना इनकी फितरत है। ऐसे में इतिहास और साक्ष्य के अन्य माध्यमों की शुद्धता किस प्रकार निरपेक्ष एवं खाँटी सच मानी जा सकती है। आज के पाँच हज़ार साल पहले हमने लोथल गुजरात में स्थित पत्तन के जल-स्तर नियन्त्रण (Water-locking system) वाला तकनीकी बन्दरगाह बना रखा था[12], ऊँचे कामोड वाले शौचालय जिनमें चमकदार तथा जोड़ विहीन (Jointless) दिखने वाली टाइल्स का काम सामने रखा[13], सोने चाँदी की महीन कारीगरी रखी[14], अपनी स्वतन्त्र लिपि रखी[15], अपना योग-दर्शन रखा[16]। हमारी वह विरासत एकाएक कहाँ लुप्त हो गयी? ऐसी सभ्यता को नष्ट करने वाले क्यों फिर से उसका शतांश भी विकसित नहीं कर पाये? तो इसे कौन सी मनीषा-विवेक

और वैज्ञानिक-बुद्धि की मिसाल माना जाय? ऐसा शायद इसीलिए है कि सारा ध्यान, सारा विवेक, सारा प्रयास, सारा प्रयोजन केवल दूसरों को विनष्ट करके उनकी धन-सम्पत्ति लूटने तक ही सीमित थी। यह नकारात्मक बुद्धि भारतीय इतिहास-दर्शन, ज्ञान-विज्ञान, व्यापार-शिल्प में कोई पहल करनी तो दूर अनुसरण करके भी एक उच्च संस्कृति को आगे नहीं ले जा सकी, वरन उसे दफ़्न करने का ही यत्न किया। उनकी भाषा, उनका शिल्प, उनका योग, उनके तीज-त्योहारों के ऊपर अपने मिथकों का ट्रेड मार्क चढ़ाकर उन्हें अपमानित करने की कथाएँ गढ़ ली गयीं।

स्पष्ट है कि उपर्युक्त नकारात्मक अपसंस्कृति ने विद्वत्ता का इस्तेमाल निर्माण-निर्णयन के लिए कभी भी नहीं किया—हमेशा विध्वंस करने में ही खुद को खपाया। ऐसी विनाशक षड्यन्त्रकारी चाल को यदि बुद्धिमत्ता कहेंगे तो अवश्य ही बुद्ध को या बुद्ध के अनुयाइयों-प्रशंसकों को बुद्धू कहना उनकी अपनी धारणा और परिभाषा के मुताबिक़ ही है। केवल बुद्ध-विहार और बुद्ध से सम्बन्धित अवशेषों को ही निन्दित नहीं किया गया बल्कि एक ऐसे प्रदेश को जहाँ बुद्ध ने सबसे अधिक प्रचार प्रसार का कार्य किया, वहाँ के निवासियों को बुद्धू कहकर बुद्ध का अर्थ ही उलट दिया गया। सिर मुँड़ाने की बौद्ध परम्परा को मृत्यु बाद 'मुण्डन' कराने की प्रथा चलाकर, सिर मुड़ाने वाले बौद्ध अनुयायियों को लज्जित करने का उपक्रम किया। गया में बुद्ध की ज्ञान-स्थली को 'पिण्डपात' पाने वाले भिक्खुओं की तेजस्विता की हँसी और माखौल उड़ाकर वहाँ मृत-आत्मा की तृप्ति के लिए 'पिण्ड-दान' नाम के कर्मकाण्ड की रचना की।

ऐसे हज़ारों-लाखों उदाहरण जीवन की हर साँस में मौजूद हैं, जहाँ पर विनाशक प्रयत्नों के अलावा निर्माण के चिह्न नहीं मिलते। ऐसी घृणा, बँटवारे और ऊँच-नीच के ख़ानों में क़ैद लोगों के अलग-थलग समुदायों में कभी भी राष्ट्रीयता की भावना मज़बूती से नहीं उभर पायी, न उभर सकती है। यहाँ न तो एक धर्म है, न एक नस्ल है, न एक जाति है, न एक समाजिकता है, न हीं एक शिल्प है, न तो एक भाषा है। इतने विभाजनों में एकता को मज़बूत करना साँपों को गट्ठर में बाँधकर तराज़ू में तौलने जैसा जटिल काम है। आज तक हमने भाषा के मामले में भी अलगाव को ही प्रश्रय दिया है। यदि तमिल, तेलगू, मलयालम और कन्नड़ जैसी भाषाओं के बोलने वाले द्रविड़-संस्कृति के वाहक लोग हिन्दी-संस्कृत को अपनाने से परहेज कर रहे हैं या विरोध कर रहे हैं तो इसके पीछे भी भाषाई ब्राह्मणीकरण ही जिम्मेदार है। यदि हम

भारत की एकता और राष्ट्रीयता को मज़बूत करने के प्रति ईमानदार हैं तो हमें सबको साथ लेकर चलना ही होगा। अपने पूर्वाग्रहों को तिलांजलि देकर यदि राजभाषा के रूप में हम दक्षिण भारतीय भाषाओं तथा अन्य भाषाओं के शब्दों, मुहावरों को शामिल करें तो किसे आपत्ति हो सकती है? यदि राष्ट्र में सबकी अस्मिता और राष्ट्रीयता में सबकी ईमानदार साझेदारी चाहते हैं तो हमें खुले मन से सबकी भाषाओं की भागीदारी भी सुनिश्चित करनी होगी। एक मज़बूत और अखण्ड भारत बनाने और इसे बचाये रखने की यह एक महत्त्वपूर्ण आवश्यकता है। सभी भारतीय बनकर अपनी भिन्न-भाषा संस्कृति के पूर्वाग्रहों को त्यागें तथा कम से कम समान भाषा पर संवैधानिक-स्वीकृति को लोक-स्वीकृति में बदलकर एक ही देश के वासियों का आपस में विदेशीपन और अजनबीयत समाप्त कर सम्वाद स्थापित करने का, मेल-जोल करने का मार्ग प्रशस्त करें। यही राष्ट्र के हित में है और यही सबके हित में है। इस प्रकार के मनन-चिन्तन को कार्य-रूप देने की नज़ीर कबीर से इतर कहाँ मिल सकती है। कबीर केवल दलित प्रतिरोध का ही ओजस्वी स्वर नहीं है बल्कि राष्ट्रीय एकता के लिए जागृति का आवाह्न है।

शौक़े-दीदार अगर है तो नज़र पैदा कर।

सन्दर्भ-सूची

1. बुद्ध और उनका धम्म (डॉ. बी.आर.अम्बेडकर/बुद्धा एण्ड हिज धम्मा का अविकल हिन्दी अनुवाद), प्रकाशक- सम्यक प्रकाशन, नयी दिल्ली।
2. आचार्य महन्त गंगा शरण शास्त्री, कबीर वाणी प्रकाशन केन्द्र, वाराणसी-221001, पृष्ठ सं. 81, सबद 11
3. कबीर भजनावली भाग 2, कबीर पारख संस्थान, प्रीतमनगर, इलाहाबाद, पृष्ठ सं. 31
4. कबीर बानी, सं. अली सरदार जाफरी, राजकमल प्रकाशन, नेता जी सुभाषचन्द्र मार्ग, दरियागंज, नयी दिल्ली, पृष्ठ 21
5. बुद्ध चरित/ ले. अश्वघोष
6. ऋग्वेद 1.15.4è1.33.9è1.51.5è1.51.6èVI-25.2 तथा 3.I-176-4
7. ऋग्वेद IV.30.13èV-47-3
8. ऋग्वेद II-11-1è3è6, II-2-7, II-4-8è9.
9. ऋग्वेद III 34-9èVII 18-22èIII 34-1, VI-27-8.
10. वेदों की विवेचना, ले.के.एम.सन्त आई.ए.एस प्रकाशक बहुजन साहित्य संस्थान, हजरतगंज, लखनऊ, पृष्ठ.47/118
11. ऋग्वेद III-53-14

12. Lothal and Indus valley civilisation Plate IV – S.R.Rao, Page-70
13. Mohanjodaro and Indus Civilasation, John Marshall, P-207
14. Early Indus Civilasation by E. Makay P-105 and Lothal and Indus Civilation by S.R.Rao, P-24.
15. The ruling races of Prehistoric Time, P-135 J.F.Hewitt and Proto India P-16 Knorozov 'Y'.
16. सिन्धु सभ्यता का आदि केन्द्र हड़प्पा, लेखक—केदारनाथ शास्त्री, पृष्ठ- 47

अध्याय-11

सामाजिक चुनौतियों के बरअक्स धम्म की धुरी

इसके पहले कि हम धम्म के चक्के (पहिए) को गतिशील बनाए रखने की बात करें, धर्म (Religion) और धम्म (Dhamma) की मानव-जीवन में आवश्यकता को रेखांकित करना आवश्यक होगा। अनावश्यक प्रगल्भ-प्रलाप और बहस-मुबाहिसों से बुद्धि-विलास तो किया जा सकता है, किन्तु इससे जीवन की कठिनाइयों या दुःखों से त्राण मिलेगा, यह सोचना भी हक़ीक़त से कोसों दूर है। इसीलिए मानव-जीवन के उद्देश्य और उसकी प्राप्ति में सहायक नियम-विनियम या अनुष्ठान ही लोकोपयोगी और बहुतायत लोगों द्वारा ग्राह्य हो सकते हैं। इसी व्यवहारिकता के मद्देनज़र मानव-जीवन की आवश्यकताओं, आकांक्षाओं और अभिलाषाओं का कतिपय मूर्तन करने के लिए स्वभावतः प्राकृतिक और भौतिक जगत के आस-पास ही इसकी तलाश लाज़मी भी है और अनुमन्य भी। जो प्राकृतिक है वह स्वाभाविक है। जो परा-प्राकृतिक है वह अस्वाभाविक, कल्पित और फलतः दुरूह है। यही

कारण है कि दुनिया में व्याप्त वस्तुओं और पदार्थों की प्राकृतिक घटनाएँ उनका स्वभाव हैं। पानी की तरलता उसका स्वभाव है, नदी का प्रवाह उसका स्वभाव है और आग की उष्णता आग का स्वभाव है, आदि-आदि। यही तरलता पानी की प्रकृति है, प्रवाह नदी की प्रकृति है, उष्णता आग की प्रकृति है। यही उनका धम्म है। जो प्रकृति-प्रदत्त और प्रकृति का समर्थक है वह धम्म है। जो परा-प्राकृतिक द्वारा मनुष्य के भीतर भय, लोभ, हानि-लाभ आदि की आशंका से उसके ऊपर नियन्त्रण आरोपित करता है, कदाचित् वही धर्म या Religion है। यही धम्म और धर्म के बीच की बारीक रेखा दोनों को अलग समूहों में बाँटती है। इस रेखा को देख न पाने के दृष्टि-दोष के कारण साधारणतया दोनों एक ही जान पड़ते हैं, केवल भाषा और वर्तनी के अन्तर के साथ। तर्क यह भी होता है कि धम्म पालि-प्राकृत है, धर्म संस्कृत। संस्कृत का अर्थ ही है संस्कार किया हुआ, सुधारा हुआ, परिवर्तित किया हुआ और बदला हुआ। अतः यह तथ्य है कि धम्म और धर्म का स्वरूप भी पालि-प्राकृत और संस्कृत की तरह ही है। संस्कार या बदलाव के अपने-अपने मानदण्ड हैं।

संस्कृत ने पालि-प्राकृत के शब्दों को अपभ्रंश तथा अशुद्धता के परिमाण तक निन्दित-गर्हित कर समानान्तर तत्सम शब्दों की सर्जना कीं ताकि उनमें आसानी से बदलाव किया जा सके। इसी प्रक्रिया से धम्म और धर्म की प्रकृति और मौलिकता को समझना चाहिए। यह अन्तर श्रमण और ब्राह्मण संस्कृतियों का है जिसे शब्दों का मामूली परिवर्तन कह कर सत्य को और अधिक देर तक घटाटोप में नहीं रखा जा सकता। धम्म स्वाभाविक एवं प्राकृतिक है, धर्म व्युत्पन्न एवं सृजित है। भारत में बौद्ध-साहित्य, विचारधारा, भाषा, लिपि, संस्कृति तथा स्थापत्य की विशद सीमाओं को संकुचित करने के ऐसे बहुत से ऐतिहासिक उदाहरण हैं।

जो भी हो एक सामान्य व्यक्ति इस दुनिया में सुख-पूर्वक जीना चाहता है। इस सुख की सीमाएँ न्यूनतम आवश्यकताओं की पूर्ति से लेकर असीम संग्रह की लालसा तक जाती हैं। न्यूनतम आवश्यकताओं तक की चाहत में लालच, संचय, भविष्य का भय एवं अहंकार जैसे तत्वों की प्रायः अनुपस्थिति के कारण वह दुःख का कारक नहीं बनता। इसके विपरीत असीम लालसा और अनियंत्रित चाहत ही दूसरों के देय भाग को अपने पास संग्रह करने की दुर्वृत्ति का प्रेरक और दुःख का कारण है। यह सुख या दुःख मनुष्य की अपनी निर्मिति है, इसलिए इस सुख-दुःख का कारण और इनकी उपस्थिति भी मनुष्य और मनुष्य के ही बीच का मामला है, न कि मनुष्य और ईश्वर के बीच का। मनुष्य और ईश्वर के बीच का परा-प्राकृतिक धर्म अभौतिक तथा ग़ैर-दुनियावी है, फलतः इससे सांसारिक

दुःखों से त्राण की उम्मीद व्यर्थ है। मनुष्य-मनुष्य के बीच के आपसी आचरण और कार्य-व्यापार से सरोकार रखता धम्म, वर्तमान मनुष्य-जीवन की शान्ति और मर्यादापूर्ण सुखी जीवन हेतु अति उपयोगी हो सकता है। सामाजिक जीवन में सुख-शान्ति की स्थापना हेतु धम्म ने अपनी महती आवश्यकता का एहसास कराया, फलतः तथागत भगवान बुद्ध की प्रज्ञा, करुणा एवं मैत्री से अनुप्राणित धम्म का चक्र पहली बार सारनाथ के मृगदाव में पंचवर्गीय भिक्खुओं की उपस्थिति में चलायमान हुआ—"बहुजन हिताय, बहुजन सुखाय।"

प्रश्न उठता है कि यह धम्म-चक्र सभी लोगों के सुख के लिए, सभी लोगों के हित के लिए क्यों नहीं परिचालित हुआ? यह विचारणीय है। कदाचित् जो अल्प-संख्य लोग अधिसंख्य का अधिकार छीनते हैं उन्हीं को आक्रान्ता के पंजों से छुड़ाकर, उन्हें मुक्ति दिलाना बहुजन हिताय है। धम्म, आक्रान्ता और अत्याचारी को सुख पहुँचाने वाला कैसे हो सकता है? धम्म, एक साथ ही आक्रान्ता एवं आक्रान्त को किस प्रकार प्रोत्साहित और संवर्धित कर सकता है? इसी कारण धम्म उन लोगों को ही समर्पित है जो दमित हैं, तापित हैं, सताए हुए हैं, गुलाम बनाए गये हैं। शोषित को धम्म के ज़रिए शोषण से निज़ात का रास्ता मिलता है। शोषक को पराप्राकृतिक धर्म की ज़रूरत अपने शोषण के औचित्य को न्याय-पूर्ण, कुतर्कपूर्ण दिखावा हेतु ईश्वर और भाग्य के सहारे स्थापित करने की ओट चाहिए होती है। इसीलिए भारतीय समाज-व्यवस्था में धम्म का चक्र अनवरत चलना ही चाहिए। इसे चलाने में वर्तमान समय की चुनौतियाँ उसके उद्‌भव के समय से कोई अलग नहीं हैं। हाँ! समय के साथ-साथ आर्थिक-वैज्ञानिक परिवर्तनों के कारण इनके तौर-तरीक़ों में अन्तर अवश्य आया है। इसे पहचाने बिना दुःख का निदान करना सम्भव नहीं है।

महाकारुणिक तथागत बुद्ध ने जिस धम्म को प्रचारित किया वह अपने समय में जितना प्रासंगिक था, आज भी उतना ही प्रासंगिक है कदाचित कल भी रहेगा। यह मनुष्य मात्र के लिए आदि में कल्याणकारी, मध्य में कल्याणकारी और अन्त में भी कल्याणकारी है। मनुष्य की स्वतन्त्रता और मुक्ति का प्रवक्ता धम्म, करुणा का धम्म है। इसमें मनुष्यमात्र के लिए ही नहीं बल्कि प्राणि-मात्र के लिए सुख की कामना है—' सब्बे सत्ता सुक्खी होन्तु"। विशद कल्याणकारी चिन्तन का धम्म प्रत्येक समस्या का समाधान शान्ति में खोजता है। वैर से वैर शान्त नहीं होता—ऐसे चिन्तन की परम्परा विश्व-शान्ति और जीव-मात्र के कल्याण हेतु एक अद्‌भुत वैज्ञानिक सोच है। शास्ता ने प्रकृति की परस्पर निर्भरता (Interdependence) के नियम को बड़ी शिद्‌दत से महसूस किया होगा। इसीलिए उन्होंने किसी को

भी प्रकृति के साथ छेड़-छाड़ करने से रोकने का उपदेश किया। उन्हें पता था कि प्राकृतिक असन्तुलन से पूरे जीव-जगत में असन्तुलन पैदा होगा जो मनुष्यों और प्राणियों के जीवन को असंयत तथा असन्तुलित करके दुःख का कारण बनेगा। इसीलिए धम्म का चक्र पूरी कायनात के लिए एक प्राकृतिक सीख है। यहीं से नैसर्गिक सुख का आरंभ होता है।

दूसरों को दुःख पहुँचाने से पैदा असन्तुलन दुःख देने वाले को भी दुष्प्रभावित करता है। कार्य-कारण का सिद्धान्त (पटीच्च समुप्पाद), अनित्यवाद (अनिच्च) का सिद्धान्त और मध्यम मार्ग (मज्झिम मग्ग) की खोज भगवान बुद्ध द्वारा पहली वैज्ञानिक खोज है जिसने प्रकृति के साथ सभी जीवन-सत्ताओं की निर्भरता तथा नित्य परिवर्तनशीलता के सिद्धान्तों के ज़रिए भविष्य की वैज्ञानिक खोजों का मार्ग प्रशस्त किया। इन्हीं कार्य-कारण के नियमों की व्यापक व्युत्पत्ति से न्यूटन के क्रिया-प्रतिक्रिया सम्बन्धी गति के नियम को समझा जा सकता है। अनित्यवाद के आधार पर ऊर्जा के संरक्षण (Conservation of energy) के नियम और बाद के आंइसटीन जैसे वैज्ञानिकों द्वारा ऊर्जा और द्रव्य के आपसी अन्तर-परिवर्तनीय गुणों का विश्लेषण करते हुए समझा जा सकता है। वैज्ञानिकता का पक्षधर धम्म निश्चित ही दुनिया के प्राणी-मात्र के सुख और शान्ति का पथ-प्रदर्शक है। इसे चलाते रहना मनुष्यता के स्थायित्व की सर्वोपरि आवश्यकता है।

धम्म-चक्र प्रवर्तन की राह में आने वाली बाधाओं तथा चुनौतियों का विश्लेषण किया जाय तो हमें भविष्य की योजनाओं को अमली-जामा पहनाने में मदद मिलेगी। इन बाधाओं और चुनौतियों को मुख्यतः निम्नवत रेखांकित एवं चिह्नित कर सकते हैं—

1. ऐतिहासिक चुनौतियाँ : कहते हैं इतिहास अपने आप को दोहराता है। शून्य से शिखर तथा शिखर से शून्य की पुनरावृत्ति अनित्यवाद का ही एक दूसरा स्वरूप है। इसी परिप्रेक्ष्य में इतिहास का दोहराव भी समझा जाना चाहिए। इतिहास की घटनाएँ हमें सावधान करती हैं, बशर्ते हम प्रकृति-प्रदत्त नैसर्गिकता का ध्यान रखें। यह ऐतिहासिक साक्ष्य है कि बुद्ध द्वारा प्रतिपादित धम्म ने अपने समय में लोक-धम्म और राज-धम्म का गौरव प्राप्त कर लिया था। यही वह समय भी है जब वैदिक कर्मकाण्डों एवं बलि-यज्ञों से अनुप्राणित ब्राह्मण-धर्म यहाँ के आदि-धम्म, सत्य-धम्म, सैन्धव-धम्म को अपने-आप में समाहित करने में लगा था। ब्राह्मण धर्म के इस समाहरण का प्रयास मुट्ठी भर लोगों द्वारा अधिसंख्य जनता पर अधिभार स्वरूप (Taxation) था। इसके अन्य कई नकारात्मक पक्षों में सबसे बड़ा जन-विरोधी पक्ष यह था कि लोगों को आत्मा-परमात्मा के विश्वास

की मनगढ़न्त कथाओं के आधार पर ईश्वर का भय दिखाकर अन्धविश्वास में डाला गया जिससे एक वर्ग विशेष अपना उल्लू सीधा करता रहे। जन-कल्याण का वादा करने वाले इन प्रपंचों में जनता ने कोई अन्य कल्याणकारी पहलू नहीं देखा। परिणामतः भारत की इसी ज़मीन पर भगवान बुद्ध ने ईश्वरवाद, आत्मा, परमात्मा, भाग्य, चतुर्वर्ण, वैदिक पवित्रता आदि सभी थोथी दलीलों को अपने तर्कों के द्वारा धराशाई कर दिया। किन्तु यह भी एक तथ्य है कि जनता को आडम्बरों में डाल कर उनसे अपना जीविकोपार्जन एवं सुख-सुविधा का लाभ लेने वाले वर्ग ने इस परिवर्तन को अधिक महत्त्व नहीं दिया एवं ऐसे अवसरों की तलाश में लगे रहे जिससे बुद्ध-धम्म को पतित तथा जन-विरोधी बताया जा सके। ऐसा हुआ भी। ऐसे योजनाकारों द्वारा भिक्खु-संघ में प्रवेश पा कर महत्त्वपूर्ण पदों को हासिल करते ही जैसे सुसुप्त धर्म जाग उठा और धम्म को तार-तार कर करता गया।

धम्म-पतन के विस्तृत कारणों में जाना हमारा विषय नहीं है। देखना यह है कि आज की परिस्थितियों में बौद्ध-धम्म को यत्नपूर्वक लोक-धम्म बनाने के लिए बोधिसत्व बाबा साहब डा.अम्बेडकर ने जो संकल्प लिया तथा आनागारिक धर्मपाल जैसे धम्मधरों ने जो त्याग किया, उस धम्म के विनाश के वे ही कारक क्या आज भी तो मौजूद नहीं हैं जो ऐतिहासिक समय में थे? स्पष्ट है कि वे कारक आज भी मौजूद हैं और उनकी अन्तर्घाती तीव्रता प्रबलतर है। ऐसे में धम्म को अन्धभक्ति, मिथ्या मूर्ति पूजा, जादू-टोना सरीखे कई तरह के आडम्बरों से बचाना होगा। प्रव्रज्या या दीक्षा देने में भी इस बात का ध्यान रखना चाहिए कि किन्हीं भस्मासुरों को अन्तरंग हित-चिन्तक समझने की भूल न की जाय। मूर्ति पूजा और वर्णाश्रम आधारित धर्म की कथित मर्यादाओं का बहिष्कार, विज्ञान सम्मत ज्ञान और धम्म का अंगीकार ही मनुष्य की स्वतन्त्र चेतना के विकास द्वारा इन बुराइयों से बचाने का एक मात्र रास्ता है। उपदेशकों को पुरोहितवाद तथा व्यक्तिगत धन-संचय की प्रवृत्ति से भी खुद को बचाना होगा।

2. धार्मिक एवं सांस्कृतिक चुनौतियाँ : दूसरी बड़ी चुनौती धार्मिक एवं सांस्कृतिक आक्रमणों की है। आज धम्म की मनमानी व्याख्याएँ, बुद्ध-चरित, बुद्ध-संहिता, त्रिपिटक में घालमेल आदि ऐसी प्रतिगामी तथा प्रतिक्रियावादी साज़िशें हैं जो बौद्ध-धम्म की ओर आकृष्ट लोगों में भ्रम-धारणा फैलाकर उन्हें हतोत्साहित करती हैं। धम्म-पद में मिलावट, बोधिसत्व के पूर्व जन्म की काल्पनिक कथाएँ आदि प्रसंग कई तरह की आशंकाएँ पैदा करते हैं। इसी प्रकार वैदिक-धर्म के निरन्तर चोला बदलते रहने तथा भगवान बुद्ध को विष्णु का अवतार घोषित कर अपनी अन्धी गली में धम्म-पथिकों को भटकाने के काम भी हो रहे हैं। सतर्कता

और सावधानी ज़रूरी है। दलितों-आदिवासियों के आदि धम्म को मान्यता न देकर धार्मिक जनगणना में उन्हें मनमाने ढंग से हिन्दू घोषित करना ऐसी कुटिल नीति है, जिसमें धर्म-निरपेक्ष जनता को भ्रामक जंजाल में बाँधा गया है। ग़ैर हिन्दू धार्मिक मिशनरियों द्वारा वंचित पीड़ित जनता की शिक्षा, रोज़गार, स्वास्थ्य सम्बंधी सेवाएँ यदि उनसे स्वतः जोड़ती हैं तो इसमें हैरानी की कोई बात नहीं।

3. सामाजिक चुनौतियाँ : तीसरी सबसे बड़ी चुनौती सामाजिक मतभेद, वर्णवाद तथा वर्चस्ववाद के कारण है। यह सच है कि धम्म के निरपेक्ष ध्वजवाहक वही लोग क़तई नहीं बनना चाहेंगे जो शासक, प्रभु, स्वामी, मालिक, जमींदार, पुरोहित या समाज में जन्मजात उच्चवर्णीय सम्मानजनक पद के स्वयंभू ठेकेदार हैं। कारण कि धम्म की आदर्श पारमिताएँ उनकी वंशवादी प्रतिष्ठा पर कुठाराघात करती हैं। वे कभी भी इस धम्म के ईमानदार उन्नायक नहीं हो सकते। भारतीय परिप्रेक्ष्य में हिन्दूवादी व्यवस्था ने पुरोहित को राजा से भी ऊँचा स्थान दिया है। इसलिए किसी भी सामाजिक इकाई का अगुवा ही वह पहला व्यक्ति होता है जो किसी परम्परा या धम्म को अपना कर या छोड़ कर तदनुसार उसे लोकप्रिय या लोकनिन्दक बनाने में सक्षम है। चूँकि वह अगुवा राज-सत्ता के ऊपर नियन्त्रण रखता है अतः वह राज-सत्ता और धर्म सत्ता दोनों को अपने हाथ में रखता है। भारतीय सन्दर्भ में धम्म का नीतिगत विभेद उसी के साथ होने के कारण, धम्म-चक्र प्रवर्तन आज भी एक कठिन चुनौती है। यह अच्छी तरह समझ लिया जाना चाहिए कि यही पुरोहितवाद अन्य वर्णों के साथ क्रमिक घृणा के बावजूद उन्हें अपना यजमान बनाकर मूर्ति पूजा तथा अन्य कर्मकाण्डों के ज़रिए इच्छानुसार स्वर्ग-नरक भेजने का स्वयंभू अधिकारी होने का दावा करता है। उसके द्वारा दिखाया गया डर परा-प्राकृतिक है। इससे मुक्ति पाने हेतु दृढ़ आत्म-शक्ति, विशद ज्ञान एवं तर्क-शक्ति की सम्पत्ति होनी चाहिए, जो आज के सामाजिक सन्दर्भ में बहुत कम लोगों में दिखायी देती है।

4. राजनैतिक चुनौतियाँ : चौथी सबसे बड़ी चुनौती बहुजन अनुयायियों की राजनैतिक दुर्दशा की है। राजनैतिक भेद-भाव के कारण सत्ता की भागीदारी में हाशिए पर ढकेला गया समाज अपनी मान्यताओं और विश्वासों को स्थापित कर पाने में बार-बार खुद से ही अनाश्वस्त हो जाता है। वह धम्म की ओर दृढ़तापूर्वक पैर नहीं बढ़ा पाता। गौण सामाजिक एवं राजनैतिक हैसियत के कारण उसे धम्म-क्षेत्र में भी बार-बार पराभाव, आक्रमण, नाइन्साफ़ी एवं अपमान का सामना करना पड़ता है। उसे बार-बार यह याद दिलाया जाता है कि धम्मानुयायी होने

के कारण वह अल्पसंख्यक है तथा उसे बहुसंख्यकों के रहमोकरम पर जीना है। यह असुरक्षा उसे धम्म के प्रति समर्पण से रोकती है। अल्पसंख्या का यह कुपाठ बहुजन एकता के लिए बड़ी चुनौती है।

प्रजातान्त्रिक-गणतन्त्र द्वारा जनता का कथित स्वशासन आज भी अपनी सामन्ती अहमन्यताओं से ऊपर नहीं उभर पाया है। जमींदारों, ताल्लुक़ेदारों की जगह माननीय सांसदों और विधायकों ने ले ली है। राजतन्त्र ने अपनी सुविधा के अनुसार गणतन्त्र का संस्करण गढ़ लिया है। औपनिवेशिक-आज़ादी के बाद भी सामाजिक-आज़ादी नहीं मिलने से समता और भ्रातृत्व के सपने ताक़ पर रखे रह गये हैं। संवैधानिक प्रावधानों द्वारा प्रदत्त सुविधाओं से अनभिज्ञ तथा ना-समझ बहुजन वर्ग का शुरुआती इस्तेमाल उसी प्रभु-वर्ग ने अपने पक्ष में किया तथा बाद के दिनों में कुछ रोटी के टुकड़े (आवाज़ न उठाने के लिए) देकर उसे शान्त कराता हुआ कृतार्थ करने का बोध कराता रहा। बहुजनों तक पहुँची आज की कमोबेश शिक्षा के कारण, सत्ता भागीदारी की इनकी इच्छा को देखकर इनके वोट-तन्त्र पर खुद काबिज़ होने के लिए नये-नये नुस्खे ईज़ाद किये जा रहे हैं। ख़रीदे गये या भाड़े के सामाजिक नुमाइंदों को लगभग अगवा करके वे पूरे समाज को गिरवी पर ले लेने की दूरअंदेश साज़िश रचे हुए हैं। ऐसे में वह अपने बहुमत के लिए; जातीय और राजनैतिक गठजोड़ के गणित में दलित-पिछड़े एवं मूल निवासी जन-जातियों के बीच वैमनस्यता की खाईं खोद कर, इन्हें एक साथ गोलबन्द होने से रोकता है। विभेद पैदा कर अपनी रोटी सेंकना, प्रभुवर्ग के चरित्र में पहले से मौजूद है। ऐसी राजनैतिक जालसाज़ी के शिकार बहुजन, धम्म की एक साझा छत के नीचे आने से भी हिचकिचाते रहे हैं। बहुजन-पिछड़ों की राजनैतिक हिस्सेदारी के लिए प्रभुवर्ग द्वारा उनकी स्वीकृति भी उनका स्वधर्मी होने की शर्तों पर ही निर्भर करती है। भिन्न राजनैतिक मंचों ने भी बहुजनों को जान-बूझ कर अलग गुटों में बाँट दिया है। उन्हें ऐसा आभास करा दिया गया है कि हिन्दू रहकर ही उन्हें सत्ता का स्वाद मिल सकता है। यह अजीब ऊहापोह की स्थिति है। हज़ारों जातियों में विभाजित ऊँच-नीच के भ्रामक ख़ानों में बैठे बहुजन ब्राह्मणिक श्रेष्ठता के मोह में एक-दूसरे को नीचा दिखाने को तत्पर हैं। धम्म में आकर समाहित होना उन्हें नागवार गुज़रता है क्योंकि कुछ तबक़ों को भ्रम में रखा गया है कि वे श्रेष्ठ हिन्दू धर्म के सबसे महत्त्वपूर्ण अंग हैं।

अल्पसंख्यकों के विरुद्ध भड़काए गये दंगों के ख़ून-ख़राबे में बहुधा हिन्दू-मुसलमान दोनों ओर के दलित-पिछड़े एक-दूसरे के ख़ून के प्यासे बने दिखाई देते

हैं। धार्मिक उन्माद में मदमस्त करता ऐसा ब्रेन-वाश दोनों समुदायों के ब्राह्मणिक धोखेबाजों द्वारा आयोजित किया जाता है। वैदिक-ब्राह्मण धर्म के अल्पसंख्यक हो जाने के डर ने धम्म के विरुद्ध नकारात्मक और घातक षड्यन्त्र रचा है। धम्म के पारम्परिक वारिस यदि अपने पुराने घर लौट आयें तो इस आक्रान्ता, क्रूर धर्म से छुटकारा सम्भव है। जातियों-उपजातियों की वर्ण-वादी वैमनस्यता धम्म में आकर ही मिट पायेगी। इसमें आकर हिन्दू जाति व्यवस्था का समूल नाश ज़रूरी शर्त है। यह धार्मिक शक्ति ही राजनैतिक और आर्थिक शक्ति में अभ्यन्तरित होगी। इसीलिए यह इस देश के बहुजनों के हित में है कि वे बुद्ध की बुद्धिवादी (Wisdom) शरण में जायें। धम्म की पवित्र शरण में जायें, संघ की पवित्र शरण में जायें। केवल और केवल बौद्ध की धम्म-छत ही हमारी एकता के ज़रिए हमारी प्रगति सुनिश्चित कर सकती है, कोई और नहीं। बाबा साहब डा. अम्बेडकर ने धम्म-ग्रहण की ऊँची छलांग के ज़रिए बहुजनों को अन्तर्राष्ट्रीय पहचान दिलाने की पहल की है, फ़ायदा उठाना न उठाना उनके अपने हाथों में है।

5. आर्थिक एवं संसाधन जनित चुनौतियाँ : पाँचवी चुनौती आर्थिक संसाधनों के कमतरी की है। ज़्यादातर बहुजन भूमिहीन, बेरोज़गार या दिहाड़ी मज़दूर हैं, जो अपने बच्चों की शिक्षा, स्वास्थ्य आदि मामलों की समुचित देखभाल नहीं कर पाते तथा धम्म-चर्चा जैसे विषय उनकी प्राथमिकता की सूची में शामिल ही नहीं हैं। जिन गृहस्थों को भिक्षुओं के लिए भोजन-वस्त्रादि की व्यवस्था करनी है, यदि वे ही अशक्त-निर्धन हैं तो भी धम्म-हानि होगी ही। राजनैतिक सत्ता की अनदेखी तथा पारम्परिक पुरोहिती सोच ने ग़रीब के हक़ में रोटी सुनिश्चित नहीं की, समान शिक्षा सुनिश्चित नहीं की—फिर यह धम्म का पहिया घुमाने वाले अन्यत्र कहाँ से आयेंगे। धम्म, राजनीति और समाज की तिकड़ी का क्रमिक सहयोग ही एक मज़बूत समाज और राष्ट्र की रचना के ज़रूरी तत्व हैं। धम्म का बन्धुत्व एकता लाता है, एकता राजनैतिक-शक्ति और राजनैतिक-शक्ति आर्थिक-सामाजिक सम्मान और हैसियत दिलाती है। इसलिए केवल और केवल बौद्ध धम्म ही इस देश की पीड़ित मानवता के जीवन में खुशहाली तथा आत्म-गौरव ला सकता है।

6. शैक्षणिक चुनौतियाँ : छठीं चुनौती शिक्षा सम्बन्धी भेद-भाव की है। बिना शिक्षा के बुद्धि और ज्ञान की बात बेमानी है। प्राचीन बौद्ध-भारत में धम्म के वास्तविक उत्तराधिकारियों की औपचारिक शिक्षा के अभाव के कारण ही धम्म के भीतरघातियों ने खुद को धम्म का दायाद बना लिया तथा नियन्त्रक धम्माधिकारी

ओहदों पर बैठ गये। फलतः उन्होंने सम्पूर्ण भारत से धम्म-निकाला करने में अपनी तरफ़ से कोई कसर नहीं छोड़ी। आज समूचा भारतीय बौद्ध समाज अपने पड़ोसी देशों चीन, म्याँमार, थाईलैण्ड, वियतनाम, तिब्बत तथा विशेष रूप से श्रीलंका के बौद्ध समाज का ऋणी है जिन्होंने भारत में धम्म की पुनर्स्थापना में अग्रणी भूमिका निभाई। ब्रिटिश सरकार तथा वहाँ के प्रबुद्ध नागरिक भी इस दिशा में विशेष सहयोग के लिए याद किये जायेंगे जिन्होंने औपचारिक शिक्षा के द्वारा ज्ञान की ज्योति सबके लिए जलाई। यही नहीं बल्कि भारतीय इतिहास तथा पुरातत्व में उनकी विशेष अभिरुचि के कारण ही कई ज़मीदोंज़ साक्ष्य दुनिया के सामने आ पाये जिनमें भगवान बुद्ध से सम्बन्धित पुरावशेषों ने इतिहास तथा संस्कृति की पुनर्रचना में विशेष योगदान किया।

आज शिक्षा के नाम पर सरकारी-अर्द्धसरकारी परिषदीय विद्यालयों की कार्य-प्रणाली तथा गुणवत्ता किसी से छुपी नहीं हैं। विडम्बना यह है कि ग़रीब-दलित-पिछड़ों तथा अल्पसंख्यकों के बच्चों के लिए यही शरण-स्थली हैं। मिड-डे-मील के बहाने खाना खाने आने वाली इन्सानी बच्चों की बहुत बड़ी आबादी गुणवत्ता-विहीन-शिक्षा के झांसे में आकर जानवरों से अधिक महत्त्व नहीं रखती। प्राइवेट नर्सरी, किंडरगॉर्डेन और कान्वेन्ट स्कूलों में शिक्षित बच्चों तथा सरकारी स्कूलों के मिड-डे-मील की लालच में लाए बच्चों की शिक्षा में ज़मीन आसमान का अन्तर होना स्वाभाविक है। ऐसी शिक्षा प्रणाली ने फिर बहुजनों से शिक्षा का अधिकार छीनने की साज़िश रची है। कहना यह है कि भारत में समान शिक्षा के लिए आन्दोलन ही प्रबुद्ध-समाज का पहला एजेण्डा होना चाहिए अन्यथा एक बड़ी आबादी की अगली पीढ़ी शिक्षा को श्रद्धांजलि देकर फिर वहीं लौट जायेगी जहाँ उसके पुरखे हुआ करते थे।

स्वानुशासन

अन्त में एक अन्य चुनौती का ज़िक्र करना समीचीन होगा जो सच्चे प्रबुद्ध धम्म-पथिकों एवं तथाकथित बौद्ध-समाज के लोगों द्वारा स्वयं का आत्म-निरीक्षण न करने के कारण दिन प्रतिदिन अधिक सशक्त हो गयी है। स्पष्टतः जिस धम्म का दामन पकड़ने की बात की जा रही है उसके शास्ता की प्रज्ञा (उच्च कोटि का ज्ञान) शीलवान-चरित्र और वैज्ञानिक-दृष्टिकोण इस बात की इजाज़त नहीं देता कि हम दोहरे चरित्र का जीवन जिएँ। मानव-मात्र के लिए ही नहीं बल्कि प्राणि-मात्र के प्रति करुणा और अहिंसा के उच्च आदर्श एवं निरपवाद

भिक्षु-जीवन का आदर्श हमें यही सिखाता है। देखना है कि ऐसे महान आदर्शों से जुड़कर हमने शास्ता के उच्चस्थ व्यक्तित्व तथा आदर्शों को कहीं से कोई दाग़ तो नहीं लगाया? हमारे व्यक्तिगत चरित्र से बुद्ध, धम्म संघ की तरफ़ उँगली तो नहीं उठी? क्या हमने उन उच्च आदर्शों की स्थापना में कुछ भी सकारात्मक भूमिका निभाई है? यदि नहीं तो हमारे कारण धम्म-चक्र में रुकावट न आये ऐसा सोचकर खुद को परिमार्जित करते हुए इस महान धम्म को नैसर्गिक जीवन-मार्ग बनाने में अवदान करें।

आज धम्म-प्रतिनिधियों के लिए भी आवश्यक है कि वे प्रयत्नपूर्वक ज्ञानार्जन तथा शील में परिपक्वता का उदाहरण बनें। सादगी के उपासक बनकर ही धम्माचरण और धम्म प्रचार करने में धम्म की श्रेय वृद्धि होगी। एक भिक्खु की आलोचना सौ उपासकों की निन्दा से भी बड़ी होती है। इसलिए भिक्खु का जीवन शील, संयम आत्म-नियन्त्रण के कड़े व्रत-पालन का है। यह भी ध्यान रहे कि धम्म के प्रवर्तन हेतु केवल भिक्खुओं की ही ज़िम्मेदारी नहीं है। सबसे बड़ी ज़िम्मेदारी उपासकों और गृहस्थों की होती है जो इसे बढ़ाने में हर तरह सहयोग करते हैं। भिक्खु एवं भिक्खु-संघ के शील इत्यादि पर बात करते हुए यह आवश्यक है कि समाज इसके लिए भी स्वयं ही जवाबदेह है। कुछ लोगों का मानना कि धम्म के विभिन्न पक्षों को प्रस्तुत करते हुए भिक्खु के उच्च व्यक्तिगत आदर्शों की बात; जिसकी उनसे अपेक्षा की जाती है, को भी समाज के संज्ञान में लाया जाना चाहिए क्योंकि ऐसी आलोचना या सलाह के द्वारा प्रज्ञावान तथा शीलवान धम्मोपदेशकों को ही आगे बढ़ाने में मदद मिलेगी। भिक्खु धम्म का प्रतीक होता है। उसकी प्रत्येक क्रिया-कलाप, उठना, बैठना, चलना, खाना, सोना, देखना भी समाज द्वारा गहराई तथा संवेदनशीलता से परीक्षित किया जाता है। धम्म के स्वेच्छाकर्मी होने चाहिए, जो बिना चीवर पहने ही स्वयं की पहल पर धम्म-पथ के सजग प्रहरी का काम करें। इससे समाज में ज़्यादा जागृति आ सकती है। ध्यान में रखा जाना चाहिए कि भिक्खुओं को शादी-ब्याह आदि कर्मकांडों में न उलझाना ही बेहतर है। भिक्खु संघ की नियमित बैठकें करके धम्म परिमार्जन की सतत प्रकृति बरक़रार रखी जानी चाहिए। नक़ली बौद्धों की सूचना से किसी को चकित नहीं होना चाहिए, बल्कि उन्हें पहचानकर उन्हें बहिष्कृत किये जाने की दृष्टि अपनाने की ज़रूरत है। जंगली जीवन-प्रवृत्तियाँ युद्धोन्मुख करती हैं, शान्तिपूर्ण सामाजिक जीवन-प्रवृत्तियाँ बुद्धोन्मुख करती हैं। बुद्धि-विवेक का राज्य स्थापित करके ही भय-मुक्त व

सुखमय वातावरण बनाया जा सकता है। बारूद के ढेर पर बैठी दुनिया को अब धम्म ही सुकून दे सकता है। यह प्रज्ञा-पथ है। यह करुणा से परिपूर्ण है। यह मैत्री से लबरेज़ है।

पूरी दुनिया को हिंसा की भयावह त्रासदी से बचाने तथा शान्तिमय विश्व-धम्म के प्रसार हेतु मानवता-वादी धम्म को धर्म की रूढ़िग्रस्त परिभाषा से मुक्त कराना होगा। उच्च आदर्शों की यह जीवन-पद्धति ही मानवीय विभेदों तथा साम्प्रदायिक संकीर्णताओं से ऊपर उठा कर शान्ति स्थापित करने में सक्षम है। सभी सत्ताओं को सुखी देखने का आदर्श परवान चढ़े, इसका यही एक मात्र विकल्प है।

अध्याय-12

कबीर-साहित्य के सामाजिक सरोकार

वर्तमान वैज्ञानिक सूचना-क्रान्ति एवं वैश्वीकरण (ग्लोबलाइजेशन) के दौर में व्यक्ति के सामाजिक एवं धार्मिक मूल्यों में तेज़ी से परिवर्तन हो रहा है। परिणामतः ऐतिहासिक परिवेश की पुरानी जन्म आधारित मान्यताओं, परम्परागत रूढ़ियों, तद्जनित संस्कारों, मानवीय एवं सामाजिक अन्तर्सम्बन्धों, समूहों के पुनर्गठनात्मक द्वन्द्वों एवं आध्यात्मिक उन्नयन के विभिन्न मार्गों के पूर्व-परिभाषित दुर्ग-द्वार या तो ध्वस्त हो रहे हैं या पुर्नपरिभाषित किये जाने की माँग कर रहे हैं। भारतीय सन्दर्भ में नित्य परिवर्तनकारी दौर के इस उथल-पुथल में सन्तों-महन्तों, ऋषियों-महर्षियों की लोक-दृष्टि एवं पारम्परिक जीवन-दृष्टि के लोक-हितकारी पहलू ही स्वीकार्य हो सकते हैं, मिथ्या स्वर्ग-दायी दृष्टि के नहीं। जो साहित्य, धर्म-दर्शन, सम्प्रदाय, मत, वाणी-विचार, शिक्षा-संस्कार, परम्परा और आचार प्राणी मात्र की भलाई के साथ-साथ लोक-कल्याणकारी तथा विकासोन्मुखी होंगे, आज केवल वे ही प्रासंगिक

नहीं होंगे अपितु वे सनातन हैं, और सनातन रहेंगे।

आज विज्ञान का असर जीवन के हर क्षेत्र में दिखाई देता है। खान-पान, वेश-परिधान, आवागमन, लेखन-चिन्तन, व्यापार, खेल-कूद, जल-थल के गर्भ में छिपे ऊर्जा-संसाधनों के दोहन से लेकर रहन-सहन के बदलते तौर-तरीक़ों में इस विज्ञान-सम्मत वैचारिकी की दस्तक को सुना जा सकता है। यह दस्तक कई मायनों में पूर्व-आप्त धारणा की समूची जीवन-शैली को ख़ारिज करते हुए उसके सर्वथा नये आदर्श एवं नये कीर्तिमान स्थापित करने के लिए बुला रही है। पुरानी अन्धआस्था या अन्धविश्वास हमारे आज के सवालों का सही व तार्किक जवाब नहीं दे पा रहा है। वैज्ञानिक तर्क की कठोर भूमि किसी मनमानी कल्पित-आस्था के बीज कदापि अंकुरित नहीं होने देती। वह हर बात को जाँचती-परखती है तथा उसके अवगुण्ठन को क्रमिक रूप से खोलने का यत्न करती है। वह दुनिया के सामने उस सच को प्रस्तुत करना चाहती है जो इन सवालों का सन्तोषजनक एवं तार्किक उत्तर देता हो तथा उससे जुड़ी उन सभी समस्याओं का; जिनका समाधान अब तक नहीं हुआ समाधान प्रस्तुत करता हो, भ्रम के कुहासे से निकलने का उपाय सुझाता ऐसा विज्ञान-सम्मत साहित्य और सर्वमान्य धर्म ही सर्वकालिक तथा सर्वदेशीय स्वीकार्यता हासिल कर सकता है जो समय की सीमाओं में संकुचित न रहकर हर समय-काल में एक ही सत्य उद्घाटित करता हो, ऐसा ही साहित्य और धर्म चिरन्तन हो सकता है।

विचारणीय है कि प्रागैतिहासिक काल से लेकर अब तक के उपलब्ध साहित्य, धर्म, दर्शन और परम्परा में क्या कुछ चिरन्तन, वैज्ञानिक और ग्राह्य है? निश्चित रूप से जो वाणी, धर्म, साहित्य एवं परम्परा मनुष्य के दुःख-निवारण, बन्धुत्व-विकास एवं शान्तिपूर्ण सामाजिक जीवन की उपादेयता तथा हर मनुष्य की आध्यात्मिक उन्नति का रास्ता प्रशस्त करती हो, वही साहित्य, धर्म, दर्शन और परम्परा चिरन्तन, वैज्ञानिक और ग्राह्य है। वही लोक द्वारा मान्य एवं अनुकरणीय हो सकती है।

कबीर के सामाजिक सरोकारों को समझने के लिए भारतीय सभ्यता संस्कृति में साहित्य-समाज और धर्म की ऐतिहासिक विरासत की पृष्ठभूमि को ध्यान में रखना अधिक न्यायसंगत होगा। वैदिकेतर विकास क्रम में वैदिक-पूर्व भारतीय दर्शन के प्रमाण स्वरूप उपलब्ध पुरातात्विक साक्ष्यों के कई अध्याय अभी भी खोले जाने बाकी हैं। किन्तु फिर भी वैदिक-ब्राह्मण-संस्कृति के यज्ञ-याज्ञ विरोधी स्वर उठने के पर्याप्त कारण हैं। इसी के फलस्वरूप ऐसे विचारों का वर्णन किसी न किसी रूप में वैदिकोत्तर साहित्य में उपलब्ध हैं। भारतीय भू-भाग पर तथाकथित मनीषियों व विचारकों की एक लम्बी फेहरिस्त है जिसमें मुख्यतया पुलस्त्य,

भारद्वाज, नामदेव, अगस्त्य, कण्व, विश्वामित्र, अंगिरा, वसिष्ठ, पाराशर, कपिल, बुद्ध, महावीर, कणाद, गौतम, पतंजलि, जैमिनी, व्यास, वादरायण, दिग्नाथ, धर्म-कीर्ति, उदयन, शंकराचार्य, कबीर, दयानंद, विवेकानन्द जैसे अनेक नामों के साथ किन्तु सर्वथा अलग(बीसवीं सदी के पूर्वार्ध काल में) प्रखर सामाजिक-आर्थिक-राजनैतिक एवं धार्मिक चिन्तक डॉ. अम्बेडकर का नाम सम्मान के साथ आता है जिन्होंने भारतीय धर्म, दर्शन एवं अध्यात्म के विकास में अपना सकारात्मक एवं क्रान्तिकारी योगदान किया। पुरानी परम्परा जो दार्शनिक विज्ञान की बात करती है उसमें प्रमुखतया ऋषि बृहस्पति का भौतिकवाद (जिसे चार्वाक दर्शन भी कहा गया है) सांख्य दर्शन, बौद्ध दर्शन, जैन दर्शन, आजीवक दर्शन, योग दर्शन, वैशेषिक दर्शन, न्याय दर्शन और कबीर का पारख दर्शन उल्लेखनीय हैं। इन्हें निम्नवत सूचीबद्ध किया जा सकता है।

(1) उपलब्द्ध साहित्य के अनुसार ऋषि बृहस्पति ने कर्म-कांडों को व्यर्थ तथा जड़ तत्व को परम सत्ता मानकर ज्ञानेन्द्रियों से जानने योग्य को ही प्रत्यक्ष प्रमाण माना है।

(2) सांख्य दर्शन के सिद्धान्त अति प्राचीन हैं तथा भगवान बुद्ध की प्रथम शिक्षा इसी के अन्तर्गत सांख्यवादी आलार कालाम से हुई थी। सांख्य-दर्शन के आदि प्रवर्तक महर्षि कपिल को माना जाता है। उनके बाद क्रमशः आसुरि, पंचशिख एवं जैगीशव्य ने इस विचारधारा को आगे बढ़ाया। इसके मानने वाले प्रकृति एवं पुरुष केवल दो तत्वों को ही मानते हैं तथा इसके साधन-प्रमाण केवल तीन हैं- प्रत्यक्ष, अनुमान और शब्द। प्रश्न हो सकता है कि पुरुष चेतन होते हुए भी निष्क्रिय है तथा प्रकृति जड़ होते हुए भी सक्रिय है, तो फिर सृष्टि कैसे चलती है? इसका उत्तर सांख्य-दर्शन अन्धे और पंगुले की कहानी से देता है अर्थात् जड़ प्रकृति एवं चेतन पुरुष के संयोग से सृष्टि चलती है।[1]

(3) जैन दर्शन के आदि प्रवर्तक ऋषि ऋषभदेव माने जाते हैं जिनका होना प्राक-इतिहास-काल में बताया जाता है। इसके बाद पार्श्वनाथ का समय 817 ईसा पूर्व बताया जाता है। बाद के तीर्थंकरों में महावीर स्वामी हुए जिनका समय भगवान बुद्ध के समानान्तर था।[2] जैन-दर्शन पुद्गल-जड़तत्वों से जगत को अनादि-अनन्त मानता है।

(4) बौद्ध दर्शन आत्मा इत्यादि को दर्शन का विषय न मान कर केवल अनन्त करुणा, मैत्री, मुदिता एवं अनन्त समता के द्वारा सभी सांसारिक दुःखों को दूर करने का एक मात्र उपाय बताता है। इस दर्शन के अनुसार चार आर्य सत्य हैं—दुनिया में दुःख है, दुःख का कारण है, उस कारण का निवारण है एवं

निवारण वाला ऐसा मार्ग जो हमें आर्य-सन्त, सज्जन,भला और निर्मल चित्त व्यक्ति बना दे। इस मार्ग के मुख्यतः तीन भाग हैं। शील, समाधि ओर प्रज्ञा। जिसमें—(1) सम्मा वाचा (सम्यक वाणी), (2) सम्मा कम्मतं (सम्यक कर्मान्त), (3) सम्मा आजीवो (सम्यक आजीविका), (4) सम्मा वायामो(सम्यक व्यायाम), (5) सम्मा सति (सम्यक स्मृति), (6) सम्मा समाधि (सम्यक समाधि), (7) सम्मा संकप्पों (सम्यक संकल्प) एवं (8) सम्मा दिट्ठि (सम्यक दृष्टि) मुख्य हैं। संक्षेप में बौद्ध-दर्शन में प्रतीत्य-समुत्पाद, बन्धन एवं निवृत्ति तीन प्रमुख बातें हैं जिनकी व्याख्या वैज्ञानिक आधार पर कार्य-कारण तथा अनित्यवाद के रूप में की गयी है।

(5) योग दर्शन किसी न किसी रूप में हड़प्पा युग से ही जीवित है जिसका बदलता हुआ रूप भगवान बुद्ध और महावीर स्वामी से होता हुआ ईसा की तीसरी शताब्दी में महर्षि पतंजलि के योग दर्शन में परिणत हुआ। कहा गया है कि चित्त की वृत्तियों का निरोध करना ही योग है जिसका फल होता है द्रष्टा (चेतन पुरुष) का अपने स्वरूप में स्थित हो जाना, क्योंकि जब वह अपने स्वरूप में स्थित नहीं रहता तब चित्त की वृत्ति को ही अपना स्वरूप मान बैठता है। पतंजलि योग के आठ अंग है—यम, नियम, आसन, प्राणायाम, प्रत्याहार, धारणा, ध्यान एवं समाधि।

(6) इसी क्रम में वैशेषिक दर्शन है जो अति-प्राचीन है तथा जिसे प्रथमतः महर्षि कणाद ने सूत्रबद्ध किया था। इस दर्शन का समय ईसा से डेढ़ सौ वर्ष बाद तथा कुछ लोग इसे ईसा के पाँच या छः सौ वर्ष पहले मानते हैं। वैशेषिक दर्शन के भाष्यकार हैं—रावण, प्रशस्तपाद, व्योम शिवाचार्य, उदयनाचार्य, श्रीधराचार्य, बल्लभाचार्य, अनन्तभट्ट आदि। इस दर्शन में ईश्वर का स्थान नहीं है। दो प्रमाण हैं- प्रत्यक्ष तथा अनुमान। इसके अनुसार द्रव्य नौ हैं- पृथ्वी, जल, अग्नि, वायु, आकाश, काल, दिशा, आत्मा और मन। जिसमें क्रिया और गुण हों, जो कार्य का समवायि (नित्य) कारण हो उसे द्रव्य कहते हैं। पृथ्वी, जल, वायु, अग्नि में परमाणु होते हैं। ये तत्व परमाणु रूप में नित्य हैं।[3]

(7) न्याय दर्शन प्रमाणों द्वारा वास्तविकता का परीक्षण करता है। महर्षि गौतम इसके रचयिता हैं जिनका समय बुद्ध के बाद तथा ईसा के तीन सौ वर्ष पूर्व है। इसके अन्य भाष्यकार एवं टीकाकार वात्स्यायन (ईसा के लगभग), उद्योतकर (छठी शताब्दी), वाचस्पति मिश्र, जयन्त भट्ट, भासवर्ग (नवीं शताब्दी), उदयनाचार्य (दसम शताब्दी), गंगेश (तेरहवीं शताब्दी), रघुनाथ शिरोमणि, मथुरानाथ (सोलहवीं शताब्दी), जगदीश भट्टाचार्य, गदाधर भट्टाचार्य आदि हैं। न्याय का सिद्धान्त ब्रह्मवादी नहीं था।[4]

(8) कबीर का पारख (सामाजिक) दर्शन : ऐतिहासिक पृष्ठभूमि के साथ इतिहास के मध्यकाल में कबीर के चिन्तन, दर्शन और सामाजिक परिवर्तन की भूमिका पर विचार करते हुए उनके समग्र व्यक्तित्व तथा कृतित्व का लौकिक पक्ष बहुत कुछ बता पाने में सक्षम है। कबीर की रहनी (रहन-सहन), उनकी बानी, उनके दर्शन एवं उपदेश की साखी (साक्ष्य) तथा उनके सबद का सामाजिक परिप्रेक्ष्य में मनन करते हुए उसके व्यावहारिक पक्ष की गहराई में उनका समग्र जीवन-दर्शन एक खुली किताब है—जो मार्गदर्शक का काम करता है और आइना का भी। कबीर श्रम पर आधारित जीवन-पद्धति के केवल पक्षधर ही नहीं हैं बल्कि उसे अपने जीवन में उतार कर यह साबित करते हैं कि वे श्रमण होते हुए भी वीतरागी हैं किन्तु रूढ़िगत अर्थों में गृहत्यागी सन्यासी नहीं हैं। वे आध्यात्मिक सन्यास के शीर्ष पर पहुँचकर भी समाज को त्याग करने वाले वनवासी योगी नहीं हैं। वे माया-मोह की अतिरेक लम्पटता से तो विमुक्त हैं ही किन्तु वे उन्हीं अर्थों में एक गृहस्थ भी हैं जिसमें व्यवसाय है, लेन-देन है, परिवार है तथा जीवन की अन्य भौतिक आवश्यक वस्तुएँ हैं। कबीर बुद्धिवादी होते हुए भी एक श्रमजीवी उत्पादक हैं तथा मध्यम मार्ग के सच्चे अनुयायी तथा मार्ग-दर्शक हैं।

कबीर सांख्य दर्शन द्वारा प्रतिपादित प्रकृति और पुरुष की मान्यता को आगे विकसित करते हुए इसे जीवन की प्रकृति और पौरुषेय की नैसर्गिकता से जोड़कर देखते हैं। वे प्रकृति की जड़ता के नहीं बल्कि उसकी गतिशीलता के पक्षधर हैं क्योंकि जहाँ गति नहीं है वहाँ जीवन भी नहीं। वे योग दर्शन के व्यावहारिक पहलू के समर्थक हैं किन्तु आँखे मूँद कर नहीं बल्कि उसे परखते हुए उसकी चित्त-निरोधक व्याख्या को अपनी व्यावहारिकता के रंग में रंग कर अपनी रहनी में उतार लेते हैं। कबीर तो सांख्य दर्शन, वैशेषिक दर्शन, जैन दर्शन, बौद्ध दर्शन, आजीवक दर्शन, लोकायत दर्शन और चार्वाक प्रभृत दर्शनों के कोरे सिद्धान्तों को जीवन की कठोर सच्चाइयों का सामना कराते हैं और उनका कठिन परीक्षण करते हैं। वे विज्ञान के पारख दर्शन में साक्ष्य या साखी को प्रमुख सहायक के रूप में रखते हैं। उनके जीवन-अनुभव मिट्टी और धूल से सने होकर भी सुगढ़ पके घड़े की तरह लगातार अपनी चमक खोने नहीं देते और जीवन की प्यास बुझाने के अपने मुख्य दायित्व के लिए पूरी तरह उपादेय बनकर काम आते हैं। कबीर के यहाँ मौखिक-बाज़ीगरी और शब्द-पाखण्ड के लिए कोई जगह नहीं है। कबीर को हम इसी परिप्रेक्ष्य में समझने की कोशिश करेंगे।

वर्ण-अवर्ण से निवर्ण की ओर

कबीर का पारख (परीक्षण) दर्शन व्यावहारिक तथा बेजोड़ है। रत्न को तो पारखी ही पहचानेगा। बिना पारख दृष्टि के किसी भी विचार या मान्यता का सही मूल्यांकन करना सम्भव नहीं हो सकता। जो दिखाई देता है, वह है नहीं—और जो है, वह दिखाई नहीं देता। इसलिए बिना पारख-ज्ञान के यह भक्ति व्यर्थ है तथा दिखावा मात्र है। यह दर्शन भी भगवान बुद्ध द्वारा प्रतिपादित तर्क की कसौटी और मंगल-अमंगल के निर्णय पर आधारित फ़लसफे का ही विस्तार है। कबीर कहते हैं—

वस्तू अन्तै, खोजै अन्तै, क्यों कर आवै हाथ
सज्जन सोइ सराहिये, जो पारख राखै साथ[5]

कबीर का पारख दर्शन, तर्क पर आधारित वैज्ञानिक सोच वाला दर्शन है। इसकी विशद चर्चा से पूर्व कबीर के बारे में संक्षिप्त जानकारी आवश्यक प्रतीत होती है जिसके ज़रिए उस देश-काल और परिस्थितियों के आलोक में इसकी समीक्षा करना कदाचित् अधिक प्रासंगिक एवं अधिक ग्राहय हो सकेगा।

कबीर का समय सामान्यतः सन् 1399 ई. से सन् 1519 ई. के बीच माना जाता है[6] तथा सर्वमान्य है कि इनके पालनकर्ता माँ-बाप नीरू एवं नीमा थे। उनका स्थान पूर्वांचल का काशी (वाराणसी) था जहाँ रहकर उन्होंने अपने जीवन के अनुभव इकठ्ठे किये तथा उन्हें लोकोपयोगी बनाने के चिन्तन का विकास किया। बीजक कबीर साहेब की प्रामाणिक वाणी है। उनकी वाणियों को ठीक तरह से न समझ पाने के कारण ही नहीं बल्कि जानबूझकर मनमानी करते हुए कोई उन्हें गृहस्थ बताता है तो कोई उन्हें गृहत्यागी। किन्तु कबीर एक साथ गृहस्थ भी हैं और गृह-त्यागी भी। वे घर में रह कर भी सांसारिक अतिशयता से विरक्त हैं। वे विरक्त होकर भी एक कुशल गृहस्थ हैं, एक कुशल कर्मकार हैं तथा अपनी रोज़ी के लिए आत्मनिर्भर हैं। वे कहते हैं—

सन्तों कथनी कथै ते खोटा
जौ लौं करम विकार न खोवै, कोयला कपट जीय ओटा
ज्ञान-ग्रंथ कब चातुर कीना, बाँधे विष के मोटा[7]

अर्थात् जो लोग केवल बातें बनाते हैं, कर्म नहीं करते वे खोटे लोग हैं तथा उन पर न विश्वास किया जा सकता और न ही उन पर निर्भरता की जा सकती है। कर्म का यह विकार जो श्रम की जगह मात्र उसकी व्याख्या करने के लिए पैदा होता है, वह तो केवल व्यक्ति के ओट में काला कपट है और इस कपट

से कभी भी कार्य सिद्ध नहीं होने वाला है। ज्ञान के बड़े-बड़े ग्रंथों को बाँचने से कोई चतुर नहीं हो जाता, बल्कि वह बहुत बड़े विष का गठ्ठर बाँधे हुए फिरता है। यही नहीं कबीर बार-बार अपने जुलाहे के कर्म का उदाहरण देकर लोगों को आत्मनिर्भरता का सन्देश देते हैं। वे श्रमपूर्वक रहनी को श्रेष्ठ जीवन का आदर्श बना कर चलते हैं। उनके यहाँ थोथे ज्ञान का कोई महत्त्व नहीं है। वे ज्ञान की व्यवहारिकता के कायल हैं। इसीलिए कबीर कहीं भी झूठे स्वर्ग-नरक, पुनर्जन्म या ईश्वर के काल्पनिक कथानकों का कान पकड़कर उसे नकारने के लिए बार-बार श्रमिक समाज को सचेत करते चलते हैं। वे हिन्दूवादी राम-रमैया को संबोधित करते हुए उसे ही अवलम्ब बनाकर सारे विश्वासघातों का उलाहना देते हैं उसका समर्थन या उसका साक्ष्य नहीं देते–

भल सुमति जँहड़ाय हो रमैया राम/धोखे कियेउ विश्वास हो रमैया राम
ता है वन्सी कसी हो रमैया राम/सो रे कियेहु विश्वास हो रमैया राम
ई तो है वेद शास्त्र हो रमैया राम/गुरु दीहल मोहि थापि हो रमैया राम
गोबर-कोट उठायेउ हो रमैया राम/परिहरि जैबेहु खेत हो रमैया राम[8]

कबीर प्रचलित हिन्दूवादी अर्थों में राम को ईश्वर मानने वालों के लिए एक व्यंग्य भरा उपालम्भ देते हैं तथा उनके आराध्य राम को ही संबोधित कर कहते हैं कि तुम्हारे ऊपर किया गया विश्वास तो धोखा ही साबित हुआ क्योंकि तुम्हारे झाँसे में आकर लोगों ने अपनी अच्छी-खासी सुमति को भी विनष्ट कर डाला है। तुम्हें मान कर तो लोग खुद को बंसी में फँसी मछली की तरह अपने गले में फाँस डाल लिए हैं। ये वेद-शास्त्र का विश्वास तो पुरोहितों ने थोप कर तुम्हारे जाल में फँसने को मजबूर कर दिया है। इस प्रकार लोगों ने जैसे गोबर का दुर्ग बना रखा है जिससे उनका बचाव नहीं बल्कि विनाश ही होगा। इसे अन्य तरह भी समझा जा सकता है। हे रमैया राम! (मानव) तूने स्मृति-ग्रंथों को कल्याणदायी मान अपनी बुद्धि एवं तर्क को उसके हवाले कर दिया है तथा तुम यह भी नहीं समझ पाये कि यह मात्र झूठा विश्वास है जिसके कारण यज्ञ-हवन, वर्णाश्रम के भेद-भाव के विषैले तत्व में फँसकर स्वयं का नाश कर रहे हो। वैसे ही जैसे राज्य, पुत्र, धन, स्वर्ग आदि के लोभ में विवेकहीन-कर्मकाण्डी वैसे ही स्वयं को फाँस लेता है जैसे चारा फाँस लेता है किसी मछली को। तुम कहते हो कि ये वेद शास्त्र हैं और इन पर विश्वास करना हमारे गुरुओं द्वारा बताया गया है। ऐसा कह कर तुम शत्रु से बचने हेतु काल्पनिक तथा कमज़ोर क़िला खड़ा करके स्वयं को सुरक्षित करने के धोखे में हो। इसलिए बिना विवेक के स्मृतियों-पुराणों-वेदों आदि ग्रन्थों की दुहाई देना उचित नहीं है। इस आडम्बर को साखी के माध्यम से व्यक्त करते हुए वे कहते हैं–

तीन लोक चोरी भई, सबका सरबस लीन्ह
बिना मूड़ का चोरवा, परा न काहू चीन्ह[9]

अर्थाक इस वंचक प्रवृत्ति के चेहरे पर ऐसा नक़ाब लगा है कि वह बे-चेहरा बनकर कभी पहचान में नहीं आता और चोरी होने के बाद ही शोषित-जन को इस चोरी का पता चलता है।

ब्रहमेश्वर की निरर्थकता

कबीर साहेब हवाई बातें नहीं करते। उनका धर्म लोक-धर्म है। न वे किसी निर्गुण-निराकर ब्रह्म की कल्पना करते हैं और न वे किसी राज-पुत्र को अनन्त ब्रह्माण्ड-नायक कहकर उसके हाथ, पैर, आँख, कान, नाक, छाती आदि की सुन्दरता के वर्णन में शब्दों का पुल बाँधते हैं—न वे जाति को प्रश्रय देते हैं—न अन्धपरम्परा को। न वे किसी पोथी को आँख मूँदकर प्रमाण मानने को कहते हैं, न किसी सत्य का एकाधिकारी होने का दावा करते हैं। वे तो हमेशा रहस्यवाद के विपरीत बातें करते हैं—

अविगति की गति का कहों, जाके गाँव न ठाँव
गुण-बिहूना पेखना, का कहि लीजै नाँव[10]

'अज्ञात की बातें क्या करते हो जिसके न गाँव है, न ठाँव। निर्गुण का क्या प्रेक्षण करोगे और उसका क्या नाम रखोगे?' धर्म-निरपेक्ष मानवीय मूल्यों को बचाने वाले कबीर की यही बातें ईश्वर-अनीश्वरवाद से निरपेक्ष होकर पूरी दुनिया को आकर्षित कर रही हैं। धर्म के नाम पर वैश्विक गोलबन्दी से अलग रहकर, मानवतावादी जीवन-मार्ग के चहेते कबीर को हाथों-हाथ लिए हुए हैं। हिन्दुओं के मन्दिरों में जैन-बौद्धों के गीत और जैन-बौद्ध मठों में हिन्दुओं के गीत भले न गाये जाते हों परन्तु कबीर साहेब के गीत हर जगह गाये जाते हैं। कबीर उन सभी वाद-विवादों से परे हैं जिसके कारण मानवता के ऊपर हैवानियत का दाग़ लगता है तथा उसे शर्मसार होना पड़ता है।

कबीर कहते हैं—

दशरथ सुत तिहुँ लोकहि जाना
राम नाम का मर्म है आना[11]

कबीर की सोच निर्भीक, वाणी बहुमुखी है। कबीर आत्मनिष्ठ, अन्तर्मुख पारखी तो हैं ही। वे कहीं भी भ्रम पैदा करते हुए अपना मत-प्रचार नहीं करते। वे साफ़ कर देते हैं कि उनका राम मिथकीय दशरथ सुत नहीं है। उसका अर्थ तो कुछ और ही है। कबीर स्वयं में स्पष्ट हैं किन्तु वे ब्रह्मवादियों के ख़याल से

ब्रह्मवादी, आर्य समाजियों के विचार से आर्यसमाजी, वैष्णवों के ख़याल से वैष्णव, कवि, समाज सुधारक, योगी, समाजवादी एवं शुद्ध समतावादी विचारों के वाहक हैं। वे सूफ़ियों में सूफ़ी, ऋषियों में ऋषि हैं। कबीर साहेब के महान व्यक्तित्व से प्रभावित होकर श्रुतिगोपाल साहेब, भगवान साहेब, जागू साहेब, धर्म साहेब आदि ने ज्ञान प्रचार, पन्थ-प्रचार एवं पन्थ-विस्तार किया तथा पीपा जी, नानकदेव, पल्टू साहेब, घीसा साहेब, दादू साहेब, बुल्ला साहेब, यारी साहेब, मदन साहेब, दरिया साहेब आदि ने विशाल सन्त मत का विस्तार किया है। वे किसी गूढ़ दर्शन के द्वारा नहीं बल्कि मिट्टी की बोली-बानी में प्रमाण देकर घोषणा करते हैं कि ब्राह्मण या शूद्र होने का कोई भी दावा झूठा है–

ऐसो भरम बिगुर्चन भारी
वेद कितेब दीन औ दोज़ख़ को पुरुष को नारी,
माटी का घट साज बनाया नादे विन्द समाना।
घट बिनसे क्या नाम धरहुगे, अहमक खोज भुलाना।
एकै त्वचा हाड़ मल मूत्रा एक रुधिर एक गूदा।
एक बुन्द से सृष्टि रची है, को ब्राह्मण को सूद्रा।[12]

कबीर कहते हैं कि यह बहुत बड़ी भ्रामक बहस है कि आदि सृष्टिकर्ता पुरुष कौन है तथा नारी कौन? अर्थात् सृष्टि की शुरुआत कहाँ से है? धार्मिक किताबों के ज़रिए स्वर्ग-नरक की काल्पनिक कहानी का भ्रम सब ओर फैलाया गया है। कबीर के यहाँ वेदों, धर्मग्रंथों, स्वर्ग-नरक आदि की मान्यताओं पर मारक प्रश्न उठाए गये हैं। वे पूछते हैं कि यदि इस सृष्टि का आधार पुरुष है और नारी शक्ति है तो फिर इन ग्रंथों और मान्यताओं का वह कौन सा पुरुष और कौन सी नारी है? वे आगे प्रमाण स्वरूप कहते हैं कि यदि मिट्टी का घड़ा बना है और उसमें जल संचित है या संचित करने योग्य है तो ही वह घट है। किन्तु उसके टूटने पर उसका क्या नाम रखेंगे? अर्थात् जो वस्तुएँ दिखाई देती हैं वे भी अपना नाम-रूप खोने वाली हैं। कुछ भी स्थाई नहीं हैं। जानना चाहिए कि मिट्टी का घड़ा या शरीर जिन भौतिक अवयवों के संयोग से रचा गया है, उसमें नाद अर्थात् आवाज़ या बोल रूपी पानी की बूँद समाहित करने के बाद ही वह घड़ा या मनुष्य नाम से अभिहित होता है। यह तो मात्र भौतिक रूप के बनने या बिगड़ने के कारण अलग-अलग नाम रखने का मामला है। सबके मूल में समान तत्व हैं। अतः वहाँ ब्राह्मण और शूद्र का अन्तर कैसे करोगे? इस प्रकार वे वर्ण-विचार को विज्ञान द्वारा खारिज करते हैं। वे समाज में व्याप्त वर्ण-व्यवस्था को आधारहीन तथा काल्पनिक साबित करते हैं।

भूत-प्रेत पर विश्वास और उनकी पूजा-बलि तथा अज्ञान के दलदल में पड़े लोगों को कबीर ने बार-बार सचेत किया है। यही नहीं बल्कि उन्होंने मानसिक बुद्धि विलास को भी एक विनाशकारी संज्ञा दी है। भूत की पूजा करने वाला कभी भी वर्तमान के अस्तित्व में नहीं रह सकता वह भी भूतकाल की तरह ही लुप्त हो जाता है–

ये भ्रम भूत सकल जग खाया
जिन जिन पूजा ते जहँड़ाया
कहे कबीर सुनो नर कोई
भुतवा के पुजले भुतवा होई[14]

कबीर झूठी पूजा-अर्चना को चुनौती देते हुए कहते हैं कि तुम आतम (जीव) की हत्या करके तथा अपने भीतर की सच्चाई को दबा कर पत्थर की पूजा करते हो। यह अज्ञान है–

आतम मारि पषाणहिं पूजै, उनमें कुछौ न ज्ञाना
बहुतक देखै पीर-औलिया, पढ़ै कितेब कुराना
पीतर पाथन पूजन लागै, तीरथ गरब भुलाना
टोपी पहिरै माला पहिरै, छाप तिलक अनुमाना
साखी-सबदै गावत भूलै, आतम ख़बरि न जाना[15]

अर्थात् केवल मुँह से वेदों, पुराणों और साखी-शब्दों को दोहराने से कोई लाभ नहीं, जब तक इनकी अच्छाइयों को अपने किरदार में शामिल न किया जाये। मैंने बहुत से पीर-औलिया देंखे हैं जो जीवन में शील का पालन नहीं करते तो कोरान का पाठ मात्र से क्या लाभ? कुछ लोग तीर्थ के गर्व पर तो कुछ लोग/ टोपी-माला के प्रदर्शन से ही स्वयं छाप-तिलक को धार्मिक दिखाते हैं किन्तु उन्हें तो स्वयं की भी ख़बर नहीं है। उनका वेद, कोरान या साखी-सबद का दोहराना एक छलावा मात्र है।

कबीर किसी सृष्टि रचियता द्वारा सृष्टि की शुरुआत किये जाने की धारणा को चुनौती देते हैं तथा ब्राह्मणवादी स्वीकृत सृष्टिकर्ता ईश्वर तथा देवताओं की धारणा को तर्क के आधार पर झूठा साबित करते हैं–

तहिया होते पवन न पानी, तहिया सृष्टि कौन उत्पाती
तहिया होते कली नहीं फूला, तहिया होते गरभ नहीं मूला[16]

कबीर कहते हैं कि उस अज्ञात सृष्टि रचयिता के बारे में तत्वहीन बात से क्या लेना-देना? इसलिए उसकी चर्चा बेकार है। यही बात भगवान बुद्ध ने भी ईश्वर की उपस्थिति-अनुपस्थिति के बारे में कही है तथा यह स्पष्ट कर दिया है

कि यह प्रश्न निरर्थक है तथा इसका मनुष्य के जीवन से कोई सम्बन्ध नहीं है। अतः इस पर समय नष्ट करना बुद्धिवादी नहीं।

कबीर राम नाम की रट लगाने से लाभ की आशा करने वालों को तर्क-आधारित तथ्य द्वारा समझाते हैं कि–

रामहिं राम पुकारते जिभ्या परिगौ रौंस
सूधा जल पीवै नहीं, खोदि पिवन की हौंस[17]

राम नाम की रट लगाते-लगाते जीभ में घट्ठा पड़ गया। मन-शुद्धि के बिना केवल भौतिक-भक्ति से किसी प्रश्न का हल नहीं निकलने वाला है। आत्म अर्थात् स्वयं की आन्तरिक शुद्धि का सीधा-सच्चा मार्ग नहीं अपनाकर तुम टेढ़ा रास्ता पकड़ते हो वैसे ही जैसे सामने शुद्ध जल को छोड़कर कोई कुआँ खोदकर पानी पीने का उत्साह दिखाता हो। ऐसा उत्साह व्यर्थ है। शब्दों के उच्चारण मात्र से मन की शुद्धि नहीं हो सकती। समाज की जड़-आस्था को आइना दिखाते हुए कबीर सामाजिक बदलाव के दूत बनकर घर-घर दस्तक देते दिखाई पड़ते हैं। दुर्भाग्य है कि कबीर के कथन की प्रवृत्ति के प्रतिकूल अक्सर मनमानी व्याख्या करने वालों ने कबीर की सामाजिक-सोच को ही सिरे से ख़ारिज करने की कोशिश की है। इतना ही नहीं बल्कि उनके मूल ग्रंथ ' बीजक के पदों पर भी कई तरह से भ्रम फैलाया गया है। कबीर पूजा-भक्ति-दीवानगी और बावलेपन को उसके प्रचलित स्वरूप तथा इसकी निःसारता को सिद्ध करने का उपादान बनाते हैं। कुछ लोग उन्हें उसी मत के प्रचारक या मतावलम्बी सिद्ध करने लगते हैं। एक उदाहरण से बात स्पष्ट हो सकती है–

हरिमोर पीउ मैं राम की बहुरिया/राम बड़ों मैं तन की लहुरिया
हरिमोर रहँटा मैं रतन पिउरिया/हरि का नाम ले कहति बहुरिया
छै मास तागा बरस दिन कुकुरी/लोग कहै भल कातल बपुरी
कहहिं कबीर सूत भल काता/चरखा न होय मुक्ति कै दाता[18]

भक्त कहता है 'हरि मेरा पति है मैं उसकी पत्नी हूँ, वह मुझसे बड़ा है मैं उससे छोटी अर्थात् उसकी अंश हूँ, परमात्मा मेरा चरखा और मैं शुद्ध पिउनी हूँ'–इस प्रकार अपने को ईश्वर की पत्नी मानने वाले भक्त हरि का नाम लेकर नाम का सूत कातते हैं। छः मास तक नाम-जप तथा एक वर्ष के भजन से दर्शन होते हैं। ऐसे भक्तों को देखकर लोग कहते हैं बेचारी ने नाम जप का अच्छा सूत काता परन्तु यह परमात्मा रूपी चरखा मुक्ति का दाता नहीं हो सकता क्योंकि यह तो जगत के प्रपंच का कारण है। अपने चेतन स्वरूप से अलग हरि की कल्पना ही एक ठग-विद्या है। स्वतन्त्र जीवन-अस्तित्व को किसी कल्पित ईश्वर

के अधीन बताना भूल-भुलैया है। सखी-पन्थ की लीला इसी तथाकथित भक्ति के नाम पर चलती है—हिन्दू ईश्वर को अपना पति मानता है और मुसलमान ईश्वर को पत्नी। सखी-पन्थ के मानने वाले लोग पुरुष होकर, स्त्री-वेश धारण करते हैं। कबीर ज्ञान से मीमांसा करते हैं। वे ज्ञानी सन्त हैं भावुकता में आँख बन्द किये भक्त नहीं। अतः उनको इस प्रकार के आडम्बर का प्रवक्ता बताना उनकी प्रकृति के निहायत विरुद्ध है। वे आखिर में 'चरखा न होय मुक्ति कै दाता' कहकर उस परम्परा की हवा ही निकाल देते हैं।

जीवन में सद्वृत्तियों को बढ़ाने के लिए झूठ, नशा, व्यभिचार, चोरी, तथा हिंसा की दुर्वृत्तियों को त्यागने के लिए वे तरह-तरह से समझाते हैं—

भाँग, तमाखू, छूतरा, पर-निंदा, पर-नार
कहै कबीर इनको तजै तब पावै दीदार[19]

वे शील-पालन में ही सामाजिक-न्याय की सम्भावना देखते हैं।

कबीर की रचना बीजक एक सम्पूर्ण जीवन-वाणी है। यह हर आशंका का समाधान है, मनुष्य-जीवन के सच्चे दर्शन का भाष्य है तथा उस दर्शन की सच्ची कसौटी इसमें भी मौजूद है। यहाँ हर नैराश्य के लिए ज्ञान की ज्योति है जहाँ से भटके हुए पथिकों का मार्ग-दर्शन होता है। नाना मत-मतान्तरों के अध्ययन-मनन, चर्चा-परिचर्चा एवं ज्ञानी-जनों की सत्संगति के मन्थन से दुःखों के शमन का जो मूल मन्त्र निःसृत हुआ है, वही बीजक का साहित्य है। कबीर साहेब कहते हैं—

सूने घर का पाहुना मन बौरा हो / ज्यों आवे त्यों जाय मन बौरा हो
नहाने को तीरथ घना मन बौरा हो / पुजबे को बहुदेव मन बौरा हो
बिनु पानी नर बूड़हि मन बौरा हो / तुम टेकेउ राम जहाज मन बौरा हो[20]

यह शरीर तो सूने घर की तरह है जिसमें प्राणवायु (स्वांस) जिस तरह आती है उसी प्रकार वापस चली जाती है। इसलिए हे पागल मन! तू इस सत्य को समझ ले तो ही कल्याण है। तुमने तो अनेक तीर्थों और अनेक देवताओं की पूजा का विधान करके बिना पानी के ही डूब मरने की व्यवस्था कर ली है अर्थात् तुम्हें दुःखों के सागर में डूबने के लिए किसी और चीज़ की ज़रूरत नहीं है। अच्छा होता कि तुम इससे उबरने के लिए राम-जहाज (आतमराम अर्थात् स्वयं को जानने) का टेक (सहारा) लेते। उसमें रमे रह कर सूने घर के इस पाहुँना (स्वाँस) की ही देख-रेख में लगे रहो। तुम्हें बचाने वाला—उबारने वाला—कोई बाहर से नहीं आयेगा। अर्थात् हे बावले मन! यदि सूने घर में मेहमान आये तो बिना आदर पाये लौट जायेगा अर्थात् जैसे आया वैसे ही लौट जायेगा। तुमने तो शरीर में आती-जाती प्राणवायु अर्थात् स्वांस की उपस्थिति का संज्ञान न लेकर उसको

सम्मान नहीं दिया। ऐसे में वह तो ख़बर किये बिना ही लौट जायेगी। यदि इसका आदर करोगे तो शायद कुछ वक़्त तक तुम्हारे साथ रहे। इसलिए इसी का ध्यान रखो, ध्यान करो। तीर्थ और देवपूजा के आडम्बर से मुक्त हो जाओ। यही सुख का एकमात्र साधन है। तुमने सच्ची भक्ति के बिना इन स्थानों को सूना ही रखा है जिसके बिना तुम बिना बाहरी पानी के अर्थात् बिना बाहरी आपत्तियों के खुद ही अज्ञान के अन्धकार में डूबे जा रहे हो। ऐ बावले! सच्ची भक्ति सच्चे विचार के जहाज का सहारा ले तभी यह जीवन नौका सकुशल पार लगेगी।

ब्राह्मणवाद-निवारक जड़ी-बूटी की पहचान कराते कबीर

कबीर समाज में व्याप्त जातिवादी और ब्राह्मणवादी शोषक व्यवस्था के विरुद्ध पूरी तरह मुखर हैं–

जाके पाँव जगत उठि लागे, सो ब्राह्मन जीव बद्ध करै
आपन ऊँच, नीच घर भोजन, हीन कर्म, हठि ओद्र भरे
ग्रहण-अमावस ढुकि-ढुकि माँगै, कर दीपक लिए कूप परै
एकादशी बरत नहिं जानै, भूत-प्रेत हठि हृदय धरै
तजि कपूर, गाँठि बिख बाँधै, ज्ञान गँवाय मुग्ध फिरै
छीजै साहु, चोर प्रतिपालै, सन्त जना की कूटि करै
कहहिं कबीर जिभ्या के लम्पट, यहि विधि प्राणी नरक परै[21]

इस प्रकार वे धर्म के नाम पर फैलाए गये सामाजिक एवं संगठित ठग-तन्त्र को सबके सामने नंगा कर देते हैं।

कबीर व्यावहारिक जीवन में पग-पग पर मिलने वाले सामाजिक कदाचार और वंचक प्रवृत्ति से लोगों को ख़बरदार करते चलते हैं–

कबीर बाभन की कथा, सो चोरन की नाव
सब अन्धै मिलि बैठिया, भावै तहाँ लै जाव[22]

अर्थात् यह ब्राह्मण द्वारा कही जाने वाली तथाकथित ईश्वर-कथा चोरों द्वारा प्रायोजित और खेई जा रही ऐसी नाव है जिसमें सभी अन्धे ही बैठे हैं तथा जहाँ जी चाहे वहाँ ले जाई जा सकती है। दूसरे शब्दों में इसका चोरी के सिवाए कोई और गन्तव्य स्थान नहीं हो सकता। कबीर दूसरे पहलू को भी चिह्नित करते हुए कहते हैं कि–

आँधर आप आँधर दस गोहने, जग में गुरु कहावै
मूल महल की खबर न जानै, औरन को भरमावै
पढ़ा गुना जो पंडित भूला, वाको को समझावै[23]

यह पढ़ा-गुना ब्राह्मण तो खुद अन्धा होकर अन्धों का ही गुरु कहलाने में लगा है जिसे मूल का कुछ पता नहीं है। वह सबको भ्रम में डाले हुए कहते हैं—

मन मैला तन ऊजरा, बगुला कपटी अंग
तासों तो कौवा भला, तन मन एक ही अंग[24]

वे दोहरा चरित्र अपनाने के लिए खरी-खोटी सुनाते हुए कहते हैं कि कपटी, सफ़ेद बगुले से कौआ ही अच्छा है जिसका रूप और कर्म भ्रामक नहीं है।

निगुरा ब्राह्मण नहिं भला, गुरुमुख भला चमार
देवतन से कुत्ता भला, नित उठ भूकै द्वार[25]

कबीर बड़ी सादगी किन्तु बड़ी हिम्मत के साथ मिथ्या देवी-देवताओं की पूजा को धिक्कारते हुए उनकी निःसारता को इंगित करते हैं। बिना गुण वाले उच्च वर्णीय ब्राह्मण से तो सच्चे गुरु के ज्ञान का साधक निम्न वर्णीय चमार ही श्रेष्ठ है। गुणों का महत्त्व है, वर्ण का नहीं। पूरे इतिहास में जातिवाद को ऐसी खुली चुनौती देने वाले विरले हैं। झूठों को सार्वजनिक रूप से निन्दित करते कबीर एक समर्थ क्रान्ति-दूत की तरह दहाड़ते नज़र आते हैं।

वे वेदों, शास्त्रों को जीवन में किसी काम का नहीं मानते—

पढ़ै वेद और करैं बड़ाई, संशय गाँठ अजहुँ नहिं जाई
पढ़ै वेद जीव वध करई, मुड़ि काट अगमन के धरई

या फिर "पंडित भूले पढ़ि-गुनि वेदा, आप अपनु पौ जानु न भेदा"[26] तथा "अजामेध गोमेध जग, अश्वमेध-नरमेध/कहै कबीर अधर्म को, धर्म बतावै वेद"[27] जिन वेदों की प्रशंसा और बड़ाई की ओट में एक पूरी संस्कृति अपनी हिंसक वृत्ति का पोषण करती आ रही है उसकी झूठी बकवास को कबीर साफ़ शब्दों में सबके सामने रखते हैं तथा सत्य-बोध कराते हैं। फिर भी उनके कथन का मज़ाक बनाती एक संस्कृति लगातार उनकी आवाज़ को अपने अनर्गल प्रलाप के अट्टहास में दबा देना चाहती है। कबीर ने हिंसापूर्ण किसी भी पूजा आराधना को निष्प्रयोज्य बताया है।—"जो देवता को जीव चढ़ावै, सो देवता निर्जीव"[28] या फिर—"धर्म करै जहाँ जीवन बधतु है, अकरम करै मोरे भाई/जो तोहरा के बाभन कहियै, तो काको कहिये कसाई"[29] यही नहीं बल्कि वे उन तमाम पीर-औलिया और मज़ारों पर सिजदे करते लोगों को सचेत करते हैं कि करुणा-विहीन होकर कोई भी पीर-पैगम्बर सिजदे के योग्य नहीं है बल्कि जो पराई पीड़ा को नहीं समझता वह तो केवल करुणाहीन काफ़िर है।—

कबीर तेई पीर है, जे जाने पर पीर
जे पर पीर न जानयी ते काफ़िर बे-पीर[30]

वे ज्ञानहीन ब्राह्मण को मसखरा कहकर उसके उपेक्षा की सलाह देते हैं क्योंकि वह तो अज्ञान के कारण अपने पूरे परिवार के साथ अधोगति को प्राप्त होने वाला है। अतः उसके साथ उसका यजमान भी उसी गति को प्राप्त होगा–

कलि का ब्राह्मण मसखरा, ताहि न दीजै दान
कुटुम्ब सहित नरकै चलै, साथ लिए जजमान[31]

या फिर यह कि–

बाभन गुरु है जगत का सन्तन को गुरु नाहिं
अरुझि-परुझि के मरि गयै, चारों वेदौं माहिं[32]

बीजक में कबीर छुआछूत पर कुठाराघात करते हुए कहते हैं–

पाँड़ें बूझि पियहु तुम पानी
जेहि मटिया के घर में बैठे तामे सृष्टि समानी
मच्छ-कच्छ घरियार बियाने रुधिर नीर जल भरिया
नदिया नीर नरक बनि आवै पशु मानुस सब सरिया
वेद कितेब छाँड़ि देहु पाँडे, ई सब मन का भरमा
कहहिं कबीर सुनो हो पाँड़े, ई सब तुम्हरे करमा[33]

हे पंडित! तुम जाति पूछकर किसी के हाथ का पानी पीने या न पीने का निर्णय करते हो! ज़रा विचार करो कि जिस मिट्टी के घर में अर्थात् शरीर में तुम्हारा निवास है उस मिट्टी में तो सारी सृष्टि समाहित है, उसी मिट्टी में तो सारे मरने वाले मिले हुए हैं, सड़कर मिट्टी हुए हैं। कछुवे, मछलियाँ, घड़ियाल उसी नदी में प्रजनन करते हैं, उनका रुधिर और गन्दगी पानी में मिलती है जिस पानी पर सारी सृष्टि ज़िन्दा है। ये वर्ण तथा जाति में बाँटने वाले वेद-किताबों ने तुम्हें भ्रम में डाल रखा है। इनका पक्ष छोड़कर तनिक स्वतन्त्र विचार करो। जाति-वर्ण की मिथ्या कल्पना तुम्हारा मानसिक सृजन है। इस व्यवस्था के लिए तुम ही ज़िम्मेदार हो। यह सब तुम्हारी ही करतूतें हैं।

कबीर की मानवतावादी सोच किसी संकुचित धर्म, जाति, सम्प्रदाय या कुल-गौरव की मर्यादा से नहीं बँधती है बल्कि वह इन संकीर्ण विचारों को कठिन चुनौती देती हुई उन्हें तर्क के आधार पर ख़ारिज करती है। कबीर सामाजिक विद्रूपों से क्षुब्ध होकर उसके ज़िम्मेदार परम्परावादियों को कठोर शब्दों में खरी-खोटी सुनाते हैं लेकिन इस उद्देश्य से नहीं कि किसी की मानवोचित मर्यादा को ठेस पहुँचे बल्कि वे उस मर्यादा को बचाने के लिए ही उपालम्भ देते हैं। वे समतावादी-न्यायवादी व्यवस्था को बहाल करने के लिए ही ज्ञान के अवरोधक लोगों का मन-परिवर्तन करने की अपील करते हैं। कबीर वर्णवादी-जातिवादी-समाजविरोधी उन तत्वों

की पहचान पूरे प्रामाणिकता के साथ सामने लाते हैं जिसने आदमी-आदमी के बीच खाईं बढ़ाने का ही काम किया है। वे उन प्रच्छन्न शक्तियों की प्रवृत्ति का ज़िक्र सबके सामने करते हैं, ताकि उसके शिकार होने वाले लोगों को सचेत किया जा सके ताकि वे अपने बचाव का उपाय करते हुए अपनी प्रगति और सुख की राह को खुद तलाश कर सकें। कबीर व्यक्ति की स्वतन्त्रता को उच्छृंखलता की हद तक लाने के पक्षधर नहीं हैं। वे गुलामी के चक्रव्यूह में क़ैद रखने वाले मार्ग के आलोचक हैं। किन्तु वे श्रम और उत्पादक शक्ति के प्रशंसक और उन्नायक हैं। वे कामचोर-परजीवी-पुरोहिताई संस्कृति के पाखण्डी चरित्र के विरुद्ध हैं तथा मेहनतकश ईमानदार परम्परा के पूर्ण पक्षधर हैं। कबीर हर क़दम पर शोषण और छल-कपटपूर्ण व्यवहार के कटु निन्दक हैं। वे उसका पर्दाफ़ाश करने में कोई मुरौव्वत नहीं करते। कबीर भगवान बुद्ध के मध्यम-मार्ग तथा तर्क आधारित लोक-कल्याणकारी वैचारिक परिवर्तन द्वारा सामाजिक परिवर्तन के पैरोकार हैं। वे हर विचार को परख की कसौटी पर कसते रहने का आदर्श प्रस्तुत करते हैं। वे सुनी-सुनाई वेद-पुराण या तथाकथित पवित्र किताबों में लिखी बातों पर भरोसा करते हुए धोखा खाने से बचने का सूत्र बताते हैं जिसके सहारे मंगल-अमंगल तथा करणीय-अकरणीय का फ़ैसला किया जा सके।

कबीर मन की सरलता, मन की सच्चाई, मन की निर्मलता, मन की निश्चलता, मन की कोमलता और मन की वत्सलता को उसके मूल रूप में बरक़रार रखने पर ज़ोर देते हैं जिससे बाहरी जगत के प्रति चंचलता, चपलता, विह्वलता और संलिप्तिता समाप्त हो सके। कबीर मानवमात्र के प्रति करुणा, दया और मैत्री के पक्षधर हैं, वे मानवता के सजग प्रहरी हैं। मानवता से बढ़कर कोई ईश्वर, कोई भगवान, कोई खुदा, कोई पैगम्बर नहीं है। कबीर का तर्क आधारित पारख दर्शन विश्व के लिए नया शान्ति-पथ प्रशस्त करता है। वह आज के समय के लिए प्रासंगिक है कल प्रासंगिक था और आने वाले कल को भी प्रासंगिक रहेगा। इस पर अमल करके कबीर के मानव कल्याणकारी कार्यों को व्यावहारिक रूप देने की आवश्यकता है। कबीर का मत एक जाति, एक क़ौम या एक सम्प्रदाय के लिए नहीं वरन पूरी मानवता के लिए है। कबीर-पन्थ मुक्ति-दायी पन्थ है जहाँ दुनिया के दुःखों से छूटने, 'मैं' 'तू' 'मेरा' 'तेरा' के झगड़े से छूटने का सहज मार्ग सुलभ है। कबीर दर्शन आत्मीय चेतना का मार्ग बताता है किन्तु सामाजिक चेतना से बेसुध होकर नहीं। वह जागृत करता है तो जीवन के हर क्षेत्र में ज्ञान का दीप जलाकर राह दिखाता है। वास्तव में कबीर किसी व्यक्ति या पन्थ का नाम नहीं है, वह एक आन्दोलन का नाम है जिसकी आज अधिक ज़रूरत है।

सन्दर्भ-सूची

1. कबीर दर्शन, लेखक अभिलाष दास, कबीर पारख संस्थान, प्रीतम नगर, सुलेमसराय, इलाहाबाद-211001, पृष्ठ 506-508
2. वही - पृष्ठ 495
3. वही - पृष्ठ 520-521
4. वही - पृष्ठ 528-529
5. बीजक साखी 246, सम्पादक आचार्य महन्त गंगा शरण शास्त्री, कबीर वाणी प्रकाशन केन्द्र, सी 23/5, कबीर चौरा मठ, मूलगादी, वाराणसी-221001, पृष्ठ 293
6. कबीर दर्शन, लेखक अभिलाष दास, कबीर पारख संस्थान, प्रीतम नगर, सुलेमसराय, इलाहाबाद-211001, पृष्ठ 34
7. कबीर भजनावली, कबीर पारख संस्थान, प्रीतम नगर, सुलेमसराय, इलाहाबाद-211001, पृष्ठ 87
8. सम्पादक आचार्य महन्त गंगा शरण शास्त्री, कबीर वाणी प्रकाशन केन्द्र, सी 23/5, कबीर चौरा मठ, मूलगादी, वाराणसी-221001, बीजक बेइलि 02, पृष्ठ 230
9. वही- बीजक साखी 128, पृष्ठ 267
10. वही- पृष्ठ 7, बीजक रमैनी साखी 7
11. वही - पृष्ठ 173, बीजक रमैनी सबद 109
13. वही - पृष्ठ 142, बीजक सबद 75
14. वही- पृष्ठ 170, बीजक रमैनी सबद 105
15. वही - पृष्ठ 72-73, बीजक रमैनी सबद 04
16. वही- पृष्ठ 7, बीजक रमैनी 7
17. वही- पृष्ठ 30, बीजक रमैनी साखी 33
18. वही- पृष्ठ 106, बीजक रमैनी सबद 35
19. कबीर साखी, कबीर पारख संस्थान, प्रीतम नगर इलाहाबाद, पृष्ठ 130
20. सम्पादक आचार्य महन्त गंगा शरण शास्त्री, कबीर वाणी प्रकाशन केन्द्र, सी 23/5, कबीर चौरा मठ, मूलगादी, वाराणसी-221001, पृष्ठ 226-227, बीजक चाचर 2
21. वही - पृष्ठ 88, बीजक रमैनी सबद 17
22. कबीर साखी, कबीर पारख संस्थान, प्रीतम नगर इलाहाबाद, पृष्ठ 103
23. कबीर भजनावली 2, कबीर पारख संस्थान, प्रीतम नगर इलाहाबाद, पृष्ठ 202
24. कबीर साखी, कबीर पारख संस्थान, प्रीतम नगर इलाहाबाद, पृष्ठ 29
25. वही - पृष्ठ 17
26. सम्पादक आचार्य महन्त गंगा शरण शास्त्री, कबीर वाणी प्रकाशन केन्द्र, सी 23/5, कबीर चौरा मठ, मूलगादी, वाराणसी-221001, क्रमशः पृष्ठ 28 एवं 30/31, बीजक रमैनी 31 तथा 35
27. कबीर साखी, कबीर पारख संस्थान, प्रीतम नगर इलाहाबाद, पृष्ठ 128

28. वही - पृष्ठ 122
29. बीजक रमैनी सबद 46, सम्पादक आचार्य महन्त गंगा शरण शास्त्री, कबीर वाणी प्रकाशन केन्द्र, सी 23/5, कबीर चौरा मठ, मूलगादी, वाराणसी-221001, पृष्ठ 115
30. कबीर साखी, कबीर पारख संस्थान, प्रीतम नगर इलाहाबाद, पृष्ठ 128
31. वही - पृष्ठ 104
32. वही -
33. सम्पादक आचार्य महन्त गंगा शरण शास्त्री, कबीर वाणी प्रकाशन केन्द्र, सी 23/5, बीर चौरा मठ, मूलगादी, वाराणसी-221001, पृष्ठ 118, बीजक सबद 47

अध्याय-13

समान शिक्षा के ज़रिए सामाजिक न्याय

सामाजिक न्याय की अवधारणा प्रत्येक नागरिक के लिए जाति-वंश-रंग या लिंग भेद के पूर्वाग्रह से मुक्त त्वरित और उत्कृष्ट न्याय देने की अवधारणा ही है जहाँ पर दण्ड या पुरस्कार व्यक्ति के गुण-दोष के आधार पर निर्धारित होते हैं न कि उसके जन्मगत जाति-वंश-स्थान-रंग इत्यादि से प्रेरित होकर। भारतीय-सामाजिक ताने-बाने में सदियों से वर्ण-व्यवस्था-उद्भूत भेद-भाव ने मनुष्यता के पैमाने पर मनुष्य की पहचान को ही नकार रखा है। फलतः यहाँ का हर कार्य-व्यापार उसी नज़रिए से देखा-परखा और आँका जाता है। जन्मना गुण-दोष की पूर्वाग्रही मनोनीत परिभाषा ने कर्मणा-गुण-दोष को गुलाम बना रखा है। जन्मना उत्कृष्ट के लिए कर्म की उत्कृष्टता हेतु प्रेरक-तत्व बेमानी हैं। साथ ही साथ जन्मना निकृष्ट के जीवन में उत्कृष्ट कार्य का उपयुक्त पारिश्रमिक, मानदेय या पारितोषिक नहीं मिलने के कारण उसके ज़हन में नकारात्मक अवरोधक तत्व मौजूद होते

हैं। दोनों ही स्तर पर उत्कृष्टता हासिल करने की स्पर्धात्मक ललक की कमी ने सम्पूर्ण सामाजिक जीवन की विकासोन्मुख गति में बाधा खड़ी की है। यह किसी भी राष्ट्र की प्रगति के लिए सर्वथा प्रतिकूल है। इन्हीं नकारात्मक विकृतियों ने एक स्वस्थ भारतीय समाज की उन्नति में लगातार उदासीनता के विष-बीज बोये हैं। इसी कारण विश्व की प्राचीनतम सभ्यताओं में अपना उन्नत स्थान गिनाने और दुनिया का पथ-प्रदर्शक बनने के हमारे दम्भ ने विश्व-समुदाय के सामने हमारी पोल खोल कर फ़ज़ीहत ही कराई है। बँटे हुए समाज का खण्डित विश्वास, बिखरी आस्था और एक-दूसरे के लिए घृणा और प्रतिकार के भाव व्यक्ति, समाज, देश और राष्ट्र सबके लिए अलाभकारी और दुःखदायी होते हैं। सामाजिक न्याय के बिना कोई भी जन-समूह एक राष्ट्र का निर्माण कैसे कर सकता है?

इसी परिप्रेक्ष्य में सामाजिक न्याय के विभिन्न कारकों, उसके अवरोधों और उसके निवारक उपायों को चिह्नित करके सही दिशा में बढ़ने की ज़रूरत है। आदमी की मूलभूत आवश्यकताओं की पूर्ति के लिए परमुखापेक्षी होने के बजाय अपने सम्मान और अस्तित्व के रक्षार्थ जो कारगर उपाय हैं, उनमें शिक्षा की महत्त्वपूर्ण और निर्णायक भूमिका है। शिक्षा के ज़रिए समस्याओं के स्थायी समाधान की सम्भावनाओं और उस पर अमल के व्यावहारिक पक्ष पर गम्भीरता से विचार किया जाना चाहिए। वर्तमान में तो शिक्षा को पीछे छोड़ कर रोज़ी-रोटी और धन-सम्पन्नता की लड़ाई को अहम बना देने की संस्कृति का बोल-बाला है। यह समस्या फ़ौरी तौर पर हल्की तथा गौण दिखाई जा रही है किन्तु इससे सदियों से अभिशप्त मनुष्यता स्वयं को पिंजरे से निकालने की छटपटाहट, प्रयास और जिजीविषा के उद्वेग ठण्डे पड़ जायेंगे। इसीलिए आज सामाजिक न्याय के लिए शिक्षा की तरफ़ मज़बूत और सजग क़दम बढ़ाने की ज़रूरत आन पड़ी है। विशेष रूप से दलितों-वंचितों के लिए वर्तमान शिक्षा प्रणाली की उपादेयता और उसकी प्रासंगिकता के बरअक्स उसमें आमूल परिवर्तन की ज़रूरतों की पड़ताल ज़रूरी है।

भारतीय ऐतिहासिक पृष्ठभूमि में प्रभु वर्ग द्वारा दास वर्ग को शिक्षा से वंचित रखने की नियोजित परम्परा, निहित स्वार्थों की पराकाष्ठा तक रही है। वर्णाश्रम आधारित शिक्षा के ऐतिहासिक प्रतिबन्ध और सीमित प्रसार ने भारत में सामाजिक असामनता की नींव को पुख़्ता बनाने का काम ही किया है। इस परम्परा से अलग सबके लिए शिक्षा को काग़ज़ी क़ानूनी दर्जा देकर इस पर उठने वाले सभी तर्कसंगत सवालों का मुँह बन्द कर दिया गया। शिक्षा की पुरानी विरासत में आमूल परिवर्तन कर सर्वशिक्षा अभियान को व्यावहारिक धरातल पर उतारा जाना था। शिक्षा में समान अवसरों के ज़रिए सामाजिक समरसता की प्रतिस्थापना,

एवं सामाजिक ग़ैरबराबरी को समाप्त करना ही आज़ाद हिन्दुस्तान के भविष्य की योजनाएँ थीं। इस उद्देश्य की पूर्ति के लिए हमने अपने संविधान में चौदह वर्ष तक की आयु के बच्चों को अनिवार्य और मुफ़्त शिक्षा का प्रावधान किया किन्तु आज़ादी के 60 वर्षों के बाद भी ज़मीनी हक़ीक़त कुछ और ही है। शिक्षा जैसी बुनियादी आवश्यकता के प्रति सरकारों का रुख दोयम दर्जे के व्यवहार का रहा है। फलतः देश में हरित-क्रान्ति जैसे प्रगतिशील अभियानों के सफल होने के बावजूद देश की 80 प्रतिशत जनता के लिए प्रगति के आन्तरिक पृष्ठ आज भी पूरी तरह नहीं खुले हैं। आज आम आदमी रोज़ी-रोटी के लिए ज़्यादा चिन्तित है।

भारत की ऐतिहासिक और पारम्परिक विरासत के मद्देनज़र शिक्षा की पहुँच सीमित व्यक्तियों और समुदायों तक ही रही है। पुराने समय से ही शिल्पी, कारीगर, मज़दूर और अन्य तकनीकी व्यवसायी भी अपने काम को न तो किसी संस्थागत प्रशिक्षण केन्द्र में सीखते थे, न ही ऐसी कोई व्यवस्था थी। वर्णाश्रम धर्म के तहत वे अपने पुश्तैनी शिल्प या कारीगरी को अपने बाप-दादों से ही सीखते आये हैं। ऐसे में इन व्यवसायों में कोई तकनीकी अन्वेषण या किसी भारी शोध की गुंजाइश लेश मात्र भी नहीं रही। परिणामतः हमारे व्यवसाय व्यक्ति, परिवार या अधिक से अधिक अल्प समुदाय तक केन्द्रित रह गये। उद्योग का दर्जा नहीं मिलने से उत्पादन और खपत में भारी अन्तर बना रहा। जिसके लिए कारीगरों और मज़दूरों को असामान्य श्रम करते हुए ज़िन्दगी गुजारनी पड़ी। प्रभु वर्ग ने इसके लिए उन्हें मजबूर भी किया- वह भी बिना किसी अतिरिक्त और वाज़िब पारिश्रमिक भुगतान के। ऐसे में शिल्प और कारीगरी का स्वस्थ विकास अवरुद्ध रहा। अकादमिक शिक्षा और बुद्धि-विलास के बूते कुछ समुदायों ने श्रमिक वर्ग का शोषण और दोहन किया तथा सामान्य जन को किसी औपचारिक बौद्धिक शिक्षा से दूर रखा। ऐसी परम्परा को तोड़ने वाली शिक्षा-नीति को लागू करने में कई व्यावहारिक कठिनाइयाँ आड़े आयीं हैं। इस शिक्षा को भी साक्षरता तक पहुँचा कर हम कर्तव्यों की इतिश्री करना चाहते हैं। कम-से-कम वर्तमान रीति-नीति से ऐसी ही बू आ रही है। साक्षर बनाने और उच्च शिक्षा में जो अन्तर है, वह प्राचीन शिक्षा और अशिक्षा के अन्तर से कम नहीं है, वरन् विकराल है। आधुनिक विकास और सामाजिक न्याय के लिए अपेक्षित परिवर्तन में ऐसी अनियंत्रित शिक्षानीति की प्रतिगामी भूमिका को नज़रअन्दाज़ नहीं किया जा सकता।

आज सामाजिक न्याय और सामाजिक परिवर्तन जैसे जुमले राजनीतिक हल्कों के तकिया कलाम बन गये हैं। इसी न्याय और परिवर्तन के ज़रिए हमें वास्तविक समाजवाद का सपना दिखाया जा रहा है। बताया जा रहा है कि वहाँ

बिना किसी भेदभाव के सबके लिए शिक्षा, रोज़गार और जीने के समान अवसर उपलब्ध होंगे। सरकार द्वारा सड़कें व पुल बनाकर, अस्पताल और स्कूल खोलकर ऐसे परिवर्तन करने की योजना बताई जाती है। सच है कि सड़क-पुल, गाँव के लोगों को सुविधा सम्पन्न शहरों से जोड़ेंगे तथा अस्पताल और स्कूल क्रमशः स्वास्थ्य और शिक्षा मुहैया कराएँगे। किन्तु क्या इस के ज़रिए ग़ैरबराबरी को शह देते हुए समाजवाद का रास्ता निष्कंटक हो पायेगा। इस बात पर विचार करने के लिए हमें स्वास्थ्य और शिक्षा जैसे मसलों पर आज की परिस्थिति में विचार करना होगा जिसका आम जनता की प्रगति पर सीधा असर पड़ता है। गाँव में अस्पताल के नाम पर प्राथमिक स्वास्थ्य केन्द्र खोले गये हैं जहाँ पर डॉक्टरों की प्रायः अनुपस्थिति, बिजली की कमी तथा आधुनिक चिकित्सा उपकरणों का अभाव सर्वविदित है। ऐसे में ग्रामीण जनता की स्वास्थ्य-सुविधाओं की तुलना शहरी आबादी के अपेक्षया साधन सम्पन्न लोगों की स्वास्थ्य-सुविधाओं से करें तो ग़ैरबराबरी को ध्वस्त करने का काग़ज़ी संकल्प मुँह चिढ़ाता नज़र आता है। यह आम आदमी को दिलासा दिलाने का साधन तो हो सकता है किन्तु आम आदमी को ज़रूरी सुविधाएँ दिलाने वाला नहीं हो सकता। लोगों का तर्क है कि 'जहाँ कुछ नहीं था वहाँ कुछ तो हो रहा है' आदि-आदि। किन्तु ऐसे ही तर्क तो सामाजिक ग़ैरबराबरी को ज़िन्दा रखने के लिए अजेय अस्त्र हैं। ग्रामीण क्षेत्रों में स्थापित इन स्वास्थ्य केन्द्रों पर उपलब्ध थोड़ी बहुत सुविधाओं का भी अधिकाधिक लाभ वहाँ के किन वर्गों तक पहुँचता है यह भी छिपा नहीं रह गया है। ऐसे में जातीय कुलीन और बाहुबली ही इसका फ़ायदा उठा पाते हैं। जो लोग अकुलीन हैं, वे आज की दुनिया से पाँच हज़ार साल पहले की प्राचीन सभ्यता में पशुवत जीवन बिताने के लिए अभिशप्त हैं। स्वास्थ्य की ऐसी व्यवस्था पर सरकारें असहाय-सी नज़र आती हैं। यह स्वास्थ्य सुविधाओं के कई मानकों का खुला चिट्ठा है जहाँ समाजवाद का सपना दम तोड़ रहा है।

कमोबेश यही हालत शिक्षा की भी है। शिक्षा के निजीकरण में खुली छूट होने के कारण इसके बहुस्तरीय परिचलान का आकलन सामान्य जन के लिए शायद कठिन है। सर्वविदित है कि शिक्षा के बिना विकास का कोई भी क़दम कारगर नहीं हो सकता। इस तथ्य को स्वीकार करने के बावजूद भी सरकारें इस तरफ़ से आँखें मूँदे दिखाई देती हैं। शिक्षा जैसे महत्त्वपूर्ण क्षेत्र के लिए बजट का रोना, सरकार की अकर्मण्यता तथा क्षीण इच्छा-शक्ति का द्योतक है। राज्य सरकारों की इच्छा पर प्राइमरी शिक्षा का भार सौंप कर समाजवाद की मुनादी पीटना भ्रामक और फ़रेब भरा है। वर्तमान शिक्षा-पद्धति में सरकारी जिला-परिषद या

नगर-परिषद के प्राइमरी या सेकेण्डरी विद्यालय ही सामाजिक परिवर्तन के घोषित ध्वजवाहक प्रतीत होते हैं। कम से कम सरकारें तो यही कहती हैं कि उन्होंने अपना कर्तव्य पूरा कर दिया है। इन विद्यालयों की ख़स्ता हालत पर नज़र डालें तो तस्वीर साफ हो जायेगी। छह-छह कक्षाओं को पढ़ाने के लिए केवल एक अध्यापक की व्यवस्था से बच्चों की चरवाही भी नहीं हो पाती पढ़ाई तो दूर की बात है। स्कूलों में शिक्षकों की वास्तविक कमी या प्रायोजित कमी दोनों ही कारण हो सकते हैं। प्रायोजित कमी अध्यापकों की सवैतनिक ग़ैरहाजिरी के कारण है जिसके अन्तर्गत अध्यापक सप्ताह में एक दिन के लिए क्रमबद्ध रूप से स्कूल में अपनी बारी आने पर जाता है। स्कूल में पर्याप्त और समुचित कमरों की व्यवस्था भी नहीं है। पीने का पानी तथा पठन-पाठन सामग्री की कमी साधनहीन ग्रामीण बच्चों की आदत में शामिल हो गया है। ज़मीन पर बिना बेंच या टाट-पट्टी के बैठना इन बच्चों की परम्परागत पढ़ाई का अंग है। इसके मुक़ाबले कई आधुनिक सुविधाओं से लैस कान्वेट और पब्लिक स्कूलों में पढ़ने वाले बच्चों से इनका मुक़ाबला हास्यास्पद और फ़ज़ीहत कराने वाला है। ग़ैरबराबरी की यह बुनियाद कैसा भविष्य बनाएगी? 'मिड डे मील' के ज़रिए ग़रीब बच्चों को स्कूल तक खींच लाने में सरकारी सहायता ज़रूर मिलेगी किन्तु इससे शिक्षा में ग़ैरबराबरी को मिटाना सम्भव नहीं। व्यवहारिक रूप में स्कूलों में शिक्षा को दरकिनार कर मिड-डे मील का खाना खिलाना प्राथमिक ड्यूटी बन गयी है।

यदि दलितों के 6 वर्ष से 14 वर्ष की आयु सीमा के छात्रों के स्कूल छोड़ने (या ड्राप आउट) का जायज़ा लें तो पता चलता है कि दलितों के बच्चों की सामान्य बच्चों से 16.6% अधिक संख्या बीच में पढ़ाई छोड़ देते हैं। (सीएजी रिपोर्ट 2005-06) कुल 83.7% इनरोल्ड बच्चों में से 59.8% बच्चे ही पाँचवीं कक्षा तक पहुँच पाते हैं। दलित बच्चों के अधिक 'ड्राप आउट रेट' के कारण इस आबादी का एक बड़ा हिस्सा प्राइमारी एजूकेशन से ही वंचित रह जाता है। इससे स्पष्ट है कि दलितों की कितनी बड़ी आबादी आज भी अशिक्षा के अन्धकार में डूबी है, जहाँ से उसे सारी दुनिया शून्य दिखाई देती है।

भारत के महालेखाकार ने अपनी वर्ष 2005-2006 की रिपोर्ट में दलितों के लिए आबंटित धन को कम ख़र्च किये जाने, उसके दुरुपयोग किये जाने और सही तरीक़े से ख़र्च न किये जाने तथा कार्यान्वयन में देर करने के लिए सरकार की आलोचना की है। कई एनजीओ दलितों को आबंटित धन के दुरुपयोग में दोषी पाये गये हैं किन्तु राज्य सरकारें इन काली सूची वाली संस्थाओं से रिकवरी नहीं कर पा रही हैं। कुल मिला कर सरकारी संसाधनों द्वारा भी दलित-शिक्षा का

यथोचित कार्य नहीं सम्पन्न हो पा रहा है, जबकि दलितों की अधिकतर आबादी धनाभाव के कारण सरकारी स्कूलों पर ही निर्भर है। समय से वजीफ़े न देने, बुक बैंक नहीं बनाने, तथा आश्रम-पद्धति विद्यालयों एवं छात्रवासों के निर्माण में देर के कारण धन का उपयोग नहीं हो पा रहा है। जो आश्रम पद्धति विद्यालय चल रहे हैं, वहाँ भी पढ़ाई के स्तर में गिरावट तथा बच्चों के खान-पान एवं रहन-सहन में गिरावट के कारण उनका उद्देश्य पूरा नहीं किया जा रहा है।

महानगरों, नगरों और क़स्बों में हैसियत के अनुसार स्थापित निजी विद्यालयों की संख्या और सुविधाओं का शुमार करना कठिन है। यहाँ ऊँची फीस के बदले बच्चों को बैठने के लिए बेंच और टेबुल उपलब्ध हैं। पानी पीने हेतु वाटर फिल्टर/कूलर की व्यवस्था है। हिन्दी/अंग्रेजी माध्यम के क़ाबिल अध्यापक हैं। अच्छी इमारतों में चलने वाले ये विद्यालय कम्प्यूटर शिक्षा, स्वीमिंग, घुड़सवारी, ड्राइविंग इत्यादि सुविधाओं से लैस हैं। इनमें अध्यापक अनुपस्थित होने का दुस्साहस नहीं कर सकते। पढ़ाई का स्तर स्पर्धात्मक तरीक़े से बेहतर बनाकर स्कूल की कमाई में इज़ाफा करना ही प्रबन्धकों का मुख्य लक्ष्य है। ऐसे विद्यालयों में मन्त्रियों, अधिकारियों, ज़मींदारों, पूँजीपतियों के बच्चों के अलावा क्या ग़रीबों-दलितों के बच्चे पढ़ते हैं या पढ़ सकते हैं, यह छिपा नहीं है।

इस प्रकार के निजी विद्यालयों की भी तमाम क़िस्में हैं। उनके अलग-अलग मानदण्ड और स्टैण्डर्ड हैं। ऐसे में ग्रामीण आबादी के नगर परिषद या बोर्ड के पढ़े बच्चे कहाँ टिकते हैं? यहाँ पठन-पाठन सामग्री की उपलब्धता तो दूर की बात है, एक तिहाई से अधिक सरकारी बेसिक प्राइमरी विद्यालयों के पास स्कूल की इमारत तक नहीं है। इस प्रकार की शिक्षा नीति और व्यवस्था के चलते हम किस प्रकार के समाजवाद का सपना साकार करेंगे? जहाँ पर मूलभूत शिक्षा में भारी असमानता हो, वहाँ पर रोज़गार के समान अवसर की बात बेमानी हैं। भिन्न स्तरों के ज़रिए निश्चित रूप से भिन्न-भिन्न हैसियत रखने वाले नागरिकों का निर्माण हो रहा है जो सोच, संस्कार और हौसले में एक स्तर के हो ही नहीं सकते। ऐसी शिक्षा से सभी नागरिकों के लिए रोज़गार के समान अवसर नहीं प्राप्त हो सकते। फलतः उनकी सामाजिक हैसियत में ग़ैरबराबरी बदस्तूर जारी रहेगी। शिक्षा की असमानता समाज में स्थायी असमानता पैदा करने वाली होती है जिसका निराकरण बिना सरकारी हस्तक्षेप के सम्भव नहीं लगता। निजीकरण के दौर में अर्थोपार्जन मुख्य उद्देश्य हो गया है। इसी के चलते समाज में भारी असमानता का नये सिरे से सूत्रपात हुआ है। यह असमानता पूँजीवादी बाज़ार के लिए माफ़िक है। इसके बारे में सोचने की किसी के पास फ़ुर्सत नहीं है।

मानवीय पक्षों पर सोचने से बाज़ार का नुकसान होने की सम्भावना रहती है। पूँजीवादी व्यवस्था कभी भी इसके ख़िलाफ़ खड़ी नहीं होगी। ऐसे में प्रश्न उठता है कि इन बाज़ारवादी ताक़तों से लड़ने की कुव्वत और हिम्मत किस के पास है? कौन इनका मुक़ाबला करे? और क्यों करे? इन प्रश्नों का स्पष्ट उत्तर न तो किसी के पास है और न ही इसका उत्तर खोजने के लिए तथाकथित समाजवादी समूह सक्रिय दिखाई देते हैं। ऐसे में समता-मूलक समाज की कल्पना कहाँ तक यथार्थ रूप लेगी, कहना कठिन है।

क़ानून के तहत सरकारी तन्त्र द्वारा ग़रीबों और कमज़ोर तबकों को; मुख्यतः सरकारी सेवाओं में, आरक्षण द्वारा कुछ लाभ देने की बातें यदा-कदा की जाती हैं जिनके विरोध और समर्थन के स्वर माहौल में यत्र-तत्र सनसनी घोल देते हैं। ग़ैरबराबरी पर आधारित शिक्षा-सुविधा और उस से बढ़ कर असमान सामाजिक हैसियत के मद्देनज़र ऐसा होना लाज़मी भी है। यथास्थितिवादी हमेशा यह तर्क देते हैं कि इस व्यवस्था से मेरिट का स्तर गिरता है तथा प्रतिभाओं को उनका हक़ हासिल नहीं होता। एक तरफ़ ऊँची फीस देकर निजी इंजीनियरिंग कॉलेजों, मेडिकल कॉलेजों, प्रबन्धन संस्थानों तथा अन्य उच्च शिक्षण संस्थानों में दाख़िला लिया जाता है और दूसरी ओर योग्यता एवं मेरिट का राग अलापा जाता है। ग़रीब आदमी के पास न तो ऊँची ट्यूशन फीस है न ही दाख़िले के लिए भारी रकम। इस व्यवस्था ने ग़रीब को और पीछे धकेल दिया है। शिक्षा में ग़ैरबराबरी के प्रश्न पर प्रायः निर्णायक चुप्पी ही रहती है। स्तरहीन विद्यालयों में दीन-हीन बना कर शिक्षा देना क्या प्रतिभाओं का ह्रास नहीं है? ऐसे प्रश्नों से दो-चार हुए बिना ही दलितों-पिछड़ों को मिलने वाली विशेष सुविधाओं की प्रासंगिकता और उपादेयता पर भ्रामक और भड़काऊ आख्यान दिये जाते हैं, और अपनी-अपनी तरह इसे ग़लत या सही क़रार दिया जाता है। खेती-बाड़ी, मेहनत-मज़दूरी, शिल्प और कारीगरी के माहौल में पले-बढ़े म्युनिसिपल या परिषद के निम्नस्तरीय विद्यालयों में शिक्षा पाये बच्चों से उनकी रोज़मर्रा की चीज़ों के बारे में सवाल पूछे बिना उनको बुद्धि-विलास के दुष्चक्र में फँसा कर अयोग्य क़रार कर दिया जाता है। दलित-पिछड़ी जनता की वंचना से अर्जित आर्थिक तरक़्क़ी पर ऐशो-आराम का जीवन जीने का उद्देश्य इन वितण्डों का निहितार्थ है। इसमें निजी क्षेत्रों का भी निहितार्थ है। पूँजीवादी लोग कभी किसी को ऐसी सुविधा नहीं देना चाहेंगे कि उनके नौकर का बच्चा उनका मालिक बन बैठे। ऐसे प्रश्नों का निपटारा शिक्षा के समान स्तर और समान अवसर द्वारा ही किया जा सकता है। इसमें सरकार की प्रतिबद्धता की बड़ी आवश्यकता होगी।

यही कारण है कि बाबा साहब डॉ. भीमराव अम्बेडकर ने शिक्षा, कृषि और बड़े उद्योग-धन्धों को सार्वजनिक क्षेत्रों के रूप में राष्ट्रीयकृत करने की सलाह दी ताकि सामाजिक-आर्थिक उत्थान के ये संसाधन आम आदमी की पहुँच से परे न रह जायें। इसी क्रम में निजीकरण द्वारा भयावह पूँजीवादी व्यवस्था के भेष बदलकर आने के प्रति लोगों को सचेत और सावधान किया गया है। शिक्षा का वर्तमान निजीकरण एक तरह से पुरानी सीमित लोगों तक पहुँचने वाली आश्रम पद्धति वैदिक/ब्राह्मणी शिक्षा का ही नया संस्करण है जहाँ ग़रीबों-दलितों के लिए पहले सामाजिक भेद-भाव के कारण अब धनाभाव के कारण शिक्षा में अघोषित निषेध दिखाई देता है।

यदि गाँवों, नगरों-महानगरों-क़स्बों, सब जगह एक ही स्तर के विद्यालय खोले जायें ताकि अमीरी-ग़रीबी, ऊँच-नीच से परे हट कर सभी बच्चों को अनिवार्य रूप से इन विद्यालयों में शिक्षा दी जाये तो कदाचित् निकट भविष्य में सामाजिक ग़ैरबराबरी को दूर करने का मार्ग प्रशस्त हो सकता है। समान शिक्षा के लिए सरकार को भारी धन ख़र्च करना पड़ सकता है। न केवल भवन तथा अन्य इनफ्रास्ट्रक्चर पर भारी व्यय होगा बल्कि शिक्षकों की भर्ती एवं प्रशिक्षण पर भी व्यय करना होगा। इससे भी बढ़ कर बच्चों को समान वातावरण देने के लिए उन्हें यूनीफॉर्म, किताबें तथा रहने-खाने की व्यवस्था करनी होगी किन्तु यह अनुत्पादक नहीं होगा। यहाँ दाख़िले के समय बच्चे का जाति-धर्म अनिवार्यतः नहीं लिखा जाये। ऐसी व्यवस्था ही शिक्षा के समान अवसर देने में सक्षम और मील का पत्थर साबित हो सकती है। इसके ज़रिए बहुत हद तक, ग़ैरबराबरी दूर करने में मदद मिलेगी। एक राष्ट्रीय पाठ्यक्रम और करिकुलम लागू करना इस प्रक्रिया की नितान्त आवश्यकता है। ऐसी व्यवस्था में शिक्षा का एक समान पाठ्यक्रम भी बच्चों में ग़ैरबराबरी की खाईं पाटेगा। इस प्रक्रिया में निजी स्कूलों तथा कोचिंग/निजी ट्यूशन सेन्टर बन्द करने से भी आर्थिक ग़ैरबराबरी के कारण शिक्षा में असमान अवसर समाप्त किये जा सकेंगे किन्तु यह एक जोखिम भरा काम है। सरकारें इसे अंजाम देने के लिए तत्पर दिखाई नहीं देतीं। स्कूली शिक्षा को पूर्णतः मुफ़्त और सबके लिए अनिवार्य बनाने सम्बन्धी क़ानून से प्रतिभाओं के पलायन या प्रतिभाओं के विनाश का रोना स्वतः समाप्त हो जायेगा। शिक्षा के लिए जब तक सरकार प्रतिबद्ध नहीं होती तब तक यह कार्य सम्भव नहीं है। शिक्षा जैसी बुनियादी महत्त्व की चीज़ को धनाभाव के कारण ग़ैरबराबरी का उत्प्रेरक नहीं बनने दिया जा सकता। सरकार का इस पर किया गया कितना भी भारी ख़र्च किसी भी दृष्टि से व्यर्थ नहीं जाने वाला है। शिक्षा की समानता और उच्च गुणवत्ता के ज़रिए ही प्रतिभाओं को उन्मुक्त प्रस्फुरण एवं विकास का मौक़ा मिल सकेगा जो उनके माँ-बाप की इच्छाओं-अनिच्छाओं के कारण दमित या विकसित

होने के बजाय उन छात्रों की अपनी इच्छा, उनकी मेहनत, लगन तथा उद्यमशीलता पर ज़्यादा निर्भर करेगा। ऐसे वातावरण को बनाने और चलाने के लिए सरकार और समाज में दृढ़ इच्छा-शक्ति की ज़रूरत होगी और कड़े क़ानून भी बनाने होंगे। शिक्षण संस्थानों में जाति/धर्म/समुदाय का नाम लिखे बिना ही समान वातावरण में शिक्षा की व्यवस्था छात्रों के घरेलू इतिहास पर आधारित आचार-विचार या व्यवहार पर भी रोक लगाने में सक्षम होगी। कड़े क़ानून बनाकर बाल-मज़दूरी पर भी तत्काल अंकुश लगाना होगा। बताने की आवश्यकता नहीं है—हमने अपनी पुरानी विरासत के प्रति अन्याय ही किया है।

समान शिक्षा-व्यवस्था से ही देश में सामाजिक समरसता और सामाजिक समानता का मार्ग प्रशस्त किया जा सकता है। भावी नागरिकों को असमान शिक्षा और असमान वातावरण देकर उनसे बराबरी की योग्यता और दक्षता की उम्मीद करना बेमानी है। ग़ैरबराबरी को समाप्त करने के लिए बच्चों के बुनियादी संस्कारों में भी बराबरी का बीज बोना होगा। सरकार को इस बारे में सकारात्मक और ज़िम्मेदाराना रुख इख़्तियार करने की ज़रूरत है वरना जातिवाद का पिशाच भारतीय मानस का पीछा नहीं छोड़ने वाला है। सरकारी नौकरियों में किसी भी प्रकार का आरक्षण मूल समस्या को पूर्णतः हल करने में सक्षम नहीं हो सकता। यह काम क़ानूनविदों, समाजविदों तथा शिक्षाविदों के परस्पर विचार-विमर्श से तैयार मसविदे के आधार पर किया जाना चाहिए। धन की कमी नकारात्मक सोच का परिणाम है। इच्छाशक्ति के बिना कुछ भी सम्भव नहीं है। शिक्षण संस्थानों को मानसिक छुआछूत से मुक्त करना आवश्यक है। शिक्षा के मार्ग में आने वाले अवरोधों, नकारात्मक उत्प्रेरकों और बेईमान नक़ाबपोश ज्ञान-बैंक के ठेकेदारों की पहचान कर उनके षड्यन्त्रों से बचने के कारगर उपाय ढूँढने की ज़रूरत है। इन्हें 'एजूकेशन ऑफेंस' के रूप में चिह्नित कर कड़े क़ानून द्वारा इनसे निपटा जाना चाहिए अन्यथा शिक्षा को समाज के हवाले छोड़ देने की दलीलों को मान्यता देना तथा बुद्धिजीवियों के छद्‌म-पाश में उलझी शिक्षा को सामाजिक न्याय का हथियार बनाना आसान नहीं है। सामाजिक न्याय के लिए रोग का जड़ से इलाज करना होगा। इसके लिए दूरगामी योजनाएँ बनानी होंगी जिसका फल तुरन्त नहीं मिलकर वर्षों बाद मिलेगा। एक बार नयी पीढ़ी को इस ढर्रे पर लाने के बाद समस्या के निराकरण की उम्मीद की जा सकती है। यह फ़सल तैयार होने में समय ज़रूर लगेगा किन्तु इसके लिए ज़मीन तैयार कर इस पर कार्य शुरू करने की आवश्यकता है।

अध्याय-14

शोषण-मुक्ति का धार्मिक विकल्प

आज समूची दुनिया के शिक्षित एवं जागरूक वर्ग में शायद ही कोई इस बात से अनभिज्ञ होगा कि भारत की बहुत बड़ी आबादी लम्बे समय से शोषण की शिकार रही है। भारत की समग्र विकासोन्मुखी धारा में इस बड़े समुदाय को पीछे छोड़कर किसी प्रकार की वैश्विक अगुवाई की आकांक्षा भ्रामक है। इसलिए भारतीय सन्दर्भ में दलित-पिछड़े एवं स्त्री को शोषण मुक्त कराने के वे सारे उद्यम जिससे इनके आर्थिक, समाजिक और धार्मिक आज़ादी बहाल हो सके, पहली तथा सर्वोपरि शर्त होनी चाहिए। जब हम दलितों-पिछड़ों की मुक्ति के सन्दर्भ में बात कर रहे हैं तो यह जानना आवश्यक है कि यह मुक्ति की अवधारणा क्या है? इस पर विचार करते हुए हम स्वाधीनता, समता और बन्धुत्व के घोषित संवैधानिक मूल्यों के परिप्रेक्ष्य में वर्तमान सामाजिक दर्शन की स्थितियों की पड़ताल करेंगे। मुक्ति का जो प्रचलित अर्थ है वह किसी बन्धन, विचार-प्रभाव या विवशता से

छूट जाने की अभिधारणा है। इससे अज्ञान, अशक्तता, अक्षमता या असमर्थता के कारण भौतिक या मानसिक परवशता से खुद को छुड़ा लेने का अभिप्राय है। यह आज़ादी, स्वछंदता या स्वकीर्यता के अर्थों से अलग प्रिरिस्थितिजन्य अवांछित वैचारिक, सामाजिक, आर्थिक, राजनैतिक और धार्मिक मान्यताओं की जकड़ में क़ैद रहने की अवधारणा है जिससे छूटते ही अपने मौलिक प्रस्थान बिन्दु की तरफ़ लौटने का आग्रह आभासित होता है। मुक्ति के बाद ही अपनी स्वतन्त्र विचार-सत्ता, धर्म सत्ता, समाज-सत्ता, अर्थ-सत्ता तथा सामाजिक-सत्ता को चुनने का विकल्प खुला होता है क्योंकि गुलामी में इन मूल्यों की प्रायः रिक्तता या अनुपस्थिति ही रहती है। दूसरे शब्दों में मुक्ति की कामना उन सारे आरोपित और ज़बरन थोपे गये मूल्यों के नकार तथा अपनी मूल मान्यताओं की ओर तत्काल आ जाने की घोषणा है। इस अर्थ में दलित-शोषित जनता की मुक्ति के रास्तों की तलाश करते हुए, भारतीय सन्दर्भ में; उनके द्वारा सँजो कर रखे गये किन्तु विवश पड़े हुए मूल्यों का, आकलन ज़रूरी है। इन्हीं मूल्यों के साथ नये रास्तों की तलाश करनी होगी।

यहाँ इस अवधारणा पर विस्तृत चर्चा करेंगे कि किस प्रकार भारत का शोषित-वर्ग; सिन्धुघाटी सभ्यता की प्रगतिशील समृद्ध परम्परा का वारिस होते हुए भी, संक्रमणशील सांस्कृतिक आक्रमण के गिरफ़्त में आ गया। यहाँ हम हड़प्पाई सभ्यता के उद्‌गम, विकास से लेकर वहाँ उपस्थित आर्थिक, सामाजिक एवं सांस्कृतिक धरोहर के वाहक आज के दलित-पिछड़े-वर्ग की बाध्यताओं और विवशताओं तक को चर्चा में लाने की कोशिश करेंगे। तदन्तर आज की प्रचलित मान्यताओं के बरअक्स मुक्ति की आधुनिक वैचारिकी का विवेक सम्मत अध्ययन हो सकेगा।

ऐतिहासिक परिपेक्ष्य

अब तक के ज्ञात इतिहास द्वारा विदित होता है कि भारतीय भू-भाग पर यहाँ के निवासियों के जीवन में जो परम्पराएँ, आस्थाएँ तथा मूल्य उन्हें सामाजिक पहचान दे रहे थे, उनके अपहरण या उनका गला घोटने की कोशिशों ने ईसा के सैकड़ों वर्ष बाद चलकर अपनी नयी परम्पराओं को उन पर ज़बरन अध्यारोपित कर दिया। इन पुरानी परम्पराओं पर कई तरह के दबाव, लालच तथा परवशता के कारण धीरे-धीरे नयी परम्पराएँ अपनी जड़ें जमाती गयीं, फलस्वरूप प्राचीन परम्पराओं को धुँधला करते हुए अपरूपित भी करती गयीं। यह प्रक्रिया सामाजिक थी अतः किसी तूफ़ानी गति से उलट-पलट हुई हो ऐसा भी नहीं सम्भव है। कदाचित यह

नयी परम्परा यहाँ के हवा-पानी में घुलमिल कर धीरे-धीरे अपना अस्तित्व स्थापित करने की कोशिश में लगी रही। यह सत्य है कि भिन्न संस्कृतियों के संसर्ग से परिवर्तन होते ही हैं किन्तु भारतीय सन्दर्भ में लम्बे समय से स्वाभाविक, नैसर्गिक तथा सर्वमान्य पुरानी परम्पराओं के साथ मात्र आंशिक संशोधन या घटत-बढ़त ही नहीं हुई वरन् कई आमूल-चूल बदलावों के साथ उन्हें नयी पहचान दी जाती रही। फलतः मूल निवासी प्रजा-जनों की परम्परा को धीरे-धीरे बदल कर, बाहरी आगन्तुक अर्ध-सभ्यताओं ने (अपने निहित स्वार्थ के कारण) उनपर अधिकार जमा लिया। यहाँ ज़रूरी हो जाता है कि मूल निवासियों द्वारा व्यवहार में लाई गयी पुरानी परम्परा, तीज-त्यौहार तथा पूजा उपासना की सही पहचान कर उनकी सीमाओं तथा आचार-संहिता को स्पष्ट रूप से चिह्नित करते हुए प्रतिपादित और परिभाषित किया जाये। दलित-बहुजनों के सन्दर्भ में यह सांस्कृतिक संकट बहुत बड़े हारे हुए युद्ध की तरह है जिससे वह आज तक मनोवैज्ञानिक रूप से उबर नहीं पा रहा है। आक्रान्ता समुदाय के सांस्कृतिक वर्चस्व द्वारा अधिरोपित इस सांस्कृतिक गुलामी से छूटने हेतु अपनी खोई हुई परम्परा की तरफ़ लौट आना तथा वंचक संस्कृति का पुरज़ोर प्रतिकार करना ही उसकी मुक्ति का मार्ग प्रशस्त करने वाला हो सकता है।

यह जाना जाये कि भारतीय भूभाग की पुरानी संस्कृति प्रायः मिश्र एवं मेसोपोटामिया की परम्पराओं के साथ-साथ विकसित होती रही। ये सभ्यताएँ आपस में अन्तर-सम्बन्धित भी जान पड़ती हैं। कहना कठिन है कि किस सभ्यता ने किससे, कितना, कब और किस रूप में क्या-क्या लिया या किसको क्या-क्या दिया? इतना सत्य है कि ईसा के दस हज़ार साल पहले से लेकर पाँच हज़ार साल पूर्व के काल तक विकास की अपनी अद्वितीय पहचान के कारण इन सभ्यताओं ने मानव जीवन में सामाजिक, आर्थिक तथा धार्मिक परम्पराओं को एक संस्थागत व्यवस्था के तहत स्थापित कर दिया था। आपसी विनिमय ने निश्चित ही इन्हें अधिक जीवनोपयोगी बनाया होगा। भौगोलिक दूरियों ने इस रूपान्तरण को यद्यपि द्रुत गति से घटित नहीं होने दिया होगा किन्तु विकास की स्वाभाविक आवश्यकताओं ने आर्थिक एवं सामाजिक परम्पराओं के व्यवधान को आसानी से हटा लिया होगा। प्रकारान्तर से ये अन्तर-सम्बन्ध किसी न किसी रूप में सांस्कृतिक आदान-प्रदान के लिए भी मार्ग प्रशस्त अवश्य ही किये होंगे। फलतः भाषाई, शिल्पिक एवं वाणिज्यिक लेन-देन के कारण भारत, पाकिस्तान, अफगानिस्तान के सीमान्त जल्दी ही एक सुसभ्य संस्कृति के वारिस बन गये। यह सभ्यता ही सिन्धु घाटी की सभ्यता के नाम से अभिहित की गयी है। भारतीय

भू-भाग की सिन्धु घाटी के नाम से पहचानी गयी हड़प्पाई सभ्यता की तरफ़ अपना विमर्श केन्द्रित करें तो पाते हैं कि इस सभ्यता के निशान आज लगभग बीस लाख वर्ग किमी तक के क्षेत्र में फैले हुए हैं। यह सुक्ताजेन्दोर (Suktajendor) बलूचिस्तान के मकरान प्रायद्वीप से आलमगीरपुर उत्तरप्रदेश तक जम्मू-काश्मीर के मांडा से लेकर महाराष्ट्र के अहमदनगर जिले के दायिमाबाद तक फैले हैं (द हिन्दू, फरवरी 2015)। इससे यह साबित होता है कि भारतीय प्रायद्वीप के बहुत बड़े हिस्से पर मानव सभ्यता की गतिविधियाँ एक विकसित सभ्य समाज के रूप में फैली हुईं थीं। इस के अवशेषों के ज़रिए मूल निवासियों के धार्मिक-सांस्कृतिक रिवाज़ों तथा वर्तमान समय के रिवाज़ों का तुलनात्मक अध्ययन करने से उपर्युक्त सांकृतिक अपकर्षण तथा विरूपण को पहचान करते हुए अतिक्रमणशील शोषक परम्पराओं से मुक्ति का सुझाया जा सकता है। शोषण के लिए उत्तरदायित्व की निशानदेही किये बिना उससे छुटकारा पाना क़तई नामुमकिन है। इस सम्बन्ध में जीवन के प्रत्येक क्षेत्र में सिलसिलेवार अध्ययन एवं साक्ष्यों के आधार पर मीमांसा करें तो इन विसंगतियों की क्रमिक दख़लअन्दाज़ी को निम्नवत सूचीबद्ध किया जा सकता है–

(क) **सामाजिकी :** हड़प्पाई सामाजिक परिवेश नगरीय तथा ग्रामीण दोनों तरह का था जिसमें अन्न उत्पादन, शिल्प, कारीगरी, नौकायन तथा व्यापारिक संस्थानों के प्रमाण हैं। तदनुसार सामाजिक जिम्मेदारियाँ भी निर्धारित की गयी प्रतीत होती हैं। यह बात प्रमाणित होती है कि नगर में राज्य कर्मचारियों के साथ शिल्पियों तथा दस्तकारों के भी आवास थे जो बराबर की सुविधाओं से युक्त थे। इसलिए आज की वर्ण-विभाजक व्यवस्था में शिल्पियों एवं दस्तकारों के दमन तथा शोषण की अवस्था एवं उनकी दीन-हीन जीवन-प्रणाली हड़प्पाई प्रकृति की देन तो क़तई नहीं हो सकती है। कालान्तर में किये गये हस्तक्षेप एवं बल-प्रयोग द्वारा लाये गये परिवर्तनों के कारण ही ऐसा सम्भव हुआ होगा। यह तर्कसंगत लगता है कि समाज के ये घटक स्वयं ही इस प्रकार के निम्नतर जीवन का चुनाव नहीं किये होंगे। मीमांसा करें कि हड़प्पाइयों के वंशज अपने जीवन में धीरे-धीरे मूर्ति पूजा, अन्धविश्वास तथा आडम्बरपूर्ण जीवन को किस प्रकार तथा किस प्रभाव में स्वीकार करते हुए आज के अत्यन्त अवैज्ञानिक और अतार्किक विश्वासों में उलझ गये हैं? यह एक विचारणीय प्रश्न है। दिन-प्रतिदिन के आचार-विचार एवं व्यवहार में धीरे-धीरे घुलते-मिलते इस बदले हुए आज के अन्धधर्म

ने बहुसंख्यक लोगों की सामाजिकी को कुप्रभावित तो किया ही, उनके आर्थिक-जीवन को भी विपन्नता तक पहुँचा दिया। यह गहन शोध का विषय भी हो सकता है। किन्तु यहाँ मोटे तौर पर यह पूछा जा सकता है कि ऐसी समृद्ध सांस्कृतिक विरासत के उत्तराधिकारी पिछले ढाई हज़ार वर्षों में ही अपनी मूल परम्पराओं से कट कैसे गये? क्या कोई समाज ऐसी नयी परम्परा को स्वेच्छा से स्वीकार कर सकता है जिससे उनका छत्तीस का आँकड़ा हो? यह विश्वास करने के लिए पर्याप्त आधार हैं कि आपसी संसर्ग के कारण ऐसे उल्टे तथा एकतरफ़ा बदलाव नहीं हुए। आर्थिक, सामाजिक बाध्यकारी विवशताओं से उपजी ज़रूरतों के कारण तथा कई मामलों में वर्चस्ववादिता के बहकावे में ऐसे बदलाव प्रायः अनजाने ही हुए होंगे। अतः इनमें बाहरी सम्मिश्रण के प्रभाव से इंकार नहीं किया जा सकता। मुख्यतः पश्चिमी भारत के वे भू-भाग जहाँ हड़प्पाई संस्कृति ने अपने स्वर्णिम उत्कर्ष देखे हैं, लगातार पश्चिम तथा उत्तर-पश्चिम की ओर से ईरानी-तूरानी, मिश्री, बलूच, उजबेकी, तुर्की, अमेनाई, अफ़गानी, ईराक़ी, चीनी एवं मंगोल आक्रान्ताओं, व्यपारियों तथा आव्राजकों द्वारा घुसपैठ के कारण भिन्न रीति-रिवाज़ों से लगातार दो-चार होते रहे। फलतः इनके साथ सांस्कृतिक और सामाजिक आदान-प्रदान स्वाभाविक ही था। विचारणीय यह है कि उपर्युक्त समूहों द्वारा कभी-कभार छिट-पुट किये जाने वाले आक्रमणों या लूट-पाट के कारण सांस्कृतिक परिवर्तनों में इतनी बड़ी निर्णायक गति नहीं आ सकती। इसलिए ये सम्भावनाएँ क़तई स्वीकार करने योग्य नहीं हैं कि आव्राजकों एवं आक्रमणकारियों के आने-जाने से ही ऐसा हुआ होगा। इससे अलग यह सिद्धान्त भी हो सकता है कि इन परिवर्तनों में ऐसे तत्वों का हाथ रहा होगा जो समाज के हर स्तर पर केवल मेल-जोल ही नहीं वरन् उनके साथ स्थाई निवास करते हुए लम्बे समय में एक-दूसरे के प्रभाव में आकर एक-दूसरे से भी सीखते रहे होंगे। यही कारण है कि हमें भारतीय भू-भाग पर कथित आर्य भाषा-भाषियों के भिन्न समूहों के आने एवं यहीं बस जाने के बहुमान्य सिद्धान्त अधिक तार्किक तथा स्वीकार करने योग्य प्रतीत होते हैं। सामाजिक ताने-बाने में इस भिन्न संस्कृति के समाहित होने के ब्योरे पुरातात्विक तथा ऐतिहासिक प्रमाणों ने साबित कर दिये हैं।

वस्तुतः यह बात साफ़ हो जाती है कि आर्य भाषा-भाषियों के घुमन्तू

पशु-चारक जीवन में बहुत बड़ी सामाजिक, सांस्कृतिक परम्पराएँ तो नहीं रही होंगी फिर भी उनके खाने-पीने, उठने-बैठने तथा एक-दूसरे के साथ आचार-व्यवहार की आदतों का यहाँ की परम्पराओं के साथ ताल-मेल बिठाने में लम्बा समय तो लगा ही होगा। एक अलग भाषाई-समूह के रूप में भी यहाँ की भाषा सीखना उनकी मजबूरी होगी जो कि किसी भी बाहर से आये हुए व्यक्ति या अल्पसंख्यक समूह की मजबूरी होती है। इसी परिप्रेक्ष्य में हड़प्पाई संस्कृति की विरासत में बदलाव और उसके विरूपण को देखा जाना चाहिए।

(ख) **आर्थिक :** हड़प्पाई विरासत में मिली खेतिहरों, शिल्पियों, मछुआरों तथा व्यपारी वर्ग की गतिविधियों से उनकी स्वतन्त्र आर्थिक-सत्ता का प्रमाण मिलता है। खेती से प्राप्त उत्पादन केवल दैनिक जीवन-यापन हेतु इस्तेमाल करते हुए ही कर्त्तव्यों की भरपाई नहीं समझी गयी। भविष्य की अतिवृष्टि-अनावृष्टि या दुर्भिक्ष जैसी आपदाओं से निपटने के लिए सामूहिक कूटागार, अन्नागार आदि की व्यवस्था भी सुनिश्चित की गयी थी। खेतिहरों और शिल्पिक वर्गों द्वारा भरण-पोषण के लिए किये गये उत्पादन पर निर्भर अन्य सभी वर्गों द्वारा इन्हें समादृत तथा सम्मानित जीवनस्तर उपलब्ध किया जाता था जिससे इनकी सुदृढ़ आर्थिक स्थिति तथा सुखी जीवन-यापन का सहज ही अन्दाज़ा लगता है। यह आज के श्रम तथा श्रमिक के साथ अपमान-जनक व्यवहार से क़तई भिन्न था। इसलिए आज की परिस्थितियों में उत्पादक, श्रमिक एवं शिल्पी वर्ग के श्रम-शोषण तथा अपमान के ग़ैरपारम्परिक घटनाक्रम कुछ अलग ही कहानी की माँग करते हैं। कालान्तर में इतना बड़ा परिवर्तन या तो इनकी ज़मीन पर इनका मालिकाना हक़ खो जाने के कारण सम्भव हुआ होगा या आक्रान्ताओं द्वारा ज़मीन-जायजाद तथा व्यवसायों का मालिकाना हक़ छीन कर इन्हें गुलाम बना लिए जाने के कारण हुआ होगा। इस आर्थिक पतन के कारणों में ऊपर बताए गये घुसपैठिए लोगों द्वारा उत्तरोत्तर अधिक धनिक तथा मालिक बनते जाने के फ़ायदे की परख और स्वाद मिलने को भी एक कारण मान सकते हैं। यह अर्थ तथा मालिकाना हक़ में साझेदारी का ही मामला नहीं है बल्कि क्रमशः पूरी सत्ता हथिया कर इसे अपने पक्ष में हस्तान्तरित करा लिए जाने का मामला है। ऐसा केवल बल प्रयोग या अन्य कारणों से गुलाम एवं दास बनाकर ही सम्भव है। यह केवल कयास का विषय नहीं बल्कि प्रमाणित भी हो चुका है।

(ग) **धार्मिक :** सांस्कृतिक परिवर्तनों की पड़ताल करते हुए हमने देखा है कि हड़प्पाई लोगों के जीवन में किसी प्रकार की मूर्त या अमूर्त अन्धभक्ति एवं पूजा-उपासना नहीं थी। स्वाभाविक लगता है कि प्रकृतिप्रदत्त उपयोग की वस्तुओं के प्रति धन्यवाद या आभार स्वरूप ही वे उन स्रोतों की पूजा-अर्चना के द्वारा अपना सम्मान व्यक्त करते थे। मिसाल के तौर पर वृक्षों, नदियों, बादलों, फ़सल, ज़मीन, अन्न, जल की पूजा करते हुए उनके यहाँ संसार की उत्पत्ति के प्रतीक योनि-लिंग की पूजा परम्परा भी थी। कालान्तर में कथित आर्य भाषा-भाषियों ने "शिश्न देवाः" कह कर इन्हें अभिहित किया। वहाँ किसी देवी-देवता की पूजा का न तो विधान था न किसी स्वर्ग-नरक या पुनर्जन्म जैसा मिथ्या विचार लगता है वर्चस्ववादिता और महत्त्वाकांक्षा ने अधिक से अधिक गुलामों की प्राप्ति के उद्देश्य से उन्हें दिमाग़ी रूप से गुलामी देने का रास्ता चुना तथा इसे पूरा करने के नये-नये तरीक़े ईज़ाद हुए। इसी क्रम में कथित आर्य भाषा-भाषी समूह ने यहाँ की भाषा के साथ स्वयं घुलमिल कर सम्वाद स्थापित करते हुए नये देवी-देवताओं, अन्धविश्वासों, आडम्बरों का प्रचलन शुरू किया तथा विजयी भाव से यहाँ के लोगों के दिलो-दिमाग़ में ऐसे अधिष्ठानों तथा यज्ञों की बाध्यता निर्मित कर दी जिसमें आर्यों को आर्थिक लाभ तथा दासों की मुफ़्त सेवा मिलने लगी। वर्चस्ववादी परम्परा-निर्माण की ऐसी प्रक्रिया आज तक चलती चली आ रही है जिसे पहचान कर कोई भी इसके पूर्ववर्ती स्वरूप तथा परिवर्तनों का अन्दाज़ा लगा सकता है। मसलन किसी पत्थर या पहाड़ को रातों-रात देवता बना देना, मूर्तियों की भक्ति और पूजा के कारण अन्न-धन एवं पुत्र-प्राप्ति के लाभ का झूठा प्रचार करना, किसी भी स्थान पर ईश्वर एवं देवताओं को बिना भौतिक जन्म लिए ही प्रकट करा देना, आदमी के धड़ पर जानवर का सिर लगा कर उसे देवी-देवताओं के विभिन्न रूपों में श्रेणीबद्ध करना तथा मूर्तियाँ श्रद्धालुओं के हाथों से दूध पीती हैं ऐसी घोषणा करना। आज भी मूल निवासियो को धन-धरती से वंचित करने को ईश्वरीय आदेश बताना, मिसाइलों, प्रक्षेपास्त्रों के प्रक्षेपण के समय भी उन्हीं स्वरचित देवी-देवताओं की पूजा-अर्चना दिखाकर समूचे विज्ञान को अज्ञात ईश्वर के हाथों सौंप देना, पृथ्वी के देवतावों द्वारा भाग्य एवं भगवान के फन्दे में बाँधकर श्रम का दोहन करना, आदि ऐसे अनेक उदाहरण हैं। इससे पता चलता

है कि वर्तमान धार्मिक अवपथन में पुरानी हड़प्पाई विरासत का कहीं कोई स्थान नहीं है। पेड़ की पुरानी पूजा परम्परा आज पेट की पूजा तक सीमित रह गयी है। नदियों एवं जल का सम्मान उसमें नहाने, गंदगी फैलाने तथा मुर्दा बहाकर स्वर्ग-प्राप्ति के काम तक बढ़ आया है। सृष्टि में जीवोत्पत्ति के स्वागत और उल्लास के प्रतीकों को पत्थरों में ढालकर उन पर लाखों करोड़ों टन दूध-दही गिराकर बर्बाद किया जाता है जहाँ उत्पत्ति के जश्न के बहाने बाकी कुकर्मों की अनुमति ख़ास वर्ग को आसानी से मिली होती है। इसकी जानकारी होनी चाहिए कि धार्मिक मामलों में भी प्रकृति-पूजा से हटकर ये परम्पराएँ प्रायः अभिजात्य भू-सुर (पृथ्वी के देवता) की पूजा में तब्दील हो चुकी हैं। मन्दिरों के नाम पर अरबो-खरबों की सम्पत्ति ख़ास पुरोहित वर्ग के क़ब्ज़े में है जहाँ संवैधानिक हस्तक्षेप लगभग हारा हुआ सा प्रतीत होता है। आज इन परम्पराओं को चलते देने, बदल देने या अन्य किसी विकल्प की पड़ताल ज़रूरी है क्योंकि धार्मिक अमला तो सामाजिक, आर्थिक, राजनैतिक एवं सांस्कृतिक परम्पराओं को अपनी मनमाफ़िक वैचारिकी की शर्त पर चलाने के लिए स्वयंभू शासक बना बैठा हुआ है। आश्चर्य है कि देश की दो से तीन प्रतिशत तथाकथित शुद्ध रक्त वाली जमात अशुद्ध रक्त वालों का खून पी रही है।

(घ) **सांस्कृतिक :** ऐतिहासिक रूप से हड़प्पाई रीति-रिवाज़ों या मेले-त्यौहारों के साक्ष्य मिलना कठिन है किन्तु असम्भव नहीं है। इसके स्वरूप का अन्दाज़ा केवल इसके पुरातात्विक प्रमाणों पर ही आधारित हो सकता है। मसलन हम दावे के साथ कह सकते हैं कि हड़प्पाई लोग वस्त्रों आभूषणों के शौकीन थे तथा आमोद-प्रमोद के पुराने प्रचलित साधनों में शिकार से लेकर नृत्य तक की परम्पराएँ रही हैं। नृत्यांगना की हड़प्पाई प्रतिमा या पुरोहित का शिरो-वक्ष भाग उनके प्रतिष्ठापूर्ण जीवन की एक झलक पेश करते हैं। कलाकृतियों के जो नमूने हड़प्पाई-शिल्प के विभिन्न क्षेत्रों में दिखाई देते हैं उनसे उनकी रचनात्मक कल्पना-शक्ति तथा गणितीय ज्ञान का साक्ष्य मिलता है। वहाँ का गतिशील समाज; जल-थल दोनों मार्गों से, पड़ोसी देशों के साथ कला, शिल्प एवं सांस्कृतिक परम्पराओं का आदान-प्रदान करता रहा होगा। इसी कारण हड़प्पाई संस्कृति के कई प्रमाण अन्य संस्कृतियों के साथ उनकी प्राचीन धरोहर में शामिल हैं। सड़कों, कोटों-परकोटों, कूटागारों एवं कुओं के निर्माण,

बन्दरगाहों के जल एवं नाव प्रबन्धन से लेकर वस्त्रों, आभूषणों एवं स्नानागारों के प्रमाण एक स्वच्छ अनुशासित एवं व्यवस्थित समाज व्यवस्था में संस्कारों से युक्त दिखाई देते हैं। संस्कृति के उत्थान में; निश्चित ही, मूल निवासियों के उच्च सांस्कृतिक अवदान को आज चिह्नित किया जा रहा है। बाद के दिनों में इस संस्कृति के विनाश या अपसंस्कृति द्वारा अतिक्रमण के कारणों को पता लगाना मीमांसा के विषय हो सकते हैं किन्तु इतना तो सत्य है ही कि एक सर्वथा अलग तरह की अस्त-व्यस्त एवं आक्रामक वैचारिकी ने हज़ारो वर्षों तक नृशंस पाशविक अत्याचार एवं दमन के ज़रिए जिस अपसंस्कृति का बिजूका खड़ा किया है वही मूल निवासियों के डर का एवं पतन का कारण बना हुआ है। इसकी तह तक न पहुँचने देने के निमित्त वर्जनाओं ने हज़ारों साल तक बिजूके को ज़िन्दा मनुष्य मानवाने के षड्यन्त्र पर विश्वास की हद तक क़ायम रखा है। वे संस्कार जो हड़प्पाई मनुष्य द्वारा सुख शान्ति एवं समृद्धि के लिए मैत्रीपूर्ण वातावरण में विकसित हुए थे, वही जोड़-तोड़, छल-कपट और आक्रमणों के ज़रिए हत्याओं एवं नरसंहारों की निर्मम गाथा बनकर पुरानी मान्यताओं एवं परिभाषाओं को झुठलाने लगे हैं। यहीं से शक्ति द्वारा सुख एवं शान्ति को अर्जित करने का दर्शन शुरू होकर लगातार पलते-बढ़ते हुए नृशंस, एकीकृत, एकतन्त्रीय राजसत्ता के लिए समेकित कर लिया जाता है। यही अब तक की उपभोक्तावादी संस्कृतियों की जड़-मूल में है जहाँ युद्ध की विभीषिकाओं ने भौतिक उन्नति को सांस्कृतिक और मानसिक उन्नति पर तरजीह दे रखी है। यह संस्कृतियों को दो फाँक करने की नहीं बल्कि पूरी अपसंस्कृति द्वारा एक उन्नत संस्कृति को जड़-मूल से समाप्त करके वजूद में आने की कथा है।

आज की परिस्थितियों में जीवन के छोटे-बड़े घटनाक्रमों पर मुक्ति के अवदान तथा उसके द्वारा अपसांस्कृतिक मूल्यों को बदलने-नकारने की ज़रूरतों और उसके संसाधनों का क्रमिक मूल्यांकन करते हुए एक व्यावहारिक सुझाव तक पहुँचने की कोशिश करते हैं।

मुक्ति की सामाजिकी

वृहत्तर रूप से भारतीय समाज में हिन्दू, मुसलमान, सिख, ईसाई, जैन, बौद्ध तथा पारसी धार्मिक आस्थाओं वाले सामाजिक समूह निवास करते हैं। यहाँ हम अपना

विमर्श हिन्दू सामाजिक परिप्रक्ष्य में रखने का प्रयास करेंगे क्योंकि दलित-पिछड़ों के सबसे बड़े धार्मिक कारागर यहीं पर हैं।

आज का तथाकथित हिन्दू समाज जिन मिश्रित समुदायों को जोड़ने का दावा करता है उनमें बहुसंख्या तो केवल नाम-मात्र के लिए ही इस हिन्दू शब्द से जोड़ी गयी है। बहुधा आज की प्रचलित संकीर्ण धार्मिक अवधारणाओं से अलग जो धर्म-निरपेक्ष लोग सच्ची भारतीयता के वाहक हैं उन्हें धर्मों के सीमांकन में ज़बरन क़ैद किया गया है। कालान्तर में पश्चिमी पड़ोसी मुल्क़ों में हिन्दू शब्द को भौगोलिक दृष्टि से भले ही भारतीय भू-भाग के निवासियों के लिए इस्तेमाल किया जाता रहा हो किन्तु आज मात्र पाँच प्रतिशत से भी कम आबादी वाले तथाकथित संभ्रान्त एवं शुद्ध रक्त का दावा करने वालों की हठधर्मिता के कारण ऊपर गिनाए गये धर्मों; ईसाई, मुसलमान, पारसी को छोड़कर, बाकी समुदायों को हिन्दू धर्म की ज़द में घेरने की बाध्यतायें पैदा की जा रही हैं। ऐसी प्रवृत्ति उस समय और अधिक आक्रामक हो उठती है जब यही तथाकथित शुद्ध खून लोकतन्त्र को अपनी शर्तों पर हाँकने के लिए उसकी नकेल पकड़ लेता है। इस वातावरण में बहुतायत; किन्तु अन्यमनस्क, लोगों की हाँ या न के बीच की सरगम ऐसे अतिवाद को मनमाने फैसले लागू करने के लिए प्रतिरोधहीन अवसर देती नज़र आती है। ईसा के लगभग एक हज़ार वर्ष बाद हिन्दू शब्द की सामाजिक-भौगोलिक परिभाषा को बदल कर धार्मिकता से सम्बद्ध करने के पीछे अपनी अल्पसंख्यता को बहुसंख्यकता का हौवा बनाने की युक्ति मात्र दिखाई देती है। वैदिक धर्म के बाद ब्राह्मण धर्म की स्पष्ट पहचान ने सामाजिक पहचान में कोई विसंगति या गफ़लत नहीं रखी थी। किन्तु ब्राह्मण धर्म के शब्दों में एक जाति विशेष की अल्पसंख्या को असुरक्षा से बचाने के लिए उसे हिन्दू कूट शब्द में परिवर्तित करना एक बड़ी सांस्कृतिक चाल नहीं तो और क्या हो सकती है? एक जाति विशेष की निजी धार्मिकता ने धर्मविहीन (या कहें धर्म निरपेक्ष) बहुसंख्या को ज़बरन अपने बाड़े में क़ैद करने की लगातार क़वायद की। इस प्रकार ज़बरन गोलबन्दी से छूटने की चाहत के कारण निश्चित ही भोले-भाले बहुसंख्यक लोगों के मनोभाव सदियों से मुक्तिकामी बने रहे हैं। इस बाड़े में धर्मप्रभु का ठेका है। वह ईश्वरों एवं भगवानों को सामयिक परिस्थितियों के अनुसार गढ़ता-रंगता-बनाता है तथा धर्म-अधर्म की आचारसंहिता का श्वेतपत्र जारी करता रहता है। मुक्तिकामी रियाया अज्ञानता वश या लाठी के डर से बाड़े से बाहर नहीं निकल पाती या निकलते ही मारी जाती है। विधर्मियों के घर फूँकने तथा उनकी महिलाओं से बलात्कार करने जैसे

ज़्यादातर मामले उनके बाड़ा विरोध के कारण ही होते हैं। इस व्यूह से मुक्ति के क्या साधन हो सकते हैं?

एक तो यह कि बाड़े के क़ैदी एक साथ एक जुट होकर बाड़े को तोड़कर पहरेदार को धराशायी करते हुए आज़ाद हो जायें। दूसरा यह कि केवल बाड़े के चौकीदार को रास्ते से हटा कर बाड़े की चौखट तोड़कर उसी बाड़े को एक समृद्ध सदन के रूप में विकसित करें। इन दोनों ही रास्तों में धार्मिक एवं सांस्कृतिक अड़चनें प्रायः बाड़े के क़ैदियों को कभी एक नहीं होने देतीं। इन अड़चनों पर तनिक विचार करें।

धर्म

यूँ तो भौतिकवादी सिद्धान्तकारों ने धर्म की मानसिकता को पागलपन ही क़रार दिया है किन्तु मनुष्य के पुराने जंगलीपन के जीवन से सामाजिक जीवन की तरफ़ अभ्यन्तरित होने के लिए जिस नियम-संयम-अनुशासन की अवश्यकता हुई (और भविष्य में भी आवश्यकता होती रहेगी) उन्हें नकार कर यह व्यवस्था नहीं चलाई जा सकती। इसी नियम-विनियम-आचरण और आपसी व्यवहार के पूर्व सहमत मूल्यों के आधार पर ही धर्म की अवधारणा बनायी जाती है या बनाई जानी चाहिए। स्वाभाविक रूप से जब धर्म शब्द ने अस्तित्व भी ग्रहण नहीं किया होगा तब से सामाजिक जीवन में उसकी उपस्थिति रही है जिसने आज तक का सफ़र तय किया है। आवश्यकता के अनुरूप समय-समय पर स्वाभाविक परिवर्तनों के मद्देनज़र इसमें लचीलापन या मोड़ आवश्यक था किन्तु मनुष्य की वर्चस्ववादिता ने अपने अहं के चलते बार-बार ऐसे नियमों की अवहेलना तथा अतिक्रमण किया है। परिणामतः वर्चस्ववादी वर्ग ने स्वाभाविक धर्म को भी अपनी सुविधा के अनुसार कृत्रिम बनाकर उसे संचालित करने के मनमाने नियम बना डाले। ऐतिहासिक, भौगोलिक और आर्थिक भिन्नताओं के कारण विभिन्न रूपों में जन्मी एवं विकसित इस धार्मिकता पर मनुष्य के कृत्रिम नियन्त्रण ने स्वाभाविकता से ज़्यादा बनावटीपन लादकर इसे शोषण का साधन बनाया। ऐसा ही एक हिन्दू धर्म है जिसे अपने अस्तित्व हेतु अनिच्छित लोगों के समूह को घेरना पड़ रहा है, जो अपने निज उद्देश्य की पूर्ति हेतु हिन्दू राष्ट्रवाद के नारे के पीछे खड़े होने को मजबूर जान पड़ता है। हिन्दू धर्म की यह नाकेबन्दी जब-तब आलोचना का कारण बनती है।

भारतीय परिप्रेक्ष्य में मानव-मुक्ति की सबसे बड़ी बाधा हिन्दू धर्म की मान्यताओं एवं व्यवस्थाओं के कारण है। हज़ारों जातियों में बँटा तथाकथित

हिन्दू समाज अपनी-अपनी जातियों में जन्मने और मरने के लिए अभिशप्त है। पीढ़ी दर पीढ़ी जाति को ढोते हुए वह इसकी चारदीवारी से बाहर झाँक भी नहीं सकता जब कि हड़प्पाई प्रकृति-उन्मुक्त समाज-व्यवस्था ने अपनी विरासत में एक धर्मनिरपेक्ष और उन्नतिशील समाज का तोहफ़ा दिया है। आज वही समाज जाति की इस क़िलेबन्दी में घुट कर अपनी मुक्ति का सपना देखना भी भूल चुका है या भुला देने के लिए बाध्य कर दिया गया है।

हिन्दू जाति-प्रथा, धर्म से बँधी हुई है। इसलिए जाति से निकलने का एक मात्र साधन है, इस धर्म से निकल जाना—इस मान्यता से निकल जाना और इस क़िलेबन्दी से निकल जाना। इतिहास साक्षी है कि हिन्दू धर्म से बाहर निकलना तो कठिन है ही, इसके अन्दर प्रवेश करना लगभग असम्भव है क्योंकि बाहर से आने वाले व्यक्ति को इस धर्म में शामिल करने से पहले उसकी जाति निर्धारित करना अनिवार्य होता है। इसलिए सुविधा के कूड़ेदान के रूप में उस व्यक्ति की स्वीकार्यता केवल शूद्र-वर्ण में शामिल होने तक ही होती है। आज घर-वापसी के नये तज़्रबे यहाँ भी ज़ोर आज़माइश कर रहे हैं। लुब्बे-लुबाब यह कि हड़प्पाई विरासत वाले दलित-पिछड़ों की मुक्ति हिन्दू धर्म से निकल जाने में ही निहित है।

जायें कहाँ

जैसा ऊपर बताया गया कि धर्म किसी भी समाज व्यवस्था को चलाने के लिए एक नैतिक आधार होता है जो स्वतःस्फूर्त सामाजिक मान्यताओं को चलाते रहने के लिए प्रेरित करता रहता है। ऐसे में हिन्दू धर्म से बाहर ही एक बार फिर से हड़प्पाई सांस्कृतिक मूल्यों की खोज करना आवश्यक हो जाता है। हाँ! सामयिक परिस्थितियों के कारण उसे अद्यतन करना एक कठिन चुनौती है। इसके विकल्प के रूप में उसी हड़प्पाई सांस्कृतिक परम्परा की अवशेष धाराएँ; भले ही अपने बदले रूपों में हैं, आज तक श्रमण परम्परा के रूप में ज़िन्दा है। अब प्रश्न उठता है कि क्या मुक्ति हेतु इस श्रमण परम्परा के जीवित बचे दो सबसे महत्त्वपूर्ण धर्मों, जैन एवं बौद्ध में से किसी एक को स्वीकार करना चाहिए? आज की परिस्थिति में इस पर विचार किया जाना आवश्यक है।

जैन धर्म की बहुत सी अच्छाइयों के बावजूद उसमें विद्यमान कुछ कठोर नियम एवं परम्पराओं को व्यवहार रूप में ला पाने में कुछ असुविधा महसूस की जाती रही है जो एक अलग विमर्श का विषय हो सकता है। यहाँ हम दलितों-पिछड़ों के लिए बाबा साहेब अम्बेडकर द्वारा अनुशंसित एवं संपादित बुद्ध धम्म पर अपनी चर्चा को केन्द्रित करना चाहेंगे। क्या बुद्ध धम्म बहुसंख्यक जनता की मुक्ति

का मार्ग बन सकता है? इस प्रश्न का उत्तर देने के लिए धम्म की मान्यताओं परम्पराओं पर सिलसिलेवार विचार करना आवश्यक होगा।

(क) चूँकि धम्म एक जीवनोपयोगी मार्ग या पद्धति है जहाँ करुणा, मैत्री और प्रज्ञा को ही सर्वोपरि बताया गया है तथा आपसी सम्बन्धों और आचार-व्यवहार के लिए यही मान्यताएँ उसके मूल में हैं। इसमें जीव-मात्र के प्रति करुणा तथा मैत्री का भाव किसी प्रकार की अपेक्षा या लेन-देन की माँग नहीं करता। इसके लिए किसी मोल-भाव की आवश्यकता नहीं है। कदाचित् यहाँ शोषण की सम्भावनाएँ दूर तक नहीं दिखाई देती हैं।

(ख) भगवान बुद्ध का मध्यम प्रतिप्रदा मार्ग अर्थात अष्ठांगिक मार्ग किताबी ज्ञान की अभिधारणा से अलग है। यहाँ जानकारी होना ही पर्याप्त नहीं है बल्कि चीज़ों को उनके वास्तविक स्वरूप में देख पाने और उनके गुण-दोष को तर्क, न्याय और स्वानुभव से परख पाने की विवेकपूर्ण धारणा और विचार ही सर्वोपरि है। किसी परम्परा, लिखत-पढ़त या उपदेश की श्रेष्ठता उसके तर्क पर खरा उतरने से लेकर मानव मात्र ही नहीं जीव मात्र के लिए कल्याणकारी होने तक की पहली शर्त है। ऐसा मध्यम मंगल मार्ग बिना किसी बन्धन, पूर्वाग्रह या शर्त के व्यक्ति की आन्तरिक ऊर्जा और विवेक को उन्मुक्त रूप से विकसित होने का अवसर देता है। बिना किसी संशय के यही मुक्ति का मार्ग हो सकता है।

(ग) हिन्दू धर्म से अलग होकर बुद्ध धम्म स्वीकार करने की क्या प्रतिक्रिया या प्रतिफल हो सकता है, इस पर विचार करना आवश्यक है। धारणा के प्रथम स्तर पर ही दलितों-पिछड़ों को चंगुल से निकलते देखकर इन्हें दास एवं सेवक मानने वाले प्रभु-वर्ग की अतिवादी शक्तियाँ घर-वापसी जैसे सिद्धान्तों से आगे भी कोई वैचारिकी गढ़ सकती हैं। सामन्ती जकड़न में क़ैद लोकतान्त्रिक व्यवस्था में धर्म एवं आस्था की आज़ादी को ज़मीन पर उतारना भी एक चुनौतीपूर्ण काम है—वह भी तब जब कि प्रभु-वर्ग संवैधानिक प्रावधानों की अनदेखी एवं अवहेलना करने के लिए नये-नये उपाय एवं नये-नये बहाने ढूँढ़ता रहता है। अल्पसंख्यक रह जाने की आशंका से भयभीत तथाकथित हिन्दुओं द्वारा नयी समस्याएँ पैदा की जा सकती है। मुक्तिकामी दलित-पिछड़ों द्वारा स्वयं को इसके लिए तैयार करना कोई छोटी चुनौती नहीं है। अज्ञानता के कारण हिन्दू मान्यताओं में विश्वास की जड़ें कहीं अधिक गहरी हैं जिन्हें खोद पाना या जिनसे स्वयं को छुड़ा पाना केवल और केवल इसे दूर करके ही सम्भव हो सकता है। प्रतिक्रियावादी शक्तियाँ इस सच्चाई तक न पहुँचने देने के लिए लगातार हथियार-बन्द हैं। मिसाल के तौर पर ग़लत इतिहास का लिखा जाना ही लें जो पाठ्य-क्रमों के भ्रामक पाठ का सृजन

करके नयी नस्लों की जीन तक अज्ञानता का ज़हर पहुँचा देने का काम कर रहा है। इसी प्रकार क्रीत मीडिया की मदद से मनमाने समाचार गढ़वाना तथा उसके ज़रिए अफ़वाहों का बाज़ार गर्म करना प्रतिक्रियावादी शक्तियों के पुराने हथकण्डे हैं। इससे मुक्ति दिलाने के लिए इन अफ़वाहों की सच्चाई को पहचानने की शक्ति आवश्यक होगी।

तीज-त्यौहार बनाम धार्मिकता

सबसे कठिन समस्या भारतीय संस्कृति में वर्षों से मनाये जाने वाले तीज-त्यौहारों में अपसंस्कृति के प्रवेश की है जो या तो जान-बूझ कर मिश्रित संस्करण द्वारा या उनके समूचे अपहरण द्वारा वर्षों-वर्षों में स्थापित की गयी है। ऐसा इन्हें उपर्युक्त शोषणकारी धार्मिक उपादानों से जोड़ने के निमित्त ही किया जाता रहा है। यह जानना चाहिए कि हिन्दू तीज-त्यौहारों को व्यक्तिगत या समूहों द्वारा मनायी जाने वाली उत्सव धार्मिता के साथ-साथ धार्मिक कर्म-काण्डों से जोड़कर अर्थदोहन के संसाधन के रूप में विकसित किया गया है जबकि पुरानी सभ्यताओं में इनका समावेश नहीं था। मसलन हम भारत के कुछ बड़े हिन्दू त्यौहारों पर विचार करते हैं।

होली उत्तरी भारत का एक बड़ा त्यौहार है जिसे शक संवत के अनुसार वर्ष के अन्तिम महीने फाल्गुन के अन्तिम दिन तथा पहले महीने चैत्र के प्रथम दिन की सन्धि बेला से लेकर पूरे दिन मनाया जाता है। इसे भारत के अधिकांश राज्यों में रबी की नयी फ़सल के पकने की खुशी एवं उल्लास के प्रतीक के रूप में मनाया जाता रहा है। यह भारत का बसन्त उत्सव भी है। सामूहिक नृत्य द्वारा स्त्री-पुरुष इसे नयी फ़सल की आमद की खुशी में मनाते हैं। उत्तरी भारत में नये पके हुए अनाज को सीधे आग में भूनने को 'होला' कहते हैं। इस प्रकार होला खा कर नये अन्न की शुरुआत को उत्सव का स्वरूप दिया गया है। चूँकि यह पतझड़ का अन्त तथा बसन्त की शुरुआत है इसलिए पतझड़ के कारण जमा हुए पत्ते एवं खर-पतवार को जगह-जगह एकत्र करके होला के रूप में जलाने का प्रचलन है। होला जलाने के बाद चैत्र माह के प्रथम दिन बसन्त के आगमन का उत्सव टेसू के फूलों के साथ उसके रंगों से एक-दूसरे को रंग कर उल्लास मनाने का दिन होता है। इस पूरे त्यौहार में कहीं भी पूजा-पाठ या किसी हिंसक कर्मकाण्ड का लेशमात्र संकेत नहीं है। यह परम्परा कमोबेश आज तक चली आ रही है। अब चूँकि यह त्यौहार हिन्दू धर्म से जोड़ दिया गया है, इसमें मिथकीय गल्पों तथा अख्यानों का शामिल हो जाना स्वाभाविक है। एक कथा जोड़ी गयी

कि प्रह्लाद की बुआ जो सुरा पान करने वाले तथाकथित सुरों (देवों) की ईश्वरीय घोषणाओं के विरुद्ध अपने भाई हिरणकश्यप की समर्थक थी; को इस होला के साथ ही जलाया जाता है। प्रचार यह होता है कि ऐसा दुष्टों का विनाश करने के लिए ही हुआ है। अजीब बात है कि कृत्रिम ईश्वरीय सत्ता को नकारने वाले को दुष्ट, दैत्य, राक्षस आदि कहकर इन संज्ञाओं को अमंगल कर्मों का प्रतीक बना दिया गया। आस्तिक एवं नास्तिक परम्पराओं में निहित दो तरह के दर्शनों के बीच होने वाले वाक्‌युद्ध तक तो ठीक था किन्तु इसे हिंसक मिथकों से जोड़कर बदले की कार्यवाई कहाँ तक न्यायपूर्ण है? एक राजा से बदला लेने के लिए उसकी बहन को जलाना न केवल स्त्री-विरोधी वरन् यह सत्य-विरोधी परम्परा भी है। यहाँ प्रश्न यह उठता है कि हिन्दू वैचारिकी की ऐसी दूषित परम्पराओं से निकलने के लिए क्या भारत के धर्म-निरपेक्ष जन-सामान्य को या बुद्ध का मार्ग अपनाने वालों को यह त्यौहार मनाना चाहिए या नहीं? क्या इसे छोड़कर ये लोग अपनी ही जड़ों से कट जाने का काम नहीं करेंगे? प्रश्न यह भी उठता है कि इसे मान्यता देकर क्या हम स्त्री-विरोधी वैचारिकी को ही मज़बूत नहीं करेंगे? दोनों ही स्थितियाँ अमंगलकारी दिखाई देती हैं। और तो और तथाकथित हिन्दू सांस्कृतिक राष्ट्रवाद के हल्लाकारों ने अब होला जलाने के साथ-साथ हिरणकश्यप की बहन की काल्पनिक चित्राकृति को जलाने का भी प्रतीकात्मक अभियान शुरू कर दिया है। जो मिथक जन-श्रुतियों में था उसे भौतिक आकार दे दिया गया है। अब इससे निबटने के विकल्प पर विचार करें।

मूल हड़प्पाई संस्कृति के वाहक धर्मनिरपेक्ष जन या तो इस प्रकार के मिथक और मूर्ति (या चित्र) को जलाने का विरोध करें या खुद को उससे अलग कर लें। ऐतिहासिक रूप से हड़प्पाई विरासत की वैचारिकी द्वारा ऐसे विरोध नकार या सुधार की पहल बार-बार होती रही। किन्तु वर्चस्ववादी ब्राह्मणी संस्कृति ने उसे प्रायः निष्प्रभावी बना दिया। इसलिए किसी एक बिन्दु पर समझौते की विफलता ने दो भिन्न मान्यताओं को बरक़रार रखा। खुद अलग बने रहने का अर्थ है कि अपने प्राचीन परम्परागत विधानों को अपनी मूल संस्कृति के अनुसार बरक़रार रखना तथा उसे चलाते रहना। यहाँ यह याद रखा जाना चाहिए कि पुराने समय (मात्र चालीस पचास वर्ष पहले तक) ग्रामीण स्तर पर यह होला या होली जलाने का कार्यक्रम दो अलग-अलग स्थानों पर हुआ करता था। एक स्थान दलितों-शूद्रों की अलग बसाई बस्तियों के बाहर तथा दूसरा द्विज संस्कृति द्वारा पोषित हिन्दू सछूतों की ग्राम्य-सरहद पर। कदाचित् यह विभाजन सदियों से चला आ रहा था। इसे जातीय विभेद के रूप में तो देखा गया किन्तु इसे सांस्कृतिक

भिन्नता के रूप में या तो पहचाना नहीं गया या इसे जानबूझकर नज़रअन्दाज़ किया जाता रहा। परिणाम यह हुआ कि बदलते समय में आपसी भाई-चारे के छलावे के तहत अछूतों और सछूतों का होला किसी-किसी गाँव में एक ही जगह जलाया जाने लगा जिसमें स्थापना से लेकर अन्त तक पुरोहित-पूजा का अनुष्ठान भी धीरे-धीरे शामिल होता गया। यह भी जातिवादी छुआछूत मिटाने के नाम पर सांस्कृतिक ध्वंस या अपहरण का एक अन्य पहलू है। इससे जातिवाद तो नहीं मिट पाया है किन्तु एक बड़े वर्ग की सांस्कृतिक पहचान एक छोटे वर्ग के द्वारा मिटाकर अपनी शर्तों के अनुरूप परिभाषित करने का काम अवश्य परवान चढ़ा है। प्रबुद्ध मार्ग के अनुयायी कर्मकाण्डों के विरोधी हो सकते हैं लेकिन अपनी प्राचीन सांस्कृतिक धर्म-निरपेक्ष विरासत वाले जीवन-उत्सवों के विरोधी तो नहीं हो सकते। कुछ लोगों को शायद इसमें ख़तरा यह दिखाई दे कि इस त्यौहार को मनाने से दलित-पिछड़े वर्ग की मुक्ति का रास्ता कहीं अवरूद्ध न हो जाये। यह इस पर निर्भर करता है कि लोग बदले हुए सांस्कृतिक निरूपण को कहाँ तक स्वीकार करते हैं तथा अपनी स्वतंत्र वैचारिकी पर कहाँ तक अडिग रहते हैं। यहाँ आशंका केवल यह खड़ी हो सकती है कि एक ही त्यौहार को मनाने की दो परम्परओं को बन्द करने के बजाय ज़िन्दा रखने के बावज़ूद कहीं दोनों को एक ही धर्म का अंग बताकर कालान्तर में फिर से शोषण के चंगुल में आने का ख़तरा बना रहेगा किन्तु यह ख़तरा दोनों तरफ़ के लिए है। यहाँ भी बुद्धिवाद की ही ज़रूरत होगी। इस पर निर्णय समाज को स्वयं ही करना होगा।

कुल मिलाकर निष्कर्ष कुछ इस तरह निकाला जा सकता है कि 1. तथाकथित हिन्दू धर्म की द्विज संस्कृति के अनुसार इस त्यौहार को न मनाया जाये। 2. अपनी परम्पराओं के अनुसार इसे सर्वथा अलग ढंग से अलग स्थान पर मनाते हुए इसे बौद्धिक स्वरूप दिया जाये और 3. इसकी कुतर्कसंगत बातों का सर्वथा परित्याग किया जाये।

दूसरे बड़े त्यौहार के रूप में हम दीवाली को ले सकते हैं जिसमें कार्तिक की अमावस्या के दिन दीये जलाकर प्रकाश उत्सव मनाया जाता है। बौद्धिकता के स्तर पर शीतकालीन ऋतु में ख़रीफ की फ़सलों में लगने वाले कीट-पतंगों की एकाएक बढ़ी हुयी आमद के विरुद्ध यह एक वैज्ञानिक अभियान को साबित कर सकता है। इन कीट-पतंगों का प्रभाव प्रायः पन्द्रह से बीस दिनों तक अपने चरम पर होता है तथा इनसे फ़सलों को भारी नुकसान पहुँचता है। ये कीट-पतंगें जलती हुई लौ से आकर्षित होते हैं और बहुधा ऐसी लौ के आस-पास इक्ट्ठे होकर जल मरते हैं। कृषि-वैज्ञानिकों के अनुसार भी इन कीट-पतंगों के बुरे

प्रभाव का समय यही होता है तथा इन्हें दीये या आग की लौ जलाकर आसानी से समाप्त किया जा सकता है। इस परिप्रेक्ष्य में दीवाली के बहाने, एक ही दिन; चारों तरफ़ दीये जलाने का यह प्रयोजन उचित तथा तर्कसंगत प्रतीत होता है। यहाँ भी किसी प्रकार की पुरोहित या द्विज-हस्तक्षेप की परम्परा नहीं दिखाई देती। कालान्तर में इसे हिन्दू धर्म के धन की देवी लक्ष्मी की पूजा का उत्सव बताकर काल्पनिक लक्ष्मी की मूर्तियाँ गढ़ कर पूजा का प्रचलन चला दिया गया। यही नहीं, संभ्रात एवं अभिजात्य वर्ग में इस दिन जुआ खेलने की परम्परा भी वैदिक और महाभारत कालीन द्यूत-क्रीड़ा की याद दिलाती है जो हड़प्पाई संस्कृति में कहीं दिखाई नहीं देती। बाद के दिनों में यह मिथक जोड़ा गया कि राम के अयोध्या आगमन पर दीप जलाकर उनका स्वागत किया गया था। जातक साहित्य कहते हैं कि भगवान बुद्ध अपने गृह त्याग के छः वर्षों बाद वापस कपिल वस्तु इसी दिन लौटे थे जिसके कारण सारे ग्राम-नगर-वासियों ने दीये जलाकर उनके दर्शन किये। सच्चाई जो हो किन्तु वैज्ञानिक कारणों से दीये जलाने की परम्परा अधिक सशक्त युक्तिसंगत और तर्कसंगत प्रतीत होती है। अतः यह भी आदि संस्कृति का प्राकृतिक त्यौहार, द्विज संस्कृति द्वारा अतिक्रमित हुआ जान पड़ता है। इसे भी मनाने या छोड़ने के वही तर्क हो सकते हैं जो ऊपर होला तथा बसन्त उत्सव के लिए बताये गये हैं।

तीसरा त्यौहार उत्तरी भारत में दुर्गापूजा तथा दशहरे के रूप में मनाने की परम्परा है जिसकी कल्पित कथा में वर्णित घटनाओं की ऐतिहासिक़ यथार्थता संदिग्ध है। पारम्परिक रूप से महिषासुर-मर्दन द्वारा असुर नायक को छलपूर्वक मारे जाने का आख्यान दुर्गापूजा के रूप में दोहराया जाता है जो असुर परम्परा को क़तई स्वीकार नहीं है। असुर सम्राट के पास भेजी गयी देवी के स्त्री गुणों के बरअक्स विष कन्याओं का सहारा लेकर युद्ध जीते जाने के प्रसंगों पर ध्यान जाना स्वभाविक है। नौ दिनों तक महिषासुर के साथ तथाकथित संघर्षरत देवी के पूजा-पंडालों के निर्माण में वेश्वालय स्थलों से लाई गयी मिट्‌टी का उपयोग आवश्यक माने जाने की परम्परा कई अनसुलझे प्रश्नों की ओर इशारा करती है। इसी पूजा के समानान्तर रावण वध भी दलित समाज के एक प्रभावशाली तथा प्रतिष्ठित सम्राट को नीचा दिखाने के लिए मिथकीय राम को हर साल ज़िन्दा करने की सोची-समझी रणनीति ही प्रतीत होती है।

यह तब जबकि तथाकथित दशरथ पुत्र राम की ऐतिहासिक यथार्थता ही अप्रमाणित है। ऐसे में काल्पनिक मिथकीय रामचरित मानस या रामायण पर आधारित सारे नाटकीय आयोजन उस अभियोजन की तरह हैं जो मूल संस्कृति

के अतिक्रमण में काल्पनिक संस्कृति को अधिरोपित करते दिखाई देते हैं। बुद्ध साहित्य को देखें तो इतिहास के महान सम्राट अशोक ने दस दिन तक लगातार चले कलिंग युद्ध में विजय प्राप्ति के बाद इसी दिन शस्त्र त्याग कर शील, करुणा एवं मैत्री का धम्म स्वीकार कर लिया था। इसीलिए इसे धम्म विजयदशमी कहा गया है।

यदि हम राम-रावण के रामायणीय अख्यान को भी लें तो पाते हैं कि राम यज्ञ-याज्ञ के पोषक तथा समर्थक हैं जबकि रावण तथा उसके अनुयायी यज्ञ-विरोधी हैं। यज्ञ का अर्थ है पशुओं की सामूहिक बलि–जो हिंसा का समर्थन करती है। जो यज्ञ का विरोध करते है, वे हिंसा का विरोध करते हैं। जो हिंसा का विरोध करते हैं उन्हें राक्षस तथा निशाचर कहकर उनकी हत्या करने का जश्न ही हिन्दूवादी संस्कृति की विजयदशमी है। यह तय कर लिया जाना चाहिए कि हमें हिंसा का समर्थन करना है या अहिंसा का। कुछ लोग इसे यह कहकर कुतर्क दे सकते हैं कि रावण द्वारा सीता के अपहरण के कारण उसकी हत्या जायज़ है। किन्तु यह समझ से परे है कि किस वैमनस्यता की शुरुआत के कारण रामायणकारों ने ऐसा लिखा है। इन आख्यानों में खर-दूषण द्वारा यज्ञ विरोध तथा फिर उन्हीं के द्वारा सूर्पणखा का नाक-कान काटने का विरोध शामिल है। इसलिए हिंसा और अहिंसा की परिस्थिति-जन्य थोथी दलीलों को समझा जाना चाहिए। क्या यह गाँधी की हत्या को वध (तथाकथित हिन्दू राष्टवादी संगठनों द्वारा) कहने की दलील जैसी तो नहीं?

मूल निवासी संस्कृति के वाहक दलित-पिछड़ों के यहाँ जन्म-मृत्यु एवं शादी-ब्याह में किसी प्रकार की पूजा या पौरोहित्य का हस्तक्षेप नहीं था तथा स्वाभाविक जन्म-मृत्यु एवं शादी-ब्याह को उत्सव के रूप में मनाया जाता रहा है। नाग-पंचमी जैसे त्यौहार आज भी पुरोहित मुक्त है तथा इसमें नाग वंश की शक्ति को याद करते हुए कई तरह के शारीरिक कौशलता तथा मल्ल-कुश्ती के आयोजन होते हैं। बौद्ध त्रिविध पावनी वैशाख पूणिमा को परम्परागत रूप से वैशाखी के रूप में मनाते हैं जहाँ कोई पूजा-पाठ का प्रपंच नहीं। किन्तु उसका रूप बदलने का प्रयास जारी हैं। बिहार की छठ पूजा में आज भी हिंसा वर्जित होती है तथा किसी प्रकार का ब्राह्मणी कर्मकाण्ड नहीं होता किन्तु इसमें भी परिवर्तन के लिए धुसपैठ की कोशिश जारी है। खेतों में बीजों की पहली बुआई(समहुत), अन्तिम बुआई के दिन कूड़ मूँदा तथा बीज जपने के बाद हरियाली की खुशी मनाई जाती रहीं है। फसल कटकर खलिहान में आने पर, घर में अनाज आ जाने पर, कुआँ खोदते समय तथा कुओं में पानी आ जाने के बाद, घर की नींव खोदते हुए, गृह

प्रवेश के समय, नये गाय-बैल घर ले आने पर आदि छोटे-बड़े प्रत्येक अवसर पर इसी तरह के उत्सव होते रहे हैं। मातृ-सत्ता से प्रभावित शक्ति पूजा में भी कोई पुरोहिती हस्तक्षेप नहीं रहा है। आज इन जैसे बहुत से त्यौहारों और रीति-रिवाजों में हो रहे जबरन पुरोहिती हस्तक्षेप को रोककर इन्हें मूल रूप में सुरक्षित रखना भी मूल निवासियों की जिम्मेवारी है। ऊपर लिखे हुए त्यौहारों के आलावा भी हिन्दू सुविधा-भोगियों द्वारा अपनी कमाई के लिए बहुत से व्रतों, तीर्थों, उपवासों, कर्मकाण्डों, भागवत कथाओं, सत्यनारायणीय कथाओं, मुण्डन, शादी-ब्याह, श्राद्ध, भूमि-पूजन, गृह-प्रवेश, कुण्डली, यात्रा का शुभ-अशुभ विचार, नामकरण, ब्रह्मभोज तथा अन्नप्राशन आदि संस्कारों का ईज़ाद किया है ताकि वर्ष के बारहों महीने अर्थात् 365 दिन तर-माल से वांछित सन्तुष्टि होती रहे। कहने की आवश्यकता नहीं कि इन आडम्बरों पर चलने का अर्थ बहुजनों-दलितों-पिछड़ों के मुनाफ़े का सौदा तो क़तई नहीं हो सकता।

बुद्ध धम्म या आचार पद्धति

बौद्ध धम्म के मूल स्वरूप में मिलावट के कारण इसकी स्वीकार्यता पर सवाल उठना लाज़मी है। इन सवालों के जवाब भी धम्म की कसौटी द्वारा ही दिये जा सकते हैं। कसौटी यह है कि "किसी बात पर इसलिए विश्वास मत करो कि वह वेदों-शास्त्रों तथा अन्य धार्मिक किताबों में लिखी हुई है या महान पुरुषों द्वारा कही गयी है। किसी बात को मानने के पहले यह देखा जाना चाहिए कि क्या वह तर्कसंगत है? यदि बात तर्कसंगत हो तो भी उसे यूँ ही नहीं मान लेना चाहिए बल्कि यह देखा जाना चाहिए कि वह तर्कसंगत बात क्या स्वयं के लिए कल्याणकारी है? यदि वह बात स्वयं के लिए कल्याणकारी होने के साथ, लोक के लिए भी कल्याणकारी है तो उसे जानकर मान लेना चाहिए।

इस कसौटी पर कसने के बाद स्वयं बुद्ध के नाम पर लिखी-पढ़ी अतार्किक, अमंगल तथा लोक के लिए अकल्याणकारी बातें स्वीकार करने योग्य नहीं ठहरती हैं। इस बारे में कुछ विद्धानों ने डा. अम्बेडकर द्वारा लिखी पुस्तक 'बुद्ध और उनका धम्म' के उद्धरणों से पुनर्जन्म, अन्धविश्वास, महामाया का स्वप्न, ब्रह्मा सहमपति द्वारा बुद्ध को सलाह देना, नीरंजना नदी की धारा में बुद्ध द्वारा फेंके गये धातु-पात्र का तैरना, बुद्ध द्वारा ईश्वर, आत्मा-परमात्मा के अस्तित्व प्रश्न को अव्याकृत रखना आदि को लेकर भ्रम-धारणा फैलाने का समर्थन किये जाने का ज़िक्र किया है जिसका उत्तर उपरोक्त कसौटी के माध्यम से ढूँढ़ना अधिक तर्कसंगत होगा।

मूर्धन्य विद्वान एवं वरिष्ठ कवि-लेखक डॉ. धर्मवीर द्वारा लिखा आलेख 'पुनर्जन्म-उत्तर ना में है' (हंस सितम्बर 2011) में उठाई आपत्तियों का उत्तर वरिष्ठ लेखक चिन्तक ईश कुमार गंगानिया ने नवम्बर 2011 के हंस में छपे एक आलेख 'पुनर्जन्म-उत्तर ना में ही है' के माध्यम से बखूबी दिया है। डॉ. धर्मवीर द्वारा एक अन्य आलेख 'अन्धविश्वास : वे मेरे नहीं हैं' (हंस : मई 2012) में भी इसी तरह ही कई आपत्तियाँ उठाई गयी हैं जिसका उत्तर भी उसी कसौटी पर कसने पर मिल जाता है। यहाँ उस पर विस्तृत चर्चा या सवाल-जवाब किये विना यह कहना युक्तियुक्त होगा कि तमाम छिद्रान्वेषणों के बावजूद बोधि-मार्ग ही कदाचित दुनिया का सर्वोत्तम ज्ञात मार्ग है जिसे बाबा साहेब डॉ. अम्बेडकर ने न केवल दलित-शोषित जनता के लिए बल्कि पूरी मानवता के लिए अनुसंशित किया है।

उपर्युक्त विचार-विमर्श से हम इस निर्णय पर पहुँच सकते हैं कि मनुष्य के कल्याण का मार्ग कभी भी वह मार्ग नहीं हो सकता जो व्यक्ति का व्यक्ति के द्वारा शोषण, अमैत्री, अमर्यादा और अविश्वास पर आधारित हो। ऐसे में पूरी दुनिया की जीवन-शैलियों में शायद भगवान बुद्ध द्वारा प्रतिपादित मार्ग ही आसान, सहज, मंगलकारी, कल्याणकारी तथा मुक्तिदायी दिखाई देता है। तो क्या इसका वर्तमान स्वरूप बहुजन पिछड़े और बहुजन दलितों के लिए मुक्तिदायी है? इसका उत्तर देने के लिए बुद्ध धम्म की वर्तमान व्यवस्थाओं एवं पद्धतियों पर विचार करना आवश्यक होगा। डॉ. अम्बेडकर ने धम्म का ऐसा संस्करण संस्तुत किया है जो द्विज कर्मकाण्ड के हाथों से निकल कर समृद्ध और शान्तिपूर्ण जीवन जीने का उन्नत एवं सम्यक मार्ग दिखाने वाला है।

(क) यह सत्य है कि बुद्ध धम्म उन अर्थों में कोई धर्म नहीं है जिन अर्थों में अन्य धर्म हैं। यहाँ न तो ईश्वर का कोई स्थान है न ही पारलौकिकता का। भगवान बुद्ध ने स्वयं को मार्गदाता कहा मुक्तिदाता नहीं। इसलिए यदि इसके मार्ग मुक्ति तक ले जाने वाले हैं तो उन्हें स्वीकार करने में किसी प्रकार की हिचक या संशय नहीं होना चाहिए।

(ख) अब हम बुद्ध धम्म के वर्तमान स्वरूप पर नज़र डालते हैं जहाँ मुख्य रूप से महायान और हीनयान की शाखाएँ प्रचलित हैं। महायान में कमोबेश वही पुरोहितवादी व्यवस्था, मूर्ति पूजा एवं कर्मकाण्ड हैं जो अतार्किक हैं। इसलिए यह स्वीकार करने योग्य विकल्प नहीं हो सकता। दूसरी तरफ़ हीनयानी या थेरावादी परम्परा में इस तरह के कर्मकाण्ड नहीं हैं किन्तु यहाँ भी भगवान बुद्ध की प्रतिमाओं की पूजा का प्रचलन है। हाँ! पूजा में किसी तरह के चढ़ावे या पुरोहित हस्तक्षेप का प्रचलन प्रायः नहीं है। भिक्षु-संघ का काम लोगों को ज्ञान के माध्यम

से बौद्धिक शक्ति प्रदान करना है। यद्यपि वर्तमान भिक्षु-संघ का स्वरूप ऐसा नहीं है जिसकी कल्पना की गयी है। यहाँ भिक्षु-संघ का जीवन-यापन गृहस्थों द्वारा दिये गये दान पर निर्भर है। यह व्यवस्था भी आज शायद अपने स्वरूप में ऐसा सन्देश देने में सक्षम नहीं हो पा रही है कि वहाँ ज्ञान के बदले ही दान स्वीकार किया जा रहा हो। इसलिए आश्चर्य नहीं है कि भिक्षु जीवन के आदर्श भी अधूरे हैं। अतः इसे भी ज्यों का त्यों स्वीकार करने के कई ख़तरे हैं।

(ग) इससे आगे भी एक जीवन पद्धति है जिसे कभी भी धर्म नहीं कहा गया है वह है कबीर का गृहस्थ मध्यम मार्ग जहाँ किसी दान की आवश्यकता नहीं, किसी गृहत्याग की आवश्यकता नहीं। इस रूप में कबीर का मार्ग अधिक युक्तिसंगत, अधिक तर्कसंगत तथा अधिक जीवनोपयोगी साबित होता है।

(घ) यदि हम वर्तमान वैश्विक क्षितिज पर नज़र डालते हैं तो विश्व स्तर पर धर्म-आधारित विभाजन तथा भिन्न समूहों में संगठन दिखाई देता है। ऐसे में कबीर की सारी स्वीकार्यता के बावजूद विश्व क्षितिज पर इसे ले जाने में शायद बहुत समय लगे। ऐसे में बुद्ध धम्म के कबीर संस्करण का सहारा लेकर भी वैश्विक पहचान के ज़रिए एक सशक्त और समृद्ध समाज की रचना की जा सकती है।

(ङ) इसी प्रकार के बुद्ध धम्म की अपेक्षा स्वयं बुद्ध ने की थी जहाँ तर्क न्याय तथा स्वयं की अनुभूति पर सत्यता ही कसौटी हो। यह सच स्वयं के लिए कल्याणकारी हो, साथ ही साथ लोगों के लिए भी कल्याणकारी हो। इस कसौटी पर जो भी विचार सही नहीं उतरते वे स्वीकार करने योग्य नहीं हैं क्योंकि वे बुद्ध-वचन होने की अर्हता भी नहीं रखते। इसीलिए वर्तमान समय के महान समाज वैज्ञानिक डॉ.बी.आर. अम्बेडकर ने बहुजन वर्ग के लिए बुद्ध धम्म की विश्वव्यापी स्वीकार्यता को देखते हुए इसे सरल जीवन मार्ग के रूप में अपनाने हेतु सामयिक तथा व्यवहारिक सूत्र दिये। इसके ज़रिए एक विवेकशील प्रबुद्ध समाज बनाने के लिए आडम्बरों से मुक्ति की पहली शर्त है कि मानवता के मूल्यों को सर्वोपरि रखा जाये।

❑❑